田中文英著

平氏政権の研究

思文閣史学叢書

思文閣出版

目次

序章　本書の課題と構成

一

平氏政権は、保元・平治の乱にはじまる十二世紀後半の政治的激動のなかで急速に成立し没落していったきわめて短命な政権であった。平清盛が仁安二年（一一六七）に太政大臣になって政権形成の端緒をひらいてから、寿永二年（一一八三）の平家都落ちまで、平氏一門が国政の中枢部に身をおいた期間はわずか十五年ほどにすぎない。しかも、後述するように、平氏政権の確立を、いわゆる治承三年（一一七九）十一月の政変によって後白河院政を停止し廟堂の実権を掌握・独裁した時点に求めるとすれば、その政権の存続期間は実に数年にもみたないものだったのである。

それでは、この政権はどのような権力基盤をふまえて成立したのか、それは古代から中世への国家権力形態の転換のなかでいかなる歴史的位置をしめるのか、また、その政権の本質を古代的なものと評価するのか、中世的なものとみるのか等々についてはまだまだ不明な点が多くのこされている。(1) 本書は、そうした研究の現状を念頭におきながら、十一世紀最末期の平正盛の時代以降、平氏がその政治権力を形成・拡充しつつ、中央政界に進出して政権を確立し、やがて没落してゆく過程を八章にわけて分析することにより、平氏政権の歴史的位置を考察しようとするものである。この十一世紀末から十二世紀にかけてのいわゆる院政期は、在地における田堵農民層らの闘争の激化、在地領主層（武士）の台頭などによって従来の国衙・荘園の支配体制が危機に遭遇し、また院政というあらたな政治形態が出現するなど、政治支配層にとって、国家と権門の全支配体制の権力秩序を再編・強化することが焦眉の政治課題としてつきつけられたときであった。平氏の政治権力の形成・確立・没落の過程が、まさにこの激変する政治的状況のまっただなかで展開されたものである以上、当然、それは、この時期の在地諸階層の台頭と闘争、院政の出現にともなう国家権力の変動、国衙・荘園の支配体制の再編成、さらに延暦寺・東大寺などの寺院勢力の動向など、多様な諸問題との関連のなかで分析することが必要になるであろう。平氏政権とこれらの諸問題をめぐる研究の現状と課題については、各章でそれぞれの問題をあつかうさいにのべることとし、この序章では、本書の全体にかかわる研究の現状と課題・分析視角などをとりあげ、それとの関係で各章の構成と主題の位置づけをおこなっておきたいとおもう。

二

平氏政権が武士出身の平氏によってその軍事力(武力)を背景として樹立された政権であるとみる点では、従来の研究はほぼ一致した見解を示している。しかし、その政権が古代から中世への国家権力形態の転換のなかでどのような政治的位置をしめ、また武家政権の成立史のうえでいかなる歴史的位置をしめるのか、ということになると、古くからその評価は分れてきた。その一つは、要するに平氏政権を院政や摂関政治などと本質的に異ならない古代的・貴族的なものとみる評価であり、いま一つは、中世武家政権（鎌倉幕府）への先駆としての性格を指摘する見解であって、この二つを両極としながらさまざまなバリエーションをもった位置づけがなされてきたのである。そうした状況のなかで、それ以前の研究を総括・整序しつつ、最も体系的な平氏政権論を提示したのは、平氏政権を古代国家権力の最後の段階における危機的な政治形態＝軍事的独裁制と位置づけた石母田正氏であった。石母田氏は、名著『古代末期政治史序説』のなかで、専制君主（デスポット）としての院及び院政と平氏との対立抗争に焦点をあわせつつ、平氏政権の特質としてつぎのような諸点を指摘されたのであった。(2)

(1) 平氏は専制君主としての院の命令を執行する傭兵隊長の役割と地位をしめて登場してきたものであって、それ以上のものではない。その権力基盤は一族・郎等を中心とする小規模な武士団であり、平氏が武士出身であることから、平氏政権の階級的基盤が地方の武士階級（在地領主）にあるかのように漠然と考える説はなんら根拠のないものである。

(2) したがって、平氏は既存の古代国家権力機構―デスポットとしての院が専制的にその権力を掌握している―のなかで、その一部としてみずからの政治権力の拡充をはかる形態をとらざるをえず、基本的には中央地方をとわず新しい制度・機構を創出して独自の権力基盤と権力組織を形成することができなかった。

(3)「平氏政権」とよびうるものが成立するのは、平清盛が治承三年（一一七九）十一月の政変によって、専制君主たる後白河法皇を幽閉してその院政を停止し、みずから国家権力を掌握したときである。ただし、この政権は、清盛が狭小な武士団の軍事力をもって院政を圧伏させ国家権力を簒奪することによって成立させた軍事的独裁政権であるから、院政をはじめ従来の国家機構は形式的にはなんら否定されず、それにかわるべき新しい政治制度や機構はつくりだされなかった。

(4) しかし、治承・寿永の内乱期になり、軍事体制の強化など当面する政治課題を解決するために、はじめて総管・総下司職など権力の下部構造を創出して本格的に在地掌握にのりだし、古代国家体制からの離脱の方向を明確化するにいたる。

この石母田正氏の平氏政権論は、その後の研究動向に大きな影響を与え、その分析視角と基本的枠組みはさらに継承・発展させられていった。たしかに、その後、院政期を中世社会の成立期としてとらえる研究がすすむなかで、平氏政権についてもその中世的性格を指摘する研究があらわれてきたが、(3)しかし、それは部分的な分析・解明にとどまり、その体系性において石母田氏の研究に対置しうるところまでいたっていないのが現状であると考えられる。その意味で、石母田氏の平氏政権論は、依然として現段階における最高の研究水準を代表するものといえるのである。しかしまた、研究の進展のなかで、石母田氏の平氏政権論のもつ問題点が次第にあきらかになってきたことも事実であった。そこで、以下、石母田氏の平氏政権論がはらんでいる問題点をもう少し具体的に検討することによって、本書の基本的な研究課題・分析視角と各章の位置づけをおこないたいとおもう。

二

平氏政権の歴史的位置を把握するためには、その権力基盤・権力組織と政治構造について種々の視角から分析する必要があるけれども、まずはじめに権力基盤・権力組織の問題をめぐって、平氏政権にたいする基本的な分析視角を検討することにしたい。

石母田氏の平氏政権論がはらんでいる最も重要な問題点の一つは、平氏の権力基盤・権力組織の形成過程とその内部構造についての具体的な分析が欠落していることである。たしかに、治承・寿永の内乱期における在地支配構造と掌握体制については、石母田氏みずから総管・総下司職に関する画期的な研究を発表し、(4)それをうける形で国衙機構・地頭制度などについての精緻な業績が蓄積されるにいたった。(5)しかし、それらはいずれも鎌倉幕府の守護・地頭などの在地支配制度の成立を展望する視角からなされたものであって、内乱期以前の平氏の権力基盤・権力組織について、石母田氏は、狭小な軍事力（武士団）と指摘する以上に具体的な分析をおこなっていないのである。

一方、平氏政権の基盤としては、その軍事力（武士団）とともに知行国・荘園などが重視されてきた。石母田氏とは別に、院政を受領層の政権であるとする立場から平氏政権を把握しようとした林屋辰三郎氏が、平氏政権の経済的基盤として知行国・荘園・対宋貿易の三つをあげて、それにもとづいて平氏政権の歴史的評価を試みられたのなどはその代表的な例である。(6) その後、平氏政権の基盤として知行国支配や荘園知行の実態について分析が深められてきたが、しかし、そこでは主として経済的基盤の面から注目され―とくに荘園知行については―、権力基盤・権力組織の問題としてあまりほりさげられなかったのである。(7) その結果、平氏が知行国・荘園などに足場をおいたことは、院・摂関家などの貴族権門と共通の基盤にたったことを意味し、そこに平氏政権の古代的ないし貴族的性格が端的にあらわれていると評価されるばあいが多かったのである。だが、知行国・荘園はたんなる経済的基盤にとどまらず、この時代における階級支配の最も重要な権力機構の一つだったのであるから、平氏がそれを基盤とした以上、権門貴族との形態的な対比だけでなく、それらを獲得する形態やその支配構造・内容などを分析し、そこに平氏個有の権力基盤や組織が形成されなかったか否かを吟味することが必要であると考える。換言すれば、それは、平氏の軍事力（武士団）が当時の国家権力機構―国衙支配を含めて―と荘園支配体制のなかでしめた役割との構造的な関連のなかで、平氏の権力基盤・権力組織の形成を考察することを意味するわけであるが、そうした分析視角からの研究がきわめて手薄なのである。しかも、この点は、平氏政権のばあいにかぎらず、院政期における国家権力ないし政治権力をささえる武力構成の全体的な体系の解明についても指摘できる問題点であるといえよう。

いま、当時の人びとの眼前に登場したり、あるいは直接発動してきたりする権力組織としての武力を想起したばあい、それは基本的にはまずつぎのいずれかに所属するものであったとみてよい。

(1) 在地領主の武士団…在地領主の所領と農民支配のための武力組織。

(2) 荘園制支配の権力組織に属する武力…ここには、本所・領家の直接派遣するものから下司などの在地荘官の武力までが含まれる。

(3) 国家権力機構に属する武力。そのうちには、

(イ) 国衙機構に属するもの…国司・目代から在庁官人・郡司・郷司などの武力までが含まれる。

(ロ) 中央政府直属の武力…検非違使・追討使・追捕使・官兵など。

ところで、研究史的にみたばあい、このうち最も解明のすすんでいるのは、(1)の武士団に関するものであって、(2)(3)、ことに(2)の研究はまことに寥寥たるものといわなければならない。さらに、(1)(2)(3)のそれぞれがいかなる有機的構造的関連をもって、国家権力ないし政治権力の武力的支柱を構成していたのかという権力構造の具体的な究明はほとんど未開拓の状況にあるといってよいであろう。

こうした研究動向を規定した理由の一つは、史料の貧困さや課題と対象のもつ複雑さなどにもよるであろうが、より根本的な原因は、石母田氏が『中世的世界の形成』『古代末期政治史序説』などの著書のなかで定立された領主制論が、研究にあたえたほとんど圧倒的ともいうべき影響によるものとみることができよう。石母田氏の「領主制論」の内容は多岐にわたるが、その最も中核的な論点の一つは、在地領主階級＝武士団を古代国家権力(機構)と荘園制を打破・克服していく政治的階級的主体としてとらえ、その在地領主制の進展によって実現される地域的・分権的権力の形成のなかに封建制の成立を展望しつつ、院政期から鎌倉期にかけての政治史過程を両者の政治的対立と在地領主制による古代国家権力・荘園制の克服過程として把握されたことにあった。しかし、こうし

た観点にたつとき、国家権力や荘園制支配は、在地領主（武士）にとって原理的に相容れない打倒・克服すべき対象ということになり、そこからはこの時期に国家権力機構や荘園支配機構のなかへ在地領主（武士）が広範かつ急激に進出してくる事実や、それと密接・複雑に関連しながら源平両氏に代表される武門の棟梁が中央政界に登場してくる事実などをふまえて、国家と権門の全体的な武力体系の構造や政治的意味を積極的・具体的に分析する視角がひらけてこないのである。(8) 石母田氏の平氏政権に関する研究において、その権力基盤・権力組織の形成過程を国衙支配機構や荘園制支配との関連で分析する視角が欠落し、また、平氏が国家的次元でしめる政治的位置と役割についても「院の命令を執行する傭兵隊長の役割と地位―『世の固めにおわする筋』―以上のものではない」(9) と位置づけるにとどまって、国家と権門の支配体制のなかで平氏がどのような位置と役割をはたしたのかという面からの具体的な分析がなされなかったのも、実はこの「領主制論」の分析視角と緊密に関係していたのである。

したがって、平氏政権の重要な研究課題として、院政期において国家と権門の政治支配体制が再編・強化される状況のなかで、人民支配を実現するための全体的な武力装置はいかなる階級構成と組織をもつものとして構築されてくるのか、そのなかで平氏武士団はどのような役割を担って登場し、権力基盤・組織を拡充しつつ、政権形成への地歩をすすめていくのかという問題を具体的に追究する課題がいまなお残されているのである。この課題を解明するにあたって、石母田氏の「領主制論」の分析視角が、以上のような限界をもっているとすれば、当然、それに代るべきあらたな分析視角が要請されることになる。そのさい注目したいのは、黒田俊雄氏がこの領主制論批判をふまえて「権門体制論」を提示したときうちだした基礎的視角である。すなわち、黒田氏は、まず在地領主（武士）を「古代的」な国家権力や荘園制と本質的に対立し、それを打倒・克服していく政治的階級的主体としてとらえるかぎり、支配階級が複合的に構成する政治権力や国家権力の権力構造を具体的に分析する道がとざされてしまい、両者の関係を領主制＝封建制の「不徹底」「弱さ」として消極的にとらえるか、あるいは「妥協」という政治技術ないし統治技術の次元で処理せざるをえなくなると、「領主制論」を批判する。そのうえで、国家権力の政治的分析にあたっては、(1)荘園領主・在地領主は階級的性格をことにしながらも、ともに領主階級として被支配人民にたいして共通の階級的立場にたつ、(2)したがって、国家権力機構＝人民支配体制は、これら全領主階級が全人民を支配するために構成する武力機構として総体的に把握すべきである、という視角を提示されたのであった。[10] 私は、石母田氏の平氏政権研究の分析視角の限界を克服して、院政期の国家権力・政治権力との関係のなかで、平氏の権力基盤・権力組織の形成過程を具体的に分析し、平氏政権の政治的位置を考察するためには、黒田氏のこの基礎的視角から出発していくことが一つの有効な方法であると考える。そこで、黒田氏のこの分析視角をふまえながら、まず平氏の権力基盤・組織の形成過程を荘園制支配や国衙支配との関連で考察したいとおもう。ところで、そのさい注目されるのは、平氏の権力基盤・権力組織の形成を国衙支配との関係でとらえようとした研究はあるが、荘園制支配との関連で分析しようとしたものがほとんど存在しなかったことである。それは、つぎのような理由にもとづくものであったとみられる。

院・摂関家などの権門貴族の政治権力をささえる武力について考えるばあい、まずその私的武力機構と荘園制支配との関係が重要な問題の一つになる。権門貴族が政治権力を維持するうえで、荘園が不可欠の経済的基盤をなしたことはいうまでもない。しかし、その荘園制支配を実現するために、権門貴族が独自の武力装置を形成していたか否か、またいたとすれば、その私的武力の構成・編成は荘園制支配とどのような構造的関連をもっていたのか、という点については二つの見解が対峙しているといえよう。一つは、永原慶二氏に代表されるものであって、皇室・公家領荘園における領主権の構造・荘務権・年貢搾出のメカニズムなどを具体的に分析した永原氏は、その武力装置についてつぎのように結論づけられた。すなわち、権門貴族は私的武力機構の形成を本質的には指向せず、その荘園領主権は基本的には、既存の国家的支配秩序のなかにおけるかれらの政治的地位と権威とによって保証されており、源平武士団とこれら権門との結合関係は、政界における地位強化の手段たりえても、荘園年貢収取のための経済外強制機構たりえない、と位置づけられたのである。(11)永原氏のこの否定的な結論は、氏が領主制＝封建制論の立場にたち荘園制的土地所有を基本的に古代的なものと把握されている以上、論理的必然性をもつものであろう。これにたいして、黒田俊雄氏の「権門体制論」のばあいは、権門体制の物質的基礎は荘園制であり、その荘園制は在地における領主制支配を包摂して構築された大土地所有制であって、権門を本家・領家として支配階級が重層的集団的に形成するその所有形態は一種の封建的知行体系にほかならないとされる。そして、院政期における「権門勢家の独自的支配の確立」(＝家政支配の確立)を強調するのであるから、(12)黒田氏のばあいは、基本的にはこの時期の荘園制支配は農民支配に見合う私的武力装置の形成を指向していたとする論理にたっているといえよう。ただし、その私兵の構成・権力編成などの具体的な内容は明らかにされていない。このように、院・摂関家などの権門貴族の私的武力装置と荘園制支配との関係の問題は、領主制・荘園制の歴史的評価にかかわってくる大問題であるが、しかしその武力装置自体の具体的な内容は、いわば領主制論を軸とする否定の論理と肯定の論理のはざまで検証されていないのが実状であって、それが平氏政権の研究にもあらわれたものとみられるのである。

そこで、以上のような平氏の権力基盤・権力組織についての研究の現状と課題を念頭において、第一章では、平氏武士団と院政政権との結合関係の政治的意味を再検討しつつ、とくに平氏が院領荘園の支配に関与することによって権力基盤を拡充・強化していく問題を具体的に考察したい。ついで第二章では、保元の乱後における摂関家と平氏との政治的連繫の内容を、摂関家領支配との関係でとりあげ、第一章とあわせて、院・摂関家という国家権力の項点に位する権門貴族の荘園支配体制を媒介として平氏が権力基盤・権力組織を形成してゆく過程を解明したいとおもう。これにたいし、第三章は、平氏と関係の深い厳島神社が存在する安芸国を素材として、平氏が知行国主や国守(受領)になったばあい、国衙支配をつうじてどのような形態をとって権力基盤を形成してゆくのかを荘園制支配との関連に注目しながら分析したものである。そして、院・摂関家の荘園制支配や国衙支配などをつうじて在地に形成してきた権力基盤が、平氏政権の在地支配体制として、どのように作動し機能するのかを、紀伊国の摂関家領田仲荘の佐藤氏のばあいを手懸りに治承・寿永の内乱期に焦点をあわせて考察したのが第四章である。

四

さて、こうした権力基盤・権力組織の問題とならんで、この序章でとりあげておきたいのは、平氏政権の成立の時期とその政治構造に関する研究の現状と課題についてである。

平治元年(一一五九)の平治の乱で、源義朝を破って中央政界における最強の武門としての地位を固めた平清盛とその一門が、急激に国政の中枢部へ進出しはじめ、やがて院・摂関家らの権門貴族と相拮抗し、これを凌駕する権勢を樹立するにいたったことは周知のとおりである。右大臣九条兼実は、清盛の死にさいして、「生累葉武士之家、勇名被世、平治乱逆以後、天下之権、偏在彼私門」と記し、その過分の栄幸と専権を指弾した。(13)『平家物語』(巻第三)もまた、「平家たのしみさかへて廿余年、され共悪行法に過ぎて、既に亡び候らんず」(「法皇被流」)、「保元平治の比は入道相国君をたもち奉るといへ共、安元治承のいまは又君をなみしたてまつる」(「城南之離宮」)というように、平治の乱を一つの重要な画期としてとらえ、以後、平氏一門が中央の枢要な官職に進出し、数多の知行国をしめるなど、その権勢と栄耀を確立する過程の諸相を虚実をまじえた悪行とともに描きだしたのである。

平氏政権の成立史についての研究は、実はながらくこうした平治の乱以降、平氏が政治権力を拡大していく状況のなかで成立するものであるという漠然とした認識を前提としながら、その政治的地位の上昇や経済的基礎の拡充、軍事力を背景とする権勢などを指摘することに力点が注がれてきたのであった。

そうした研究のあり方にたいして、平氏「政権」なるものは存在したのか、存在したとすれば、いつの時期をもって平氏政権と規定したらよいのか、という根本的な問題を提起して反省をせまり、治承三年（一一七九）十一月のクーデターをもって、平氏「政権」の成立の時期とすべきであるとしたのが、石母田正氏であった(14)。すなわち、石母田氏は、(1)平氏が多くの公卿をだしたり、知行国・荘園を集積したり、強力な軍事力を保持したりするなど、いかに強大な勢力になっても、政治問題の解決、政策の決定などに主導権をもたないばあいは、それを一箇の政権ということができない。(2)清盛は、自分が獲得した強力で独裁的な地位や権力を、制度または機構として組織しようとしておらず、国家権力を法的にも実質的にも掌握しているのは、専制君主としての院であった。平氏の軍事力にしても、院の命令のもとに行使されていて、平氏独自の利害で動いておらず、院の傭兵隊長としての役割と地位にとどまっている。(3)したがって、治承三年十一月のクーデターを敢行して、後白河院政を停止することによってはじめて、清盛は国家権力を掌握することができたのであり、このときをもって平氏政権の成立とすべきである、とされたのであった。この治承三年十一月のクーデターに平氏政権の成立を求める石母田説は、その後の研究に大きな影響をあたえ、定説的地位をしめるにいたったのである。

そうした状況のなかで、石母田氏の所論をきびしく批判して、別の観点から平氏政権の成立の画期を設定しようとしたのが、五味文彦氏であった(15)。五味氏は、知行国が増加しただけで知行国支配に質的変化がみられず、後白河院政が一時的に停止されただけで、翌年二月には高倉院政が開始されるなど、院政をはじめ従来の政治制度になんらの変更も加えられていないこの治承三年十一月のクーデターをなぜ重視するのか、と石母田説を批判して、「クーデターはおそらく平氏政権に何らの質的転換をもたらさなかったであろう」とその画期性に疑問を呈し、治承三年十一月のクーデター重視という研究者にのしかかっている重荷をとり除いたうえで、平氏政権の歴史的段階設定を試みることの必要性を強調する。そのうえで、五味氏は、石母田氏のように院と平氏との政治的抗争からではなく、平氏の権力の特質である軍事力＝軍制に視点をすえて考察すべきであるとして、平氏軍制の諸段階を分析した結果、平氏政権の成立についてつぎのように結論づけられた。すなわち、(1)まず仁安二年(一一六七)五月の宣旨によって平重盛に諸国の軍事警察権が付与されたことによって、平氏軍制は院政下での国家的軍制として位置づけられ、それが治承元年(一一七七)の鹿ヶ谷事件の頃まで続く。(2)ついで、治承元年～治承四年末までは、平氏軍制が院権力の枠を突破して国家的軍制として自立した段階であり、(3)治承五年以降の第三段階では、平氏があらたに地域的軍事権力を創出し、鎌倉幕府の権力と似た形での政権を指向する、と三段階に分ち、治承元年の第二段階以降を、平氏政権の成立・存続期とされたのである。

この五味氏の所論にたいし、石母田説を基本的に支持する立場から反論を展開したのが上横手雅敬氏である(16)。上横手氏は、まず政権の全体像を考えるばあい、知行国制・軍制などを基準にしても一面しか把握できず、「結局誰が執政したのかという単純な尺度の方が適当だと思われる」と五味氏の方法を批判し、その点で、後白河院政を停止し、平氏が院政に制約されずに政治的行為をおこなうようになった治承三年十一月のクーデターに平氏政権の成立を求める石母田説の方が簡明であると評価する。その観点から、五味氏の平氏軍制の三段階の根拠などを再検討しつつ、治承元年を重視する見解に反対される。そして、後白河院政が一時的に停止されただけで、すぐ高倉院政が開始されることをもって政治制度に変更がなかったことを強調して、治承三年十一月のクーデターを軽視する五味氏の所論は、専制君主である後白河上皇による院政と、平氏の傀儡としての高倉院政とを同一視する形式論であるとしてしりぞけ、やはり平氏政権はこのクーデターをもって成立し、平清盛の死とともに崩壊する、とされたのであった。

このように、平氏政権の成立の時期については、治承三年十一月の政変の政治的評価との関連で見解が対立しているのが現状であるといえよう。(17)この見解の対立を克服して研究を深めるためには、もとより多岐にわたる考察が必要となるが、そのさい、とくに従来の研究において欠落していた重要な問題点が二つあったと考えられる。

その一つは、平氏政権の政治構造を解明しようとする視角が欠如していたことである。政権という以上、国家権力を掌握して国政を領導する政治構造を解明することが不可欠の課題の一つにならなければならないが、現実には、その具体的な分析を欠いたまま平氏政権の成立の時期が論じられてきたといえよう。つまり、治承三年十一月の政変が、平氏の政治権力に大きな転換をもたらしたとする見解も、また、それを否定する見解も、ともに、政変の結果成立する平氏の国政領導体制の政治構造を具体的に分析・検証することなく、政変の政治的意義を論じてきたのであった。その意味で、上横手氏が、高倉院政の開始をもって政治制度に変更がなかったとする五味氏の見解を否定して、「高倉院政は清盛の傀儡に過ぎず、清盛はむしろそのような院政の実現をめざした」「清盛にとって可能であったのは、院政そのものの廃絶ではなく、意のままになる院政を生みだすことであって、それが平氏政権の成立なのである」と主張される観点は貴重であると考えられる。しかし、その上横手氏のばあいも、「誰が執政をしたのか」ということを基準として、平氏政権の諸段階を論じられたため、清盛が高倉院政を推戴して樹立しようとした政治体制の内容は、清盛の独裁的な執政と傀儡という以上に具体的に解明されないまま残されることとなったのである。清盛が、この政変によって後白河院政を停止して廟堂の実権を掌握する政治史過程は、同時に、高倉天皇の親政、ついで院政が成立する過程であった。したがって、平氏の国政領導体制の樹立と、高倉親政・院政の成立とは不可分の構造的関連をもったものとして把握する必要があろう。そこで、こうした研究の現状と課題を念頭におきながら、平氏の国政領導体制の政治構造と高倉親政・院政との関係を分析して、平治の乱後、軍事的権門としての地位をしめた平氏がしだいに国政上における政治的影響力を強化し、ついに治承三年十一月の政変の結果、軍事的権門から国政全般を担当・掌握する最強の権門へと転換をとげることによって平氏政権を成立せしめた点を解明しようとしたのが、第六章である。

さて、平氏政権の成立を論じるさい、従来の研究で欠落していたもう一つの課題は、平氏政権の成立を、当時の国家権力秩序の根幹をなす王法仏法相依の体制との関係のなかで、どう位置づけて把握するかという問題であったとおもう。平氏が台頭して国政に割り込みはじめる十二世紀後半は、王法仏法の双方の世界において体制的危機が深刻に進展したときであり、政治支配層につきつけられた最重要な政治課題の一つに、この王法仏法相依の国家権力秩序の動揺・解体をいかにくいとめ再編成しつつ維持していくかという課題があった。したがって、平氏が国政を掌握して政権を成立させたというとき、いわゆる王法の内部だけで論じるのではなく、この王法仏法相依の国家権力体制とのかかわりを問題としなければならないのである。そこで第五章では、後白河院政と権門寺院勢力とのあいだに形成された王法仏法の政治的関係がどのような内容と矛盾をもつものであり、平氏がそれにどうかかわっていったのか、さらに、治承三年十一月の政変で、王法世界を代表して仏法世界を外護する要に位置していた後白河法皇と関白藤原基房を更迭したことがいかなる政治的意味をもったのかという観点から検討することにより、平氏政権の成立を王法仏法相依の国家権力体制との関連のなかで把握したいとおもう。

五

こうして平氏が、権力基盤を拡充し、国家権力を掌握して政権を樹立していく過程は、また、平氏の権力組織からはずされた在地領主や農民層との対立をはじめ、貴族層や寺院勢力との政治的対立と矛盾を激化してゆく過程でもあった。その多様かつ複雑な政治的対立と矛盾の内容を具体的に分析することは、当然、各章でそれぞれの問題を考察するにあたって重要な課題の一つになる。その政治的対立と矛盾のゆきつくところに、まず以仁王の乱が勃発し、これを口火としていわゆる治承・寿永の内乱へと突入するのであるが、その問題をとりあげたのが、第七章の以仁王の乱と、第八章の治承・寿永の内乱である。そのさい、この内乱を平氏政権と寺院勢力との関係に視点をすえて考察したのは、つぎの二つの理由からである。一つは、寺院勢力の複雑な政治行動を、治承・寿永の内乱の政治史過程のなかに位置づけて具体的に解明した研究がきわめて手薄なことである。いま一つは、この内乱期に継起する福原遷都と還都、南都焼打ち、総管職の設置、後白河院政の復活などの重要な政治的諸事件や施策の内容を平氏政権との関連で把握するためには、この内乱を国家権力にたいする在地領主層の叛乱として分析する視角だけでは不十分であって、王法仏法相依の国家権力体制の全体を視野に入れた枠組みのなかで検討することによってはじめて理解できると考えたからである。

（1）平氏政権の研究史と問題点をそれぞれの時点で整理したものに、竹内理三「平氏政権論」（日本歴史学会編『日本史の問題点』所収）、高田実「平氏政権」（永原慶二他編『中世史ハンドブック』所収）、井上満郎「平氏政権論をめぐって」（『歴史公論』七巻四号）、美川圭「院政と平氏政権の関係はどうなっていたか」（峰岸純夫編『争点日本の歴史4　中世編』所収）などがあるので、詳細はそれらを参照されたい。

（2）石母田正『古代末期政治史序説』第三章第四節平氏政権とその没落、および、補遺二の平氏「政権」について。

（3）この点については註(1)を参照。

（4）石母田正「平氏政権の総官職設置」「鎌倉幕府一国地頭職の成立―鎌倉幕府成立史の一節―」（ともに、同『石母田正著作集第九巻中世国家成立史の研究』所収）。

（5）たとえば、石井進『日本中世国家史の研究』、上横手雅敬『日本中世政治史研究』などに代表される研究など。

（6）林屋辰三郎「院政政権の歴史的評価」「院政と武士」（ともに、同『古代国家の解體』所収）。

（7）知行国、国衙支配については、有本実「平氏の台頭と院政―平清盛の知行国把握をめぐって―」（『日本歴史』三五号）、石井進「平氏・鎌倉両政権下の安芸国衙」（『歴史学研究』二五七号）をはじめいくつか存在する。

（8）この点についての私見の詳細は、拙稿「院政期における政治史研究の一前提―政治権力の武力構成をめぐって―」（『日本史研究』一二二号）参照。

(9) 石母田正『古代末期政治史序説』四八四頁。
(10) 黒田俊雄「中世の国家と天皇」「鎌倉時代の国家機構―薪・大住両荘の争乱を中心に―」(ともに、同『日本中世の国家と宗教』所収)、同『荘園制社会』など。
(11) 永原慶二「荘園制の性格について」(同『日本封建制成立過程の研究』所収)。
(12) 註(10)に同じ。とくに、『荘園制社会』一一四～一一六頁など。
(13) 『玉葉』治承五年閏二月五日条。
(14) 石母田正前掲書(註2)平氏「政権」について、の論文。
(15) 五味文彦「平氏軍制の諸段階」(『史学雑誌』八八編八号)。
(16) 上横手雅敬「平氏政権の諸段階」(安田元久先生退任記念論集刊行委員会編『中世日本の諸相上巻』所収)。
(17) この点に関する研究状況については、美川圭前掲論文(註1)に詳しく整理されているので参照されたい。

第一章　平氏政権の形成過程

はじめに

平氏政権は、十二世紀末の政治的激動のなかで成立し、きわめて短期間しか存続しえなかった政権であった。しかし、平清盛による政権が成立するまでには、その前提として、少なくとも十一世紀最末期の祖父平正盛以来の前史が必要であったのであり、この前史をも含めた期間は、そのままいわゆる院政期に相当しているのである。この院政期は、院政という新しい政治形態が出現しただけでなく、在地における田堵百姓らの農民闘争が激化するなかで、荘園・公領においても支配体制を再編・強化することが緊急の課題となるなど、国家権力体制の全般的な転換と再編成がせまられたときであった。したがって、平氏政権は、この王朝国家から中世国家への国家権力の変革過程に位置する院政期の政治的社会的激動のただなかで形成されていったものとみなければならない。

そこで本章では、まず第一節で、平正盛いらい平氏の権力基盤をなす武士団がどのような形態と構造をとって形成されたのかという問題を荘園制支配との関連で分析したい。ついで第二節では、正盛が白河上皇によって登用されて以降、忠盛・清盛らの率いる平氏武士団が鳥羽・後白河院政とむすびついて国家権力の中枢部へ進出しつつ政治権力を形成してゆく過程を、院政の主が国家権力を掌握するうえで平氏武士団のはたした政治的役割と、院領荘園における支配体制の武力編成と平氏との関連性という二つの面に照準をあわせて検討することにしたいと考える。

一 平氏武士団の形成

十一世紀と十二世紀の交りの頃に、平正盛は畿内近国を中心として武士団を形成してゆくが、やがてこの武士団は、平氏が中央政界に進出し、武門の棟梁としての地位を築きあげるうえで最も重要な権力基盤の一つになるのである。本節では、この正盛による武士団の形成と権力構造の内容を、その社会的基盤と荘園支配体制との関連において考察したい。そのさい、できるかぎり畿内近国の在地諸階層の動向や階級関係のなかに位置づけて把握することを意図したいとおもう。

(1) 武士団成立の基盤

永長二年(一〇九七)、隠岐守平正盛は、伊賀国東大寺領玉滝荘と関係の深い阿拝郡鞆田村・同柘植郷・山田郡山田村に散在する家地・田畠二十町余を六条院領に寄進し、鞆田荘を成立させた。(1) 同じ頃、康和三年(一一〇一)に、かれは大和国の東大寺香菜免田でも東大寺と相論し、十市郡・城上郡にまたがる東吉助荘内の計二十町の所領が、東大寺によって押領された由を訴えている。(2) また、翌康和四年の十月から十一月にかけて、伊勢神宮祭主とも相論するところがあった。その内容は詳らかでないが、正盛の寄進した六条院領の荘園のなかに神戸が包摂

されていたため相論が発生したことだけは明らかであった。(3)

これらの抗争や相論は、この頃から正盛が積極的に所領の獲得に着手しはじめたために惹起されたものとみられるのであるが、かれの武士団の形成について考察しようとするとき、まずこれらの微かな痕跡を手懸りにして探査しなければならない。武士団は領主階級の軍事組織として形成されるものであるから、政治的軍事的状況やファクターに規定されて多様な形態をとるわけであるが、しかし、根本的にはそれが所領支配を基礎として編成される権力組織である以上、その権力組織(武士団)の中核は、みずからの所領と農民を支配するところに求めてよいであろう。その意味で、所領の獲得形態を武士団形成の最も基本的な指標にすることができるのである。そこで、まず正盛が、右の諸例のような所領を畿内近国の社会的基盤のなかでどのようにして獲得していったのかという点について、いま少し検討したい。しかし、史料的にいって詳細には知りえないので、それぞれの事例を並行させてみることにしたいとおもう。

永長二年(一〇九七)八月、正盛は鞆田荘の立券にさいして田畠坪付注文を作成したが、その二十町余の所領は、鞆田村の十八ヵ所に散在する家地・畠地(計十五町八反余)と、鞆田村に居住する農民の出作とみられる山田村所在の出作地(計三町八反)とを中核とするものであった。(4)この所領が、家地(垣内)・畠および各坪に散在する零細な出作地の集合体という構成をとっていることが注目される。そして、正盛はこの注文にもとづき「俄号有古券」して太政官に立荘を申請し、右弁官史生上野則元がこれら「毎所注四至」した散在地以外の東大寺領をも一円に「打籠牓示之内」めて荘域に囲いこむことによって鞆田荘を成立させたのであった。(5)したがって本荘の成立には、荘園関係の設定を媒介にして白河上皇の政治権力が大きく作用しているのであるが、それにもまして重視すべき問題は、立荘の前提となった農民的垣内と出作地の獲得を正盛に可能ならしめた社会的な基盤がどのようなものであったのかということである。この点について赤松俊秀氏は、立荘直前における東大寺の公田出作をめぐる国司と東大寺・荘民との抗争を克明に分析しつつ、その基盤は国司と東大寺との二重支配の危機に直面した玉滝荘の荘民の一部が正盛と結託したところにあったと指摘された。[6]たしかに、その後、鞆田荘の農民は六条院領であることを理由に、国司と東大寺の双方の負担を拒否しようとする動きなどを示すのであるから、[7]この推定はしたがうべきものとおもう。

　こうした所領の獲得形態は、東吉助荘のばあいにも考えられる。本荘は大和国内にある東大寺香菜免田三六〇町の一部をなしたが、香菜免田は雑役を香菜料として東大寺に、所当官物を国衙に納入するという両属の支配関係をうけるものであった。東大寺は、これらの香菜免田がもと浮免であったのを万寿四年（一〇二七）に停止し、承保三年（一〇七六）には坪付を明示して宣旨を申請し定免化することによって寺領化を押しすすめようとしていた。ところが嘉保二年（一〇九五）六月に東大寺別当になった経範は、就任当初から大衆と対立し、康和元年（一〇九九）閏九月には三十五ヵ条にわたる別当の「不治行縁」を記して訴えられる有様で寺務を執行できなかったので、国司が「恣充課種々之切物」ようになった。そうした状況のなかで、翌康和二年五月に永観が別当になり積極的に寺領支配を展開しようとしたため「康和之比」には、国司と東大寺のあいだで荘々の支配をめぐって相論が惹起されるにいたったのである。[8]だが、この紛争の根源にあって、政治支配層間の分裂と抗争を推進していった真の主体はほかならぬ田堵農民層であったのである。かれらは、東大寺をして「各領主等恣為遁国役、募他所威勢、不叶寺家所堪(勤カ)」、「田堵等或負渡他名、或以威猛不勤仕寺役」、「□(恣カ)意募他名、或以権威所押妨」といわしめたような頑強な抵抗をつづけていたのであった。[9]東吉助荘は、かかる抗争がとりわけ激烈であった九ヵ荘のなかの一つであり、正盛が東吉助荘内の二十町の所領をめぐって東大寺と相論しはじめたのは、この頃、すなわち康和三年九月のことであった。とすれば、威猛をもって寺役を拒否する田堵らの背後に正盛の存在を推察することは無理ではないであろう。おそらく鞆田荘のばあいのように、正盛を媒介にして荘園関係を設定し「他所威勢」

を募って負担を軽減しようとする者が生じたところに、正盛の所領の獲得を可能ならしめた基盤があったとおもわれるのである。

伊勢神宮とのばあいは明らかでないが、しかし、正盛の寄進した六条院領内に包摂された神戸が紛争の核心になっているので、この神戸のうちに鞆田荘の荘民や東吉助荘の田堵らと同じような動向が想定されるのである。かかる所領の獲得方法は、ひとり正盛にかぎったことではなく、たとえば、大和源氏の陸奥前司源頼俊が永保三年（一〇八三）頃から大和国栄山寺領を侵略したさいにもみられるものであった(10)。

こうして正盛は、荘公の支配の錯綜地点を狙い間隙をついて、国衙ないし荘園領主の支配と収奪を軽減・拒否しようとする農民層と結託し、農民的垣内や散在耕地をみずからの所領としてすばやく権門―おそらくは白河院―に寄進して、その政治的権威を背景にして荘公の支配を除去することによって農民層の要求に一定の対応を示しつつ、みずからの土地所有を実現していったものとみられるのである。正盛の所領としては、このほかに先祖から相伝し、正盛の時代になって鞆田荘と同じく六条院に寄進して荘園となったとみられる伊勢国一志郡の木造荘や(11)、山城国の珍皇寺畠などが知られているが(12)、その詳細は不明である。したがって、伊賀国に二十町、大和国に二十町というような形態で獲得した正盛の所領全体の規模や構成を把握することは困難であるが、しかし、その子忠正（忠貞）が保元の乱後に没官された所領のあり方が一つの手懸りをあたえてくれる。平忠正は忠盛の弟で、元永二年（一一一九）に顕仁親王（崇徳天皇）が生まれて親王宣下をうけると同時に、家司の上官である御監―御厩の長―に補任されるなど(13)崇徳天皇と緊密な関係にあったので、保元の乱では崇徳上皇・藤原頼長方について戦い敗北した。このため保元元年（一一五六）七月二十八日に甥の清盛の手によって斬罪に処せられ(14)、ついでその所領を没収して後院領へ編入されるにいたったのである。すなわち、『兵範記』の翌保元二年三月二十九日条には、

一、故前左馬助平忠貞領

散在畠地肆箇処

壱処禅林寺　壱処山科栗栖

弐処久世郡

伊勢国

鈴鹿川曲両郡散在田畠　除二所太神宮領伍拾壱町外

とあって、畿内近国に分布する忠正の所領がすべて散在田畠の集積体によって構成されていることを示しているが、これらの散在田畠の内容はさきの鞆田荘の坪付注文にみられるのと同様のものであったであろう。したがって、正盛の所領構成の特質としては、畿内近国の各地に分布する分散性と同時に、個別的には小規模性と散在性をもっていることに注目する必要がある。そこでつぎに、正盛の所領がなぜこうした構成をとってしか実現しえなかったのかという点を当時の農民層の動向との関連で考えたい。

この院政期を特徴づけるものは、国領においても荘園においても、領主の一元的支配の推進と収奪の強化であり、これに抵抗する名主・百姓らの在地勢力との武力的衝突が公然と展開されるようになったことにあると指摘されている。(15) 正盛の所領の成立を可能ならしめた農民層の前述のような動向も、そうした社会的条件のなかから生みだされたものにちがいなかった。しかし、こうした動向からただちに、農民層にとって荘公の錯綜した支配にたいする抵抗の必然的な行動様式が、当該荘園領主とは異なる第三のもの、とりわけ武士団への参加の形態をとると考え、荘公二重支配の強化→農民層の抵抗・脱去→武士団への結集、とシェマーティシュに規定づけてその路線上において真っすぐに正盛の所領の獲得および武士団の形成を位置づけることは飛躍を免れないであろう。かかる視点にたつかぎり、正盛の所領構成が小規模性と散在性をとる理由、すなわち武士団の狭小性と脆弱性の問題を解きえないし、さらにそれを規定した農民闘争の多様性と意義を脱落させることになるからである。当時の畿内近国の農民層は、生産にもとづく地域的な結合組織＝村落共同体を形成しつつ領主支配の諸束縛を排除しながら積極的に農民的生産活動を展開しはじめていたが(16)、それを基盤にして付近との地域的連合もすすみ、領主の支配と収奪に抵抗するいわば政治的闘争もきわめて熾烈になりつつあったのである。それは、たとえば、十一世紀中葉の天喜年間に、東大寺領黒田・玉滝両荘の住人と伊賀国司とのあいだに惹起された武力抗争事件などに端的に示されている(17)。

黒田・玉滝両荘の周辺では、かねて出作農民の公田籠作によって荘域が拡大し官物未進が累積していたが、天喜元年（一〇五三）三月、国司藤原棟方にたいして、公田籠作と官物未進にきびしく対処すべしという官宣旨がだされた(18)。これをうけて棟方は、史生・拒捍使を派遣して東大寺側が勝手に打った牓示を抜き捨て検田をしようとしたところ住人に抵抗されたため、武装した官使・大判官代・郡司らを黒田村の荘屋に向わせた。ところが、農民たちは官使らに矢を射て、馬・鞍・衣服を奪うなど実力でこれを撃退してしまったのである(19)。あけて天喜二年五月に伊賀守に着任した小野守経は、まず黒田荘を中心に、ついで翌年正月から玉滝荘で、寺領化した公田の牓示抜き捨て、公役賦課などを敢行しようとして、いずれも農民たちの激烈な抵抗に遭遇した。黒田荘では、「新楯」を築造した数十の軍兵の反撃にあい、対捍した農民の作田を検田・刈取・薙ぎ捨て・没収するのに、守経みずから数多の軍兵を率いてこの地に布陣して半月余も武力占領をつづけなければならなかったのである(20)。玉滝荘鞆田村では、農民たちは米穀・牛馬などを運びあげて「山中結軍陣」んで防戦し、東西の山中から矢を射て、国司を「以射為習」する抵抗を展開したのであった(21)。この農民軍の中核にあって主導したのは、「負名之輩」とよばれた田堵農民層であり、その周辺には隣国からの「犯過類」や東大寺の寺僧なども包摂していたが、主要な構成基盤は、「件杣等縁辺郷邑之住人」との地域的連合と、国司をして「各閉柴戸、無見来者」「人物削跡」って山中に籠ったといわしめた一般農民層とに決定的に依拠していたのである。[22]こうしたみずからの階級的利益を擁護・防衛するための地域的農民軍の形成と、執拗かつ日常的な抵抗は、すでに十一世紀後半の畿内近国では広範に展開されはじめていたのであった。小野守経はついに所期の目的を貫徹しえないで退任するが、かれをして敗北せしめた根源の力は、かかる農民層の抵抗にあったといえるであろう。

たしかに、この抗争において農民層は、東大寺の寄人となりその権威を募ることによって抵抗したのであるから、そのかぎりで東大寺との寄人関係がもつ政治的意義は大きかったといわなければならない。しかし、東大寺と寄人関係をもつことが、そのまま従順な隷属関係にはいることを意味したのではなかった。それは、黒田荘の内部からも新たに「好寄人輩」が輩出したり、[23]「為国司者募寺威、為寺家者号院領之近辺」して双方の賦課をのがれようとする者が出現するなどして、[24]寺家がその禁圧に腐心している一事によってもうかがわれるのである。したがって、寄人関係や荘公両属関係は、国衙と荘園との現存する支配体制のなかで農民たちが領主層を相剋・分裂させながら収取体制を解体させることによって、みずからの階級的利益を現実に高めようとするすぐれて政治的な闘争の過程において惹起された形態であったと考えられるのである。

このように、当時の畿内近国の農民層は、独自の抵抗組織を形成しつつ多様な階級闘争を展開できるだけ成長していたのであって、武士団に臣従する以外に活路をしらなかったのではない。ここに正盛が広範な農民層を地域的に把握することができない所以、すなわちその所領を小規模な散在的構成をとってしか獲得しえなかった根本的な理由があったとおもわれるのである。だが、正盛の所領の獲得を可能ならしめた基盤もまた、こうした農民層自体の側に内在していたのである。かれらの組成した政治的共同組織の内部には、中間層（上層農民）を含んでいたが、この階層はさきの東大寺香菜免田で東大寺から「領主」とよばれ、課役を「負渡他名」と評されたごとく、領主化の指向性を常にもつものであった。正盛の所領の獲得は、おそらくこうした領主化の指向性をもつ中間層の一部と結託することによって実現されたものと考えられるのである。

(2)　武士団の権力構造

正盛による所領の獲得は、たんなる暴力的侵略によってではなく、以上のような在地における客観的な基盤のうえに立ってなされたのであった。そして、これを基礎にして、そこに独自の権力組織が樹立されて土地所有のあり方と農民支配の内容を規定するようになる。この支配組織が武士団の形成にほかならないのであるが、ここでは武士団を構成する階級的基盤に注目してその権力構造の性格を考えたいとおもう。

東吉助荘のばあいには確証がないにしても、鞆田荘にしろ伊勢神宮領とのばあいにしろ、正盛は所領を獲得するとすぐさま六条院に寄進して立荘した。(25)この六条院は、郁芳門院媞子内親王の菩提を弔うためにもうけられた六条院御堂のことである。郁芳門院は白河上皇の愛娘で、永長元年（一〇九六）八月七日に二十一歳で没すると、上皇はその死を悼んで翌々日に落飾し、さらにその冥福を祈るため郁芳門院の平生の居所であった六条院を御堂に改めることとし、翌永長二年十月十四日にはその落成供養が厳修されたのであった。(26)正盛が鞆田荘を成立させたのは、この一ヵ月後のことであって、まことに機敏な行動をとって白河上皇の政治権力に結びついていったものといわなければならない。(27)この荘園関係の設定は、院近臣の受領層による立荘―中小貴族のいわゆる家領の形成―と形態上は類似したものであり、(28)荘園制的知行体系のなかでかれは預所の地位をしめたものとみられるのである。こうして院権力に結びつき、その荘園制的土地所有のなかに包摂された形で所領を確保することは、正盛にとっては当時の政治体制のもとで合法的に土地所有を実現するためには必要不可欠の条件であり、正盛を媒介にして権門の権威を募って負担を軽減しようとする農民層の意図に対応するところでもあった。けれども、もとより正盛の所領支配はかかる次元に安住してはいないのであって、ほかならぬ武士としての階級的本質にもとづいて独自の支配組織を樹立してゆかずにはいなかったのである。つぎにその具体的な様相を、史料に比較的めぐまれている鞆田荘においてみることにしたい。

鞆田荘には、在地に政所があって沙汰人がおり、そのもとに鞆田荘司・山田荘司などの荘官がいた。この本所—預所—沙汰人—荘司と構築された荘園支配の機構は、制度的には当時一般のそれに比してなんら特異なものではない。しかし、預所正盛の支配・統率する権力組織はその質において注目すべき性格をもっているのである。そこでまず、預所の下にいる沙汰人・荘司を検討してみよう。

沙汰人として最初に鞆田荘の史料にあらわれるのは家貞である。かれは、保延三年(一一三七)の平忠盛の下文に「下　家貞所」と宛てられている人物で、(29)『保元物語』などに平氏第一の郎等として活躍する筑後守家貞のこととみられる。正盛が鞆田荘を成立させてまもない頃から、同荘の住人が東大寺領の田地を耕作しながら寺役を勤仕しないことが問題となっていたが、天承二年(一一三二)四月十日、東大寺の威儀師覚仁は、近年また「鞆田司」らがそうした未進行為を張行していることをつよく訴えた。(30)この抗議をうけた平忠盛は、同月十四日づけで、覚仁の訴えを認め、鞆田荘の政所の荘司らにたいして地子・所役の対捍を禁じる旨の下文をだしたが、(31)効果はあがらなかった。後年の東大寺の言い分によると、忠盛は東大寺の矛先をかわすために何回か下文をだしただけで、現地では「沙汰人家貞」らが下文を無視して対捍や押籠をやめなかったからであったという。(32)さきの保延三年の忠盛下文はそうした状況のなかでだされたものの一つであり、さらに、保延五年(一一三九)三月にも、家貞の子の家実にたいして狼藉を禁止する忠盛の下文が発せられているから、(33)鞆田荘の現地支配の中心をなしたのは、家貞父子であったとみてよいであろう。もっとも、家貞は、忠盛・清盛が政界で地位を上昇させるとともにその有力郎等として活動の舞台がひろがり、鞆田荘の経営のみに専念していたわけではなかった。長承三年(一一三四)に海賊追捕の賞として兵衛尉から左衛門尉に昇進したのをはじめ、(34)薩摩の平忠景の乱、(35)肥前の日向通良の叛乱などを鎮圧し、(36)また筑後守に補任されるなど(37)九州と深い関係をもって活躍してこの地に勢力を築いたらしく、保元の乱にさいしては鎮西より大軍を率いて上洛し、その郎等が淀河尻に充満するほどになったと伝える。(38)そのため、鞆田荘の現地支配には、主として家実らの子息があたるようになったとみられるが、家貞には、年齢順に家継・貞能・家実の少なくとも三人の子息がいた。(39)このうち貞能は、平清盛の「専一腹心者」といわれ、(40)清盛家の政所の家司・家令をつとめて家政支配面で活躍する一方、(41)筑前守・肥後守などを歴任し、(42)その間に鎮西に多くの所領を獲得して勢力基盤をきずき、(43)やがて治承・寿永の内乱期には追討使に任命されて肥後の菊池高直の叛乱の鎮圧に派遣されるなど奮迅のはたらきをすることは周知のとおりである。(44)貞能がこうして父家貞と同じく中央政界や九州を活動舞台にしたのにたいし、家継は「平田入道」「平田冠者」など地名の平田を冠して名乗っていることからもうかがわれるように、(45)弟の家実とともに鞆田荘の地に蟠踞して北伊賀地方の平氏勢力の中核に位置し、これを束ねていたものとみられる。そのことは、治承・寿永の内乱が激化するなかで、平田入道が伊賀国の軍勢を率いて近江源氏の本拠地を攻撃したり、(46)源行家の軍隊の伊賀国への侵入に抗戦したり、(47)さらに、平家都落ち後の元暦元年（一一八四）七月に、伊賀・伊勢地方の平氏残党が叛乱をおこした、いわゆる三日平氏の乱のさい伊賀国の中心になったのが家継・家実兄弟であった(48)ことなどに端的に示されている。したがって、鞆田荘の沙汰人職は、家貞のあと家継・家実らの一統に相伝されていったものと考えられるのである。

ところで、『源平盛衰記』（巻第一）五節の夜の闇討の条によれば、家貞の祖父平貞光は、もと平氏の「御一門ノ末」であったが「正盛ノ時始テ郎等職」になったという。このばあい、『源平盛衰記』という史料の性格からあまり字句を詮索することは疑問であるが、「郎等職」とは、郎等という人格的な従属関係を示す身分呼称と、沙汰人職のような荘園制所職との二つが、混合して表現されたものであろう。したがって、右のようなこの一統の地位からすると、「御一門ノ末」から「郎等職」になるということは、鞆田荘の沙汰人となることを意味したのではなかろうか。とすれば、鞆田荘におけるこの代官支配の体制は、すでに正盛・貞光のときに形成されたものと推測されるのである。これを土地所有の面からみると、貞光は、一族にたいする分割相続にもとづく惣領制の原理とはことなり、平氏の郎等としての主従関係の原理に従属したのであり、この主従関係をはずして独自の所有権を確立することはできなかったと考えられるのである。[49] かれの子孫が代々この地に沙汰人として居住し、地名平田を名字とするようになっても、鞆田荘があくまで忠盛・清盛の所領であったことが、このことを示していよう。

鞆田荘司として最もはやく現われるのは正盛時代の藤七武者である。それはのちに東大寺の預所覚仁が、藤七の荘司のときにはじめて非法がおこなわれるようになったといい、その非法とは、後述する正盛時代の天仁二年（一一〇九）の東大寺領侵略事件を指すものとみられるからである。[50]

山田荘司行末は、「堀河院の御宇、嘉承三年正月二十六日、対馬守義親追討の時、故備前守殿(正盛)の真前懸」けた正盛時代の人物であった。[51] その子息山田小太郎維重、孫山田小三郎維行も平氏の郎等として活躍し、とくに維行は、保元の乱のさい源為朝の弓勢に浮足立つ味方を叱咤激励して矢面に突進し陣没したという。しかしかれは、「身の分限なかりければ、乗替・郎等迄は思ひもよらず、はかばかしき歩足の一人をだにも具せざりけり。纔に馬の口に付きたる舎人男一人ぞありける」[52] といわれた名主層の武士であったのである。かれの祖父行末も、また覚仁から「不知名」と評された藤七武者も、[53] 維行と去ること遠くはない武士であったにちがいない。とすれば、これらの荘司の出自を既述のようにして正盛に結託していった鞆田村・山田村の住人のなかの上層農民に想定することができるであろう。

以上の沙汰人・荘司に関する隔靴搔痒の検討に妥当性があるとすれば、正盛の預所の支配を実質的に支えていたのは、こうした武士団にほかならなかったのである。すなわち、正盛は、荘園関係を設定すると現地に自己の郎等を沙汰人として据えて支配を代行させるとともに、在地の有力農民を家人・郎等に組織しつつ荘司として位置づけ沙汰人を補佐せしめたとみられるのである。したがって、預所―沙汰人―荘司という機構は荘園制知行体系の面からの表現であるが、現実の支配はこうした武士団の権力組織によって実現されていたのであった。それでは、この権力組織はどのような内容をもつものであったのだろうか。

正盛は、農民層の家地・畠地を中核とする土地にたいして自己の「所領」としての所有権を確立し六条院へ寄進したのであるから、正盛に結託した農民層は土地所有を剥奪されたところから出発しなければならなかったのである。このことは、これらの農民層が正盛によって土地を給与ないし預作されるという土地所有を媒介とするきびしい支配＝隷属関係のなかにくみこまれる道がひらかれたことを意味するものであった。正盛はこうした農民層のうちの一部の上層農民を郎等・家人として武士身分に組織することにより権力組織＝武士団を形成したものと考えられる。かくして編成された郎等は、正盛によって生殺与奪の権を握られて、命令を懈怠するものは重科に処せられ、「源氏平氏之習、重科ト申ハ被切頸候也」といわれる[54]非人間的な野蛮な臣従関係を権力的に強要されるにいたるのである。また、かかる支配組織こそが、任期秩満とともに退転を余儀なくされがちな貴族受領層の家領に比して、[55]所領支配をながく維持しえた根本のものであったにちがいない。

さらに、正盛は、それにとどまらずこの軍事組織を背景として、周辺農民のうえにも権力支配を拡大しようとする。たとえば、天仁二年(一一〇九)、正盛は鞆田村で十三町、柘植村で四十余町の田畠を荘域に囲込み、「卌人杣工称作人、併駈仕」する事態を強行した。そのさい、さきの藤七武者をはじめ田堵らが参加し、東大寺をして「誠雖似田堵之対捍、偏是随庄家之進止也」といわしめている点とともに、押領したうちの十五町(十余箇所ともいう)の畠を一、二反ずつ人別に宛作らせている点が注目される。[56]ここには、正盛が郎等・郎従に組織した中間層(上層農民)を槓杆としつつ、周辺農民を自己の作人＝従者として隷属させようとし、従わない農民の土地を収奪して従者に宛作らせている様子がしのばれるのである。こうした正盛の支配は、既述のような農民層の村落結合と、それを基礎とする地域的農民軍を分断し、その抵抗力を喪失させながら農民層をきびしい身分的従属関係の貫徹した軍事的ヒエラルヒーのもとに編成することを志向するものであったといえよう。

ところで、嘉承三年（一一〇八）正月二十九日、出雲国で源義家の次男義親を追討した平正盛がその首をたずさえて凱旋し、都大路をはなばなしく行進した。当日これを見物した中御門宗忠の『中右記』の同日条によると、その行列は、まず義親と四人の従者の首級を鉾にさし、それを五人の「下人」がかかげたのを先頭に、その左右には打物をとり甲冑に身を固めた「歩兵」四、五十人がしたがい、つぎに正盛と降人ひとりがつき、そのあとに「郎等百人・郎従百人」ばかりが剣戟を日にかがやかせ、弓馬をつらねて続いたという。この義親追討事件は、後述するように正盛の政治的生命を大きく左右する事件であったから、この行列には、当時、正盛が動員することのできた私兵（武士団）の最大限の規模と構成が示されているものとみてよい。つまり、その武士団は正盛と猶子の盛康・盛良ら一族のほかに、騎馬武者の郎等・郎従二百人、歩兵四、五十人ほどで構成されているのである。正盛の郎等・郎従が、さきの平貞光・山田荘司行末・鞆田荘司藤七武者クラスの者であるとすれば、この歩兵の供給源を右のような農民軍の解体過程のなかで編成した従者のなかにもとめることができよう。このとき、赤比礼をつけた義親の首をさした鉾を持って先頭を行進したために、「首持」という名が世にひろまった伊賀国住人の清原重国という相撲人なども、(57)そのひとりであったとみられるのである。

鞆田荘において樹立された以上のような権力組織は、東吉助荘をはじめ正盛が獲得した他の所領でも形成されようとしたものと考えられる。しかし、正盛以降も荘域の拡張につとめてきたにもかかわらず、鞆田荘が究極的には六十町を上廻りえなかったことに注目する必要がある。(58)伊賀国北部には、この鞆田荘以外にも、平頼盛の長田荘・六箇山をはじめ、(59)阿波荘・広瀬荘・山田有丸荘などが形成され、(60)のちに平家没官領となっているが、おそらくこのほかにも平家の所領がいくつか存在したにちがいない。ところが、これらの所領荘園のうち、その田畠の規模を推測する手懸りのあるのは、阿波荘・広瀬荘・山田有丸荘であるが、この三荘は合計しても八十余町ほどであって、[61]やはり鞆田荘と同じ程度の規模の荘園であったとみることができる。したがって、平氏の金城湯池の一つといわれるこの北伊賀地方においても、平氏は小規模な所領を散在的に獲得しつつ、そこを拠点に鞆田荘のような形態をとって武士団を形成していったものと考えられるのである。あの三日平氏の乱で、平田入道家継らを中心に戦った平氏残党の軍事力も、そうした武士団の集合体として構成されていたものといえよう。その点で、一郡・数郡にわたる所領をもつ坂東の豪族層武士の大規模な惣領制的武士団とは異なって、平氏の武士団は在地における自生的展開としては大きく発展することができなかったのである。その最も根本的な理由は、やはり既述のような畿内近国の農民層の成長度の高さと多様な形態をとった抵抗がそれを許さなかったことにあったのである。

（1）永長二年八月二十五日六条院領伊賀国山田村鞆田村田畠注文（『平安遺文』一三八二号）、永久三年五月二十五日東大寺解案（『平安遺文』一八二九号）など。また龍粛「六条院領と平正盛」（同『平安時代』所収）を参照。
（2）康和三年九月二十三日堀河天皇宣旨案（『平安遺文』一四五三号）。
（3）『中右記』の康和四年十月から十一月の記事に散見するが、神戸のことは十一月七日条参照。
（4）註（1）に同じ。
（5）永久三年四月三十日鳥羽天皇宣旨（『平安遺文』一八二六号）、永久三年五月二十五日東大寺解案（『平安遺文』一八二九号）。
（6）赤松俊秀「杣工と荘園」（同『古代中世社会経済史研究』所収）。
（7）註（5）に同じ。
（8）以上、永久四年□（三カ）月二十七日東大寺請文案（『平安遺文』一八五四号）、『東大寺別当次第』。
（9）引用史料は順に、康和二年九月二日官宣旨案（『平安遺文』一四三四号）、永久四年□（三カ）月二十七日東大寺請文案（『平安遺文』一八五四号）、東大寺請文案（『平安遺文』一八五七号）。

(10) 頼俊が私領として「私立券」して加地子徴収を強行した所領は、郡図師僧永真が寺家の命令に背いて注し落した寺領の坪付のうちの十余町を中核としていたが、その背後には寺家をして「田堵等同心似謀計、所為甚以非常也」（『平安遺文』一三八四号）といわしめた田堵らの動向があった。『平安遺文』一二〇二号・一三八四号・一三八五号・一四六八号等の文書を検討すると、結論的に右のようにいえよう。

(11) この荘園は、正盛から子の忠盛、孫の頼盛に伝領され、平家没官領として源頼朝の手に帰した。しかし、寿永三年四月五日の源頼朝下文案（『平安遺文』四一五一号）によれば、頼朝から頼盛に返還された所領の一つに含まれている。本荘が正盛の時代に預所職を留保して六条院に寄進されたとみられる点については、安貞二年二月二十日平光盛譲状案（『鎌倉遺文』三八一〇号）、寛喜元年六月円性処分状（『鎌倉遺文』三八四一号）などによりうかがわれる。なお、本荘については『三重県の地名』（日本歴史地名大系24）四八六頁参照。

(12) この点については、高橋昌明『清盛以前』八〇～八一頁参照。

(13) 『長秋記』元永二年六月十九日条。

(14) 『兵範記』同日条。

(15) 石母田正「院政期の一つの特質について」（同『古代末期政治史序説』所収）。

(16) この点の私見は、拙稿「形成期における中世村落の特質」（『ヒストリア』四二号）参照。

(17) この事件については、津田信勝「平安中期における農民闘争―伊賀国黒田荘の天喜事件をめぐって―」（『日本史研究』一二五号）、川島茂裕「寛徳荘園整理令と天喜事件」（『日本史研究』二二七号）など参照。

(18) 天喜元年三月二十七日官宣旨案（『平安遺文』七〇一号）。

(19) 天喜元年八月二十六日官宣旨案（『平安遺文』七〇四号）。

(20) 天喜三年十月九日伊賀守小野守経請文（『平安遺文』七三二号）、天喜四年三月二十七日伊賀国黒田荘工夫等解（『平安遺文』七八一号）。

(21) 註(20)の伊賀守小野守経請文。

(22) 註(20)の伊賀守小野守経請文、および天喜四年十一月十一日伊賀守小野守経解（『平安遺文』八二〇号）。なお、地域的連合の範囲は、天喜四年三月二十七日伊賀国黒田荘工夫等解（『平安遺文』七八一号）にみえる没官地の範囲が一応の手懸りになる。

(23) 承安五年五月二十三日伊賀国黒田荘官等請文（『平安遺文』三六八七号）。
(24) 天承二年四月十日威儀師覚仁解（『平安遺文』二二二一号）。
(25) なお、前記の木造荘も六条院へ寄進されたとみられる点については註(11)参照。
(26) 以上『中右記』永長元年八月七日、八月九日、同二年十月十四日条、および龍粛前掲論文(註1)参照。なお、『中右記』の永長二年八月十二日条によれば、この頃、「故女院御所六条殿已被成御堂」とみえて御堂が建立され、女院の封戸を生前のようにこの御堂に附して仏聖燈油の料や奉仕する男女の衣粮に宛て、法華三昧、阿弥陀護摩を勤修する措置がとられており、御堂を維持経営するための方策が講じられはじめていたことがわかる。正盛が鞆田荘田畠坪付注文を作成しているのは、この頃、すなわち八月二十五日であり(註1参照)、所領を寄進したのは落成供養の一ヵ月後である。したがって、正盛のこの機敏な行動は、とてもかれの個人的な判断のみでなされたとはおもえず、六条院と関係の深い院近臣の助力がはたらいているものと考えられる。この点について『延慶本平家物語』（四―十四、三井寺より山門南都へ牒状送る事）所引の興福寺牒のなかに、正盛が若いころ加賀守藤原為房や播磨守藤原顕季らの院近臣の受領の郎等として仕え、「検非違所」や厩別当などに任命されたと記していることなどから、正盛と白河上皇との関係を媒介した人物として、橋本義彦「白河法皇」（『人物日本の歴史三巻』所収）は藤原為房をあげ、上横手雅敬『平家物語の虚構と真実』（三〇～三二頁）は藤原顕季と祇園女御であったとする。両説の当否はにわかに決定しがたいが、六条院がもとは藤原顕季が造営して白河上皇に献じたものであり、寛治五年八月八日に修理して白河上皇と郁芳門院を迎えたのも顕季であること（『為房卿記』同日条）、郁芳門院の別当などもつとめていること（『中右記』寛治七年二月十日条など）、さらに、長治二年三月十七日には仁和寺中堂内に故郁芳門院のために九体丈六阿弥陀仏像を造立安置していることなど（『中右記』同日条）、顕季は郁芳門院ときわめて緊密な関係にあったので、この六条院御堂の建立にも関係していた可能性がつよい。したがって、正盛の六条院への寄進を仲介し、白河上皇に結びつけた人物としては藤原顕季とする方が妥当であろう。
(27) 保安四年九月十二日明法博士勘状案（『平安遺文』一九九八号）によれば、右弁官史生上野則元が鞆田荘の立券状を作成したのは、永長二年十一月十一日のことであった。
(28) なお、『京城万寿祥寺記』（『大日本史料』永長二年十月十四日条所引）によると、このとき藤原国明も近江国田井郷を六条院に寄進したという。

(29) 保延三年十月十二日美作守平忠盛下文（『平安遺文』二三七七号）。
(30) 天承二年四月十日威儀師覚仁解（『平安遺文』二二二一号）。
(31) 天承二年四月十六日備前守平忠盛下文（『平安遺文』二二二二号）。
(32) 寿永二年閏十月二十一日後白河院庁下文案（『平安遺文』四一一四号）。なお、註(31)の文書につけられた後年の付箋にも「忠盛所成送此下文等也、然而家貞等不用之、遂被押籠了」とみえる。
(33) 保延五年三月二十三日美作守平忠盛下文案（『平安遺文』二四〇七号）、左衛門尉平某下文案（『平安遺文』二四〇八号）。
(34) 『中右記』長承三年閏十二月十二日条。
(35) 『吾妻鏡』文治三年九月二十二日条。保元の乱の前後数年間にわたっておこったこの乱については、石母田正「内乱期における薩摩地方の情勢について」（同『古代末期政治史序説』所収）参照。
(36) 『百錬抄』永暦元年五月十五日条、『源平盛衰記』（巻第二、日向太郎通良懸首事）、など参照。
(37) 註(35)に同じ。なお『古活字本保元物語上』、『平治物語上』などにも筑後守とみえる。
(38) 『保元物語下』為朝生捕り遠流に処せらるる事。
(39) 『尊卑分脈』、『玉葉』治承四年十二月一日条など。
(40) 『吾妻鏡』文治元年七月七日条。
(41) 『玉葉』治承四年二月二十日条によれば、平清盛が大輪田泊を修築するさいにだした「入道太政大臣家」の解状に、「前筑後守貞能」が「家令」として署名している。また、後述する備後国太田荘では筑前守平貞能が、清盛の家司としてその支配に関与している（『平安遺文』四八六四〜四八六八号）。
(42) 『兵範記』仁安四年正月十一日条、『吉記』寿永二年六月十二日条など。
(43) 『吾妻鏡』文治元年五月八日条。
(44) 上横手雅敬「小松殿の公達について」（『和歌山地方史の研究　安藤精一先生退官記念論文集』所収）。
(45) 『玉葉』『百錬抄』治承四年十二月一日条、『吉記』寿永二年七月十六日条、『山槐記』元暦元年七月十九日条など。
(46) 『玉葉』『山槐記』『百錬抄』治承四年十二月一日条。
(47) 『吉記』寿永二年七月十六日条。

(48)『玉葉』元暦元年七月八日、二十一日条。文治二年七月東大寺三綱大法師等解案（『鎌倉遺文』一三三号）、『源平盛衰記』（巻第四十一）など。
(49)在地武士団のあいだで、身分的な主従関係をはずして従者の土地所有がなりたたないものとする中世的な関係が成立しはじめていることを示す例としては、たとえば、紀伊国伊都郡の坂上氏と家人とのばあいなどがある（『平安遺文』一二七一号）。なお、この坂上氏についての私見の詳細は、拙稿「荘園制支配の形成と僧団組織―金剛峯寺と官省符荘をめぐって―」（大阪歴史学会編『中世社会の成立と展開』所収）参照。
(50)永久三年四月三十日鳥羽天皇宣旨（『平安遺文』一八二六号）。なお、この事件がのちの訴訟において最初の侵略事件とみられていることは、寿永二年閏十月二十一日後白河院庁下文案（『平安遺文』四一一四号）参照。
(51)『古活字本保元物語中』白河殿へ義朝夜討ちに寄せらる、事。
(52)『保元物語中』白河殿へ義朝夜討ちに寄せらる、事。
(53)註(30)に同じ。
(54)『古事談』第一王道后宮。
(55)村井康彦『古代国家解体過程の研究』三八二頁。
(56)以上、註(5)に同じ。
(57)『長秋記』天永二年八月二十一日条。なお、この人物については、戸田芳実『中右記―躍動する院政時代の群像―』二二八頁以下参照。
(58)註(32)に同じ。
(59)『吾妻鏡』元暦元年四月六日条。
(60)建久元年十二月十二日源頼朝下文（『鎌倉遺文』四九七号）、建久元年十二月後白河院庁下文（『鎌倉遺文』五〇一号）。
(61)建仁元年三月伊賀国在庁官人解案（『鎌倉遺文』一一九一号）。なお、清水正健『荘園志料上巻』四〇二一～三頁、『三重県の地名』（日本歴史地名大系24）七四一頁など参照。

二　院政政権と平氏武士団

平氏一門は、以上のような武士団を基盤にしながら中央政界へ進出していくのであるが、しかし、もとよりこのことは、在地における武士団のいわば自生的発展の必然的な帰結として、平氏の政治権力ないし政権が形成されることを意味するものではなかった。平氏政権なるものは、こうした平氏武士団を政治権力に結びつけやがて国家権力に関与するにいたらしめる客観的な歴史条件が存在し、その条件のなかで平氏がみずからの実力基盤と権力組織を拡充することによってはじめて「政権」形成への道を歩むことができたのである。そのさいやはり最も注目すべきは、平氏武士団と院政政権との結合関係と、それが国家権力のなかでしめた政治的役割と意義の問題である。

この問題は、源平武士団＝武門の棟梁が、院政期の国家権力や政治権力のなかでどのような役割と位置をしめたのかということに直接かかわるものであるが、序章でも指摘したように解明がおくれているのが実情であるといえよう。この点については、源平武士団の棟梁を、古代国家権力（＝デスポティズムとしての院政）の傭兵隊長、つまり「院の命令を執行する傭兵隊長の役割と地位―『世の固めにおわす筋』―以上のものではない」と位置づけた石母田正氏の見解[1]に対置しうるだけの具体的な研究はまだないとおもうのである。そこで本節では、まず院政政権と平氏武士団の連繫の意味内容を院政政権の政治的性格との関連で考え、ついで平氏による院領支配の実態をとりあげて平氏の権力基盤の形成過程を具体的に分析することによって、平氏武士団がこの時期の国家権力ないし政治権力のなかでしめた役割と意義の問題について考察したいとおもう。

（1）院政政権と平氏武士団との連繋

院政政権と平氏武士団との連繋の問題をとりあげるにあたって、ここでは主として、白河院政と平正盛・忠盛との関係に焦点をあわせながら検討していきたい。既述のごとく、正盛による所領の獲得と武士団の形成が、白河上皇との荘園関係の設定を不可欠の要件にしており、しかも六条院御堂への寄進が白河上皇への接近を意図するものであった以上(2)、正盛が院の忠実な従者として登場してくるのは当然であった。したがって、正盛が所領を院領に立荘したこと自体が、白河上皇の家産制支配組織のなかに編成されたことを意味していたのである。だが一方、なぜ白河上皇は正盛をつよく引級し、その武士団の育成をはかろうとするのであろうか。そこには、院政政権の政治権力としての性格自体のなかに内在する要請があったとみられるので、まず白河院政の成立をめぐる政治的状況を整理しながら、白河上皇が平氏武士団と連繋していく理由を吟味したいとおもう。

応徳三年（一〇八六）十一月、八歳の堀河天皇を即位させ、その後見的立場から国政に関与していった白河上皇にとって、院政への道はけっして坦々たるものではなかった。院政が発足した当初の天皇家領は摂関家に比べてはるかに狭小であり(3)、北面の武士の武力的意義もほとんどなくて(4)、その政治権力をささえる独自の軍事的経済的基盤はまだ弱小であった。上皇を囲繞する政治勢力として中下級貴族出身のいわゆる受領層が存在した。白河上皇はこれらの貴族を院近臣として院庁に組織するとともに院分受領に任命し、かれらは諸国を掠奪しつつ荘園整理令を片手に荘園の停廃をおこない、「国司密々皆実所被立也、嘲哢無極」といわれたごとく(5)、新たに院への荘園寄進の仲介者となり、院領の形成に大きな役割を演じたのは事実であった(6)。その意味でかれらは、院政政権の経済的支柱の一つをなし、それを存続せしめる基盤を構成するものであったといわなければならない。しかし受領層は、みずから独自の権力基盤をもたなかった点で、院政政権の決定的な支柱になりうるものではなかった。かれらのはたした経済的役割というのも、白河上皇の政治権力によって受領に任ぜられてはじめて可能なのであり、したがって、かれらはあくまで院権力に寄生することによってのみ存在しえたのであって、白河上皇の政治権力そのものを基礎づけるうえで十全な推進力をなすものではなかったからである。(7)それゆえ、白河上皇は天皇の後見的立場と分身的権威を主張することをよりどころとして国政に関与し、その政治権力を形成してゆかねばならなかったのである。その立場と権威によって国政上に振いえた力は少なくなかったが、しかしこれも政治上オールマイティーのものではなかった。

院政は、上皇(太上天皇)が政務の実権を掌握し国政を主導する政治形態であって、摂関政治とは大きく異なる特色をもっていた。摂関政治が形式的にせよ、天皇から摂政・関白に任命され執政を委託されておこなわれるのにたいし、院政は公の地位を退いた上皇が、天皇家の家長であり、天皇の尊属親であるという立場を主張しつつ、天皇の後見人として国政に発言し関与していく政治形態であった。したがって、こうした院政の出現は、従来の摂関政治のあり方に変容をせまるものであったから、当然、摂関家勢力のつよい抵抗をひきおこしたのである。白河院政は、その成立の当初から関白氏長者藤原師通をはじめとする摂関家勢力の抵抗に遭遇しなければならなかった。多数の荘園や武力等の権力基盤をもつ摂関家の総帥として藤原師通は、院に非理あるときは道理を申すべしといい、(8)「おりゐの帝の門に車たつる様やはある」(『今鏡』紅葉御狩巻)との政治的立場に立って堀河天皇を推戴しつつ、白河上皇が国政に関与することを制御して摂関家の国政主導権の確保につとめ、「嘉保永長間、天下粛然」たらしめたのであった。(9)この師通の国政観は、天皇こそが国政を統治する主体であり、摂政・関白がそれを輔弼していく政治形態が正統であることを主張しながら、上皇が国政に関与すること=院政を否定しようとするものであった。そうした国政観は、ひとり師通だけでなく、その後もながく摂関家のなかの反院政派の国政観としてひきつがれていくのであって、白河上皇以下の歴代の院政の主はそれに対抗しながら国政に関与し主導権を

掌握していかなければならなかったのである。(10)

さらに、かつて東宮を予定された後三条天皇の第三皇子たる三宮輔仁親王は、東宮の地位に執着をもちつつ依然として健在であり、しかも聡明の聞えは年とともにあらわれて、村上源氏一族をはじめこれを推戴しようとする政治勢力も少なくなかった。(11)六条院領のなかに包摂された神戸のことをめぐって、平正盛と伊勢神宮祭主とが相論していた頃、すなわち康和四年（一一〇二）十月、院中に非凡の手跡で、「仏法ハ以火可滅、王位ハ以軍可止、其期十月十七、廿五、十一月五日也」との落首がなされて衝撃を与えた。(12)康和四年といえば、藤原師実・師通の死去にともなう摂関家勢力の動揺をついて、「近代公卿廿四人、源氏之人過半歟」といわれ、(13)「堀川院被疾病也、天下帰心三宮」と評されたときで、(14)皇子の誕生をみない堀河天皇の病気をめぐって輔仁親王を支持する村上源氏らの反院政勢力の動きが活発化しはじめるときであった。堀河天皇の後見的立場と権威をよりどころとして国政に口入していった白河院政にとっては重大な危機のときであった。一方、仏法の側では、興福寺と東大寺の大衆の抗争が、前月に合戦にまで発展した影響によって維摩会の執行が混乱するという事態にたちいたっていた。(15)この落首が何人の手になるものかは明確でないが、まず反院政派の人物によるものとみてよいであろう。王位とはこの皇位継承問題を、仏法とは興福寺・東大寺の合戦に代表される寺院勢力の武力抗争と抵抗を指しているものとおもわれる。軍を以て止むべしといい、火を以て滅すべしというのは、ともに武断的な措置を主張した内容であるが、これは当時の白河院政の弱点の一つを端的についたものといわなければならない。すなわち、武力＝軍事力であった。

こうした政治状況のなかで、白河院政は他の権門や政治勢力と抗争し、これを牽制しながら形成してゆかなければならない政治権力であったのである。したがって、政治権力としての院政は、人民支配の面においてはもとより貴族階級の間に伍しても国政上不可欠のものとして要求される存在ではなく、また国家権力を統一的に掌握する専制君主でもなかったといえよう。このことは、たんに政治的状況ばかりでなく、政治的権能の面からも指摘することができる。院政の拠点をなす院庁は、国家の公的行政機構ではなく、摂関家の政所などと同じくあくまで上皇の私的な家政執行機関であって、そこからだされる院庁下文などの文書も天皇の宣旨や太政官符にかわる政治的効力をもつものではなかった。(16) また、たしかに上皇は国政上の重要問題に関して院宣をだして口入するが、しかし、右にみてきたような政治的状況のもとでは、院宣がそれ自体で国政上に決定的な権能を発揮しえたかどうかは疑問としなければならないからである。(17) かつて石母田正氏は、院権力のデスポティックな性格を指摘しつつ、「実質上はいわゆる『治天之君』として全権力を集中しながら、形式上はあくまで天皇の後見として存在したのである」とのべられた。(18) しかし、以上のような点からみて、これとは逆に、国家権力のなかにおける院政の位置は、実質上は天皇家の家長として存在する権門が他の権門勢力を牽制しつつ国政に関与し、これを主導しようとする政治形態であったと考えられるのである。

院が国家権力を全体的に集中する統治者ではなかったとすれば、白河上皇はどのような仕方で国政上における主導権を獲得し維持していこうとしたのであろうか。それには、太政官をはじめとする国家権力機構のなかにみずからの政治勢力を配置・拡充し、それを媒介として掌握する以外にないのであるが、そのばあい、現象的には二つの仕方（方法）がとられた。一つは、院が家産制的に支配・組織している院近臣や家産制軍隊の長などを国家権力機構のなかにおくりこむことであり、もう一つは、貴族・武士らを新たに院司や院近臣として組織してゆくことである。しかし、この方法は、いずれも、院の家産制支配下にある勢力を国家権力機構のなかに配置・拡充し、それを媒介にして他の政治勢力を抑えて国家権力の主導権を掌握しようとするものであったといえるのである。つとに橋本義彦氏はこの点を示唆しつつ、白河・鳥羽院政期をつうじて、院は内蔵頭・修理大夫・大蔵卿・蔵人頭などの「朝廷の枢要な官職」に院近臣を配置しようとしつづけたことを指摘されたのであるが、(19) それは右のような院の方策の一環として把握することができるであろう。白河法皇がその死にさいして、「任意、不拘法、行除目叙位」とか、「依男女殊寵多、已天下之品秩破也」との辞を与えられたのも、上皇がいかに権謀術数をもってその強行につとめたかを証示するものにほかならない。しかして、院政による政治運営がこうした寵臣・策士による権謀術数と陰険な暗闘としてあらわれるのは、かかる院政の政治権力としての本質から生じるものと考えられるのである。したがって、「治天之君」と評される院の一見専制的な性格も、こうした基盤のうえに立って国家権力を壟断している一つの政治的状況ないし現象なのであった。だが、もとより国家権力を主導するということは、他の貴族政治勢力を圧迫することによってのみ実現しうるものではない。この時期には、国家権力機構そのものが、在地における諸階層の階級闘争などによって次第に執行能力を喪失していく危機に直面し、貴族階級を震駭せしめつつあったのである。たとえば、既に院政期前夜の天喜四年（一〇五六）、既述のような黒田・玉滝荘の住人の抵抗に遭遇した伊賀国司小野守経が太政官に提した解などは、このことを如実に示している。この解のなかで小野守経は、太政官と検非違使の支援をつよく要請しつつ、昔は詔使に対捍した者は国司が八虐罪に処することができたが、逆に現在では国司が射害されようとしている、もし支援がなければ州民に射害されようとしている国司はどこに身を入れたらよいのかと嘆願したのであった。[21]

こういう貴族階級の支配と存立をささえる国家権力機構をますます多方面から脅かす社会的矛盾が激化するのに比例して、貴族階級は人民支配の武力装置や執行権力を強化せざるをえない状態に追いこまれていたのである。いやしくも国家権力を主導しようとする者は、当然かかる事態との対決を避けることはできないのであった。したがって、白河上皇が国政における主導権を獲得し確保してゆくためには、除目叙位に専権を振い、「受領十五ケ国之中、候院之輩七人、多任熟国」といわれるほど受領の補任に狂奔するだけでは不十分なのであって、こうした国家権力の構造的危機に対決しうる能力のあることを他の権門勢力や貴族層に承認あるいは幻想させる必要があったのである。そして、この点においてこそ白河上皇はみずからの政治権力を維持するために執行権力の支柱、すなわち武力の増強を要求されていたのであった。白河院政の側よりみるとき、平正盛が院によって国家権力の尖兵として登用される歴史的背景は、以上のようなものとして理解されるのである。

その正盛が武名を一挙に高めたのは、さきの源義親の追討事件によってであった。義親は、対馬守のとき九州で人民を殺害し公物を掠奪するなど不法・濫行をはたらいたため、対馬守を解官され隠岐に配流されていた。[23]ところが、その後、海をこえて出雲国に上陸し、国守藤原家保の目代と従者七人を殺害し、調庸物を奪うなどの挙にで、近隣の国々からも義親に同意する者がではじめる気配さえみられだしたため、白河上皇の推挙により、嘉承二年(一一〇七)十二月十九日に因幡守平正盛にたいして、近境の国々の兵士を催して義親を追討すべしという宣旨が下されるにいたったのである。[24]追討使に任命された正盛は、すぐさま前記のような武士団を率いて京都を進発し、はやくも翌天仁元年正月十九日には、同月六日に出雲で義親を討ち、義親と従者五人の首をあげたという報告を京都にもたらしたのであった(『中右記』同日条)。正盛はみずからの武士団を中核に、出雲など近隣の国々から国衙をつうじて動員した兵士を指揮して義親を撃破したのであろう。この報告をうけた白河上皇は、正盛の上洛もまたずに、すぐさま勧賞について審議するよう指示し、二十三日陣定をひらいて正盛の勧賞を評議せしめ、翌二十四日の春の除目において、正盛を因幡守から但馬守に遷任し、猶子の盛康・盛良もそれぞれ右衛門尉・左兵衛尉に昇任させたのであった。[25]白河上皇のこの勧賞と人事について、中御門宗忠は『中右記』の二十四日条のなかで、

是追討悪人義親之賞也、彼身雖未上洛、先有此賞也、件賞雖可然、正盛最下品者、被任第一国、依殊寵者歟、凡不可陳左右、候院辺人、天之与幸人歟

と評し、また重ねて、「雖軍功、而最下﨟身被任第一国、世不甘心、就中未上洛前也、依候院北辺也」と記したの

ち、さらに、この除目での受領全般の補任に関して、正盛だけでなく補任対象となった十五ヵ国のうち院近臣の七人が多く熟国に任ぜられたことについて「頗違乱、壊道理事、只仰天道許也」とはげしい批難の言葉を書きとどめている。こうした状況のなかで、同月二十九日に平正盛は武士団を率いて華々しく凱旋し、白河上皇や中御門宗忠らも、その武勲を誇示する行列をひそかに見物したのであるが、しかし、正盛が誅したはずの義親の生存がその後もしばしば喧伝されるなど、(26)この義親追討事件には策謀めいた謎がつきまとうのであった。

さて、この源義親追討事件をめぐる白河上皇の強引な人事や勧賞のなかには、上皇がみずからの家産制支配下にある私兵や院近臣を国家権力機構のなかに配置・拡充し、それを媒介として国政の主導権を掌握しようとする方策の一端があざやかに示されている。すなわち上皇は、北面の武士である平正盛（家産制軍隊の長）とその一族を追討使に擢用し、その武功を顕揚することによって他の政治勢力に掣肘を加えつつ、国家権力の危機に対決しうる主導者であることを誇示しながら、正盛らを兵衛府・衛門府などの国家の軍事機構や、地方行政支配機構の要である受領などに強引に配置していったのである。こうした上皇の正盛一族にたいする引級は、すでにこれ以前からみられるのであって、猶子の盛康は康和五年（一一〇三）四月八日に刑部丞に補任されたあと、わずか九ヵ日で兵衛尉に任じられ、頗るその謂なし、と上皇の強引な人事が批判されている。(27)慈円が『愚管抄』（巻第二）のなかで、北面の武士について、白河上皇のときに「院中ニ上下ノ北面ヲ置レテ、上ハ諸大夫・下ハ衛府所司允ガ多ク候」とのべているのは、白河上皇が北面の武士を拡充し、それを国家の公的武力機構のなかに配置することに腐心していたことを物語るものであろう。創設当初はほとんど武力的意義をもたなかった院北面は、はやくも元永元年（一一一八）五月に延暦寺大衆の嗷訴に備えて賀茂河原に派遣された人数だけでも「候北面人々郎等及千余人」と記されるまでになっており、(28)短期間に急激に増加していることがわかるのである。

その後、正盛は院北面の中心的位置をしめるとともに、検非違使として頻発する寺院大衆の嗷訴の防衛や強盗の追捕に、追討使としては、永久二年（一一一四）に伊予国の海賊を召し進め、[29]元永二年（一一一九）には肥前国の仁和寺領藤津荘の荘司平直澄を追捕するなど、[30]国家権力の爪牙として遺憾ない活躍を示していった。また、忠盛も、はやくも十八歳のときに院武者所の宗友らと盗賊夏焼大夫を討って従五位下に叙せられたのをはじめ、[31]父にしたがいつつ奮迅のはたらきをする。大治四年（一一二九）には、山陽・南海道の海賊を制圧し、[32]やがて鳥羽院政期になると、保延元年（一一三五）には西海の海賊を討つなど[33]武門の名を高め、ついに刑部卿にまでなって国家権力の中枢部へ進出していくのである。

だが、すでに白河院政のときに、平氏武士団は院の政治権力をささえる不可欠の武力的支柱になりあがっていた。後年、天皇親政論者たる太政大臣藤原伊通が、二条天皇に提した政治意見書『大槐秘抄』のなかでのべた言葉をかりるならば、

白河院のよおしろのごとくまきてもたせおはしましたりしが、なお武者をたて、おほよそたゆませおはしまさざりしに候。仰候けるは一条院はよのおこの人にて有けるときくに頼義を御身をはなたでもたりけるがきはめてうるせくおぼゆるなり。我まもれとこそ忠盛にはおほせさぶらひけれ。禁中はよるはひし〳〵としてこそ候けれ。

というのであった。この評は忠盛の死後七年たってのものであるが、白河院政と平氏武士団との連繫の政治的意味を端的に表現したものといえるであろう。それと同時に、伊通のこの意見は、いまや院であれ、天皇であれ、摂関であれ、国家権力を主導しようとする者は、その政治権力の構成要素として武門をくみこみ、それによって補強されなければならないことを、当時の貴族層がはっきりと認識していたことの一証左でもあるのである。

こうして正盛・忠盛が、国家権力の武力機構に進出して活躍する一方、院分受領として西国の諸国を歴任したのは周知のとおりである。正盛は隠岐守のあと、若狭・因幡・但馬・丹後・備前・讃岐などの国司となり、若狭・

備前はこれを重任した。忠盛も伯耆守をはじめとして、白河・鳥羽院政下において越前・備前・美作・尾張・播磨などの受領に補任されるのである。(34) もとより、この受領の歴任が院の推挙とそれに応えた正盛・忠盛のたゆまぬ経済的奉仕のうちにおこなわれたものであることはいうまでもない。しかし、より根本的な原因は、在地における諸階層の台頭と闘争によって国衙権力機構が危機に直面し、もはや既存の権力では支配が困難になった状勢のなかで、院が本格的な武士を受領に登用し、その武力によって支配を実現せざるをえなくなったことにもとづくものと考えられるのである。正盛や忠盛が受領を歴任した西国、とりわけ瀬戸内海沿岸地域で、この時期に最も重要な政治課題の一つになっていたのは、いわゆる海賊の跋扈であって、かれらが追討使に任命されたのも、ほとんどのばあいがその鎮圧を目的とするものであった。瀬戸内海の海賊は、西国一帯から畿内に輸送される物資を狙って古くから出没していたけれども、十一世紀後半から跳梁する海賊は、その主体の階級的性格、村落住民との関係、分業流通との関わりかたなどの面できわめて大きく変貌していた。

保延元年（一一三五）四月に、備前守平忠盛を西海の海賊の追討使に任命するに先きだって公卿が海賊追捕の策を評議したさい、国司をつうじて沿岸諸国の武士に命じて海賊を追捕する方法を提案した者がいた。そのとき、権中納言源師時が反対して、諸国の猛勢の輩はそれぞれ海賊を好むのが現状であって、事実、ごく最近も周防国司が海路上京しようとしたところその国の武士が海賊と称して襲撃しており、これは他国でも同様な事態にある。したがって、名の知られた国々の武士に交名を差出させ各人に宣旨を下せば海賊行為を慎むであろう、という意見をのべている。また、「海賊首所々庄々住人」であり、首領の親類の者たちは皆在京していると指摘する者もあった。(35) ここには、当時政治問題化していた海賊の実態の一端がうかがわれる。第一に、かれらはそれぞれの国で名の知られた武士（在地領主）であった。しかも、その海賊行為がたんなる運送物資の掠奪だけでなく、国司襲撃にも向けられていたことは、この時期に激化しつつあった受領の支配と収奪にたいする在地勢力の抵抗と共通する基盤にたっていたことを示している。第二に、その親類の者たちが皆在京しているという点は、かれらが京都と在地とを結ぶ交通運輸や流通経済の面と深い関わりをもっていたことを意味する。西国の在地領主層は、所領支配のみならず、流通経済への一定の参加と動産的富の蓄積を前提として成立してくるが、瀬戸内海地域の在地領主のばあい、遠隔地間流通への参加がとくに積極的で「京・田舎往反」の者が多かったことはすでに指摘されているとおりである。(36) したがって、この時期における海賊の横行の背後には、こうした在地領主層による海上交通機能の掌握と瀬戸内海流通の支配の展開という問題があったとみなければならない。だが、海賊の跳梁は、かかる在地領主層の動向ばかりでなく、瀬戸内海沿岸の海民・住人の成長とも密接な関係があった。海を生活の場とし、漁業・塩業・交通などから掠奪までを生業とする海民の存在形態はきわめて多様であるが、(37) かれらは次第に沿岸の要地に定着し農業生産との結合を深めながら分業を発展させつつあった。とくに十一世紀中頃から御厨の供御人・供祭人や寺社の神人・寄人などの身分を獲得して積極的な活動をする者が激増してくる。その典型的な事例の一つとして摂津国河辺郡の長洲御厨のばあいをあげることができよう。

この浜にはもと中央権門の散所として三十余人の漁撈人しか住んでいなかった。ところが、応徳元年（一〇八四）、鴨御祖社の御厨となり供御人として検非違使庁や国衙などの課役免除の特権を獲得すると、(38)「海中網人」「携河漁輩」が多数来往し、(39) 新開田もひらけ、はやくも元永元年（一一一八）には神人三〇〇人・間人二〇〇人・浜在家数百宇に増加し急激に漁村として発展する。(40) かれらは、鴨社の神人・供祭人としての特権を利用しつつ瀬戸内海を往来して漁業・運輸・交通などの経済活動を展開していくが、なかには有力住人を中心に武装した徒党を組み、沿岸諸国の国衙と争い、現地住民に濫行・掠奪などをはたらく者もあった。そのため、すでに寛治五年（一〇九一）には讃岐国司から訴えられ、濫行禁止の綸旨が二度までもだされている。(41) かれらの行動は海賊に近いのであるが、それが右のような住民の成長と海上における経済活動の進展を基盤として派生してきたものであった点に注目しなければならない。こうした神人の形態をとった経済活動は、ひとり長洲御厨のみならず、多少の程度の違いはあっても、播磨の室御厨・塩屋御厨・遠石別宮・松原別宮、備前の利生荘、周防の伊保荘をはじめ瀬戸内海沿岸の御厨や荘園では広範囲に展開されていた。(42)したがってそこには、たとえば永久二年（一一一四）に追捕された海賊のなかに祇園神人と称する者がいたように、(43)たえず海賊的な行動が生みだされてくる可能性がはらまれていたのである。

海賊行為そのものは、もとより非生産的な掠奪であるが、しかし、こうした在地諸階層の台頭と経済活動の発展を基盤としていた点で、その抵抗や闘争と深いところで関連しており、瀬戸内海地域におけるその象徴的な表現の一つであったとさえみることができる。それゆえ、中央政府にとって、もはや既存の権力でこれらの海賊を鎮圧して支配を実現することがきわめて困難になっていたのであった。ここに正盛・忠盛らのより強力な武士団の棟梁を追討使や国司に登用し、その武力に依存して支配を実現しなければならない最も根源的な理由があったのである。

さて、追討使や受領になった正盛・忠盛は、その権限を最大限に利用しながらみずからの権力基盤を形成・拡大していった。元永二年（一一一九）十二月、正盛が肥前国の藤津荘司平直澄を追討しその首をもって上洛した際の随兵一〇〇人は、「多是西海南海名士也」といわれており、(44)すでにかれが瀬戸内海から九州沿岸にかけての有力武士を権力編成しつつあったことをうかがわせる。忠盛もまた、保延元年（一一三五）に西海の海賊の首領日高禅師を追討したとき、自分の家人になったものは許し家人でないものを賊と称して捕えたと指弾されたごとく、(45)抜け目なく権力基盤の形成につとめたのであった。追討使のような臨時の役目についてさえ、あざとく権力組織の拡充につとめるのであるから、まして受領を歴任するあいだには、「諸国宰吏停往古之神社仏寺領、新立権門勢家之庄、甚以非常也」といわれた(46)受領層と同じく院への荘園寄進の仲介者となり、たとえば前記の鞆田荘のような形態をとって権力組織を形成していったものと想定されるのである。とくに備前国のように受領の在任が長期にわたるところではそれが顕著であったと考えられる。備前国において、正盛は永久元年（一一一三）頃から保安元年（一一二〇）十二月に讃岐守に遷任するまで、忠盛は大治二年（一一二七）十二月から美作守に遷る保延二年（一一三六）頃まで国守の任にあった。(47) その間、正盛は白河上皇の法勝寺に蓮華蔵院を造進し、忠盛が鳥羽上皇のために得長寿院を建立して内昇殿を許されるなど、在任中の収益によって院に積極的に奉仕しその地位を上昇させるが、他方、在地武士の権力編成にもつとめている。保元・平治の乱のさい、平清盛は伊勢・伊賀・河内などの畿内近国と瀬戸内海地域の武士を主力として戦ったが、このとき、備前国の難波二郎経遠・同三郎経房兄弟、備中国の妹尾太郎兼安、讃岐国の大木戸八郎らが参加して奮戦した（『保元物語』『平治物語』）。難波一族は備前国西南部を本拠とし、妹尾一族は備前に近い備中東南部の妹尾郷を本領とする武士で、その後も清盛の郎等としてめざましい活躍をすることは『平家物語』などによってよく知られている。(48) これらの武士は、おそらく正盛・忠盛が備前・讃岐などの国守を歴任したあいだに組織化していたものであったと考えられるのである。仁平三年（一一五三）正月十五日、平忠盛が没したとき、左大臣藤原頼長は、「経数国吏、富累巨万、奴僕満国、武威軼人」と評した（『宇槐記抄』同日条）。この言葉は、忠盛が西国の受領を歴任する間に、収奪によって巨万の富を築くとともに任地の在地領主を家人・郎等などに編成しつつ権力基盤を構築していったことを物語るものであろう。

かくして、正盛・忠盛は、貴族階級が激化する社会的矛盾にたいしてみずからの支配と存立を維持するために、中央・地方の国家権力機構への武士の広範な登場を拡大再生産しつづけざるをえない情勢の中で、院による支配体制の樹立に奉仕するものとして政治権力と結びつき、国政の高みへのしあがる道をひらかれたのであった。

（2）　院領荘園の支配と平氏

大治四年（一一二九）七月、白河上皇が没してその院政が幕をとじ、鳥羽院政がはじまると、白河上皇の寵臣として権勢を誇った藤原顕盛らが失脚するなど院近臣のあいだに隆替が生じるが、しかし、平忠盛の地位は揺るがなかった。忠盛は、翌年正月の鳥羽院政下における最初の叙位で院の御給として正四位下に昇叙され、長承元年（一一三二）三月には、得長寿院を造進した功によって内昇殿を聴され、中御門宗忠をして「此人昇殿猶未曽有之事也」といわしめている。(49)やがて、保延元年（一一三五）四月中務大輔、ついで右京大夫となり、天養元年（一一四四）十月正四位上、久安五年（一一四九）八月内蔵頭、さらに仁平元年（一一五一）二月には刑部卿と累進し、国家権力の中枢部への地歩を着実に進めていったのである。(50)その間、忠盛は既述のように諸国の受領を歴任したり、検非違使・追討使として活躍するとともに、清盛・家盛・頼盛・教盛ら子息たちの政治的地位の確保にもつとめている。大治四年正月に十二歳で左兵衛佐に補任されて人びとの耳目を驚かせた清盛は、(51)保延元年八月忠盛の海賊追討の賞によって従四位下に昇叙され、翌年四月にも父の譲によって中務大輔となり、保延三年には肥後守と累進し、(52)二男家盛も康治元年（一一四二）に左兵衛佐とみえ、久安四年（一一四八）忠盛が右京大夫を辞したかわりに右馬頭となり、かつ従四位下に叙せられ、翌年三月に若くして没したときの官職は従四位下右馬頭兼常陸介であった。(53)家盛の常陸介の地位は、まもなく頼盛が継承し、また仁平元年九月には教盛も淡路守に補任されている。(54)こうした忠盛と子息たちの順調な昇進が、院にたいする奉仕と巧みな政界処世術によることが多いことはつとに指摘されているのであるが、しかし、より根本的な原因は、すでに白河上皇のときに院政の武力的支柱としての位置を固めていた平氏武士団に依拠することなしには、鳥羽院政もまた存続しえなかったことにもとづくものと考えられるのである。

ところで、院政と平氏武士団との連繋は、こうした国家の公的な権力機構の面だけでなく、院政の権力基盤をなす家産制支配機構の面においても進展していった点に注目しなければならない。まず院の家産制支配の中枢機関である院庁についてみると、忠盛はすでに白河院政の末期には院判官代になっており、大治四年七月の白河上皇の葬送にさいしても入棺役や布施供養・施米の行事などをつとめている。(55) 鳥羽上皇はその院政を発足させるにあたって、翌閏七月二十五日に法勝寺で白河法皇の四十九日の法事を終えたその日のうちに、忠盛いか八名の者にたいして自分(鳥羽院)および待賢門院の北面に候するよう命じ(『中右記』同日条)、八月二日にはもとのごとく鳥羽殿の御厩預の地位にとどまることを認めるなど(『長秋記』同日条)、忠盛にたいして迅速な措置を講じている。御厩司は牛馬・車輿を管掌し、御幸の警護などにあたる院の武力組織の中核をなす機関であるから、(56) 鳥羽上皇のこの措置は、平氏武士団をひきつづき院の家産制支配機構のなかに武力的支柱として編成していくことを意味するものであった。その後、忠盛はおそくとも保延二年(一一三六)ごろまでに鳥羽院庁別当に昇進し、死にいたるまでその地位を維持するが、(57) すでにその晩年には清盛・頼盛や平時忠らも院判官代として院庁に進出しているのである。(58) ついで後白河院政のもとでも、保元三年(一一五八)八月十一日の最初の院司補任で大宰大弐平清盛は別当に任命されたらしく、(59) 翌平治元年五月二十八日付の後白河院庁下文には平清盛・時忠が、永暦二年(一一六一)二月二十六日付の同下文には平清盛・頼盛・教盛・重盛・時忠・基盛らが署名しており、(60) 平氏一門の院司の数が増加していくのであった。治承二年(一一七八)六月十二日と二十日付の後白河院庁下文案には、(61) 平頼盛・時忠・重盛のほかに宗盛・重衡の名前もみえ、いわば世代交代も着実におこなわれつつあったことをうかがわせる。しかして、翌治承三年十一月の政変で後白河院政を停止し、高倉親政ついで院政を発足させた清盛は、高倉後院庁と院庁を完全に掌握する体制を樹立するのであった。(62)

このように忠盛以後の平氏一門が白河・鳥羽・後白河・高倉の院庁において重要な位置をしめつづけているこ

とは、平氏武士団がたんに中央政界における院の地位強化の手段としての政治的役割を担うだけではなく、院領荘園などの家産制支配そのものに不可分に関与していたことを示すものであろう。しかも、『源平盛衰記』(巻第一)五節の夜の闇討の条によれば、鳥羽上皇が忠盛にたいして「闕国ノアレカシ、庄園ノアレカシ、重々モタバ、ント思召」したと伝え、忠盛が他の貴族層から嫉視・反感などをうける重要な原因の一つにあげているのである。このばあい、国とは院分受領に任ずることを意味するが、荘園とはおそらく院領の預所などに補任することをいうのであって、鳥羽上皇が荘園制支配を実現するために院領支配の一翼に平氏武士団を編入し、在地支配に見合う武力装置の形成に役立てようとしたことを示唆している。仁平二年（一一五二）八月二十六日、刑部卿平忠盛は、河内国にある院領の会賀・福地両牧の政所にたいして、両牧の住人が近隣の醍醐寺領の田畠を耕作しながら、院領としての牧の権威を背景として所当地利を未進しているのを禁じる下文をだしており、[63]忠盛が院別当ないし預所として両牧の管理支配にあたっていたことを物語っている。平氏一門が院庁へ進出するのに比例して、院領荘園の支配への関与が深まっていったとすれば、鞆田荘で正盛いらい展開してきた荘園支配の方式を想起すると、当然、平氏は院庁や預所などの荘園支配機構を媒介に在地勢力を編成しつつ権力組織を形成していったものと予想されるのである。そこで以下、まず鳥羽・後白河院政下における平氏の院領支配についていくつかの特徴的な事例をとりあげて、その具体的な支配内容を検討したいとおもう。

神崎荘（肥前国神崎郡）

本荘は、承和三年(八三六)に空閑地六九〇町をもって勅旨田としたのにはじまり、後院領となり、やがて白河・鳥羽院領に相伝された重要な皇室領荘園の一つであった。[64]この荘園は有明海に面していたため、古くから中国貿易との関係が深かったらしく、『御堂関白記』の長和四年（一〇一五）七月十五日条には、左大臣藤原道長が唐僧の念救が帰国するのに託して天台山大慈寺に作料物などを送ろうとしたが、そのさい念救を神崎荘の荘司豊嶋方人と一緒に九州へ下向させた、と記している。念救はおそらく神崎荘付近から宋への貿易船にのって帰国したのであろう。

ところで、鳥羽院政の初頭、長承二年（一一三三）八月に平忠盛はみずから下文をつくって院宣と号し、この荘園に来着した宋商の周新という者の船が大宰府の官人の臨検のもとに貿易を完了したのにたいして、この貿易は本荘が管理すべきものだと大宰府に抗議して批判された。(65)この事件は、忠盛が鳥羽上皇の権威を利用して私貿易を推進していたことを示し、平氏の日宋貿易の端緒をなすものとして有名であるが、このとき忠盛は本荘の預所であったと考えられる。それは、仁平三年（一一五三）に忠盛が没したあと、藤原通憲（信西）が預所に補任されていることによってわかるのである。(66)したがって本荘のばあいは、忠盛が預所として二十年以上のながきにわたって院領荘園の支配に辣腕を振るった好例といえよう。だが、忠盛は預所とはいえ政治的な活動の舞台はあくまで京都が中心であったのであるから、(67)荘園経営をおこなうにしろ私貿易をするにせよ、そのための管理支配組織が現地に形成されていたとみなければならない。そうした管理支配組織を分析する手懸りになる史料は、残念ながら平氏の全盛期には存在しないのであるが、平氏の滅亡と鎌倉幕府の成立という激動の時期になってようやく姿をあらわすのである。

平氏の滅亡によって神崎荘にたいする支配権を回復した後白河上皇は、文治二年（一一八六）二月には帥中納言藤原経房をつうじて北条時政に交渉し、本荘への兵粮米の賦課を停止するよう要求した。(68)これをうけて鎌倉幕府は、同月二十八日、神崎荘にたいする武士の濫行を停止せしめるよう鎮西奉行天野遠景に命じている（『吾妻鏡』同日条）。この時点で、武士の濫行がとくに問題になった理由の一つは、幕府の兵粮米賦課などに乗じて、周辺の在地武士のなかからも神崎荘にたいして種々の濫妨狼藉をはたらくものが輩出したためであるが、いま一つは、現地になお平氏を支持して鎌倉幕府の支配に反抗する者が存在したからであった。すなわち、同年八月九日付の関東下文案によれば、(69)鎌倉幕府は、神崎荘住人の海六大夫重実が平家方人として謀叛を企て、鎌倉殿の見参にも入らず、「心中猶思平家逆徒事」との理由でその所領を没官し、そのあとに藤原季家を先例にまかせて本補地頭として補任しているのである。このことは、平氏が現地の荘官クラスの武士を権力編成していたことを示すが、そのさい注目されるのは、この海六大夫重実にたいする後白河院庁と鎌倉幕府との対応のちがいである。これよりさき、同年五月二十四日付で、後白河院庁が大宰府在庁官人と神崎荘の荘官らにだした下文のなかで、高木宗家・窪田高直らの武士が本荘に乱入して荘官・神人を殺害したり、年貢・雑物を掠奪したりしたとき、荘官の海宿祢重実の所領を押領したのはきわめて不当であるとして糺返するよう命じて安堵している。(70)つまり鎌倉幕府が海重実の所領を平家没官領と認定して地頭を補任して支配しようとするのにたいし、後白河院庁は海重実をそのまま荘官として安堵することによって地頭の設置を排除して荘園支配を維持していこうとしているのである。その意味で、後白河院庁は平氏の形成した荘官組織を継承するものであったといえよう。

さらに、この六ヵ条からなる後白河院庁下文のなかには、平氏が海重実だけでなく現地の荘官や寄人の一部を組織していたことを物語る一節がある。その第六条には、

□□□(一庄官カ)弁寄人等、相尋其子孫、可令勤仕庄役事

聞者庄官寄人等、近代或寄事於左右、令対捍庄役、平家知行之時、免除之由、任自由、擬遁庄官寄人職、甚不□者、且相尋重代召出子孫、可令勤仕庄役者、

という。これによると、平氏は荘官・寄人の一部に荘役を免除することによって掌握し組織化する方法をとったものとみられるのである。この荘役の免除がいかにして可能であったかといえば、この地でおこなう日宋貿易に従事する代償としてであったとみてよいであろう。藤原通憲が没したあと再び平氏一門が預所になったか否かは

不明であるが、この平家知行の方式は、二十余年におよぶ忠盛の時代にまで遡らせることができるであろう。この預所支配―日宋貿易―荘官荘民の把握―武士団への編成という形態をとっての支配権力組織の樹立は、もとより通憲らの貴族の預所ではなしえない平氏独自のものであったのである。

温泉荘（但馬国二方郡）

本荘は、長寛三年（一一六五）六月に阿闍梨聖顕なる者が、温泉郷内の所領を蓮華王院に寄進したのにはじまる。この地は、在地領主の平季広が相伝する私領であったが、それを聖顕に付属し、さらに聖顕が領家職の留保・相伝を条件として、この前年に平清盛が造進した蓮華王院へ寄進したのである。(71) したがって、平季広が聖顕を仲介者として設定した寄進地系荘園とみてよく、後の史料からすると季広は領家によって下司職に補任されている。

これより約二十年後の元暦元年（一一八四）四月、木曽義仲が敗死して二ヵ月後、平氏が屋島によっていたころ、本荘の荘官らは後白河院庁にたいして、平季広とその子息季長らの非法を訴え、荘内追却と地頭職の停廃を求めた。その理由は、領家が季広を下司職に補任して数町の給田を与えたが、一分の寺役も勤仕せず領家を停廃するような行為におよび、とくに「去年十二月俄相語謀叛之義仲」って「追捕在家、打開庄庫、捜取御年貢以下資財物」、しかもこのようなことは「不始于今度、前前平家之時、以如此」であり、したがって、かかる「獅子身中之虫」を処断しなければ「又語付当時権門之武士」けて濫行をするであろう、というのであった。この訴えをうけた院庁は、季広らにたいして損物の糺返とともに、「地頭職」の停止と荘内追却とを命じている。(72) ここには、かつて領家を介して所領の保全をはかった在地領主が、武門と結託することによって在家農民にたいする権力支配を拡大しながらその領主制を進展させ、領家や荘官の経済基盤を侵奪していく動向がはっきりと示されている。

それでは、平氏と季広の結託はどのような形態をとってなされたのであろうか。季広が領家に補任権の属する下司職のほかに、院庁に停廃権のある地頭職を保持している点に注目すると、平氏は院庁の支配をつうじて季広らを権力組織に編成していったものと考えられる。つぎの事態などはそうした編成過程の一端を示唆するものであろう。

永万二年（一一六六）に、領家は、礒生丹三郎真近なる者が抜き棄てた牓示を打ち定めるのに、院司を下向させないで国司と現地の荘官に任せてほしい旨を他荘の例をあげながら院庁に訴えた。その理由は、「去年院司下向之時、勤彼祗候雑事之間、已泥御年貢畢、重被下遣院使者、為御庄民、何致其勤哉」というのである。(73)要するに院使下向の拒否であるが、それにしても院使の下向が領家や現地住人にあたえる負担や打撃のほどがわかるのである。だが、領家の打撃は、たんに祗候の雑事のみにとどまったのであろうか。当時、平氏一門が院庁に進出し院領支配の一翼を担っていたことを想起すると、この院司の背後に平氏の存在が想定されるのである。平氏が院庁ないし預所の沙汰をつうじて在地領主層の直接的な把握にのりだしていたとすれば、領主支配の拡大を意図する季広との結合関係が形成される必然性があったのであり、その媒介をなすものが院使であったと考えられる。このように理解することによって、領家が院使下向を警戒する理由、季広が地頭職の補任をつうじて院庁―実質的には平氏―によって直接的に掌握されている所以、さらに季広の領主制支配が急速に進展すること、平氏の都落ち後になってはじめて季広の処断を院庁に訴えていることなどを一貫した政治的脈絡のなかで把握できるのである。したがって、ここには、在地領主の一部を地頭職の補任をつうじて直接的に把握し、その領主支配の進展を支持することによって領家の支配を侵蝕しながら、在地に権力組織を築いていく平氏の権力基盤形成の手法の一例が示されているとみてよいであろう。

藤井荘（大和国山辺郡）

本荘は、十二世紀中葉に、少輔入道源俊通が左大臣藤原頼長に寄進し、本家頼長、領家俊通という関係で成立した荘園である。保元の乱後、頼長の所職は没官されて後院領（後白河天皇）となり、やがて蓮華王院領になるが、俊通の領家職は変動しなかった[74]。この荘園は、名張川をへだてて伊賀国西境の山地をしめていたため、頼長のときから材木の運送にたいして津料を課すようになったが、隣荘の東大寺領黒田荘は免除されていた。ところが院領になって、左兵衛尉平康忠・左衛門尉平宗清が相ついで預所に補任されると、黒田荘をはじめ「不論神社仏寺権門勢家材木」、津料を徴収したり材木を押収したりするようになり[75]、とくに黒田荘とは長期にわたって紛争が惹起されるにいたるのである[76]。この間、領家の俊通は一貫して黒田荘からの徴収を禁じる態度をとり、東大寺別当にたいして「及子々孫々、不可令致妨之由」を誓ったが現地では依然としてやまず、俊通は「子々孫々の詞ヲ書置テ、大仏ヲハスカシタテマツリ候らん、入道法師ヨ、ナンチら頭ヲ剃テ候やらんな」とまで非難されるにいたった[77]。

ここでは、院庁の補任した預所が、従来の領家の荘務権を侵害しつつ、独自に在地支配を展開していく様子がみられるのである。ところで、この預所の左兵衛尉平康忠と左衛門尉平宗清のうち康忠については確証はないが、宗清は歴とした平氏の郎等であった。宗清は、前記の鞆田荘の沙汰人で平氏第一の郎等といわれた筑後守平家貞の甥で、家継・貞能・家実らの従兄弟にあたる（『尊卑分脈』）。平頼盛の郎等で、平治の乱のさい源頼朝を捕縛し、その助命を池禅尼に嘆願したことは『平治物語』などによって有名であり、院の北面の武士でもあった[78]。のち源頼朝が、その恩義に報いるため頼盛と一緒に鎌倉へ下向するよう招聘するが、それを断り、主人の頼盛とも別れて屋島にいる平氏一門のもとへ向う話もよく知られている[79]。したがって、このばあいも平氏が預所支配をつうじて独自の在地支配を展開していく事例の一つとすることができるのである。『吾妻鏡』の建久六年（一一九五）九月十八日条によれば、大和源氏で鎌倉御家人の岡冠者頼基が、地頭と号して本荘の所務を違乱するという訴えがあったのにたいし、幕府は「此事、去文治年中、依院宣被停止其職訖、今更不可有子細」と答えている。これは、平家没官領として一度補任した地頭を院宣により停止したことを意味しており、平氏ないし宗清が預所支配をつうじてこの地に権力基盤を形成していたことを物語るものとみられるのである。一般に、保元の乱において平清盛は所領的にはうるところがなかったといわれるが、院領支配という観点からみると必ずしもそうではなかったのである。

香登荘（備前国和気郡）

本荘は、堀河天皇の時代に立荘され、ついで八条院暲子内親王に伝わり、さらに鳥羽上皇の没後、美福門院の意思によって高野山の菩提心院に寄進されて、本家を八条院、領家を菩提心院とするにいたった荘園である。(80)この菩提心院へ寄進される以前から、検非違使大江遠業が下司職に補任されていた。ところが、応保二年（一一六二）ごろ遠業がなにかの原因で勘気をうけて籠居しているあいだに下司職を改定されそうな形勢になり、そのことを後白河上皇に訴えて、長寛三年（一一六五）にあらためて下司職に補任された。(81)この遠業は、関白藤原基房の家来でかねてから平清盛ににらまれていたといわれ（『平家物語』巻第三、行隆沙汰）、かつ、後白河上皇の北面武士でもあったため、治承三年（一一七九）十一月の政変のさい、太政大臣藤原師長いか三十九名の「上皇殊召仕之輩」のひとりとして検非違使尉の地位を解官され、平氏の追捕をうけて子息とともに自宅に火を放って自害する人物である。(82)

ところで、平家滅亡後の建久四年（一一九三）九月、八条院庁は源頼朝の同意を背景として、祖父遠重いらい本荘にいた在地領主で前下司業資なる者にたいし濫行の停止と荘内追却とを命じた。(83)その理由は、平氏の執権の時代に業資は平重衡によってよこしまに下司職に補任されて濫行をおこない、八条院からその旨を後白河上皇に伝えて、もし年貢を未進すれば下司職を改定すべしとの院宣がだされた。しかしその後ますます濫行がつのり、未進も数千石におよび、さらに高野山が派遣してきた使者にたいしても数多の軍兵を率いて抵抗し殺害しようとさえした、というものであった。ここには、平氏が院領支配への介入を深めるなかで、平重衡が在地領主の業資をあらたに下司職に補任して現地の直接的な掌握をめざしていること、重衡に属した業資は年貢未進や濫行をつうじて領家の支配を侵害しつつ領主制を進展させていくこと、そうした動きを後白河上皇は有効に制御できず平氏滅亡後に鎌倉幕府の援助を背景としてはじめて抑えたことなどが示されている。とすれば、大江遠業の下司職改定も、この平氏による在地勢力の権力編成と密接に関連していたとみられるのであって、再確認された遠業の下司職はまもなく業資に奪取されたものと考えられる。その後、遠業が反平氏勢力の一員としてはげしく抵抗する背景の一つには、こうした下司職の侵害と得分権の喪失という事態が伏在していたのであろう。

太田荘（備後国世羅郡）

本荘は、永万二年（一一六六）正月、尾張守平重衡が世羅郡内の太田・桑原両郷の未開の山野を開発する名目で立荘し、後白河上皇に寄進することによって成立した。このとき、重衡は預所職を子孫に相伝するよう留保し、院へは上分として六丈布一〇〇反を備進することにしている。(84) しかし、当時、重衡はわずかに十歳であるから、これらの措置はすべて清盛の意向によっておこなわれたものとみてよいであろう。以後、急速に荘域の拡大をはかり、まず翌二月に桑原郷北部の宇賀村を「無主荒地」たるによって加え、(85) ついで翌仁安二年には、戸張保のうち京都の円宗寺に御封米を支弁する耕作田だけをのぞいて、その他の「荒野之地」「山河藪沢」をすべて荘域に包摂し、円宗寺の作田の所当は毎年員数を限って弁済することとした。(86) さらに嘉応元年（一一六九）には年貢運送の便宜のためと称して尾道村の田畠五町をもって「船津之倉敷」を設定するとともに無主の荒野の領有を実現し、院へは六丈布五十反を増進することにしている。[87] 本荘は、これより二十数年後の鎌倉初期に高野山領となった時点では、現作田だけで六一三町余、高野山の領家年貢分のみで一八三八石余にのぼる大荘園へ発展している。[88] したがって、これらの年貢などを運搬するために尾道に船津の倉敷を設定するというのも理由のあることであった。しかし、それと同時に、この倉敷の設定は平氏による瀬戸内海航路の整備と交通・運輸の掌握という問題と緊密に関連するものであったと考えられるのである。このころ、平氏は隣の安芸国においても積極的に厳島神社領の獲得につとめていたが、そこでも長寛二年(一一六四)に志道原荘を成立させると、翌々仁安元年には佐東郡内の太田川の上流と河口付近の二ヵ所に倉敷を新設し、また承安元年(一一七一)に壬生荘が成立すると同時に佐東郡内に倉敷をもうけて国衙の免沙汰をえている。[89] したがって、こうした倉敷の設定は、平氏が瀬戸内海沿岸地域で荘園制支配を形成するにあたって、いわば常套的にとった形態であったとみられるのである。これらの倉敷が設定された仁安から嘉応のころといえば、仁安元年(一一六六)の平頼盛の大宰大弐任官と大宰府経営の積極化、摂津福原の大輪田泊造営などによって、[90] 大宰府と瀬戸内海航路をむすぶ平氏の施策がとりわけ積極的に推進されるときであった。宋船が瀬戸内海を通ってはじめて福原に来たのも嘉応二年(一一七〇)九月のことであった。[91] してみれば、こうした倉敷の設定も、たんに一荘園の年貢運送の問題にとどまらず、平氏による瀬戸内海航路の整備と交通・運輸の掌握、日宋貿易などのより大きな政策の一環として展開されたものとみるべきであろう。

本荘のばあいは、院領の預所に補任されたり、院庁の支配機構を媒介として支配を拡充する前述の諸例とはことなり、預所職留保の寄進による院領の設定をとおして支配を実現してゆこうとするものであって、本質的には正盛の鞆田荘のばあいと同じ性格をもつものと考えられる。重衡はみずから開発の申請者となり開発領主として登場することを標榜しつつ、現作田以外の膨大な未墾地・山河藪沢の領有を形式的な法の上からは合法的に実現した。ところが、これは、申請者以外の者がその地域内で開発をおこなうことを阻止するとともに、農業再生産の基地としての山野用水の支配権を掌握することによって、周辺の作田耕作者をも従属化する狙いをもつものであった。はやくも仁安三年（一一六八）にさきの円宗寺の作田が太田荘の沙汰人らによって侵蝕されはじめていることなどにその一端が示されている。[92] これらの「沙汰人等」・「下司并沙汰人等」として現われる荘官が、[93] 預所の荘務を代行し、この急激な荘域の拡張を現地でささえる権力基盤を形成していたものとみられるのであるが、平安時代の史料からは両者の関係を明らかにしえない。しかし、多くの先学が指摘するごとく、[94] 鎌倉時代の初頭に、本荘の太田方下司橘光家・桑原方下司橘兼隆などの橘氏一族が姿をあらわし、かれらが立荘いらいの下司であったと考えられるのである。『平家物語』（巻第十二、六代被斬）に、平氏の没落後、平知盛の子息の伊賀大夫知忠が「いゝめのとの紀伊次郎兵衛為教に養われ、「こゝかしこにかくれありきけるが、備後国太田といふ所にしのびつゝゐたりけり」と記しているのは、太田荘にこれら橘氏を中心として平家を支持する勢力基盤が形成されていたことを示唆するものである。

さて、平家滅亡後の文治二年（一一八六）五月、後白河法皇は平家の怨霊を鎮めるため本荘を高野山根本大塔に寄進し、[95] 橘氏も高野山領の下司となった。この寄進には、平家の鎮魂のほかに本荘が平家没官領として幕府の手に帰することを避ける狙いもあった。[96] しかし、幕府はまもなく橘氏に謀叛の嫌疑をかけて所職・所領を没収し、そのあとに源頼朝の側近のひとり三善康信を地頭に補任して入部せしめたのである。[97] そのさい、橘兼隆が提出した建久九年（一一九八）九月付の太田荘桑原方前地頭橘兼隆注進状案[98]によって、下司の権限や得分などが詳細にわかり、これまでにすぐれた分析が加えられている。いま、永原慶二氏の分析整理の結論によれば、下司橘氏は桑原郷全体にわたって年貢徴収権・下級荘官進止権など広範な支配権を保持しているが、「私的所領とよびうる部分は給田・給名に限られており、郷全体に関する彼の経済的・政治的権限は、古くは郷司・立荘以後は下司という代官的職務として承認・付与されたものにすぎない」のであり、「検注権や下地進止権も全郷一帯にわたって橘氏が独自に保持していたとは考えられない」のである。(99)したがって、預所重衡は、在地領主の橘氏を下司として権力編成してその領主制の進展を助長することによって荘域の急速な拡大をはかり、領主支配権の重要な部分を保持しつつ、院へは上分として前記の布を備進するにとどめて、地代の圧倒的部分を預所の得分として収奪する体制を形成したものと考えられるのである。

布施荘（播磨国揖西郡）

本荘は、応保年中（一一六一〜三）に平頼盛が播磨国司と結託して布施郷南部の地を立荘したのにはじまり、後の史料からすると八条院領の預所になっている。(100)したがって、太田荘のばあいと同じく預所職留保の寄進によって成立したものと考えられる。立荘のさい頼盛は、そこにいたとみられる在地領主とともに、北部にある穀倉院領小犬丸保の掠領をもくろんで、作田以外の山林・池・畠地などの囲い込みを強行し、穀倉院領の長官中原師元の抗議も威猛をもってはねつけた。この事態にたいし、小犬丸保の上層農民たちは「被点畠地者、土民居住何処、勤仕課役、被押領池者、以何水令養作田、被妨住人者、以誰人耕作保田、可令済所当官物乎」と悲痛な訴えをしている。それはまさに彼らのいうとおり、農業生産の基地を権力的に掌握することによって農民経営を支配し、権力支配に服しない農民の垣内にまで収奪の手をのばすことによって、農民たちに苦難に満ちた従属をせまるものであった。太田荘において山野・用水を点定しつつ荘域の拡大をはかったときの支配内容も、このようなものであったにちがいない。しかし、この権力支配に対抗して、小犬丸保の農民たちは、みずからの力によって共同で「廻計略、尽功力」して池を構築して作田に漑入し、旱魃をふせいで生産活動を展開しながら「自立」を維持するために執拗な抵抗をつづけたのであった。平氏没落後、本荘は収公されてもとの布施郷（国衙領）にもどされるが、(101)その背後には小犬丸保を管領する穀倉院領の長官らの力だけでなく、こうした農民闘争があったことに注目しなければならない。ここには、平氏一門が預所職を留保して荘園を成立したばあい、農民層にきびしい支配と従属をせまったことともに、この地域の農民たちが生産活動にもとづく地域的な結合組織＝村落結合を形成しながらみずからの階級的利益を擁護・防衛するための執拗な抵抗を展開できるだけ成長していたことが示されているのである。

以上、平氏の院領支配に関していくつかの特徴的な事例をとりあげ、その支配内容・権力編成などについて検討してきた。つぎにそれをふまえつつ、平氏武士団が院領の荘園支配体制のなかにしめる位置と意義に関して二、三の問題をのべたい。

平氏一門が、院領の知行体系のなかでどのような所職をしめ、その所職が院領全体においていかなる比重をもったかについては必ずしも明白ではないが、平頼盛の所領形態から一つの手懸りをえることができる。頼盛の所領に関しては、源頼朝が故池禅尼の旧恩に報いるためとの名目で、ひとたび平家没官領として頼朝の手に帰した頼盛の所領の知行権を元の如く認めて頼盛に返付した、寿永三年(一一八四)四月五日と同六日付の二通の源頼朝下文案があって、(102)最盛期における頼盛の所領形態がわかるのである。この二通の下文で「池大納言家沙汰」として頼盛に沙汰権が認められた荘園は三十三ヵ所であるが、前者の五日付の下文にみえる河内国走井荘いか十七ヵ所は、院領荘園の領家職・預所職を基本とするものであったと考えられる。(103)後者の下文の播磨国布施荘いか十六ヵ所は、上に「八条院」などの「本所之沙汰」権が存在する領家職ないし預所職であった。したがって、頼盛領のほとんどすべてが、上に本家(本所)を推戴する領家職ないし預所職の知行形態をとって実現されていたのである。また院領との関連でいえば、三十三ヵ所のうち本家(本所)の確認できるもののほとんどが広義の院領に所属するものであり、そのうち布施荘・龍門荘・安摩荘・野辺長原荘・兵庫三箇荘・石作荘・六人部荘・熊坂荘・宗像社・三箇荘・真清田社・服織荘・国富荘の十三ヵ所が八条院領であった。(104) さらに、元暦二年（一一八五）と推定される六月七日付の源頼朝書状案によれば、頼盛は八条院領の常陸国信太荘・南野荘の領家職をもっていたことがわかる。(105) したがって、頼盛の所領のうち、少なくとも十五ヵ所が八条院領ということになるのである。この八条院領は、永治元年（一一四一）三月、鳥羽法皇から譲与された十二ヵ所の荘園をもって発足し、その後、安楽寿院領・歓喜光院領などを伝領して増加し、安元二年（一一七八）の段階では、総計一〇四ヵ所にのぼっている。(106) それにしても、頼盛ひとりだけで、そのうちの十五ヵ所もの領家職ないし預所職を集積していることは、最盛期の平氏一門が院領支配のなかにしめた比重の大きさを端的に物語るものといえよう。

この頼盛の例が示すごとく、平氏一門の所領知行は、領家ないし預所職を中核として実現されていたのであるが、その成立には二つの形態があった。一つは鞆田荘・太田荘・布施荘などの寄進型に属するものであり、もう一つは神崎荘・藤井荘のような補任型とでもいうべきものである。そして前者は、当然、平氏が広範な荘務権―検断権・勧農権など―を保持したので実質的には領家職に近いものであり、後者は本所の荘務権を代行する預所の位置をしめたのである。そのかぎり、平氏の所領知行は、中小貴族のいわゆる家領に近似した形態をとっていたといえる。しかし、ここで注目したいのは、かかる荘務権をめぐる権限の分割や所領形態の類似性に関してではない。より重要な問題は、平忠盛が積極的に院領の預所に補任されて以来、平氏武士団が荘務権を代行する預所に編入され、漸次その比重を増大させてゆくことの意味と、そのことによって惹起される荘園支配体制の矛盾を考えることであろう。つぎに平氏の預所支配をこの点からみることにしたい。

預所は十二世紀初頭ごろに成立する荘官職であるが、(107) それは大土地所有者としての本所の荘務を預って執行・代行することを任務とするものであった。したがって、預所職はたんなる得分権ではないのであって、在地と直接対決しつつ荘園を管理・支配することによって生産者から地代を徴収するという基本的な権限＝義務が付与されていたのである。この預所には、家司層の貴族や寺僧などの有能な実務者も補任されたが、注目すべきは、成立の当初よりその一部に武力所持者が登場してくることである。寺社については、かの東大寺の覚仁を典型とすることができるし、(108)保元の乱で藤原頼長が預所をつうじて荘園の兵士を催し、乱後、多数の預所が改定されているのなどは、摂関家においても預所に武士を編入していたことを示しているのである。(109)このことは、在地における農民闘争が激化し、荘園制支配体制の再編・強化を迫られた十二世紀の段階において、荘園領主が大土地所有を経済的に実現してゆくためには、荘務を執行する預所に武力を編入し、農民支配に見合う武力装置を創出しなければならなかったことを意味するものであった。

平氏一門が院領の預所に多数登場するのもまた、たんなる強奪によるのではなく、こうした荘園制支配体制の樹立に奉仕するものとして編入されたと考えなければならない。だが、預所の地位をしめた平氏は、その階級的性格からして、独自に支配を展開するすべを知っていた。寄進型であれ、補任型であれ、正盛の鞆田荘いかの諸例に共通している平氏の預所支配の基本的な方向は、在地領主の一部をみずからの権力組織（武士団）に編成しつつ、その在地領主制の進展を支持することによって、農民層にたいする支配を強化して地代の中間搾取を増大させていくことであったといえるのである。

しかし、こうした平氏の権力支配の拡大は、「庄には預所につかはれ、公事雑事にかりたてられて、やすひおもひも候はず、いかばかり心うく候らん」（『平家物語』巻第四、源氏揃）、在地諸勢力との政治的対立と矛盾を激化させずにはいなかった。温泉荘の荘官などのように平氏の権力組織からはずされた在地領主の抵抗を惹起し、政治的行動としては反平氏の権門の支持へとかりたてるのである。とくに農民層との基本的矛盾はますます先鋭になるのであって、小犬丸保の農民のごとく権力支配にたいする妥協のない闘争を展開してくるのであった。この闘争は、後述するように治承・寿永の内乱期には熾烈となり、東国の豪族的武士の勢力が中央に進出してくるまで平氏を畿内に釘付けにし、平氏政権の没落をはやめる政治的基底となるのであった。(110)それがたとえ政治権力の掌握をめぐる抗争には直接的な主体となりえなかったとしても、その政治的意義は高く評価しなければならないであろう。

また一方、平氏一門がしだいに院庁の実権を壟断しつつ、多数の領家・預所職などを集積し、「平家時分、令致自由沙汰事も候き」といわれる(111)支配を展開するにつれて、院や貴族層、さらに寺社などの他の荘園領主との政治的葛藤と相剋も深刻化せざるをえなかった。香登荘における後白河上皇・八条院・高野山菩提心院・大江遠業との対立、温泉荘の領家聖顗、藤井荘の領家源俊通、太田荘の円宗寺、布施荘の穀倉院長官などのばあいは、いずれもその例であった。ことに、平氏一門が領家・預所職を独占化すること自体が、これらの所職に補任されていた院近臣の中小貴族層の経済的基盤を奪うことになるのであって、平家都落ち直後の院の近辺で「上下逢境、歓喜無他」、「院中諸人、懸心於闕国及庄園」けて、その獲得に狂奔しているのなどは、(112)このことを如実に示している。したがって、平忠盛いらい平氏一門によせられた中小貴族層の嫉視や反感・憎悪も、おのが身分秩序が田舎武士によって破られてゆくことの堪え難さといった生易しいものではなく、生身のままで経済的基盤を侵蝕されつつ枯死してゆかねばならない恐怖から生じたものであったといえよう。鹿ヶ谷事件を頂点とする反平氏の政治的陰謀の急先鋒がたえずこれら院近臣のなかからうみだされてくるのも決してゆえないことではなかったのである。

だが、平氏は院の本所権を実質的に掌握して、荘園支配機構を自己の階級的利益を貫徹する機関に変質せしめながらも、なおかつ、荘園制を体制的に温存し、みずからが本家の地位にたつことはできなかった。それは、荘園支配機構を媒介にして徐々に平氏の支配と権力組織が形成されるのに比例して、右のような諸矛盾―とりわけ農民層との基本的矛盾―を激化することになり、この矛盾を克服しえないために平氏は荘園を総体的に自己の所領化して恣意的な支配を振うことができず、常に権門を本家に推戴し、その支配機構を変質せしめるという方式をとらざるをえないからである。このことは、平氏政権が専制化する治承三年（一一七九）十一月の政変において、清盛が後白河院政を停止するとともに院領を没収してみずからが擁立する高倉天皇の後院領として支配しようとしたことや、娘平盛子の遺領（摂関家領）について、藤原基通を関白氏長者につけて摂関家領を相続させて、みずからは政所家司・職事・厩別当などの家政支配機構を完全に押える体制でもって摂関家領支配の実権を掌握していることなどに端的に証示されているのである。[113] このいわば政治的極限状況下においても、平氏は高倉天皇であれ、藤原基通であれ、常に本家を推戴し、みずからは家産制支配機構を押えて支配を実現する体制を崩すことはできなかったのである。しかし、これは、院や摂関家とのたんなる政治的妥協を意味するものでも、政界における両者の力関係をそのまま反映するものでもないのであって、以上のような平氏の荘園支配そのものに内在する矛盾にもとづいているのであり、そのためいわば権威としての本家が要請されるのである。平氏一門の所職が領家ないし預所の形態をとることもこの点に関連するものであった。

（1）石母田正『古代末期政治史序説』四八四頁。
（2）龍粛「六条院領と平正盛」（同『平安時代』所収）。
（3）竹内理三「院政政権と荘園」（同『律令制と貴族政権第II部』所収）。
（4）吉村茂樹「院北面考」（『法制史研究』二号）。
（5）『後二条師通記』寛治七年三月三日条。
（6）林屋辰三郎「中世社会の成立と受領層」「院政政権の歴史的評価」（同『古代国家の解體』所収）。
（7）この評価については、石母田正前掲書(註1)三六二～三頁参照。
（8）『後二条師通記』永長元年正月十二日条。

(9)『本朝世紀』康和元年六月二十八日条。
(10)以上、後二条師通の国政観をはじめ反院政派の摂関家の国政観の詳細についての私見は、「院政期貴族の帝王観」(『赤松俊秀教授退官記念国史論集』所収)を参照されたい。
(11)龍粛「三宮と村上源氏」(同『平安時代』所収)。
(12)『中右記』康和四年十月十九日条。
(13)『中右記』康和四年六月二十三日条。
(14)『台記』康治元年五月十六日条。
(15)『中右記』康和四年十月十七日条。
(16)この点、鈴木茂男「古文書学的に見た院政」(『図説日本文化史大系5』月報)、橋本義彦「院庁牒と院庁下文」(『日本古文書学講座古代編II』所収)、中野淳之「院権力と太政官制」(『ヒストリア』一〇一号)など参照。
(17)この点の私見は拙稿(註10)参照。
(18)石母田正前掲書(註1)三六七頁。
(19)橋本義彦「院政政権の一考察」(同『平安貴族社会の研究』所収)。
(20)『中右記』大治四年七月七日条。
(21)天喜四年十一月十一日伊賀守小野守経解(『平安遺文』八二〇号)。
(22)『中右記』天仁元年正月二十四日条。
(23)『中右記』康和四年十二月二十八日条、天仁元年正月二十九日条など。
(24)以上、『殿暦』嘉承二年十二月十九日条、『中右記』天仁元年正月十九日、二十二日、二十九日条など。
(25)『中右記』天仁元年正月十九日、二十三日、二十四日条など。
(26)たとえば、『中右記』大治四年九月四日、大治五年十一月十三日条など。
(27)『中右記』康和五年四月十七日条。
(28)『中右記』元永元年五月二十二日条。なお、白河院政下における北面の武士の拡充については、米谷豊之祐「院北面武士追考」(同『院政期軍事・警察史拾遺』所収)に詳しい。
(29)『中右記』永久二年三月九日条。

(30)『長秋記』元永二年十二月二十七日条。
(31)『長秋記』『殿暦』天永四年三月十四日条。
(32)大治四年三月検非違使移(『朝野群載』第十一)。
(33)『長秋記』保延元年四月八日条など。
(34)以上の受領補任については、菊池紳一・宮崎康允「国司一覧」(『日本史総覧II』所収)参照。
(35)以上、『長秋記』保延元年三月十四日、四月八日条、『中右記』保延元年四月八日条など参照。
(36)たとえば、河合正治『瀬戸内海の歴史』八三頁以下など。
(37)網野善彦『日本中世の非農業民と天皇』第二部海民と鵜飼。
(38)嘉承元年五月二十九日官宣旨案(『平安遺文』一六六〇号)。
(39)久安三年九月山城国賀茂御祖社司等請文(『平安遺文』二六二八号)。
(40)久安三年十一月八日官宣旨(『平安遺文』二六三三号)。
(41)寛治六年八月五日鴨御祖大神宮牒案(『平安遺文』一三一一号)。なお、この長洲御厨の発達については『尼崎市史第一巻』三六〇頁以下(戸田芳実執筆)参照。
(42)西岡虎之助「荘園における倉庫の経営と港湾の発達との関係」(同『荘園史の研究上巻』所収)。
(43)『中右記』永久二年三月十一日条。
(44)『長秋記』元永二年十二月二十七日条。
(45)『長秋記』保延元年八月十九日条。同書の翌々二十一日条によれば、この忠盛の海賊追討の賞によって、右兵衛佐平清盛が従四位下兵衛佐に叙され、鷲尾馬允惟綱が右衛門尉に任じられている。なお、『中右記』永久二年九月二十五日、二十六日、十月五日条などによれば、父の正盛も「鎮西強盗」五人を京宅にかくまっていると告発されており、正盛・忠盛が海賊・強盗の追討・追捕の過程で、かれらを権力編成していったことの一端をうかがわせる。
(46)『中右記』保延元年八月二十四日条。
(47)註(34)に同じ。
(48)以上、平氏と備前国との関係については、水野恭一郎「平氏政権と備前国」(同『武家時代の政治と文化』所収)参照。

(49)『中右記』大治五年正月七日条、長承元年三月二十二日条。
(50)以上、順に、『長秋記』保延元年四月二日条、久安二年四月二十九日鳥羽院庁下文案（『平安遺文』二五七五号）、『本朝世紀』天養元年十月二十八日条、久安五年八月二十八日条、『台記』仁平元年二月二十二日条。なお、平忠盛の伝記については、谷山茂「平忠盛と異本忠盛集」（同『平家の家人たち』所収）、井上宗雄『平安後期歌人伝の研究』三七一～三九九頁、高橋昌明『清盛以前』などが詳しい。
(51)『中右記』大治四年正月二十四日条。
(52)以上、『中右記』『長秋記』保延元年八月二十一日条、『公卿補任』永暦元年平清盛条。
(53)以上、『本朝世紀』康治元年四月二十一日条、久安四年正月二十八日条、久安五年三月十五日条など。
(54)『本朝世紀』久安五年六月四日条、『公卿補任』仁安元年平頼盛条、仁安三年平教盛条など参照。
(55)以上、『師遠朝臣記』大治二年六月一日条、『白河院崩御部類記』中右記裏書大治四年七月八日条、『中右記』大治四年七月十五日条など。
(56)橋本義彦「院政論」（同『平安貴族社会の研究』所収）、高橋昌明『清盛以前』二〇〇～二〇四頁など参照。
(57)保延二年二月十一日鳥羽上皇院庁牒案（『平安遺文』二三三九号）、保延四年十一月十六日鳥羽院庁下文（『平安遺文』五〇〇四号）、永治元年八月二十五日鳥羽院庁下文（『平安遺文』補六六号）、康治元年十二月十三日鳥羽院庁下文案（『平安遺文』二四九一号）、仁平二年十二月二十日鳥羽院庁下文（『平安遺文』二七七四号）など。なお、高橋昌明『清盛以前』の院司変遷表参照。
(58)『仁平御賀記』仁平二年三月八日条、『兵範記』仁平二年三月八日条。なお、『兵範記』仁平四年八月八日条にもこの三名が判官代としてみえる。
(59)『譲位部類記』には、保元三年八月十一日に別当に補任されたと見える。ただし、『兵範記』同年八月十一日、十七日の条に記す別当のなかには清盛の名前はみえない。しかし、『兵範記』の八月十一日条のばあいは公卿別当の名前だけを書いている点からすると、この日補任された四位別当の分を記載していない可能性がつよい。
(60)『平安遺文』二九七九号、三一三八号。
(61)『平安遺文』三八三三号、三八三六号。
(62)この点の詳細は、本書の第六章高倉親政・院政と平氏政権を参照。

(63) 仁平二年八月二十六日平忠盛下文案（『平安遺文』二七六八号）。
(64) 神崎荘については、瀬野精一郎「神崎荘」（『早大大学院文学研究科紀要』一五号）がある。
(65) 『長秋記』長承二年八月十三日条。
(66) 『台記』仁平三年十二月八日条。
(67) たとえば、前記の下文をだした当時、忠盛は京都で土御門御所内の宿舎の修造などに奔走していた（『長秋記』長承二年六月二十八日条）。
(68) 『吾妻鏡』文治二年二月二十八日条。
(69) 文治二年八月九日関東下文案（瀬野精一郎編『肥前国神崎荘史料』二三号）。
(70) 文治二年五月二十四日後白河院庁下文（瀬野精一郎編『肥前国神崎荘史料』二一号）。
(71) 長寛三年六月但馬国司庁宣案（『平安遺文』三三五一号）、長寛三年六月阿闍梨聖顕寄進状案（『平安遺文』三三五二号）。なお、本荘については、大山喬平「平安末期の但馬国温泉荘」（『兵庫県の歴史』四号）がある。
(72) 以上、元暦元年四月後白河院庁下文案（『平安遺文』四一六六号）。
(73) 永万三年□《(三カ)》月八日後白河院庁下文案（『平安遺文』三三八六号）。
(74) 治承二年六月東大寺三綱等陳状案（『平安遺文』三八三五号）、『兵範記』保元二年三月二十九日条。
(75) 治承二年六月二十日源俊通書状（『平安遺文』三八三四号）。
(76) この点の詳細は、西岡虎之助『荘園史の研究上巻』一二三四～一二四二頁参照。
(77) 註(75)に同じ。
(78) 『吉記』安元二年四月二十七日条。
(79) 『吾妻鏡』元暦元年六月一日条、『平家物語』（巻第十、三日平氏）など。
(80) 長寛三年七月四日太政官牒案（『平安遺文』三三五三号）。
(81) （長寛二年カ）八月十一日後白河上皇院宣案（『平安遺文』補一三三六号）、長寛三年三月二十二日菩提心院下文案（『平安遺文』三三三九号）。
(82) 『玉葉』『山槐記』『百錬抄』治承三年十一月二十一日条。
(83) 建久四年九月二十三日八条院庁下文（『鎌倉遺文』六八七号）。

(84) 永万二年正月十日後白河院庁下文案(『平安遺文』三三七五号)。

(85) 永万二年二月二十四日備後留守所下文(『平安遺文』三三八〇号)、同年二月備後国司庁宣(『平安遺文』三三八一号)。

(86) 仁安二年七月備後国国司庁宣(『平安遺文』三四二八号)。

(87) 嘉応元年十一月二十三日後白河院庁下文(『平安遺文』三五二一号)。

(88) 建久元年六月鑁阿置文(『鎌倉遺文』四六二号)、建久五年七月七日備後国太田荘折帳(『鎌倉遺文』七二九号)。

(89) 以上、仁安元年十一月十七日安芸国志道原荘倉敷在家畠検注帳(『平安遺文』三四〇四号)、同日安芸国志道原荘倉敷代畠立券状(『平安遺文』三四〇五号)、嘉応三年正月安芸国厳島神社領壬生荘田畠在家注進(『平安遺文』三五六八号)など。なお、この倉敷についての詳細は、本書の第三章平氏政権の国衙支配を参照。

(90) 以上、石井進『日本中世国家史の研究』第一章第二節平氏の大宰府把握、『兵庫県史第二巻』一四頁以下(石田善人執筆)など参照。

(91) 『玉葉』嘉応二年九月二十日条。

(92) 仁安三年十一月備後国太田荘沙汰人等愁状(『平安遺文』三四八二号)。

(93) 註(92)および、仁安三年十月備後国太田荘下司并沙汰人等愁状(『平安遺文』三四七八号)。

(94) 河合正治「西国における領主制の進展―備後国太田荘を中心に―」(同『中世武家社会の研究』所収)、河音能平『中世封建制成立史論』第三章平安末期の在地領主制について、永原慶二『日本封建制成立過程の研究』四三～七頁など。

(95) 文治二年五月後白河院庁下文(『鎌倉遺文』一〇一号)。

(96) この点、文治二年七月七日後白河法皇院宣案(『鎌倉遺文』一二五号)、文治二年七月二十四日源頼朝書状(『鎌倉遺文』一三一号)、『吾妻鏡』文治二年七月二十四日条など参照。

(97) 正治元年九月八日関東御教書案(『鎌倉遺文』一〇七八号)。なお、この文書のなかで、鎌倉幕府は、「当庄者本是平家之領也、今又謀叛人之跡也」ときびしい認識を示しているが、橘氏が謀叛人とされたのは、島田次郎氏の推定されたように、平知忠の一条能保襲撃事件に連坐したものと考えられる(同『日本中世の領主制と村落上巻』一九五頁)。

(98)『鎌倉遺文』一〇〇一号。

(99)永原慶二前掲書(註94)。

(100)建久八年四月三十日官宣旨案(『続左丞抄』第一)。なお、本荘が八条院領である点については、寿永三年四月六日源頼朝下文案(『平安遺文』四一五三号)、嘉元四年六月十二日昭慶門院御領目録(『鎌倉遺文』二二六六〇号)など参照。

(101)註(100)に同じ。

(102)『平安遺文』四一五一号・四一五二号、『吾妻鏡』元暦元年四月六日条。なお、この史料は、平家没官領と鎌倉幕府との関係についての基本史料として有名で、安田元久「『平家没官領』について」(同『日本初期封建制の基礎研究』所収)、上横手雅敬「荘郷地頭制の成立」(同『日本中世政治史研究』第二章第四節)、杉橋隆夫「鎌倉政権の成立」(『歴史公論』二巻七号)、石井進「平家没官領と鎌倉幕府」(中世の窓同人編『論集中世の窓』所収)、小島鉦作「『吾妻鏡』所載寿永三年四月五日・六日源頼朝下文について」(『古文書研究』一一号)など多くの研究がある。

(103)この十七ヵ所の本家(本所)がどこであるかについては、すでに註(102)の上横手論文、石井論文などによって分析がすすめられている。それらを参照しながら図示すると左のようになるが、本家(本所)の確証のあるものは、まず院領荘園であったとみてよいであろう。

所領名	本家・本所	典拠・備考(※『鎌』は『鎌倉遺文』を示す)
走井荘	不詳	石井進氏は石清水八幡宮領と推定。
長田荘	六条院領	正安四年室町院領目録(『御料地史稿』)。
野俣道荘	七条院領	安貞二年八月五日七条院処分目録案(『鎌』三七七二号)。
木造荘	六条院領	長田荘に同じ。
在田荘	延勝寺領	石井進氏の推定による。
這田荘	得長寿院領	寛喜元年六月円性処分状(『鎌』三八四一号)。
由良荘	新熊野社領	貞応四年四月淡路国太田文(『鎌』三〇八八号)。

弓削荘	不詳	上横手氏は後白河院領と推定。
佐伯荘	不詳	
山口荘	不詳	
矢野領	六条院領	長田荘・木造荘に同じ。
小嶋荘	不詳	
大岡荘	不詳	上横手氏は後白河院領と推定。
香椎宮	蓮華王院領	建久八年五月三日官宣旨案（『鎌』九一三号）。
安富領	不詳	
三原荘	最勝光院領	正中二年三月最勝光院荘園目録案（『鎌』二九〇六九号）。
球磨臼間野荘	蓮華王院領	這田荘に同じ。

(104)　布施荘が八条院領であることについては註(100)、龍門荘・安摩荘については安元二年二月八条院領目録（『平安遺文』五〇六〇号）、野辺長原荘いかは、この四月六日付の源頼朝下文を参照。なお、この六日付の下文のなかに「女房御領」とみえる女房が平頼盛夫人を指す点については先学の見解は一致するが、その「女房御領」のうちの諏訪社も八条院領である。したがってこの諏訪社も頼盛関係所領に含めるとすれば計十四ヵ所ということになる。

(105)　（元暦二年）六月七日源頼朝書状案（『久我家文書第一巻』二八号―六）、安元二年二月八条院領目録（『平安遺文』五〇六〇号）。

(106)　石井進氏が高山寺文書と山科家古文書とによって復元された、安元二年二月付の八条院領目録による。なおこの点の詳細は、石井進「源平争乱期の八条院領」（永原慶二・佐々木潤之介編『日本中世史研究の軌跡』所収）を参照。

(107)　竹内理三「日本荘園史講座」（『日本歴史』一三九号）。

(108)　覚仁については、石母田正『中世的世界の形成』、久野修義「覚仁考」（『日本史研究』二一九号）参照。

(109)　『兵範記』保元元年七月八日、十七日、十九日、二十日、二十三日条など。なお、この点についての詳細は、本書第二章平氏政権と摂関家を参照。

(110)　この点の詳細は、本書第八章治承・寿永の内乱を参照。

(111) 『吾妻鏡』文治四年六月四日条。
(112) 『玉葉』寿永二年八月十二日条。
(113) 以上、『百錬抄』治承三年十一月二十一日条、『山槐記』治承三年十一月二十八日条など。なおこの点の詳細については、本書第六章高倉親政・院政と平氏政権を参照。

むすび

以上、平氏政権の権力基盤の形成過程を主として院領における荘園支配体制との関連で考察してきた。つぎにこれらを総括する観点から、平氏武士団とその政治権力が、この時期の国家権力の構成上においてしめた位置と意義について若干のべて本章をむすびたい。もっとも、この点を評価するためには、権門貴族のもう一方の雄たる摂関家と平氏との連繫の歴史的意味内容と平氏の摂関家領支配の実態を検討することが必要なのであるが、それについては第二章でとりあげることとし、ここではその点に関して極めて結論的に言及することによって、平氏武士団とその政治権力がしめた位置についてのべることにしたいとおもう。

平氏武士団は、在地における諸階層の熾烈な階級闘争によって国家と権門の権力機構が体制的危機に瀕した十二世紀の段階において、まず国家権力を主導しようとする院により、支配体制の樹立に奉仕するものとして院庁などの家産制支配機構に編入され、国家権力機構のなかに送りこまれていった。ついで、保元の乱後になると、藤原忠実・頼長父子が預所などをつうじて荘園の軍兵を徴集して戦おうとしたため、乱後の処分において預所・沙汰人の広範な改定が断行されて、摂関家は家産制支配のための武力装置を壊滅される危機に直面した。そのため、摂関家はその政治権力の武力的支柱を平氏武士団との連繫に求めるにいたったのである。こうして、院・摂関家という権門貴族の政治権力の基盤をなす家産制支配の爪牙として進出した平氏は、その支配機構を媒介にして在地領主の一部を地頭職などに組織しつつ、その権力組織を強化拡大させてゆくのであった。

かくして、院・摂関家が、荘園制支配を実現して政治権力を維持するために、平氏の武力によってみずからの権力を補強するのに比例して、執行権力の担い手である平氏の権力とその政治的影響力を増大させることとなり、やがて平氏が国家権力のヘゲモニーを掌握することを可能ならしめる情勢をつくりあげるにいたるのである。換言すれば院・摂関家という国政の頂点に位する権門貴族が、平氏武士団をみずからの存立の権力基盤にしたことは、必然的に平氏が国家権力の不可欠の構成要素としての位置をしめていくことを意味していたのであった。保元・平治の乱後、平氏一門が急速かつ順調に国家権力の高みへとのしあがっていく背景には、かかる歴史的条件が伏在していたのであって、平氏が権門貴族と対立抗争し武力でもって政治権力を簒奪していく面のみを強調するのは皮相な見解といわなければならない。事実、平清盛が太政大臣になる頃には、すでに当時の貴族層もかれの位置をそのようなものとして評価していたのであった。たとえば、仁安二年（一一六七）清盛が太政大臣を辞したさいに、官符により大功田として播磨国印南野以下の所領を与えられたとき[1]、また翌年二月、その病にさいして九条兼実が「前大相国所労天下大事只在此事也、此人夭亡之後、弥以衰幣歟」と憂慮するとき[2]、清盛があきらかに政治支配層の共同の支配を実現するための国家権力を支える武門として意識されているのをみることができるであろう。

平氏が国家と権門の権力機構に進出したことは、全体制の権力構造を大きく変質せしめずにはいなかった。家産制支配体制の面については既述のごとくであるし、国衙支配に関しても第三章でとりあげるように積極的に権力組織の拡充をはかったとすれば、平氏はみずからが形成した権力組織に立脚して、これらの機構を変質せしめつつ、その階級的利益を貫徹する支配体制を構築しようとしたものとみるべきであろう。その意味で、平氏の荘園制的所職の集積、知行国の独占化、太政官機構への進出などが、形式的には古代的・貴族的にみえようとも、それを支配する権力の実質は、在地の封建化に対応しこれと対決する権力になってきている点に注目しなければならないとおもう。平氏政権は、こうした権力基盤にもとづいて平氏が国家権力を領導するときに成立する政権なのであって、たんに一握りの狭小な武士団が中央政界での権力抗争を通じて武力でもって権門貴族を圧伏して国家権力を簒奪することによって成立したものではなかったのである。

だが、平氏が権力を形成・獲得してゆく過程は、同時に社会的諸矛盾と政治的対立を激化してゆく過程でもあった。この矛盾と相克のなかで、平氏政権はみずからの政治的限界を露呈して崩壊してゆくのであるが、その過程はまことに複雑きわまりないものであった。本章では、院領における荘園制支配との関連でその政治的対立と矛盾について触れたのであるが、以下の各章で平氏政権の形成をめぐる他の側面をとりあげるなかで具体的に考察することにしたいとおもう。

（1）『公卿補任』仁安二年平清盛条。
（2）『玉葉』仁安三年二月十日条。

第二章　平氏政権と摂関家

はじめに

院政期における権門貴族の荘園制支配の権力内容を評価するばあい、荘園領主がその土地所有を経済的に実現するために独自の武力装置を保持していたか否かが重要な論点の一つになる。この時期の荘園制支配を「古代的」ないし封建権力への過渡的なものとみる見解においては、権門貴族は所領支配のための独自の経済外強制機構をもたず、基本的には「古代的」な国家権力に依存していたと考えられている。そのさい、源氏や平氏の武士団と権門貴族との結合関係は、中央政界における地位強化のための手段にとどまったと解されるのである。(1)この点に関して、第一章では、この時期の権門貴族は所領支配のための独自の武力装置を形成しつつあったとする観点に立って、院領における荘園支配体制の封建的権力編成と平氏武士団との権力構造の関係のなかで平氏政権の形成過程を考察したのであった。本章では、これと同様な視点から摂関家のばあいを考えたいとおもう。

ところで、平氏政権の権力基盤の形成を摂関家における荘園支配体制との関連で考えようとするとき、重要な意味をもつものに平清盛による「摂関家領の横領」とよばれる事態がある。それは、保元・平治の乱後、武家の権門として国政に関与するにいたった清盛が、関白藤原基実に娘平盛子を配する婚姻関係によって摂関家への接近をはかり、基実の死後、摂関家領の大部分を盛子に相続せしめてこれを横領し、一躍、荘園領主化したといわれるものである。しかして、かかる婚姻関係による勢力扶植策や「荘園領主」化は、ともに平氏政権の古代的ないし貴族的性格を端的に証示するものとして評価されてきたのであった。[2] だが、婚姻関係を媒介とするいわば超歴史的な勢力扶植策をもって政権の歴史的評価の指標にすることには問題があるし、また「荘園領主」化の内容も荘園制支配との関連であらためて吟味する必要があろう。そこで以下、本章では、まず摂関家と平氏武士団との連繫の政治的意味を摂関家の荘園支配体制との関係で検討し、ついで平氏の摂関家領支配についての具体例をみながら、平氏の「荘園領主」化の内容を考察することにしたいとおもう。

（1）　永原慶二「荘園制の性格について」（同『日本封建制成立過程の研究』所収）などに代表される見解。

（2）　たとえば、林屋辰三郎「院政政権の歴史的評価」（同『古代国家の解體』所収）や、竹内理三「平氏政権と院政」（旧版『岩波講座日本歴史5』所収）などに代表される見解。

一　摂関家と平氏武士団との連繫

平清盛が、盛子の聟に前関白藤原忠通の嫡男基実を迎えたのは、長寛二年（一一六四）四月十日のことであった（『愚管抄』巻第五）。この婚姻関係は、摂関家と平氏という相拮抗する政治勢力の妥協の産物として実現され、これを契機に平氏の摂関家領支配の楔が打ち込まれたと評価されているものである。しかし、この両勢力の連繫を中央政界での政治的策謀のなかでのみ理解しようとするならば、問題の本質を矮小化することになるであろう。その連繋の意味内容は、保元の乱後の摂関家における荘園支配体制の樹立・再編成という歴史的条件のなかで把握すべきものと考えるので、まず保元の乱後、摂関家が直面した政治的課題を軍事力と家領との二つの側面に注目しながら問題に迫りたいとおもう。

保元の乱は、院政の成立いらい貴族階級の内部で醸成されてきた対立が、保元元年（一一五六）七月、鳥羽法皇の死を機についに内乱にまで激発したものであった。この乱において崇徳上皇・左大臣藤原頼長（氏長者）・前関白藤原忠実らは、後白河天皇・摂政藤原忠通らの天皇方に機先を制せられて国家権力にたいする謀叛者の立場に追いつめられたので、国家の公的軍事力を動員することができず、専ら私兵に依拠しなければならなかったのである。かねて自分の死後、崇徳上皇と藤原頼長らが「同心発軍、欲奉傾国家」ことを警戒していた鳥羽法皇は、すでに六月一日には、院宣によって下野守源義朝・左衛門尉源義康らに禁中の守護を命じ、出雲守源光保・和泉守平盛兼いか源平の武士を鳥羽殿に祇候せしめるなど防衛体制を固めた。七月二日、鳥羽法皇が没すると、後白河天皇方は、五日には勅をもって検非違使に命じて京中武士の取締まりにあたらせるとともに、平基盛・平惟繁・源義康らの武士を内裏に召集するなど厳戒体制をしき、ついで八日には藤原忠実・頼長らが諸荘園から軍兵を召集することを禁じる命令を諸国の国司にたいして下している。(1) こうして、後白河天皇方が矢つぎばやに措置を講じたため、崇徳上皇方は院宣をもって武力を召集して挙兵するのであるが、その軍事力は、結局、藤原頼長らが動員した私兵を中心とするものにならざるをえなかったのである。したがって、この乱で頼長らが動員しようとした軍事力は、十二世紀中葉における摂関家の私的軍事力のいわば最高の発動形態を示すものとみることができるのである。『兵範記』『愚管抄』『保元物語』などによると、その軍事力は基本的にはつぎの三つから構成されていた。(1)源平武士団…源為義を中心とする坂東の源氏武士団、源頼憲とその子盛綱らの多田源氏の武士団、平忠正（忠貞）・平正弘らの平氏武士団、(2)家領荘園の軍兵、(3)興福寺の軍兵、の三つであった。このうち乱を戦ったのは(1)であり、(2)・(3)は乱にさきだって後白河天皇方が京都周辺の警備を固め、諸国司に命じて荘園からの軍兵の召集を禁じるなど機敏な措置をとったため、乱の直接の戦力にはならなかった。だが、頼長・忠実らがこの(2)・(3)の戦力にも大きな比重をおいていたことは、頼長が白河殿でひらいた軍議の席で大和・吉野の軍兵を期待して夜襲を主張する源為義の献策をしりぞけたとつたえる『愚管抄』(巻第四)の記事や、乱後なお忠実が諸国荘園の軍兵を集めることを警戒した朝廷側の態度などによって知ることができる。(2) そこで問題になるのは、摂関家がこの三者をどのように—とくに荘園制支配との関係において—権力組織に編成していたのかということである。

その点でまず(2)に注目する必要がある。この家領荘園の軍兵は、七月十七日に諸国国司にたいして忠実・頼長領の没官を厳命した綸旨に、荘園からの軍兵の催促を禁じる措置として、公卿以外の預所の沙汰を停止している(3)ように、預所をつうじて動員しようとしたものであった。このことは、当時の摂関家においても預所を中核に一定の軍事力に転化しうるほどの武力装置が形成されていたことを物語っており、その権力組織によって家領支配を実現していたと考えられるのである。その具体的な実態を分析することは史料が乏しいため困難であるが、しかし、つぎの一・二の例からも推測することができる。たとえば、摂関家領の河内国楠葉河北牧を本貫としてそこに武士団を形成していた左衛門尉光弘なる武士が、源為義の子頼賢らとともに藤原忠実の侍としてその警衛にあたっている(4)のなどは、摂関家のいわゆる侍なるものが家領の在地領主を組織したものであったことを示す一例といえよう。また、近江国佐々木荘(藤原忠実領)に居住する宇多源氏の源行真は、忠実と主従関係を結んでいたが、その子息の三郎宗真・四郎行正はいずれも忠実の舎人となり、また宗真は佐渡国司の許に候侍していたという。(5) 保元の乱で頼長らが動員しようとした荘園の軍兵の中核をなすのは、このような武士であったと考えられるのである。

つぎに（1）についてみると、まず多田源氏の源頼憲は兄の頼盛らとともにはやくから摂関家の近習の侍であった[6]が、その本貫の摂津国多田荘はもとより摂関家領であったから、これも家領荘園の武士であったといってよい。また藤原頼長に仕えており、乱の勃発にさいして京都へ駆けつけるところを平基盛に追捕された、摂関家領の大和国宇野荘に本拠をもつ宇野源氏の源親治なども多田源氏と同様の存在形態をとる者であった。[7]源為義が忠実・頼長に臣従していたことは周知のとおりであるが、問題は為義の側からみてその主従関係をささえていたものが具体的にはなんであったのかということである。たしかに、受領などの官職に任ぜられることを求める点もあったが、より根本的には、かれらの所領の獲得＝武士団の形成そのものが摂関家との関係によって政治的に保証されていたのではないかと考えられる。為義については確証はないが、その子義朝が相模国大庭御厨や下総国相馬御厨などの獲得を院権力とそれにつらなる国司と結託することによって実現しようとした点[8]などを想起すると、為義のばあいにも同様なことを推定できるのではあるまいか。しかして、保元の乱でこの父子が分裂して戦わざるをえなかったのも、そうした関係に規定されていたためであったと考えられるのである。こうした点は、平忠正らのばあいにも想定できるのであって、忠正も、父正盛や兄忠盛が白河・鳥羽院政と結んで所領の拡大と武士団の形成をおこなったような関係を崇徳上皇や摂関家に求めたのであろう。

（3）の興福寺の軍兵とは、具体的には「日本第一悪僧武勇」と称された信実、「一天第一武勇精兵」といわれた玄実の率いる一〇〇〇余騎の軍勢であった。[9]『尊卑分脈』によると、信実は大和源氏の出身であり、玄実はその実弟であるが、信実の養子にして、かつ弟子ともなった人物である。信実は、保安二年（一一二一）十月に寺主に就任して三綱に列し、保延三年（一一三七）に権上座、ついで保延五年には上座に昇進、やがて久安三年（一一四七）五月に別当覚晴が没したあと、しばらく別当が補任されなかったため、長者宣によって寺務執行を命じられ、同六年八月まで興福寺の最高責任者として寺務を統轄した。また、久安三年ごろには玄実も権寺主になっている。[10]

その間、信実は寺内のいくつかの武力抗争事件に関与して「悪僧」としての名をあげるとともに、大きな勢力をきずいていった。大治四年（一一二九）十一月に、仏師長円の清水寺別当の補任をめぐって起こった凌轢事件では、別当玄覚らと一緒に信実も検非違使に逮捕され、一時、三綱の地位を離れている(11)。そのさい、検非違使の源為義が、当初、信実をかくまって庇護したことが露顕し、為義は院の勘当処分をうけているが(12)、おそらくこのころには為義と信実の親密な関係が形成されていたのであろう。また、保延四年（一一三八）十月に、隆覚が別当に補任されると、これに反対する信実らの勢力とのあいだに武力抗争が勃発し、翌年二月には興福寺大衆が隆覚の別当解任を要求して朝廷に嗷訴したため、信実はその責任者として検非違使に付されることとなったが、この事件は、結局、十二月末に別当隆覚が解任されて収束している(13)。これらの事件は、信実が寺内でその地位と勢力を形成するにあたって、武力組織が大きな役割をはたしたことを物語っているが、しかし、それと同時に、もう一つ、摂関家との緊密な結合関係がきわめて重要な意味をもった点に注目する必要があろう。

　摂関家との関係を示す史料としては、保延二年（一一三六）十一月に藤原頼長が春日詣をしたさい、信実がその子とともに前駆をつとめているのなどがはやい例であるが(14)、つぎの『台記』の康治元年（一一四二）八月三日条にみえる興福寺「悪僧」の処罰事件などは、両者の結合関係の政治的意味をより鮮明に浮かび上がらせてくれる。『台記』によると、この事件は、興福寺内部のたび重なる抗争事件に手を焼いた藤原忠実が氏長者藤原忠通に命じて勧学院に「悪僧」を召し集め、そのうち十五人を源為義に逮捕させて奥州に追放したものであったという。頼長はこの措置について、「禅閤《(忠実)》為信実、刑衆徒」―忠実が信実を支援してその反対派を処罰した―という噂があることを記し、もし忠実が寺内の静謐をめざしておこなったのであれば「直」（正当）というべきであるが、しかし信実のために実施したのであれば「直」とすることはできない、との感想を記している。ここには、摂関家が寺内を統制するための手段（武力的支柱）として信実を位置づけている点とともに、角田文衛氏の指摘のごとく(15)、すでに忠実―源為義―信実という連携が成立していることに注目されるのである。興福寺内における信実の政治的地位と権勢は、武力に加えて、こうした摂関家との緊密な結合関係を背景として形成されてきたものとみられるのである。したがって、藤原頼長らが保元の乱にさいして信実の率いる興福寺の軍兵に大きな期待をよせたのは当然だったのである。『保元物語』(上)によれば、信実・玄実の率いる一〇〇〇余騎は、まず七月十日の夜に忠実の居所である宇治の富家殿に集結し翌十一日に洛中に攻め寄せ、崇徳上皇のいる白河殿にはいる計画であったが、後白河天皇方が源義朝の献策によって、その日の早朝に白河殿へ先制攻撃をかけて勝敗を決したため間にあわなかったという。

以上、保元の乱における摂関家の軍事力の動員形態と構成についてみてきたのであるが、つぎにそれに関連して二・三の問題点を整理しておきたいとおもう。

まず第一は、院政期にはいって在地諸階層の抵抗や闘争が激化するなかで、摂関家においてもその政治的支配を実現するために、少なくとも十二世紀中葉までには一定規模の軍事力に転化しうるほどの私的武力装置を構築していたとみなしうることである。その武力はたんなる「傭兵」によって構成されたのではなく、荘園の在地領主(武士)を供給源として、それを一定の武力組織に編成したものであって、その意味で家産制的な武力編成の形態をとるものであったといえよう。源平武士団といえども基本的にはこの範疇にはいるのであって、かれらは、いわば家産制軍隊の長としての役割をしめるものであったと考えられるのである。

第二に、したがって、その武力組織は、在地領主の領主制の基礎のうえに編成されるのであって、在地領主の土地所有は荘園制的土地所有のなかに包摂された形態で確保されるのである。しかし、その武力組織は、在地領主のすべてが、のちの鎌倉幕府の御家人制度のように等質の軍役を負担する形態をとるのではなく、そのうちの特定の「兵の家」の者が、いわゆる権門貴族の「侍」として権力編成されて武力部門を担当したのであった。たとえば、前記の左衛門尉光弘という藤原忠実の侍の同族のなかには、楠葉河北牧の下司や武者所の武士のほかに、「不知弓箭、如形相携文簿」えて、[16]摂関家政所の「下家司」として執務する主計允惟宗忠行のような者がおり、[17]これらの人間がそれぞれ摂関家の家政と荘園制支配の一翼を担うものとして分業的に編成されているのなどはその一例を示すものである。このことは、荘園制が軍事組織そのものを眼目として編成されるものでない以上当然であるが、しかし、その荘園制支配の体制のなかからこうした武力組織を排除してはならないと考える。したがって、摂関家領についていえば、この時期の荘園領主経済の分業的編成の問題などとの関連のなかで、武力編成のもつ意味を解明していくことが今後の課題の一つとなるであろう。[18]

第三に、この武力組織は、権門貴族の中央政界における政治権力をささえる不可欠の構成要素であったばかりでなく荘園制支配をはじめさまざまな支配面で、武力的支柱として多様な役割を演じたことに注目しなければならない。大和源氏出身の信実・玄実らが摂関家と緊密な関係を維持しつつ興福寺内の統制面で活躍しているのなどはその一例であって、このことは、権門貴族と諸寺社との関係が、たんに宗教・信仰面や子弟の僧侶化などの面ばかりでなく、武力による統制面でも進展していたことを物語るものであろう。こうした武士団の機動性に富んだ動きは、すでに明らかにされている渡辺党のばあいなどが一つの典型を示している。[19]

第四に、かくして院政期における権門貴族の荘園制支配は、その内部に独自の武力組織をくみこむことによって在地にたいする支配体制の再編強化をはかったのであるが、しかしそれは同時に新しい形態での政治的諸矛盾を生みだすこととなった。荘園支配機構のなかに進出した在地領主(武士)は、その支配機構を媒介にして在地にたいしてみずからの領主制支配の拡大と武士団の形成をはかるのであって、そのことによって農民層との対立をますます激化させるだけでなく、領主層内部の矛盾を熾烈にせずにはいなかったからである。たとえば源為義の二男義賢が、久安三年(一一四七)に年貢未納を理由として藤原頼長領の能登荘の預所職を改替されているが、[20]その背後には為義が故藤原信長家領の下野荘の荘司二人を郎等にして問題を起こしたのと同様の事態が推測されるのであって、そうしたことは恒常的に発生したものとみられるのである。しかし、権門貴族は、在地の農民闘争と対決して荘園制支配を実現するために、支配体制の内部の矛盾を激化させることを承知しつつもその武力組織を強化せざるをえなかったのであった。[21]

さて、保元の乱の結果、摂関家の軍事力を構成する三つの要素のうち、(1)の源為義以下の源平の武士団が壊滅したことはいうまでもない。(2)の家領荘園の軍兵については、後述するように、七月十七日に諸国国司に忠実・頼長領の没官を厳命した綸旨のなかで、荘園からの軍兵催促を禁ずる措置として公卿以外の預所の沙汰を停止することにより、預所をつうじて武力を動員する体制を解体したのであった。(3)の興福寺の軍兵に関しては、直接的な措置は講じられなかったが、しかし、朝廷ははやくも七月十一日に大和国に勅をだして、頼長に同意して悪僧を発遣しようとした罪科により、権大僧都尋範（藤原師実息）・権律師千覚（藤原頼長の母方の叔父）とともに、信実・玄実の所領を没官するよう命じている（『兵範記』同日条）。したがって、保元の乱の結果、摂関家の軍事力と荘園制支配のための武力装置は大きな打撃をうけたのであった。

ところで一方、摂関家の家領荘園についてみると、保元の乱後すぐに忠実・頼長の所領は没官処分の対象となったが、それが実施されると膨大な摂関家領のほとんどが喪失されることを意味したのである。それは、つぎのような事情によるものであった。忠実は、祖父師実の遺領五十ヵ所を相続したのをはじめ、建長五年（一二五三）の近衛家所領目録によれば、四条宮（藤原忠実の養母・寛子）、高倉北政所（藤原頼通の正室・隆子）、冷泉宮（藤原師実の室・麗子）、一条北政所（忠実の母・全子）、高倉一宮（祐子内親王）らの室家に分譲されていた家領をあいついで相続して家領の統合・再編成につとめたのである。[22] その後、忠実の所領は、忠通・頼長・高陽院（鳥羽上皇皇后）の三人の子女に分与されたが、このうち高陽院の約五十ヵ所の所領は、[23] 彼女の死とともに忠実の所有にかえっていた。また忠通の所領については、鳥羽院政のもとでこの父子の対立が激化した久安六年（一一五〇）に、忠実は忠通を氏長者の地位から追放するとともに、その家領をすべて悔返していたのである。[25] このために、忠通はただその知行国の備前国からの収益だけで出仕に必要な費用をまかなわなければならないほどであったという（『愚管抄』巻第四）。こうして、保元の乱に突入したとき、摂関家の重要な所領のほとんどが忠実・頼長父子の所有となっていたのであって、これらの所領が没官されようとしているいま、摂関家領は破滅の危機に瀕していたといえるのである。

したがって、乱の勝利者としての忠通が緊急に対処しなければならない政治的課題は、この摂関家領をいかに護持するかにあったといえよう。忠通の摂関家領維持の対策は、まず氏長者に就任することと、ほんらい忠通の所有であった荘園を回収するという名目ではじめられた。戦塵のさなかの七月十一日、宣下による補任という異例の形式で氏長者に就任した忠通は、[26] まず頼長の没官領中から氏長者が「所摂之庄園」を除去すべしという綸旨をえることに成功し、[27] 東三條殿・東蔵町をはじめ佐保殿・広田荘・楠葉牧などの殿下渡領、法成寺・平等院・勧学院などの氏長者が荘務権をもつ氏寺寺領を彼のもとに帰属させたのである。[28] また、頼長が奪った興福寺権別当少僧都覚継（忠通の子）の所領なども奪回しているが、[29] これは謀叛者たる頼長の行為の非理を糾弾することを名目としたものであろう。一方、忠実も自己の罪状が確定する直前の二十日に、高陽院領ほか百余ヵ所におよぶ荘園と荘領目録とを忠通に譲ったが、これはその所領が没官されるのを避けるための措置であった。[30] 忠通・忠実らがともにこうして家領の護持に狂奔したため、摂関家の重要な荘園は全てあやうく没官を免れ、結局、頼長の個人的な所領である田原荘いか二十九ヵ所が後院領（後白河天皇領）として収公されるにとどまったのである。[31] その意味で、摂関家は保元の乱によって、家領の量的な面では甚大な痛撃をうけなかったといえよう。この政治的危機を回避した忠通は、いまや膨大な家領を一身に集中しつつ、内部分裂の解消した摂関家勢力の総帥として、かつて「カレハツル、フヂノスエハノ、ナゲキヲバ、タヾハルノヒニ、サカセテゾミル」と詠じた、(32)自己を中核とする摂関家興隆の悲願を実現しうる情勢をむかえたかにみえたのであった。

しかし、それは表面上の現象にすぎず、実は忠通にとってこの膨大な家領もいわば虚器を擁するようなものであった点に注目しなければならない。というのは、乱の結果、摂関家の中央政界における地位強化の手段としての源為義らの武家が滅亡したのみでなく、摂関家領を忠通に帰属させるに先だって、朝廷は、荘園制支配を実現するための武力装置をも壊滅したと考えられるからである。すなわち、忠実・頼長領の没官に関する基本方針を明示した、さきの七月十七日の綸旨には、

彼所領等中、当時公卿為預所庄々者、付件家不可有改易、於其外者、國司可致沙汰、抑関白被補氏長者了、於長者所摂之庄園者不在此限、但関白未被知行以前、且停止本沙汰、可侍長者之下知也、

とみえて、これらの所領のうち公卿が預所になっている以外のものは、たとい氏長者として忠通に帰属する荘園であっても、彼が領有する以前に国司の権限において沙汰をいったん停止すべしとしたのであった。この綸旨の方針は、保元の乱で摂関家の軍事力が荘園の軍兵に依拠しようとしたことと密接に関連するものであったが、これが実現することは摂関家の荘園支配の武力的基礎が崩壊することを意味していたのである。その後忠通は、前記のようにして自己に帰属させた家領の預所や沙汰人の改定を広汎に断行していった。(33)この改定を氏長者の交替にともなう処置とみる見解があるが、(34)これは、通常のばあいとは異なり、忠通が没官を避けるために止むなく遂行せざるをえなかった措置とみるべきであろう。かくして関白氏長者として膨大な家領を有した忠通は、家領支配のための権力組織を早急に再編成しなければならない危機に直面したのであった。名主・百姓等の在地勢力が公然と武力闘争を展開しはじめたこの時代において、忠通に負わされたこの課題は深刻きわまりないものであったといえよう。保元の乱後における他の権門諸勢力―とりわけ平氏―の摂関家への関与と、摂関家の凋落という

事態もこの荘園支配の武力的基礎の崩壊という歴史的前提と関係していることに注目されるべきであろう。

しかして、平氏武士団が摂関家の家産制支配の武力的支柱として登場してくるのは、その後まもない時期からであった。それが保元の乱の直後にはじまるか否かは確証がないが、保元二年（一一五七）八月、藤原基実の任右大臣の大饗料を摂関家の恒例によって荘園と知行国とに命じたなかに播磨守平清盛の名がみえるのは、おそらく知行国主と国守の関係を示すものであって、両者の連繫の早いことをおもわせている。また家産制支配の中枢をなす政所については、長寛三年（一一六五）五月の関白（基実）家政所下文に平宗盛・同重衡らの署名がみえるのが早いものであるから若干遅れるが、しかし、家領支配自体の面では、後述するように、はやくも平治元年（一一五九）十一月には、平氏の有力部将平信兼が預所として支配を展開しており、基実・盛子の婚姻関係に先行して平氏武士団が摂関家領支配に関与していることがわかるのである。こうした摂関家と平氏武士団との連繫は、かつて平忠盛が忠実の宿所の造営につとめたような関係とは歴史的意味内容を異にし、摂関家の荘園支配体制の危機に際して、その支配体制の再編・強化というすぐれて権力構造的な連関において形成されてきたものであることを意味していよう。こうして摂関家領支配の武力的支柱として預所や政所に進出した平氏一門は、権勢をのばし、家産制支配の実権を壟断しつつ、その階級的性格にもとづいて独自の支配を展開して、その権力組織を形成してゆくものと想定されるのである。しかして、平氏と摂関家との婚姻関係の成立や清盛の「摂関家領の横領」という事態なども、この連繫を前提とした政治的枠組みのなかで理解すべきであろう。そこで、つぎに平氏による摂関家領支配の内容を検討することにしたい。

（1） 以上、『兵範記』保元元年七月五日、八日条。
（2） 『兵範記』保元元年七月十七日条。なお、乱の直前のものについては、七月八日条など参照。
（3） 註（2）に同じ。

(4)　長寛二年六月主計允惟宗忠行義絶状（『平安遺文』三二八六号）、『兵範記』久寿二年十二月十七日条など。
(5)　永治二年四月三日散位源行真申詞記（『平安遺文』二四六七号）、西岡虎之助「佐々木荘と宇多源氏との関係」（同『荘園史の研究　下巻一』所収）。
(6)　『本朝世紀』仁平元年七月十六日条。
(7)　『兵範記』保元元年七月六日条。永島福太郎「古代末期における武士の一考察―頼親流源氏大和宇野氏の場合―」（『人文論究』一一―二号）。
(8)　この点については、西岡虎之助「坂東八ヵ国における武士領荘園の発達」（同『荘園史の研究　下巻一』所収）、尾羽澤淑子「武士団成立の一考察―千葉氏の場合―」（『史窓』一三号）など参照。
(9)　『尊卑分脈』第三編、『保元物語　上』。なお、信実・玄実については、角田文衛「聖武天皇陵と興福寺僧信実」（同『王朝の明暗』所収）があり、以下の記述は、これに負うところが多い。
(10)　以上、『興福寺三綱補任』『興福寺別当次第』。
(11)　この事件については、『中右記』『長秋記』の大治四年十一月十一日から十八日までの条、および、『興福寺三綱補任』など参照。
(12)　『長秋記』大治四年十一月十七日条。
(13)　註(10)に同じ。
(14)　『台記』保延二年十一月七日条。
(15)　角田文衛前掲論文(註9)参照。
(16)　註(4)に同じ。
(17)　『兵範記』久寿二年十月十八日、保元三年八月十五日条、長寛二年六月関白左大臣家政所下文（『平安遺文』三二八四号）など。
(18)　この摂関家の荘園領主経済の分業的編成については、脇田晴子『日本中世商業発達史の研究』などによって解明がすすんでいるが、武力編成の問題については、研究がたちおくれている。
(19)　三浦圭一「中世における畿内の位置―渡辺惣官職を素材として―」（同『中世民衆生活史の研究』所収）。
(20)　『台記』康治二年十一月二十五日、久安二年六月四日条。

(21)『中右記』永久二年八月三日、二十五日条など。
(22)註(2)に同じ。
(23)建長五年十月二十一日近衛家所領目録(『鎌倉遺文』七六三一号)。なお義江彰夫「摂関家領の相続研究序説」(『史学雑誌』七六編四号)にこれらの所領の相続についての詳細な研究がなされている。
(24)註(23)の近衛家所領目録には四十九箇所とし、『吾妻鏡』文治二年四月二十日条には五十余所と記す。
(25)『台記』久安六年九月二十六日、十月十二日条参照。
(26)『兵範記』保元元年七月十一日条。後年、慈円は『愚管抄』のなかで、この宣旨による忠通の氏長者の任命について「コノ日ヤガテ藤氏長者ハ如元ト云宣下アリテ、法性寺殿ニカヘシツケラレニケリ、上ノ御サタニテカクナル事ノハジメナリ」(巻第四)と記し、かつて「藤氏長者トイフコトハ、上ヨリナサル、コトナシ」(巻第三)、「藤氏長者ハ君ノシロシメサヌコトナリ」(巻第四)として、摂関家内部で決められてきた藤氏長者の地位が、外部の権力によって決められるようになった変化を重視し、そこに保元の乱を契機とする摂関家の凋落を示す徴表の一つをみている。事実、この後、藤氏長者は宣旨によって定められることになり、それは慈円のみならず摂関家貴族たちにつよい衝撃を与えたらしく、「藤氏長者本非宣下事、只相譲事也、而保元大乱之時法性寺殿執行之時、被下宣旨、其後如此」(『山槐記』寿永二年十一月二十一日条)、「凡古来於長者者、不及宣下、所譲来也、而保元依乱逆此事出来、以彼為例」(『玉葉』文治二年三月十二日条)というように、たえず保元の乱以前の状態があるべき正統な姿として回顧されるのである。しかして、平清盛が、のち治承三年十一月の政変で、高倉天皇の宣旨によって関白藤原基房から氏長者の地位を奪って藤原基通にかえることが、いわば合法的な形態でおこなうことができたのも、こうした体制が成立していたからであった。なお橋本義彦「藤氏長者と渡領」(同『平安貴族社会の研究』所収)参照。
(27)註(2)に同じ。
(28)『兵範記』保元元年七月十八日、十九日条。
(29)『兵範記』保元元年七月十一日条。
(30)『兵範記』保元元年七月二十日条。
(31)『兵範記』保元二年三月二十九日条。
(32)『台記』久安六年十二月四日条。なお、この点については、村田正言「院政に抗争したる藤原忠通」(『国史学』一七号）参照。
(33)『兵範記』保元元年七月十七日、十九日、二十日、二十三日の各日条など参照。
(34) 村田正言前掲論文(註32)など。
(35)『兵範記』保元二年八月九日条。
(36)『平安遺文』三三五〇号。
(37)『長秋記』長承二年六月二十八日条。

二　平氏の摂関家領支配

さて、平氏の摂関家領支配について考察するにさいして、まず最初に、清盛による「摂関家領横領」事件といわれるものの内容を再吟味しておきたいとおもう。

藤原基実は、保元三年（一一五八）八月、忠通のあとをついで関白氏長者になっていたが、長寛二年（一一六四）二月、忠通の死去によって摂関家領の大部分をしめる一五八ヵ所にのぼる遺領を継承した。(1) 盛子との婚姻はこの二ヵ月後のことである。しかるに基実は、仁安元年（一一六六）七月二十六日に弱冠二十四歳で逝去したため、その膨大な遺領が未処分のままのこされて問題となった。基実の氏長者の地位は、長子基通（母は藤原忠隆娘）が幼少のために弟基房がついだが、遺領の相続は清盛によって阻止されるにいたったのである。すなわち、清盛は忠通の家司藤原邦綱の入知恵によって、基房には殿下渡領を若干わたすにとどめ、九州の島津荘をはじめ摂関家の資財荘園・代々の記録・宝物・邸宅までを悉く盛子に伝領させたのである。そして邦綱を盛子の後見にすえて基通を養育することとした（『愚管抄』巻第五）。この措置の背景には、永万元年（一一六五）六月の二条天皇の死を契機に親政派の拠点たる摂関家を分裂・凋落させようとする後白河上皇ら院政勢力の清盛にたいする煽動もあったらしく、摂関家領は清盛の支配に属すべしという院宣さえだされたのであった。(2) これが清盛の「摂関家領横領」

事件といわれるものである。この措置は、たしかに清盛の政治的策謀によって実現されたものであり、かつまた、『玉葉』や『愚管抄』に、清盛がこれ以前より摂関家領の支配（横領）に野心をもっていた旨を記しているとしても、このことから直ちに清盛が摂関家領を平家領にして「荘園領主」に転化したと理解することは飛躍を免れないであろう。そのまえに、まずなによりも清盛の摂関家領支配の実態をできるだけ吟味することが必要である。

邦綱の勧告は、関白（基実）の北政所の地位にいる盛子が摂関家領を分割相続することは異例ではないので盛子に伝領させるとよいというものであったが、清盛の摂関家領対策もこの線に沿うものであった。すなわち、『玉葉』に、この相続措置に関して清盛が語った真実の説として、「受取之、暫所守護也、為主之人可受継者、定其期至歟」と伝えており、[3]また建長五年（一二五三）の近衛家所領目録に、[4]白川北政所（盛子）の相続は基通が幼少であったための沙汰であると記しているのは、この後も長く摂関家の人びとが、清盛の措置を客観的にはかかるものとして理解していたことを示していよう。つまり、清盛の摂関家領支配の方式は、摂関家領を前関白夫人たる盛子に白川殿領として伝領させ、基通が幼少のため氏長者にすることができないので自己の意のままになる氏長者が出現するのを待機しているものなのであった。これは横領にはちがいないが、摂関家領を平氏の所領になし、みずからが本家の地位について家領支配を実現しようとするものではなかったのである。こうした清盛の摂関家領支配の方式の一端を、たとえば、基実の夭逝の二ヵ月後の『兵範記』仁安元年九月二十七日条のなかに見い出すことができる。

参河志貴御庄下條、可知行由、大納言殿以安芸守能盛示給、歎之中悦也、是尊霊之遺徳也、深畏申了、件庄三川守保相当任立券私領、其後寄進前宇治殿、其後伊賀丹波伝領、其後皇后宮大進殿伝領、其後故尼上雖得譲、不及知行、今中絶、下官当奉行、尤本意者也、

この記事は、三河守保相なる者が、前宇治殿（藤原頼通）のとき成立させた寄進地系荘園である三河国碧海郡の

志貴下荘の預所に家司平信範を補任する旨、大納言殿（平清盛）が藤原能盛（清盛の家司）をつうじて知らせてきたものである。ここでは、つぎの二点が注目される。第一に、清盛が摂関家領支配の実権を壟断していることであり、これは一応摂関家の本所権の侵害であるといえよう。しかし第二に、清盛はみずから荘園領主に転化しているのではなく、信範がこの事態を基実の遺徳であると意識していることに示されているように、あくまで摂関家領としての荘園支配に関与しているのである。清盛はしかも本荘のように預所支配が中絶した荘園にたいして預所支配を再興するなど、積極的に荘園支配と経営を推進しようとしているのである。(5)

以上のように、清盛の「摂関家領の横領」なるものは、摂関家の家産制支配の中枢たる政所や預所などの支配機構を押えて、家領支配の実権を掌握し、本所権を形骸化しつつ、中間搾取を強化することによってみずからの収益の増大と権力組織の拡充を図ろうとするものであったと考えられるのである。したがって、この支配方式の基本的な方向は、保元の乱後の摂関家領における支配体制の強化・再編成の過程において、摂関家が荘園支配に見合う武力装置を形成するために平氏武士団に依拠したときにすでに決定づけられていたとみるべきであって、盛子への伝領を契機としてにわかに形成されたものではなかったのである。その意味で、盛子への伝領は、清盛が平氏一門の家長＝惣領としての立場から惣領権を行使して家領支配に公然と口入する名目をつくった点で、それ以前から継続していた平氏の支配をより強力に展開するための確固たる基礎を築いたものというべきであろう。

平氏による以上のような摂関家領支配は、藤原氏内部を基実系と基房系との二勢力に分裂させることとなり、とくに基房系との対立は激しく、かの「殿下乗合事件」などの政治的事件を惹起しながら展開されていったのである。しかし、ついに清盛はみずからが本家の地位を簒奪することによって摂関家領を全体として平氏の所領にすることはできなかった。後述するごとく、盛子の死後、治承三年（一一七九）十一月の政変において、平氏政権が専制化する時点でもそうなのである。だが、平氏が摂関家の本所権を空洞化しつつも、ついに「荘園領主」化できない理由は、中央政界における両者の力関係のみからでは解きえないのであって、平氏の荘園制支配が在地諸勢力とのあいだに惹起してくる矛盾関係のなかではじめて把握できるであろう。そこでつぎに、摂関家の政治権力の基盤をなす家産制支配機構に進出した平氏が、その支配機構を媒介に、在地にたいして自己の権力組織(武士団)をいかにして構築してゆくか、またそのときどのような社会的諸矛盾が激化してくるかを若干の特徴的な事例によって分析したい。

(1) 預所支配

預所は、十二世紀初頭ごろに成立する荘官職であるが、それは大土地所有者としての本所の荘務権を預かって執行するものであり、在地と直接対決しつつ農民層から地代を徴収することを任務としたのである。前記の近衛家所領目録には、「荘務本所進退所々」と記す六十ヵ所の荘園がみえるが、その所在国は畿内周辺と西国に圧倒的に多く、預所支配がこの地域の荘園制支配の基本的な形態であることを示している。平氏の預所支配の実態を比較的はやい事例である須可荘(伊勢国河曲郡)のばあいについてみよう。

平治の乱直前の平治元年(一一五九)十一月、和泉判官平信兼が武力をもって本荘に乱入して、ここに相伝の下司職を保持する為兼法師とその妻女・次男らを禁固し、三人の子息を斬殺する事件が起った。このため、為兼の息兼真は摂関家政所に解を提し、禁獄されている者の放免と信兼の処罰を求めた。この解のなかで、兼真が「雖縦有過怠、中上事由□御裁許、何況無指過失哉」と、下司職としての荘務執行に過怠のないことを主張し、にもかかわらず信兼がかかる処置をとったことにたいして「召誡彼判官信兼、令処罰科」られたいとのべている[6]点、および、近衛家所領目録では本荘が預所型荘園に属していることから、平信兼のこの行動が摂関家領支配のための預所としての立場からなされたものであることがわかるのである。この信兼は、保元の乱で八十余騎を動員したといわれる平氏の有力部将であるが、摂関家の命をうけて春日社領和泉国春木荘で悪僧の濫行を禁圧するなど、ひろく摂関家領支配の武力的支柱として活動する者であった。(7)

ところで、平家都落ち後の元暦元年（一一八四）七月七日、伊賀・伊勢地方の平氏残党が叛乱をおこした。その中心人物は、伊賀国が平田入道家継で、源頼朝の命をうけて同国の守護にあたっていた大内惟義の郎従を伐取り、伊勢国では出羽守平信兼が鈴鹿山を切り塞いで挙兵した。(8)この事態にたいし、頼朝は大内惟義・加藤五景員・同太光員・山内首藤経俊らに出撃を命じ、(9)七月七日に、近江国の南部で両軍が激戦を展開したすえ、平氏方が敗北して、平田入道家継ほか九十余人が討死し、平信兼とその子息らは逃亡した。(10)翌八月にはいると、源義経を中心に平氏残党の追捕がはじまるが、(11)やがてその一環として、伊勢国では叛乱に参加した「謀叛輩之所領」を没収し、頼朝の御家人加藤太光員の作成した「没官注文」に記載・登録したうえでその跡地に地頭職を補任する方法が採用されるにいたった。(12)平信兼の所領も、当然、この没官処分の対象となり、翌元暦二年（一一八五）六月十五日付の二通の源頼朝下文によれば、(13)頼朝は、須可荘と波出御厨（一志郡）における故出羽守平信兼の党類の所領を没官し、そのあとに御家人の惟宗（島津）忠久を地頭職に補任している。これらの地頭職は、鎌倉幕府によるもっとも初期の地頭職補任の事例としてよく知られているものであるが、このいずれの地頭職も「任先例、為令勤仕公役」めに、平家没官領跡に補任された、いわゆる本補地頭職であった。したがって、須可荘のばあいでいえば、すでにこれ以前に、信兼の党類が摂関家領の地頭職ないし下司職として据置かれていたものとみなければならない。その党類の所領は、おそらくさきの平治元年の下司追却事件のような過程をへて獲得されたのであって、信兼が預所支配をつうじて在地領主の一部をみずからの権力組織に編成しつつ在地支配を樹立していったものと考えられるのである。

こうした摂関家領における平氏の預所支配の基本的な性格は、結論的にいえば、前章で分析した院領のばあいと同じ性格をもつものであったといえよう。すなわち、平氏の預所支配の基本的な方向は、在地領主の一部を地頭職・下司職などとして権力編成しながらその在地領主制の進展を支持することによって、農民層にたいする支配と収奪を強化して中間搾取を増大させてゆこうとするものであったのである。

(2) 大番舎人の支配

大番舎人は、摂津・和泉・近江の三国の小領主ないし上層農民が摂関家と寄人関係を結ぶことによって成立し、一定の給田・雑免田などを与えられる代償として、政所の直接沙汰のもとに宿直・警衛・兵士役・雑役などの諸役を勤仕するものであった。その成立の時期は、十一世紀後半から十二世紀初頭とみられている。平治元年(一一五九)の高陽院方舎人当番支配状によれば、(14) その出勤予定の人数は、閏五月中旬三十四人半(うち三人不参)・同下旬三十九人(うち九人不参)・六月上旬三十五人(うち十人不参)であるが、欠勤者が続出していて、大番舎人の支配の困難さを暴露している。だが、大番舎人のなかには、摂関家政所から殿下御使として現地に派遣されて荘園制支配の一翼を担って活躍する者や、(15) 美濃源氏一族の郎従になるような者なども出現した。(16) したがって平氏が摂関家の政所の実権を壟断するようになると、当然、政所の沙汰をつうじて大番舎人らを自己のために動員するとともに、その権力組織に編成しようとする動きを示したものと予想されるのである。つぎの今西荘(近江国東浅井郡)の例などは、そうした平氏の権力編成が深く在地にも浸透して展開されたことを示唆するものであろう。

長寛二年(一一六四)七月、大番舎人らは摂関家の政所に陳状を提出してつぎのように訴えた。われわれは、年来、今西荘内に居住して牢籠することなく政所役や荘家役を勤仕してきたにもかかわらず、荘園領主が官使の下向を申請して牓示内に打籠め、「往古舎人欲被停廃」、その理由は給田を公郷に募りながらさらに荘内にも募っているためというが、そのような事実はないので傍例に任せて沙汰してほしいと。(17) しかして本荘は、『吾妻鏡』の建久三年（一一九二）十二月十四日条によれば、摂津国福原荘などとともに平家没官領としてみえるので、この沙汰をしたのは平氏であったと考えられるのである。ここには、大番舎人の進止権を掌握する平氏が、往古の舎人を停廃しつつ在地に権力組織を形成していく一端をうかがうことができるであろう。

十一世紀以降、畿内近国の先進地帯の農民層は、相互の間に生産にもとづく地域的な結合組織＝村落共同体を形成しつつ、領主支配による諸束縛、とりわけ山野・用水などの生産諸条件にたいする領主支配を排除しながら農民的生産活動を強力に推進しはじめていた。やがて院政期になると、彼らはこの村落共同体を基盤に、反大土地所有闘争や国衙にたいする政治闘争をきわめて熾烈に闘うにいたるのである。こうした農民層の成長度の高さに規制されて、この地域の在地領主層は領主制支配を大規模に展開することができなかったのであった。(18)畿内周辺における荘園制支配の基本的な形態が、在地領主を規制しつつ、農民層といわば直接的に対決する預所支配や大番舎人などの体制として実現された理由も、本質的にはこうした農民層の存在形態にもとづいているのである。平氏が、預所支配であれ、政所の直接沙汰によってであれ。在地領主層を分断しつつ自己の権力に適合的に編成することによって権力組織を拡充しえたのもまた、この地域の在地領主層の脆弱性・狭小性という社会的基盤のなかではじめて可能であったのである。したがって、畿内近国で形成された平氏の家人・郎等は、後述する東国などのばあいと異なって、その領主制の存立と発展の基礎が平氏の権力に強く依存している点に注目しなければならないであろう。だが、平氏のこうした権力支配の拡大は「国ニハ目代ニ随ヒ、荘ニハ預所ニ仕テ、公事雑役ニ駆立ラレ、夜モ昼モ安キ事ナシ、如何許カハ心憂思ラン」（『源平盛衰記』巻第十三、高倉宮廻宣）、在地諸勢力との対立を激化せざるをえないものであった。在地領主の一部をバックアップすることによって断行される平氏の権力組織の形成は、たとえば須可荘の下司や今西荘の大番舎人のごとく、その権力組織からはずされた在地領主との対立を熾烈なものにしていったし、農民層との基本的矛盾はますます尖鋭化せざるをえなかった。とくに畿内近国の農民層は妥協のない闘争を展開し、この闘争が治承・寿永の内乱のとき平氏の軍事力を東国勢との戦争に集中・投入せしめず畿内近国に釘付けにしたことは周知のところである。つぎに遠隔地（辺境）の荘園に目を転じてみよう。

（3）留守所支配——島津荘のばあい——

島津荘は、薩摩・大隅・日向の三国にまたがる摂関家の大荘園であるが、ここでは、遠隔地荘園にたいする平氏の支配構造を究明する一例として薩摩国内の島津荘を素材にしてみたい。

建久八年（一一九七）の薩摩国図田帳によると、[19] 本荘の田数は約三四〇〇町で、一円荘約六〇〇町・寄郡約二三〇〇町からなり、このうちに、一円荘二八五町・寄郡六一〇町余にのぼる平家没官領がみられる。この事実は、平氏の支配が広範に展開されていたことを示唆するものであろう。平氏と薩摩国との関係は、平氏の郎等筑後左衛門家貞が阿多権守平忠景の乱の鎮圧に赴いたのを最初とするようである。[20] 石母田正氏の研究によれば、[21] この乱は、忠景が領主制の進展を志向する在地領主階級を糾合しつつ国衙や荘園領主に攻撃を加えて、保元の乱前後の数年にわたって薩摩一国を席捲したものであった。

この時期は、中央政界では摂関家と平氏との連繋が進むころであり、落日の摂関家にとってはかかる情勢にある遠隔地荘園の支配を実現するためにも、平氏武士団を荘園制支配機構に編入することは必須の条件であったといえよう。しかも、本荘は、十一世紀初頭に成立して鳥羽院政下で拡大したが、その完成期は意外におそく院政期から鎌倉初期とみられており、[22] あたかも平氏が摂関家領支配に登場するその時期に相当しているのである。源平内乱期には、阿多四郎宣澄・安楽寺平九郎為成などの在地領主が張本となって平氏に与同する者が輩出し、のちに地頭職などを停止されているので、[23] 平氏の支配と組織化が進展していたのは事実であった。それは、いかにしておこなわれたのか。つぎに本荘の寄郡入来院の在地領主たる伴氏のばあいを手懸りに若干の考察をしてみよう。微妙な内容のものなので、まず史料を全文あげることとする。

「於件山田村者、任相伝之理、可令領掌信明之状如件、

前越中守平（花押）」

嶋津御庄別当散位伴信明解　申請　留守所裁事、

請被殊任且解状之旨、且依先祖相伝之理御裁許、御庄御領薩麻国薩麻郡内山田村者、信明先祖相伝之所領也、然不慮外信明父信房時、同国佳(住)人忠景企無本(マヽ)尅、被押領取以後、不領知不当愁状

右、謹検案内、件所領者、信明先祖相伝所領也、然代代領掌間無他妨、随無異論人、然薩麻国住人故忠景、企無本、権門御領云御庄国衙召物云、押取尅、忠景舎弟忠永件所領押取間、如此依無本、被宣(官カ)使失了、其後字仁六郎大夫兼宗彼郡為弁済使職、有限地頭職遠、指無雑怠、不蒙本蒙(家カ)裁、不知地頭、恣押領条、言語不及事也者、恩裁被停止兼宗非道沙汰、依先祖相伝之理、為被御裁判、子細言上、以解、

寿永二年八月八日　　別当散位伴信明上[24]

ここで問題になっている伴信明の山田村地頭職は、久安三年（一一四七）以前に「貧窮不堪之身」であった父信房が、辛うじて摂関家に任料を進上して高城郡内の車内村の地頭職とともに補任されたものであるが、やがて車内村は目代の侵攻にあい[25]、山田村の地頭職もこの解にあるごとく、忠景の乱のとき押領されるにいたったのである。その後また郡弁済使仁六郎大夫兼宗の妨げに遭遇したので、領主権の保全と地頭職の安堵を求めて信明がこの解を提したのであった。

いま、まず注目されるのは、この地頭職補任をめぐる平氏の荘園支配である。信房の地頭職は、久安三年以前に摂関家の荘政所から補任されており、久安三年の目代による押領にさいしても政所裁を要請しているので[26]、平

氏とは直接関係のない所職であった。しかし、寿永二年（一一八三）八月、その子息信明が山田村の地頭職の安堵を要請しているのは留守所裁であり、これに外題安堵を与えている前越中守平なる人物は、平氏の有力家人平盛俊と考えられるのである。(27)この解で信明が「指無雑怠、不蒙本蒙(家カ)裁」地頭職を押領されたとのべている点から、地頭職が摂関家の進止に属し、盛俊が現地における荘園支配の執行者（責任者）であったことが推察されるが、のちの史料にも「称兼宗庄方弁済職、彼所押領之程、越中前司庄務之時」信明が言上して裁判をうけたとみえるから、(28)盛俊が留守所にあって荘務を執行していたことは明らかである。

つぎの問題は、この留守所が国衙の留守所なのか、本所のそれかということである。少なくとも治承四年（一一八〇）以後薩摩国は平氏の知行国であったから、(29)平氏が国衙機構を媒介にして本荘の支配を実現していたとみることも一応可能である。しかし、平氏滅亡後の文治三年(30)（一一八七）に、信明の娘婿の大蔵種章が同じ山田村の地頭職を押領されたとき安堵を要請したのが留守所である点を考慮すると、本荘支配のための留守所が現地に常設されていたとみるべきであろう。この留守所は、久安三年の時点では存在しなかったが、平氏の摂関家領支配がはじまるのと並行する形態で、おそらくは忠景の乱を頂点とする在地勢力の叛乱と対決する過程をつうじて、在地支配推進のために創設されたものと推察されるのである。(31)そして、盛俊のような平氏の有力家人が現地に派遣されて荘務を統轄したのであろう。島津荘の寄郡から一円荘へと向う荘園体制の完成期がこの時期と考えられるのも、こうした荘園支配体制の樹立と密接に関連するものであったにちがいない。

信明が解状を提した寿永二年（一一八三）八月といえば、平氏一門の都落ち後のことであるが、この時点で信明が摂関家に進止権の存在することを認めつつも盛俊に地頭職の安堵を求めていることは、平氏が留守所支配をつうじて在地領主を組織化し、地頭の任免権以下の荘園制支配の実権を現実に掌握してしまっていたことを意味している。ここには、平氏が摂関家領支配の一翼を担いながら、その支配機構を自己の階級的利益を貫徹するための機構に変質せしめつつ、権力組織を強化拡大させてゆく方向が端的に証示されているであろう。前記の多数の平家没官領も、こうした支配と組織化のなかから生みだされたものとみるべきである。

ところで、この伴氏一族の歴史は、農民層の自立度が低いために強力な在地領主が群立している辺境地域において、彼らが領主制の拡大を志向して武力支配を周辺へ強行してくるなかで、くりかえし領主権の併呑の危機に遭遇している弱小領主の姿をまざまざと示すものである。こうした領主階級相互のあいだの対立と抗争とが激烈に展開されるなかから、この伴氏のごとく自己の領主支配権の保全をより強力な権力に求めてゆく者が輩出してくるのであった。しかして、領主階級内部におけるこの矛盾関係こそがたとえば平家貞による忠景の乱鎮圧を在地の側で支えた基盤を生みだしたのであろうし、その後展開される平氏の支配と権力組織の形成を可能ならしめた根本的な社会条件をなしたといえよう。

(4)　請所型荘園の支配

預所支配が畿内周辺の荘園制支配の基本的な形態であるのにたいし、東国奥羽などには請所型荘園が多数存在した。前記の近衛家所領目録には請所が二十ヵ所あるが、東国・陸奥のものは地頭請所が基軸をなしており、平安時代以来源氏との関係が深い大豪族の荘園が多いのである。この地域の在地領主は、基本的には農民層の成長が虚弱であったことによって、一般に大規模な領主支配を実現していたが、すでに十一世紀以来の幾度かの在地領主相互間の戦乱の過程で武士団の統合がすすみ一郡・数郡にわたる領域支配を形成している者も少なくなかった。そうした在地領主の蟠踞する荘園が「請所」型荘園であって、そこでは在地領主は本所にたいして荘園からの地代収取を請負い、そのための検断権・勧農権などの荘務権を実質的に掌握して、本所には一定の地代の上分を進納する体制を形成していたのであった。「請所」が制度的に確立するのは鎌倉時代になってからのこととおもうが、その実体はすでに院政期に存在していた。その典型を奥羽の藤原氏のばあいにみることができる。たとえば、久安四年（一一四八）に藤原忠実から奥羽の五箇荘（高鞍・本良・大曽禰・屋代・遊佐）を譲与された左大臣藤原頼長は、翌年、藤原基衡のもとに雑色の源国元・延貞らを派遣して年貢の増額を要求したため係争を生じている。この事件は、仁平三年（一一五三）にいたって漸く落着したが、結局、基衡は頼長の提案した二分の一以下の額に押切ったのであった。[32]この奥州藤原氏のばあいは、請所のなかでも最も巨大なものであり、その後平氏の対策も妥協策をとらざるをえなかったのである。[33]しかし、平氏が東国の荘園支配を実現するためには、最小限これらの請所型の在地領主を統制・支配することが必要なのであった。平氏が、これらの荘園を支配するためにいかなる支配機構を構築していったかは、事柄の本質上究明が困難である。しかし、他の諸例によって若干の考察が可能なので、まず八条院領のばあいではあるが、千葉荘（下総国千葉郡）の千葉常胤の例についてみることにしよう。

千葉常胤は、千葉介を称する世襲的在庁でこの千葉荘を本拠に下総国全体に威勢を振い、保元の乱では源義朝の郎等として出陣し、平治の乱後は平氏の圧迫をうけたが、やがて鎌倉幕府のもとで下総国守護職になる豪族的な在地領主である。[34]常胤の子息胤頼などは、平氏の全盛期に京都にいたときも、平氏に諛わず、平氏と直接的な結合関係をもつことを避けて上西門院に仕え、その御給によって従五位下に叙されたといわれるほどであった。[35]平氏がどのような支配機構をもって千葉氏や本荘を統制・支配していたかは、常胤が源頼朝の挙兵に応じて蹶起したときの軍事行動によって推測することができる。常胤は、まず治承四年（一一八〇）九月十三日に、胤頼・成胤（孫）らに命じて、「平家方人」で「有勢者」といわれた当国目代の館を襲撃させてその首をあげている。[36]ついで翌十四日には、目代討伐の報を聞いて、常胤を攻めてきた近隣の千田荘領家で皇嘉門院判官代の藤原親政を破ってこれを生虜にした。親政は、平忠盛の聟で、「平相国（平清盛）禅閤通其志」ている者であったが、[37]さらにその姉妹が平重盛の妾となって資盛を生むなど、平氏ときわめて親密な関係をたもちつつこの地に武士団を形成してきたものとみられている。(38) これによって、下総の国衙は常胤の支配下にはいっているので、(39) 平氏は直接的にはこうした支配機構でもって、たとえば胤頼を京都の番役にしたがわせるなどの支配を実現していたと考えられる。(40) 平氏の滅亡後、文治年間に千葉荘や千田荘で年貢の未済が生じているのも、(41) かかる支配体制が崩壊したことにもとづくものであろう。

この常胤の軍事行動は、ただちに頼朝が挙兵にあたって最初に襲撃したのが伊豆国目代の山木判官兼隆とその「後見」の堤権守信遠であり、ついでおこなった「関東事施行之始」が兼隆の親戚の史大夫中原知親の蒲屋厨施行の停止であった事実、(42) また、石橋山の合戦で敗北して安房国にのがれた頼朝がまず着手したのが、当国住人の在庁官人を糾合して国中の「京下之輩」を一掃することであった事実、(43) などを想起させるのである。したがって、東国の請所型荘園にたいする平氏の支配は、もはやたんに荘園支配機構のみによって実現されていたのではなく、一族や家人を国家権力の公的執行機関たる国衙の国守や目代として駐留させたり、あるいは小規模荘園の荘官として定住せしめるなど、「京下之輩」―駐留軍―の全勢力によって実現されていたものとみられるのである。『源平盛衰記』（巻第廿二、佐殿漕会三浦事）に、平氏の有力家人の上総介藤原忠清が坂東八ヵ国の侍奉行となって赴き、この地の武士が門客となったと伝えているのは、忠清がこうした駐留軍の総帥として在地勢力の支配と組織化につとめたことを物語るものであろう。しかして、慈円が『愚管抄』（巻第五）で「平家世ヲ知テ久クナリケレバ、東国ニモ郎等多カリケル」と評したような情勢が進展していったのであった。(44)

だが、権力組織の樹立という点に関しては、その脆弱性を指摘せざるをえない。たとえば、熊谷直実は大番役で上京中に平知盛に属し、ために石橋山の戦いでは平家方人となったが、知盛に服属した理由は、傍輩の侮辱にたいして鬱憤を散ずるためという多分に感情的なものであったのである。(45) これは、畿内・西国で形成された平氏家人のごとく、その領主制の存立と発展の基礎が平氏の権力に強く依存しているような従属関係とは異なるものであった。したがって、その主従関係の内容は、同じく知盛に仕えていた甲斐源氏の加賀美長清が頼朝の挙兵に応じて離反するのを「服仕之家人」でなく「家礼」であったためにに看過せざるをえなかったような脆弱な従属関係であったといえよう。(46) 平氏と東国領主層との間に形成された関係は、こうした「家礼」・「門客」的なものが多かったと考えられるのである。熊谷直実のような小領主でさえこのようである以上、まして請所的な領主のなかには正面から平氏との結合を拒否する者もあったのである。(47)

平氏の東国荘園にたいする支配は、畿内近国におけるように農民層と直接的に対決することによってではなく、こうした在地領主との対決をつうじて実現しなければならなかったのである。したがって、平氏が畿内・西国に形成した武力を背景に、東国の在地領主から地代の上分を割き取ろうとすればするほど在地領主層と平氏との対立は深刻化せざるをえない必然性をもっていたのであった。また、遠隔(後進)地域では概して平氏は、伴信明や熊谷直実のような弱小領主層をその権力組織化の槓杆とし、忠景や請所型領主などの巨大な在地領主を圧迫する方針をとったものとみられる。だが、こうした平氏の権力組織の形成方針は、もとより在地領主階級一般の領主支配を全体的に擁護・保証するものとはなりえず、平氏が支配と組織化を強行するのに比例して在地領主相互間の矛盾と対立を尖鋭化し激発させてゆくことになるのであった。平氏と在地諸勢力との政治的対立が、畿内近国においては基本的に農民層との間に展開され、遠隔(後進)地域では在地領主との間で激化してゆくのも、以上にみてきたような社会的基盤と平氏の権力支配との関係のなかにその原因がひそんでいたのである。

(1) この数字は、義江彰夫氏が「摂関家の相続研究序説」(『史学雑誌』七六編四号)で前節註(23)の近衛家所領目録によって算出されたものによる。

(2) 『玉葉』治承三年六月十八日条に「摂政薨逝之刻、以後彼家、可属禪門之由、被下院宣」といい、『愚管抄』(巻第

五）には、これと関連して「世ノ政ハミナ院ノ御サタニナシテ」とみえている。
(3)『玉葉』治承三年六月十八日条。
(4)『鎌倉遺文』七六三一号。
(5)前節註(23)の近衛家所領目録によれば、その後、本荘はまたもや「於今者、無人干管領」という状態にたちいたっている。
(6)平治元年十一月十七日伊勢国須可荘下司為兼息兼真解（『平安遺文』三〇三七号）。
(7)『玉葉』承安四年七月四日条。なお、平信兼については、正木喜三郎「古代末期における平信兼の動向について」（竹内理三先生喜寿記念論文集刊行会編『荘園制と中世社会』所収）参照。
(8)『玉葉』元暦元年七月八日条。
(9)『吾妻鏡』元暦元年七月十八日条。
(10)『玉葉』元暦元年七月二十日、二十一日条、『百錬抄』同年七月十九日条、『吾妻鏡』同年八月二日条など。
(11)『吾妻鏡』元暦元年八月三日条、『百錬抄』同年八月十日条、『山槐記』同年八月十二日条など。
(12)『吾妻鏡』文治三年六月二十日条。なお、この点の詳細については、大山喬平「没官領・謀叛人所帯跡地頭の成立―国家恩賞授与権との関連をめぐって―」（『史林』五八巻六号）を参照されたい。
(13)『平安遺文』四二五九・四二六〇号。
(14)『平安遺文』二九八四号。
(15)たとえば、長寛二年十一月二十日興福寺僧永玄解（『平安遺文』三三一六号）など参照。
(16)『玉葉』安元二年六月二十九日条。
(17)長寛二年七月近江国今西荘大番舎人等陳状（『平安遺文』三二九七号）。
(18)この点の私見については、「形成期における中世村落の特質」（『ヒストリア』四二号）参照。
(19)建久八年六月薩摩国図田帳写（『鎌倉遺文』九二三号）。
(20)『吾妻鏡』文治三年九月二十二日条。
(21)石母田正「内乱期における薩摩地方の情勢について」（同『古代末政治史序説』所収）。
(22)竹内理三「薩摩の荘園―寄郡について―」（『史淵』七五輯）。

(23) 石母田正前掲論文(註21)参照。
(24) 寿永二年八月八日島津荘別当伴信明解（『平安遺文』四一〇一号）。
(25) 久安三年二月九日薩摩国入来院弁済使別当伴信房解（『平安遺文』二六〇一号）。
(26) 註(25)に同じ。
(27) 朝河貫一『入来文書』（五三頁）では、これを「前越中守平《(盛俊カ)》（花押）」としたが、石井進氏は「平氏・鎌倉両政権下の安芸国衙」（『歴史学研究』二五七号）で、これを盛俊の花押とみて差しつかえないとし、平盛俊にあてられている。いまこれに従う。
(28) 建保五年八月源宗久愁状（『鎌倉遺文』二三三三号）。
(29) 菊地武雄「平氏受領表および解説」（『世界歴史事典22』）。
(30) 文治三年七月大蔵種章解状（『鎌倉遺文』二五〇号）。
(31) 島津荘の現地にあった「御庄政所」とこの「留守所」の機構上の関係は明らかでない。しかし、工藤敬一氏の「遠隔地荘園の支配機構—鎮西島津荘における領家支配の変遷—」（『史林』四五巻一号）によれば、荘政所は有力在地豪族を主体として運営され、彼らの共同の収取機構としての性格が強いといわれる。とすれば、機構上の関係はともかく、この「留守所」は摂関家の在地支配を直接的におこなうものとして前者と異なる性格をもつものといえよう。
(32) 『台記』仁平三年九月十四日条。なお、五箇荘については、『兵範記』保元二年三月二十九日条参照。
(33) 平氏は藤原秀衡を嘉応二年五月には鎮守府将軍に、養和元年には陸奥守に任ずるなど、平氏政権の協力者にしたてようとはたらきかけた。
(34) 千葉常胤の伝記については、福田豊彦『千葉常胤』参照。
(35) 『吾妻鏡』文治二年正月三日条。
(36) 『吾妻鏡』同日条。
(37) 以上、『吾妻鏡』治承四年九月十四日条。
(38) 藤原親政については、野口実『坂東武士団の成立と展開』一四〇～二頁、二〇四～六頁など参照。
(39) 『吾妻鏡』治承四年九月十七日条。
(40) 『吾妻鏡』治承四年六月二十七日条。

(41)『吾妻鏡』文治二年三月十二日条。
(42) 以上、『吾妻鏡』治承四年八月十七日、十九日条。なお当時、伊豆国は平時忠を知行国主、その猶子平時兼を国守とし、(『玉葉』治承四年九月三日条、『公卿補任』天福元年平時兼条など)、目代の山木判官兼隆は、前述の平氏の有力部将平信兼の子息であった。
(43)『吾妻鏡』治承四年九月一日条。
(44) 関東における平氏の武士団掌握の事例については、野口実『坂東武士団の成立と展開』第三章平氏政権下における坂東武士団に詳しい。
(45)『吾妻鏡』建久三年十一月二十五日条。
(46)『吾妻鏡』治承四年十月十九日条。
(47) たとえば、『玉葉』治承四年十一月五日条にみえる武田信義や、前記の千葉胤頼などのような例を参照。

むすび

以上、平氏政権の権力基盤の形成過程の一側面を、保元の乱後における摂関家の荘園支配体制との関連で考察しつつ、そこで展開される平氏の摂関家領支配の内容を検討してきた。つぎに、それを総括する観点から、平氏の「荘園領主」化の問題について言及して本章をむすびたいとおもう。

平氏が摂関家の荘園領主権を形骸化しつつ展開してゆく支配は、摂関貴族の目には「平禅門滅亡藤氏」するものと映ったのであるが、(1) しかし、ついに平氏はみずからが荘園領主(本家)に上昇転化することはできなかった。このことは、平氏の政治権力が専制化する治承三年(一一七九)十一月の政変にいたる過程においても変化していないのである。

治承三年の六月十七日に、白川殿平盛子が二十四歳で没すると、その膨大な遺領の帰属が、平氏はもとより摂関家勢力にとっても、にわかに緊迫した問題となり、平清盛と関白藤原基房・後白河法皇とのあいだでその伝領・管掌をめぐってはげしい争奪戦が繰りひろげられるにいたった。盛子の訃報に接した九条兼実は、すぐさまその遺領の伝領について思いをいたし、『玉葉』の翌十八日条で、摂関家の荘園・資財がすべて彼女のもとに帰属させられた経緯をふり返りつつ、盛子が死去すると、本来ならばまず関白・氏長者基房が主要な荘園を伝領し、基通もすでに成人していることであるから応分の所領をうけつぎ、基実のその他の子女にもそれぞれ配分するのが筋ではあるが、現状では残念ながらそうはならず、藤原氏の手を離れて「公家」(高倉天皇)に「伝領」されその沙汰に帰するのではないか、この推測はまず違わないであろう、とのべている。はたしてこの予想は適中し、兼実はその日乗の二十日条に「或人云、白川殿所領已下事、皆悉可為内御沙汰云々、愚推相叶了、可悲々々」と記さなければならなかったのである。ところで、兼実は盛子の遺領を高倉天皇に伝領させた人物や、またそうなることを予測した根拠については一言ものべていないのであるが、現在、それを後白河法皇とみるのが通説になっている。しかし、法皇であることを物語る確証はなく、私はつぎのような根拠にもとづいて、この舞台劇の主役は清盛その人であったと考えたいとおもう。

前関白氏長者基実の未亡人としての盛子を表面に押したてての清盛の摂関家領支配の方式が、彼女の死によって重大な局面をむかえることは、かねて十分予想されるところであった。摂関家一門内の序列からいえば、盛子なきあと関白氏長者基房をさしおいて基通にその遺領のすべてを相続させることは、この段階では無理であって、前述の兼実の意見のような配分形態がまず妥当なところである。しかし、それは清盛にとっては永年にわたって築きあげてきた摂関家領支配の体制が崩壊することを意味するので到底うけいれることはできない。そこで、当然、浮上してくるのは、関白氏長者基房をしのぐ権威と地位の人物を推戴して盛子の遺領を伝領させ、従前どおり平氏が荘園管理支配権を実質的に掌握していく方式であるが、その目的に最も適した人物こそ高倉天皇であった。というのは、盛子は基通の養母であると同時に、高倉天皇にたいしても養母の地位をしめる女性であったからである。憲仁親王（高倉天皇）がまだ即位する以前に基実邸に滞在して盛子の「養育」をうけたということで、天皇が即位すると盛子は准母（養母）・准三后とされるにいたったのである。(2) したがって、盛子から高倉天皇への伝領は、そこにいかに露骨な政治的意図がこめられ、また摂関家の側からは「此時、藤氏之家門滅盡了」と受けとられようとも、(3) 名目上は真正面からその不当性を主張して抵抗することができない性格のものであったのである。この高倉天皇への伝領の筋書きは、長期にわたる盛子の病の間に清盛によって練りあげられていたとみられ、兼実もその筋書きを読み切って前述のような予測を書きとどめたのであろう。はたして盛子が没すると、清盛が厳島社参詣中であったにもかかわらず、平氏方の措置は迅速であった。すでに六月十九日には、中宮大夫平時忠が中宮権大夫中山忠親にたいして「庄園一向被奉附主上了」と通知しており、(4) この措置の主体が平氏であったことを示している。しかも時を同じくして、盛子の薨奏・贈位などをめぐり、彼女を高倉天皇の准母（養母）として遇する政治的セレモニーが平氏側から積極的に展開されたのであった。(5)

この高倉天皇への伝領にたいし、関白基房は当然不満をもち、摂関家氏長者としてその遺領相続の権利を主張して後白河法皇にはたらきかけたようである。『愚管抄』（巻第五）には「白川殿ウセテ一ノ所ノ家領文書ノ事ナド松殿申サル丶旨アリ、院モヤウヤウ御沙汰ドモアリケリ」とみえて、基房（松殿）の要請をうけて法皇がようやく沙汰にのりだしたと記している。それゆえ、盛子の遺領にたいする法皇の関与・介入は平氏にくらべて時間的におくれるのであって、高倉天皇領になって以後のこととみるべきである。しかも、法皇の介入は、基房領として返還することを狙ったものではなく、おそらく天皇領にたいする院の権限―天皇家の家長としての―を行使する立場からのものであって、白河殿倉預に院近臣の前大舎人頭藤原兼盛を補任して管理支配権を掌握しようとしたのであった。兼実は、この介入を「法皇過怠」としてあげ、清盛が激怒して政変をひきおこす直接的な動因の一

つになったと指摘している。(6)

このように、盛子の死後、その遺領を高倉天皇に相続させて所領支配の体制を維持しようとする平氏にとって、天皇家の家長としての立場からその所領支配に介入してくる後白河法皇の動きは、平氏の所領支配の体制を根底から崩壊させる危険性をもつものであった。また、法皇の意向と藤原基房の動きいかんによっては、いつでも基房領になる可能性もあったのである。九条兼実がいうように、盛子の遺領の大部分を関白氏長者基房が相続するのが常識的な考え方であったからである。そうした法皇や基房の策謀を阻止しようとすることが動因の一つとなって、治承三年(一一七九)十一月十四日、平清盛は武力によって政変を断行し、後白河院政を停止するとともに関白基房を解官して大宰権帥におとし、藤原基通を関白氏長者につけて摂関家領—基房から没収した所領を含む—を相続させた。このときも清盛は、摂関家の政所の家司・職事・厩別当などの支配機構の中枢を一族で独占する体制でもって荘園支配の実権を掌握しているのである。(7)平氏が反対勢力を政界から追放して国家権力の主導権を完全に握ったこの専権体制のもとでも、平氏は高倉天皇であれ、基通であれ、つねに本家を推戴し、みずからは家産制支配機構を押えて支配を実現する体制を崩していないのである。したがって、平氏が摂関家の本所権を実質的に掌握して荘園支配機構を自己の階級的利益を追求するための機関に変質せしめながらも、なおかつ、荘園制を体制的に温存して最後まで本家を推戴するということは、たんに院や摂関家との政治的妥協を意味するのでも、政界における両者の力関係をそのまま反映するものでもなくて、根本的には平氏の荘園制支配そのものに内在する矛盾にもとづくものとみるべきであろう。荘園支配機構を媒介にして、既述のような平氏の支配と権力組織が在地のなかに樹立されるのに比例して、必然的に農民層との基本的矛盾を激化し、また、平氏とその権力組織からはずされた在地領主との対立および在地領主相互間の対立が惹起されるのである。したがって、平氏が権力を形成・獲得してゆく過程は、同時に在地諸勢力とのあいだに社会的諸矛盾と政治的対立を激化してゆく過程であったのであり、平氏は権門貴族を圧伏することはできても、この諸矛盾をついに克服しえないために荘園を全体として自己の所領化して恣意的な支配をおこなうことができず、つねに権門を本家に推戴しその支配機構を変質せしめるという方式をとらざるをえなかったのである。ここに平氏が本家としての「荘園領主」に転化できない根本的な理由があったといえよう。

ところで、平氏が荘園制支配機構を媒介にして集積・領有していった所領は、当然、荘園制的大土地所有のなかに包摂された形で実現された。しかし、これは平氏が貴族化したことを示すのでも、その土地所有形態が貴族的な領有形態で実現されたことを意味するのでもない。(8)平氏一門の所職が領家職ないし預所職としてあらわれるとしても、かれらはその支配機構を自己の階級支配を貫徹するための機構に変質せしめつつ在地領主の一部を地頭職などに組織化することによってみずからの土地所有を実現していったのである。したがって、前章の院領のばあいに指摘したのと同じく、その所職が形式的にはいかに古代的ないし貴族的にみえようとも、それを支配する権力の実質は、在地の封建化に対応し、それと対決する封建領主階級の権力になっている点が重視されなければならない。この点を見失うならば、平氏武士団が摂関家の荘園制大土地所有を実現するための武力としてもった意味を理解できないし、ひいては院政期における権門貴族の荘園制支配が人民支配にたいしてもった苛酷な意義を脱落させることになるからである。

(1)『玉葉』治承五年閏二月二十三日条。
(2)『山槐記』治承三年六月十七日、二十日条。
(3)『玉葉』治承三年六月十八日条。
(4)『山槐記』同日条。
(5)『山槐記』治承三年六月二十日条によれば、中山忠親は、高倉天皇が、この日、頭中将源通親をつうじて盛子の薨奏などについて後白河法皇の了承を求めるとともに、外記等にその勘申を命じた、とのニュースを記している。これは当然、平氏方の意向をうけてのことであるが、六月二十五日に大外記清原頼業の勘申がでると、盛子を養母(准母)とする手続きを推進し(『玉葉』六月二十九日条)、七月二十日にいたって、准母としての盛子の薨奏と贈正一位・廃朝三日などの儀がおこなわれた(『玉葉』七月二十一日条、『百錬抄』七月二十日条)。これは単純に平氏の権勢を誇示するためばかりでなく、高倉天皇の養母としての地位を周知・印象づけるための演出効果を狙った政治的セレモニーとしての意味をもつものであった、と考えられる。

(6) 『玉葉』治承三年十一月十五日条。

(7) 『山槐記』治承三年十一月二十八日条。なお、この点の詳細については、本書第六章の三の(3)参照。

(8) この点について、たとえば安田元久氏の「『平家没官領』について」(同『日本初期封建制の基礎研究』所収)では、「平氏の厖大な所領は、僅々数ヶ年の間に急激に集積されたものと推定されるが、平氏自体の貴族化に並行して集積・領有した所領が、貴族的な所領領有形態の下に、領有支配されたことは疑いない」という評価が下されているが、こうした評価は本章でのべてきた点より従えないとおもう。

第三章　平氏政権の国衙支配

——安芸国のばあい——

はじめに

第一章・第二章においては、平氏の権力基盤の形成過程を、主として院・摂関家などの権門貴族の荘園支配体制との関連で考察してきたのであるが、平氏の権力基盤というとき、いま一つ重要な意味をもつものに国衙支配の問題がある。

保元・平治の乱後、国政の中枢部へ進出した平清盛は、一門を国家権力機構の重要な官職に配置しつつ政治のヘゲモニーを掌握する体制を築いてゆくが、それと並行して平氏一門のしめる知行国主や受領(国守)の数がしだいに増加し、とくに治承三年(一一七九)十一月の政変後は、『平家物語』(巻第一、吾身栄花)に「平家知行の国卅余箇国」と伝える数に近くなることなどが指摘されている(1)。そのさい、重要な問題となるのは、知行国主や受領になった平氏が、その国衙支配をつうじて在地領主層などを組織することによって権力基盤の拡大につとめたか否かということである。その点については、積極的に評価するものと消極的な評価しか与えないものとの二つの見解が対立しているのが現状であるが、(2)私は、院領や摂関家領における平氏の荘園制支配などを想起すると、国衙支配においても積極的に権力基盤の形成につとめたのではないかと考える。国衙は荘園・公領をこえて一国全体にたいして支配権力を行使しうる権能をもった公権力機構であって、平氏が知行国主ないし受領として、国衙機構の支配権を掌握したばあい荘園制支配よりもさらに広範な在地支配が展開されたものとみなされるからである。そこで本章では、安芸国を素材として平氏の国衙支配の内容を考察したいとおもう。国衙領に関する史料はきわめて乏しいのであるが、この安芸国はさいわい厳島神社関係史料のなかに比較的手がかりになるものが残っており、はやくから松岡久人氏らによって(3)すぐれた研究がなされてきた。平氏のそれについても、石井進氏の国衙支配、(4)上横手雅敬氏の地頭制度の研究(5)などがあり、とくに石井氏によってすでに、地方官の職を利用しての積極的経営→在庁有力者の家人化→内乱期における正式の国司への任命による国衙機構の支配、というシェーマさえ提示されているのである。にもかかわらず、ここであえて平氏の安芸国支配をとりあげて再検討しようとするのは、つぎの二つの理由からである。

第一は、平氏の国衙支配と在地勢力の権力編成の問題を荘園制支配との関連において考察することである。従来、国衙在庁についての研究は、主として国衙領における在地領主制の形成との関係でなされることが多く、国衙機構が在地領主の共同の支配機関に転化することが指摘されてきた。そして、政治史的には、それら国衙系在地領主が一方において国司・目代との対立を深め、他方またその国衙機構からはずされた荘園系在地領主や荘園領主との対立を激化しつつ、かれらがいわば集団的に政治的自立化する面を強調しすぎる傾向があったといえよう。この点について、まえに私は、国衙に結集する各領主がそれぞれ個別的に荘園制支配をつうじて各権門とむすんでいる関係が、国衙支配のなかでしめる政治的意味と役割についてもっと積極的に分析する必要があるのではないかという意見をのべたことがある。(6) 本章では、その一端を平氏の安芸国支配のばあいに関してできるだけ具体的にみてゆきたいとおもう。第二に、そうした平氏の支配と権力編成がおこなわれるとき、在地諸階層のなかにどのような政治的対立と矛盾が生みだされてくるかに注目したい。というのは、この政治的対立と諸矛盾の激発が、当地方における治承・寿永の内乱の展開をその根底からささえる原動力となったはずだからである。こうした二点を本章の問題意識の中心にすえて、以下、具体的な考察にはいることにする。

(1) 菊池武雄「平氏受領表および解説」(『世界歴史事典22』)、飯田悠紀子「平氏時代の国衙支配形態をめぐる一考察」(『日本歴史』二六二号)、石丸熙「院政期知行国制についての一考察——とくに平氏知行国の解明をめざして——」(『北大文学部紀要』二八号)、菊池紳一・宮崎康充「国司一覧」(『日本史総覧II』)、五味文彦「武家政権と荘園制」(網野善彦他編『講座日本荘園史2』所収)などの研究によって、しだいに解明されつつある。

(2) 平氏の知行国支配や国衙支配をその権力基盤との関連で積極的に評価する代表的な研究として、有本実「平氏の抬頭と院政——平清盛の知行国把握をめぐって——」(『日本歴史』三三五号)、石井進「平氏・鎌倉両政権下の安芸国衙」(『歴史学研究』二五七号)、註(1)の石丸論文などがあり、消極的な評価をする代表的な論文に石母田正「平氏『政権』について」(同『古代末期政治史序説』所収)、五味文彦「平氏政権の諸段階」(『史学雑誌』八八編八号)などがある。

(3) 松岡久人「上代末期の地方政治」(『広島大学文学部紀要』四号)、「郷司の成立について」(『歴史学研究』二一五号)、「百姓名の成立とその性格」(竹内理三編『日本封建制成立の研究』所収)など。

(4) 石井進註(2)論文。

(5) 上横手雅敬『日本中世政治史研究』第二章第六節厳島社領と平氏の地頭制。

(6) 拙稿「院政期における政治史研究の一前提——政治権力の武力構成をめぐって——」(『日本史研究』一二二号)。

一　安芸国衙支配と厳島神社領

平氏と安芸国衙との関係は、久安二年（一一四六）二月に清盛が安芸守に就任したときにはじまり、以後、保元元年（一一五六）九月維盛、翌閏九月に頼盛が補任されて同三年八月にいたるまで十二年あまり平氏三代の国司が継続した（『公卿補任』）。しかし、この間の事跡としては、清盛が散位佐伯維兼なる者を田所執事職に任命したこと(1)ぐらいしか残っておらず、その支配内容は詳らかでない。ところが、平治の乱後、平氏一門が武家の権門として国政の座にのしあがってゆくころ、すなわち仁安元年（一一六六）二月から少なくとも承安元年（一一七一）にかけて清盛を知行国主とし家司藤原能盛を国守とする平氏の国衙支配が再び展開されるにいたる。(2)この時期はまた、永暦元年（一一六〇）八月の清盛の最初の厳島参詣のあとをうけて、平氏一門の厳島信仰が具体化し加速的にファナチックになってゆくときでもあった。(3)厳島神社は、そうした平氏の信仰の高揚と国衙支配を中心とする政治的保護のもとで、神領を急速に増加してめざましい興隆をとげるとともに、在地においても大きな変化が生じはじめるのである。

厳島神社領としてあらわれる荘園のはやい例の一つは、山県郡の志道原荘であり、後述する仁安元年（一一六六）の文書に社領と明記されている。しかし、本荘の起源は、長寛二年（一一六四）に志道原の地主凡家綱なる者が相伝の地を清盛家領として寄進し、清盛からその荘園の下司職に任ぜられたことにはじまった。ところが注目すべきは、この家綱の下司職補任を命じた権中納言家（清盛）政所下文が厳島神社の神主たる掃部允佐伯景弘あてにだされている点である。(4)このことは、本荘が清盛領として成立した時点からすでに佐伯景弘がその荘園支配に関与していたことを示しており、おそらく清盛は家綱の寄進をうけると同時に社領とし、みずからは本家（本所）的地位にたって下司職補任権などを掌握しつつ景弘を領家ないし預所的地位につけて現地を管理支配する体制を形成したものと想定されるのである。ついで、仁安元年（一一六六）十一月、国使藤原忠信・郡公文佐伯末利らは、佐東郡の伊福郷と桑原郷内の土地の一部を立券して、志道原荘の倉敷二ヵ所を新設した。伊福郷の倉敷は、太田川の上流にあって二町六反の畠地と在家十六宇からなり、桑原郷の倉敷は、太田川河口付近の西岸に設定されたが、その土地は厳島社の神人吉次の所有畠一町六反二四〇歩と公領畠一町一反・大進入道領畠五反二四〇歩とを入替えたもので、畠地保有者として計八名の住人が記載されている。(5)

この二つの倉敷は、いずれも厳島社領志道原荘の一部を構成し、山間部の同荘から年貢物などを運送するさいの中継保管地としての機能をはたすために設定されたのである。しかし、倉敷地の住人たちはたんに倉庫の保管のみに従事したのではなかった。いま、伊福郷の倉敷の在家畠検注帳によってその住人の構成をみるとつぎのようである。(6)

立券

一御社御領志道原御庄御倉敷牓示内畠在家検注帳事

合

畠弐町陸段

一段大	宮吉	二反上庄	下米氷神人
一段上庄	是延神人	一段	重行神人
二段	是安	一段	久行供御人
一段	国松神人	二段	友方感神院神人
三段	吉次・末道神人	二段	吉次内

二段上庄　　行重供御人　　大　　吉（次脱カ）神人

在家拾陸宇

一宇　重貞供御人　　一宇　内侍利松
一宇　是延神人　　一宇　言清神人
一宇　言友神人　　一宇　是永感神院神人
一宇　重国神人　　一宇　国松
一宇　武光神人　　一宇　行弘神人
一宇　友方感神院神人　　一宇　包吉神人
一宇　行重供御人　　一宇　国道供御人
一宇　助重神人　　一宇　重行神人

右御倉敷、佐東郡内伊福郷堀立江上榜（牓示カ）下所打定如件、以解

仁安元年十一月十七日　郡公文佐伯朝臣末利

使

権介藤原忠信

この検注帳には、在家十六宇と畠地保有者十一名（吉次は同一人として計算）が記されているが、十六の在家のうち是延・重行・国松・友方・行重は住居とともに畠地も所持しており、他は住居のみをもっている。また、桑原郷倉敷の八名の住人のうち重行・是安・久行・国松・友方・武光・行弘の七名は、伊福郷倉敷に住居ないし畠

地を所持しているのである。このことは、二つの倉敷がその住人構成の面でも密接な機能的連関をもつものとして設定されたことを示していよう。ところで、この伊福郷倉敷の畠在家検注帳に録する住居および畠地保有者二十二名の在家住人を身分的にみると、その内訳は、厳島社神人十三名、厳島神社供御人四名、佐東祇園社所属と考えられる感神院神人二名、このほか厳島社の内侍の作人とおもわれる利松と身分不明の宮吉・是安の二名からなっており、そのほとんどが神人・供御人身分の者であった。十二世紀以降、諸社寺の神人・寄人・供御人らの商工業・交通・漁撈・狩猟等の分野における活動がきわめて活発化したことは周知のとおりであるが、この倉敷の神人・供御人のばあいも、すでに佐々木銀弥氏らの指摘のごとく(7)、当然、そうした商業・交通・漁業などの分野にも進出して活動していたものとみなければならない。したがって、これらの倉敷はたんなる倉庫ではなく、同時に神人・供御人を集住させ分業活動をおこなわせる拠点として新設されたのである。そのさい注目されるのは、これらの神人・供御人のなかに感神院神人二名が存在することであって、これは、厳島社が本来みずからの所属ではない近辺の神人や供御人をも倉敷の設定をつうじて積極的に包摂しつつその荘園制的分業体制の一環に編成していったことを意味するものであろう。

志道原荘の東方に位置する山県郡壬生郷の凡氏一族が、所領田畠二〇〇余町・在家約九十宇・山野等を高倉天皇とその母建春門院滋子（清盛の妻時子の妹）の祈禱料所として厳島社に寄進したのも嘉応二年（一一七〇）五月のことであった。そして、翌年正月、院庁下文・国司庁宣によって立券されて壬生荘が成立し、凡氏一族は下司・公文などに補任されている。また、本荘のばあいにも立荘と同時に、佐東郡桑原郷内に倉敷を設けて国衙の免沙汰をえているが、その倉敷が本神社領内にあって往古の御供田と荒野一町から構成されている点からして、上記の志道原荘の倉敷を拡充させたものであったと考えられる(8)。こうした倉敷の設定は、ただちに平重衡がかの備後国世羅郡の太田荘において、嘉応元年（一一六九）に年貢物運送の便宜のためと称して尾道村の田畠五町をもって

「船津之倉敷地」となし、あわせて開発を条件に斗張郷と尾道村の無主の荒野の領有を実現した事実を想起させるのであって、それは平氏が荘園制支配の形成にさいしてとったいわば常套的形態の一つであったのである。ところで、この凡氏一族は、すでに十一世紀中葉ごろから高田郡司・権大介・書生等の在庁官人や郡司としての地位をしめつつその領主支配を形成してきた在地領主であったが、かれらは壬生荘の成立とともに下司・公文職に補任されたのであった。しかし、その下司・公文職の最終的な補任権は、厳島社ないし佐伯景弘にはなく、清盛が掌握していたものとみられる。治承三年（一一七九）十一月付の前太政大臣家（清盛）政所下文によると、清盛はみずからを本家と称して壬生郷（荘）においた地頭職を停止しており、そのことはかれが現地支配の所職にたいする任免権を保持していたことを示しているからである。この地頭職と下司・公文職との関係は必ずしも明白ではないが、おそらく清盛は壬生荘が成立したさい、さきの志道原荘のばあいと同様の形態をとって凡氏一族らの在地領主を下司・公文職などを媒介に自己の権力組織のなかに編成し、ある時点でその下司・公文職を地頭職という特定の統一的な所職に改編していったものと推測されるのである。

このほかにも、厳島社領の増加はいちじるしく、仁安二年（一一六七）には高田郡の開発領主藤原氏の養子源頼信が、その本拠三田郷の公験立券文書を景弘に譲り、清盛の寿命長遠祈禱料所として神楽饗膳雑事料を備進することにしている。やがて承安四年（一一七四）になると、頼信の主人である預所中原業長は、高田郡七ヵ郷の田畠山林を景弘に寄進し、その旨を清盛家政所に言上されたいと願うにいたるのであるが、この高田郡にたいする景弘の領主支配の展開についてはあらためて後述したいとおもう。また、安元元年（一一七五）には、国衙領に散在していた厳島社の本供田十町一反余、新供田三町を山県郡春木・市折両村と相博して領域支配の拡充をはかっている。

さらに権中納言平頼盛は、治承三年（一一七九）十二月、八条院領安芸郡安摩荘の領家としての私得分を厳島社の毎日御供料に、その他の土産を厳島内侍の費用に寄進し、ついで翌年の四月には八条院にたいしてもその庁分の雑事を同社に寄進するよう申請してこれを実現した。[15]本荘の年貢はすでに長承元年（一一三二）に鳥羽上皇が金剛峯寺西塔の仏聖人供等にあてて以来金剛峯寺に納められ、本家職は鳥羽上皇から美福門院・八条院へと伝領され雑事を徴収していたが、[16]その間に頼盛が領家職に補任されたのである。頼盛はとくに八条院との関係が深く、かれの所領三十三ヵ所のうち十三ヵ所余りが八条院領の領家ないし預所職であり、なかでも本荘は寿永三年（一一八四）の段階においてさえ播磨国布施荘・近江国龍門荘・尾張国稲木荘などとともに「有由緒」といわれその領主権の強い荘園の一つに数えられている。[17]十二世紀中葉になると、平氏一門は院領の領家ないし預所に多数登場し、その荘園制支配機構を媒介に在地領主の一部を権力編成しつつ自己の権力組織の強化拡大をはかっていたのであるが、[18]頼盛は本荘にたいしてもまたそうした支配を展開したものと推察されるのである。この安摩荘のみならず、広島湾頭付近には能美荘・可部荘・開田荘・田門荘・沼田荘など多くの院領の荘園が存在した。[19]それらの荘園のいくつかには平氏が院領支配をつうじて権力基盤を形成したとみられるのであって、たとえば、蓮華王院領沼田郡沼田荘の荘官沼田五郎が、治承・寿永の内乱期にその荘内のみならず近隣の都宇竹原荘・生口島荘の下司・公文らを率い平家にしたがって門司関の合戦に参加し、そのためかれの所領が平家没官領になって土肥実平が地頭として入部した例などにその一端が示されているであろう。[20]この沼田荘はもとより厳島社とは関係ないが、安芸国における平氏の権力基盤の形成というばあい、院領支配を媒介とした形態も想定できる例として一言ふれたのである。

以上、平氏の厳島信仰が高揚し第二期の国衙支配がはじまった長寛・仁安のころから激増する厳島社領の成立形態をあとづけつつ、その荘園制支配の内容・権力編成などについて検討してきた。こうした社領の増加と平氏の権力基盤の形成との関連に留意して、さしずめつぎのような点に注目されるのである。まず第一は、これらの社領が主として在地領主による所領寄進の形態をとって成立したことである。その寄進は、志道原荘が清盛への寄進であり、壬生荘が高倉天皇と建春門院の祈禱料所としてであり、また高田郡三田郷が清盛の寿命長遠祈禱料所としてであったように、厳島社そのものにたいしてではなく、これらの在地領主層がみずからの領主支配を実現し領主権を維持するための政治的保証をえるために清盛ないし平氏一門の権力との連繋を求めておこなったものであった。第二に、所領寄進をうけた清盛はそれをすぐさま厳島社領にしたが、そのさいかれのとった基本的形態はみずからが本家(本所)的地位につき、現地支配の要に佐伯景弘をすえ、寄進主体たる在地領主層を下司・公文などの所職に補任しその領主制支配の展開に政治的保護をくわえつつかれらを権力編成していったことである。これはその荘園制支配が在地領主制を前提としてそれを包摂することによって構築されたことを意味するとともに、清盛が院・摂関家などの権門貴族の本家のごとくたんなる得分権のみの保持に安住せず、荘園制支配機構を媒介として積極的に在地領主層の把握と編成(家人化)につとめたことを示唆するものであった。

(1) 久寿二年十月十四日安芸国司庁宣案(『平安遺文』二八一八号)。
(2) この点、「はじめに」の註(2)の石井進論文および菊池紳一・宮崎康充「国司一覧」(註1)参照。
(3) 小倉豊文「平家の厳島信仰について」(魚澄惣五郎編『瀬戸内海地域の社会史的研究』所収)。
(4) 以上、長寛二年六月権中納言(平清盛)家政所下文(『平安遺文』三二八五号)。
(5) 仁安元年十一月十七日安芸国志道原荘倉敷在家畠検注帳(『平安遺文』三四〇四号)および、安芸国志道原荘倉敷代畠立券状(『平安遺文』三四〇五号)。
(6) 『平安遺文』三四〇四号。
(7) 佐々木銀弥『中世商品流通史の研究』五八頁以下参照。
(8) 以上、(嘉応三年)正月十六日安芸国在庁頼職書状(『平安遺文』三五六五号)、嘉応三年正月安芸国厳島神社領壬生荘田畠在家注進(『平安遺文』三五六八号)による。
(9) 嘉応元年十一月二十三日後白河院庁下文(『平安遺文』三五二一号)。

(10) この点、『平安遺文』の七六九、一〇四九、一三四〇などの各号文書にみえる凡氏の官職を参照。
(11) 『平安遺文』三八九一号。
(12) 仁安二年六月十五日源頼信解案（『平安遺文』三四二六号）。
(13) 承安四年十月一日安芸国中原業長寄進状（『平安遺文』三六六二号）。
(14) 安元元年十一《（二カ）》月安芸国司庁宣（『平安遺文』三七二六号）、同年同月安芸国留守所下文案（『平安遺文』三七二七号）。
(15) 治承三年十二月二十七日権中納言平頼盛奉免状（『平安遺文』三九〇〇号）、治承四年四月十五日八条院庁下文案（『平安遺文』三九〇九号）。
(16) この点、上横手雅敬「はじめに」註(5)論文を参照。
(17) 寿永三年四月六日源頼朝下文案（『平安遺文』四一五二号）。
(18) この点、本書の第一章平氏政権の形成過程第二節を参照。
(19) この点、『新修広島県史第三巻』二一九～三二一頁参照。
(20) （貞応二年）安芸都宇竹原并生口島荘官罪科注進状写（『大日本古文書小早川家文書之一』証文一―一二）。なお沼田荘については、河合正治『中世武家社会の研究』第二編第二章小早川氏の発展と瀬戸内海、を参照。

二　平氏の支配と在地諸勢力

平氏の支配と権力編成が、以上のような形態をとって展開されるのに比例して、在地においては必然的に直接生産者たる農民層との基本的矛盾が激化し、また平氏とその権力組織からはずされた在地領主との政治的対立、および在地領主相互間の深刻な係争が惹起されるにいたるのであった。

平氏が在地領主層を包摂して荘園制支配を構築したばあい、そこにきわめて苛酷な農民支配が展開されたことは、かの播磨国穀倉院領小犬丸保の例にもっともよく示されている。応保年中（一一六一～三）に、平頼盛が同国揖西郡布施荘を院領として立荘したさい、かれは在地領主とともにその北隣にある小犬丸保の押領をもくろんで作田以外の山林・池・畠地などの囲込みを強行し、穀倉院長官の抗議も「威猛」をもってはねつけた。この事態にたいして小犬丸保の農民たちは、「被点畠地者、土民居住何処、勤仕課役、被押領池者、以何水令養作田、被妨住人者、以誰人耕作保田、可令済所当官物乎」と悲痛な訴えをしている。(1) それはまさにかれらのいうとおり、農民生産の基地を権力的に掌握することによって農民経営を支配し、農民たちに苦難にみちたきびしい従属をせまるものであった。かかる支配は、もとよりこの安芸国においても展開されたのであって、その一端は前記の治承三年十一月付の前太政大臣家(清盛)政所下文のなかにうかがうことができる。(2) この下文は、虫損のため文意のとりがたい点もあるが、全体としては壬生荘(郷)にたいし地頭職の停止と勧農収納の沙汰につとめることを命じたものであり、その内容はほぼつぎのように解される。すなわち、壬生荘は立荘以後、年をおって四至内の田畠が荒廃し、厳島社への仏神事料や清盛への本家役などが欠如してきたが、それは「是偏地頭等依張行種々非法、土民□浪人者、恐名主等之妨、無寄作之輩故」であった。したがって、今後は常荒・年荒の地を土浪人をとわずその申請にまかせて請作させて積極的に勧農をおこなうとともに、壬生郷にかぎっては地頭職を停止して未済分を納めさせよ、もしこの下知に従わない地頭は京都へ召上げて沙汰する、というのである。ここには、清盛に所領を寄進し、その荘園制支配組織のなかに権力編成された在地領主―おそらくは凡氏一族―が、周辺農民のうえにきわめて苛酷な支配と収奪を貫徹しようとした点が如実に示されているであろう。ただし、このばあいは、かれらの領主支配があまりに激烈にすぎたため、耕作農民の逃散や捨田などの抵抗をひきおこし、田畠を荒廃せしめて上納年貢物さえ欠如するような事態を招来するにいたったので、ついに清盛によって勧農収納の見地からその地頭職を停止されているのである。こうした農民支配は、ひとり壬生荘のみならず、その他の平氏関係の厳島社領や、布施荘とおなじく「有由緒」といわれた頼盛を領家とする安摩荘、沼田荘などの院領においても、当然、展開されたものとみなければならない。だが、かかる権力支配を強行しようとすればするほど、それは農民層との基本的矛盾をますます激化せざるをえなかった。そのさい、これらの農民層のなかには、逃散や捨田などの消極的な抵抗形態ばかりでなく、小犬丸保の農民たちが前記のような頼盛の支配にたいして、みずからの力を結集し共同で「廻計略尽功力」して池を構築し作田に漑入して生産活動をつづけながら執拗に抵抗したように、村落にふみとどまってより積極的な抵抗を展開する者もいたと想定されるのである。

また一方、平氏がこうして在地領主層の一部を編成することによってその権力組織の形成を進展させてゆくとき、旧来の在地領主層のなかに隆替が生じ、かれらの相互の政治的対立を尖鋭化するとともに、国衙在庁勢力にも変化をひきおこすにいたるのであった。そのことは、在庁官人・郡郷司の在地領主化の代表的な事例として著名な藤原氏の没落形態のなかに最も典型的に示されている。この藤原氏の領主制の構造そのものについてはすでに先学のすぐれた分析がある(3)ので、本章では論述上必要なかぎり言及するにとどめ、主として藤原氏と佐伯景弘との関係に視点をあわせてみることにしたいとおもう。

藤原氏がはじめて史料上に姿をあらわすのは、長元四年（一〇三一）六月三日付の散位藤原守仲譲状においてであった(4)。このとき、守仲は子息の大掾藤原守満に「三田郷并別符重行名主事」を譲与し、同時に大領職について国司下向のさい子細を言上して補任されるようにと記しているが、それ以後、十二世紀にかけてこの三田郷と別符重行名は、守頼・守遠・頼方・頼成・成孝と嫡々相伝されていったのである(5)。三田郷はかれらの譲状において「住郷」（＝「重郷」）・「先祖敷地」などと称される藤原氏の領主支配の本拠地であり、別符重行名は、「或古河合荒野□（新カ）開、年来住人等領田畠、以見直物、買取券文顕然也」・「年来住人打開領田畠、以見直物買取」というように(6)、本来、住人たちがその労働力を投入して開発してきた墾田畠を買得などによって獲得・集積してきたものであった。藤原氏は、この三田郷と重行名を中核としつつ、買得その他の方法をつうじて三田郷以外の地域にも田畠を散在的に集積してその所領を拡大していった。しかして、嘉保二年（一〇九五）の頼成の時代には、その所有畠は実に三二〇町に達し、三田郷六十四町・風早郷四十五町・豊嶋郷七十町・麻原郷五十町・甲立郷三十町・船木郷三十町・粟屋郷三十町と高田郡七ヵ郷内のすべてにおよんでおり、(7)田地はつぎの成孝のときには三田・風早両郷において領有していたことを確認しうるのである。(8)この所領田畠の内部においては、たとえば大治二年（一一二七）の風早郷の立券文が端的に示すごとく、一町前後の保有地を与えられた農民が多数存在していた。(9)このことは、藤原氏が上述のような形態で農民層の開発田畠を集積するとともに、それらの農民に田畠を請作させ作人として把握するという土地所有を媒介とした支配＝隷属関係のもとにくみ込みつつその領主制支配を構築していったことを示唆するものと考えられるのである。

ところで、かかる藤原氏の領主制の形成にさいしてその最も重要な槓杆の役割をはたしたのは、在庁官人・郡司・郷司などの所職であった。前記の長元四年の守仲譲状において、守満は大掾（在庁官人）とみえ、かつ大領職（郡司）を譲与の対象にしているが、その後も藤原氏は、惣判官代・権守などの在庁官人としての地位につくとともに、郡司職を世襲しつづけ、(10)それらの公権を最大限に利用しつつ高田郡内に所領田畠を拡大してゆくのである。なかでも、郡司職については、天喜元年（一〇五三）の安芸国司庁宣が「依為先祖相伝所領、補任郡司職」するとの理由で頼方を高田郡司に任じていることが端的に示すごとく、(11)藤原氏は郡司の職権を私権化し、いわゆる所職の所領化（私的領主権化）を進展していった。もとより、かかる所職の所領化は、たんに世襲のみによって生じるものではなく、藤原氏の高田郡内における大土地所有の形成を基盤とすることによってはじめて実現されたのである。しかして、これらの公権は、藤原氏の領主制形成にとって重要な役割をもつのみならず、その領主制支配を現存する政治体制のなかで維持・拡大してゆくうえでも不可欠の政治的意義をもっていたのである。そうした所職の所領化の方向がさらに推進され、より在地に密着した形態の所職として獲得されたのが、頼方の時代に出現する郷司職であった。

延久四年（一〇七二）、頼方は国符により三田郷の郷司職に補任された。[12] このことは、藤原氏がまず最初の郷司職をその先祖相伝の住郷たる三田郷において獲得したことを示すが、さらにかれは、承暦二年（一〇七八）に国司庁宣によって三田・風早両郷の郷司職に任ぜられるのである。[13] かかる郷司は、人別賦課にもとづく律令制収取体系が「名」を基礎にした田率賦課体系へと転換をとげるのに対応して、旧来の律令制的郡郷制が解体し、あらたに在地領主の所領を基本単位とした郡・郷・院・別名などの国衙に直結する支配・徴税組織が形成される情勢のなかで、十一世紀の初頭ごろから郷の支配・徴税の責任者として成立してくるものであった。そして、これらの郡・郷・院・別名などは、雑公事が免除され、国衙にたいする官物請負単位としての性格をもっていたのである。[14] したがって、頼方が三田・風早の郷司職に補任されたことは、たんに両郷内に形成してきた藤原氏の所領田畠が国衙に直結する「所領」としてその領主権を公認されたにとどまらず、国衙支配の一翼をにないつつ両郷全体にたいする雑公事を私的に徴収する権利を獲得し、その徴収権を媒介に郷内の農民にたいして領主支配を展開する道が公認されたことを意味するものと考えられるのである。その後、藤原氏は、さらに他郷においても郷司職を獲得していった。頼方の嫡子頼成は、嘉保三年（一〇九六）六月に高田郡司の任についたが、ついで同年十二月には三田・風早・麻原・甲立四ヵ郷の「郡司職」に補任され、翌年三月、粟屋・船木両郷の郷司職に補されるにいたったのである。[15] ここにいう四ヵ郷の「郡司職」とは郡司職が郷単位に分割されたものであり、実質的には郷司職と同一の権利内容を指すものであったとみられる。したがって、藤原氏は、頼成のときには高田郡七ヵ郷のうち実に六ヵ郷の郷司職を保持するにいたったのである。

かくして、藤原氏は、十一世紀中葉ごろから、三田郷を本拠に、在庁官人・郡司ついで郷司などの所職を兼帯しつつ、買得その他の方法で所領田畠を集積・拡大して急速に領主制支配を発展させ、十一世紀末の頼成の時代には、高田郡内に冠絶した勢力をきずきあげたのであった。だが、こうした藤原氏の領主制も、その基礎構造についてみると、きわめて不安定な脆弱性を内包するものであった点に注目しなければならない。その領主制の基礎は、別符重行名を中心に七ヵ郷に散在する所領田畠と、郷司などの所職から構成されているが、このいずれについても藤原氏は排他的な領主権を確立しえたわけではなかった。別符重行名をはじめとする所領田畠は、たしかに藤原氏が所有権をもつ「私領」であり、かつ、国衙から雑公事免を認められていたとはいえ、官物負担を義務づけられた輸租地であった。また、郷司職は、それによって郷そのものが藤原氏の所有に帰したのではなく、国衙にたいする官物請負者として郷内全域から雑公事をも徴収する権限をあたえられたものであった。したがってその権限を媒介に他の在地領主層を圧迫しつつ一般農民層を私的隷属関係のもとにくみこみ領主支配を発展させうるか否かは、もっぱらこれら在地諸階層との力関係にかかっていたのである。藤原氏の領主制の基礎構造がこのようなものであった以上、それは必然的につぎの二つの面からきびしい規制をうけなければならなかった。第一は、その支配対象たる農民層の抵抗、および藤原氏と競合関係にある在地領主層の侵蝕などによるいわば下からの規制であった。かれらの抵抗と侵蝕行動は、藤原氏の支配権にいささかでも動揺のきざしがみえはじめるとたちまち表面化し、その領主制支配を没落させようとするのである。そのことは、たとえば十一世紀の末、守遠が子息のないまま死去すると、その所領の押領をはかる領主や、「朝来暮住之氏、以郡司所領地、沽却所住百姓」するものなどが輩出して「方々牢籠」されている点などに端的に示されているであろう。(16)そして、第二に、藤原氏が領主制形成の槓杆としてきた在庁官人・郡司・郷司などの地位・所職は、究極、国司によってその任免権を掌握されており、国司の交替や恣意などの関係によってたえずその地位・所職を剥奪されうる不安定性をはらんでいたのである。(17)これらの地位・所職を失うことが藤原氏の領主制の展開に破壊的作用をおよぼすものである以上、かれらとしては、そうした不安定性を克服して領主権を維持しつづけるためには、必然的になんらかの形態で政治的保証を求めなければならなかった。そのさい、まず藤原氏がとった政治的形態は、永承三年（一〇四八）から四年間安芸守として赴任した中原師任と「御一家之仕人」・「相伝家人」の関係を結び、以後、守満・守頼と代々中原家を相伝の御門としていただき、[18]その政治的庇護のもとでみずからの地位と所職（＝領主権）を確保しようとするものであったのである。

中原師任は摂関時代の典型的な受領層貴族の一人であって、その孫師遠の言によると、師任が安芸守在任中の毎年の所得は、米万石・大筏二艘・榑十万寸・雑穀八千石におよんだと評している。また、その子師平は、治暦三年（一〇六七）に淡路守になると毎年米六万石・塩五百余石、ついで承暦二年（一〇七八）に土佐守に任ぜられると毎年米三万石・軽物（絁）三十万疋・油百石・糙三百石・白布三千反、さらに寛治五年（一〇九一）肥後守に転じて下向したさい最初の日の収納だけで軽物十万疋に達したほど致富をきずきあげ、「此外二寮頭大炊大儒其利潤不可計尽、家中男女房蒙恩之輩及百人、車馬闐門、美物盈棚」といわれるのである。しかも、師任・師平父子は、官位こそあまり高くはなかったが、大外記・二寮頭の職にあって政治権力の中枢部にくいこみ、摂関家の政所別当をもつとめて権門にも接近した政治的位置にいたのである。[19]この点に、藤原氏が中原氏にたいして臣従関係を形成しその政治的保護を求めた理由があったのであるが、さらにそこには、中原氏を媒介としてより強力な中央権門の傘下にはいることによって国司を制御しつつ、みずからの領主権の不安定性を克服しようとする意図があったものとみるべきであろう。

だが、こうした政治関係を形成して領主制支配の維持につとめた藤原氏も、十二世紀になるとその支配権が動揺し没落の道をたどりはじめるのである。天仁三年（一一一〇）三月、藤原成孝は、三田・風早両郷を譲与されて父頼成のあとをついだ。[20]しかし、かれはその後ながく郡・郷司職に補任されなかったようで、保延五年（一一三九）になってようやくこの両郷の職務を執行すべき旨の留守所符をえたが、その外の諸郷については沙汰をうることができず、国司による収公の危機に遭遇しなければならなかった。その直接的な背景としては、すでに頼成の晩年に「与舎弟、有相論」など一族内部に亀裂が生じはじめていたこと、(21)および、藤原氏の政治的保護者としての中原氏が、この段階ではかつての政治力をなくし国司にたいする規制力を喪失しはじめていたこと、(22)の二点をあげうるが、安芸国司はそうした情勢のなかで藤原氏の領主制を圧迫していったものと考えられるのである。

この領主権の危機を打開すべく、成孝は、下司職の留保を条件として、三田・風早両郷を中原氏の子孫たる主税権助中原師長に寄進し荘園関係を設定するという方法をとった。つまり、中原氏をつうじて「准当他国近代之例、令申立御願寺并権門之御荘」めて政治的権威を募り、(23)その荘園制機構のなかに身をおくことによって領主権の保全をはかろうとしたのである。そして、仁平四年(一一五四)十月には、鳥羽院庁下文・国司庁宣によって三田郷内の諸村が国使・院使のたちあいで検注立券されているから、(24)すくなくともこの時までに本家に鳥羽院を推戴し、領家中原師長・下司藤原成孝という形態で荘園関係を形成したものと考えられる。だが、こうした荘園関係の設定によって、藤原氏は国衙の支配を全面的に排除してその領主権を確保する途がひらかれたわけではない。その荘園関係は、国衙が官物年貢を荘園領主が雑役を徴収するいわゆる雑役免型のものであった。したがって、藤原氏はその後かえって、国衙と荘園領主の双方からの「公私之使に被責勘」れることになり、そのきびしい収奪をうけて所当官物の未進や私負物が累積し、(25)またそれとともに「人民逃亡、田畠荒廃」という事態が惹起されて、(26)しだいに衰退してゆかねばならなかったのである。ところで、藤原氏が国衙と荘園領主のはげしい圧迫をうけはじめた十二世紀中葉といえば、既述のごとく久安二年の清盛の安芸守就任以後、保元三年(一一五八)八月まで十二年半にわたる第一期の平氏の国衙支配が展開されはじめたころであり、また、中央の院庁にあっては平氏がしだいにその実権を掌握しつつ院領支配に関与してくるときでもあった。それゆえ、藤原氏にたいする国衙・荘園領主双方の圧迫と収奪の背後には、当然、平氏の権力と意向が大きく作用していたものと想定されるのであるが、遺憾ながら史料の欠如によってその点を具体的に解明しえないのである。

その後、藤原成孝は源頼信なるものを養子にして、所領を伝領せしめたが、やがて仁安元年（一一六六）からはじまる第二期の平氏の国衙支配の展開と在地にたいする権力基盤の樹立という情勢のなかで、平氏の権力編成から脱落せしめられ急速に滅亡の途をたどっていくのである。それはつぎのようなものであった。

源頼信が、はやくも仁安二年六月に三田郷の公験立券文を佐伯景弘に譲り、清盛の寿命長遠料所として神楽饗膳雑事料にあて、ついで承安四年（一一七四）には、領家中原師長の猶子業長が、自分の子孫を預所職に、成孝の子孫を下司職に補任することを条件として、高田郡七ヵ郷の田畠山林を景弘に寄進したことはすでに指摘した。だが、高田郡七ヵ郷を寄進したとはいっても、この段階では三田・風早両郷以外の諸郷にたいしては、頼信・業長ともに実質的な支配権を保持してはいなかったのである。それゆえ、頼信・業長がこの寄進をおこなった目的は、かれらが領主支配権の危機を克服するために一体となって清盛に接近し、本家清盛―領家景弘（厳島社）―預所業長―下司頼信という形態をとった荘園関係を形成することによって清盛の政治的保護をえ、三田・風早両郷だけでなくあわよくば高田郡七ヵ郷全体にたいしてかつての領主権を回復しようとする点にあったとみられるのである。しかし、寄進をうけた清盛・景弘は、頼信・業長らの意図に反して、たんに得分権のみをもつ荘園領主の地位にとどまらず、かれらの領主権を圧迫・排除しつつ在地にたいする直接的な支配を強引に進展させてゆくのであった。

（1）建久八年四月三十日官宣旨案（『続左丞抄』第一）。以下、小犬丸保に関する記述はすべてこの文書による。なお、この点については本書第一章平氏政権の形成過程第二節を参照。
（2）『平安遺文』三八九一号。
（3）松岡久人前掲論文（はじめに註3）はその代表的なものである。

(4) 『平安遺文』四六一四号。
(5) この点、保延五年六月安芸国藤原成孝譲状(『平安遺文』二四一〇号)など参照。
(6) 以上、天喜五年三月十日安芸国高田郡司解(『平安遺文』八五四号)、治暦四年□月十日安芸国高田郡司解(『平安遺文』一〇三一号)による。
(7) 嘉保二年八月十五日安芸国高田郡司解(『平安遺文』一三四八号)。
(8) 註(5)に同じ。
(9) 大治二年三月安芸国高田郡司解(『平安遺文』二一〇三号)、安芸国風早郷立券日記案(『平安遺文』二一〇四号)。
(10) 『平安遺文』六九四、六九九、一〇八四、一一五〇、一一五三、一二三一などの各号文書にみえる藤原氏の官職参照。
(11) 天喜元年二月五日安芸国司庁宣(『平安遺文』六九九号)。
(12) 延久四年九月十日安芸国符(『平安遺文』一〇八四号)。
(13) 承暦二年九月二日安芸国司庁宣(『平安遺文』一一五〇号)ただし、承保三年二月十日付の書生凡貞行田地売券案(『平安遺文』一一二六号)には「郷司散位藤原朝臣」とみえて、この補任以前にすでに郷司を称していたようである。
(14) この点、坂本賞三『日本王朝国家体制論』第二編第三章郡郷制の改編と別名制の創設、松岡久人「郷司の成立について」(『歴史学研究』二一一五号)など参照。
(15) 以上、嘉保三年六月安芸国司庁宣(『平安遺文』一三五七号)、同年十二月二十六日安芸国司庁宣(『平安遺文』一三六六号)、永長二年三月五日安芸国司庁宣(『平安遺文』一三七〇号)。
(16) 応徳二年三月十六日安芸国高田郡司解案(『平安遺文』一二三一号)。なお、このときは、末葉の頼方が郡司になって一応おさまった。
(17) 郡司職や郷司職の任免権が国司・目代に掌握されていたところから、それを停止されたこの時期の例としては、たとえば、大治二年八月加賀国江沼郡諸司解案(『平安遺文』二一〇六号)、久安二年八月十日平常胤寄進状(『平安遺文』二五八六号)など参照。

(18) 以上、保延五年六月安芸国藤原成孝譲状(『平安遺文』二四一〇号)、承安四年十月一日安芸国中原業長譲状案(『平安遺文』三六六一号)、および『地下家伝二』参照。
(19) 以上、『師遠朝臣記』大治二年六月一日条、および『地下家伝二』参照。
(20) 天仁三年三月十日藤原頼成譲状(『平安遺文』一七一八号)。
(21) 以上、保延五年六月安芸国藤原成孝譲状(『平安遺文』二四一〇号)。
(22) 『師遠朝臣記』大治二年六月一日条に、この段階の中原氏の衰勢の一端が示されている。
(23) 註(21)に同じ。
(24) 仁平四年十月十一日安芸国三田郷立券状写(『平安遺文』二八〇二号)。
(25) (治承四年)九月七日源頼綱請文(『平安遺文』補一三二号)。
(26) 承安四年十月安芸国厳島神社神官等解案(『平安遺文』三六六四号)。

三　平氏の在地掌握体制

さて、源頼信から公験を譲与された佐伯景弘は、承安三年(一一七三)に国司が三田郷内の尾越村に御読経所敷設役を賦課しようとするや、「領主之理」に背くと抗議して同村内の荒野・本田・在家を神領の別符とし、所当官物を国庫に万雑公事を神役に収取することを認めさせた。(1) そのさい注目すべきは、国司庁宣・国符のなかで、景弘が尾越村の地頭としてみえることである。この尾越村地頭は厳島社領における地頭の初見として知られ、景弘を地頭にした主体を国司とみる見解が有力である。(2) たしかに、この地頭は国司庁宣・国符のなかにはじめてあらわれるものであった。しかし、その庁宣・国符の内容は、それぞれ、「件三田郷内尾越村者、任文書相伝之理、為神主景弘朝臣地頭、寄進伊都岐嶋御領」・「件村者、任文書相伝之理、為神主景弘朝臣地頭、所寄進一御社御領也」といい、それゆえ景弘を官物納付と神役収取の責任者に認定すると命じているのであって、(3) これをもって国司が景弘を地頭にしたと解するのはいささか困難ではないかとおもう。つまり、私は、この文書は国司が景弘を地頭にしたことを示すものではなく、国司は文書相伝によって景弘が尾越村の知行権をもつ地頭になされその地を神領に寄進したという事実をふまえ、それを前提として景弘を官物納付と神役収取の責任者たらしめたものと理解すべきだと考えるのである。それでは、景弘を地頭にしたのはだれであったのだろうか。景弘が頼信から三田郷の公験・立券文の譲渡をうけそれが社領化する状況のなかで、景弘の上位にあってかれを地頭に補しうる者といえば、清盛をおいてほかにありえない。それゆえ、この地頭は、清盛がおそらく頼信の文書譲渡後まもなく、頼信の下司職を真正面から否定することをさけるために地頭という職称を採用してこれに景弘を補任し、実質的に下司の権限を抑圧・吸収しつつ三田郷の現地支配権を掌握する目的で設定したものとみられるのである。しかして、前記の国司庁宣・国符において、国司が景弘を尾越村の知行権をもつ地頭とする前提にたって官物納付と神役収取の責任者に認定していることは、すでに三田郷支配の実権が頼信の手から景弘の手に移りつつあったことの一端を示唆しているであろう。

ついで、承安四年（一一七四）に中原業長から高田郡七ヵ郷の寄進をうけた景弘は、これを神領とするためにすぐさま天裁を請い、翌々年にいたって国司庁宣により神領としてみとめられた(4)。それと同時に、国司は「伝領之次第明鏡之上、業長朝臣譲状顕然也」との理由にもとづき景弘の高田郡七ヵ郷にたいする知行権を承認し、かれを官物弁済の責任者たる地頭になす旨の庁宣をだした(5)。ここに景弘は、高田郡七ヵ郷の地頭としての地位を国衙によって承認されたのであるが、しかし、この地頭そのものはこの時点ではじめて国衙が設定したのではなく、やはり尾越村のばあいと同様の形態をとってまず清盛・景弘ラインの発想で創出され、それを国衙が認定したものと推察されるのである。こうして、景弘の高田郡七ヵ郷にたいする領主制支配の展開の足場が築かれたのであった。けれども、このことは、ただちにかれの領主支配権が樹立されたことを意味するのではない。景弘が高田郡七ヵ郷の寄進をうけた時点で、前記のように、業長・頼信はすでに三田・風早両郷以外にたいする実質的な支配権を喪失しており、しかも、農民は荘公のきびしい収奪をうけて逃散して耕作の実はあがらず、田畠は荒廃していたのであった。したがって、この時点における景弘の焦眉の課題は、たんに業長・頼信らの領主権を排除することのみにあったのではなく、そうした農民層をいかにして把握し耕作に従事させつつ領主制支配を実現してゆくかという点にあったのである。同郡をもって神領とし、国衙の介入を排してみずから官物納入の責任者たる地頭になったことは、もとよりその施策の一つであるが、さらにその後もそれぞれの郷内における領主支配権の樹立に懸命につとめたものとみられる。すなわち、治承三年（一一七九）十一月にいたり、景弘は、国司庁宣・留守所下文によって、粟屋郷郷司職・三田郷郷司地頭職に補任され、(6)十二月には国衙の目代は、在庁官人らに下文をだして、この両郷にたいし国使が譴責をくわえることを禁じて別納の地とするとともに、以後、在庁や住人のなかにこれを遵守しない者があれば、この下文の旨にそって下知すべしと命じているのである。(7)さらに、同年十二月十二日に平氏は安芸守を藤原保房から菅原在経に遷任して安芸国支配の体制を強化するが、(8)その新任国司のもとで景弘は、翌年八月、粟屋郷および三田郷の地頭職に補任され、(9)十月には、両郷の郷司職に補され、あわせて両郷を一色不輸の地として国使の介入と国役万雑事を停止する旨を確認されたのであった。(10)これらはいずれも、景弘の領主支配権が強化・拡充してきたことをよく示すものであるが、ここではとりわけつぎの二点に注目すべきであろう。

第一は、景弘の領主権を構成する地頭職と郷司職の内容および関連性についてである。この両職が別個に補任されているばあいがある点からすると、相違があったとみられるが、その具体的内容は必ずしも明白ではない。けれども、治承四年を例にとれば、地頭職に関して国司庁宣は、「可早任相伝証文理、領知粟屋郷地頭職事」・「可早任相伝証文理、領知三田郷地頭職事」という表現をとって、(11)それが領知権（知行権）の相伝・譲渡を前提として補任されたことを示しており、その点で前記の尾越村・高田郡七ヵ郷の地頭と基本的に共通する性格をみとめうる。これにたいし、郷司職のばあいは、その補任理由についていずれも「為郷司職、可執行郷務也」とのみ記されており、そこには地頭職に比して、領知権的側面よりもむしろ郷内にたいする行政権的な権限を包含した職としての性格をよりつよくうかがえるのである。(12)それゆえ、景弘が領知権と官物納付の責任者たる地頭職にくわえて、郷内の諸階層にたいする広範な公務執行権をもつ郷司職を獲得したことは、両々あいまってかれの領主制支配がきわめて強固な形態で樹立されてきたことを意味するものであった。しかも、第二に、この地頭職そのものが、すくなくとも治承三年十一月ごろを境として、国司庁宣・留守所下文による補任形式をとるにいたり、国衙との関係において重要な制度的改編をとげた点に注目しなければならない。つまり、それ以前の尾越村・高田郡七ヵ郷の地頭のばあいは、いずれも国司が景弘の領知権と地頭としての地位を前提としつつ官物納付の責任者たることを承認するものであったのにたいし、後者は内容面では基本的に同じ性格を継承しながらも、制度的には地頭という明白な職の形態をとって郷司職などと同様に国司による「補任」の対象とされ、国衙権力体制のなかに一個の公的な制度として位置づけられるにいたったからである。この制度的改編によって、地頭職がいわば国衙公権力の一環を構成する所職として確立されたことは、景弘の領主制支配の実現にきわめて大きな意義をもつものであったが、もとよりその真の遂行者は清盛であった。かれは、この時期に高田郡のみならずその他の地域においてもそれを遂行したもののごとく、たとえば、既述の山県郡壬生荘の下司・公文であった凡氏が地頭職の職称で表現されるとともに、清盛家政所下文によって停止されたのも、やはり治承三年十一月のことだったのである。したがって、清盛は、この段階で、安芸国全般にわたって荘園制支配を媒介に在地領主層を地頭・下司・公文などの所職の形態で権力編成してきた体制を前提としつつ、それらをこうした国衙公権につらなる地頭職という統一的な所職のもとに再編成することによって、みずからの権力組織と国衙機構の掌握体制をさらに強化しようとしたものと考えられるのである。清盛がこの制度的改編を断行した政治的背景には、すでに上横手雅敬氏の指摘されたように、治承三年十一月の政変による平氏政権の専制化および知行国支配との関連が考慮されなければならないが、(13)さらに後述するごとく、平氏の安芸国衙と在庁官人にたいする支配と編成がすでに進展・定着化していた点を看過してはならないであろう。

さて、こうして景弘は平氏の庇護のもとに領主制支配を進展させてきたのであるが、その裏面において、藤原氏の後継者たる頼信・頼綱父子にたいする政治的略奪にも類した圧迫がくわえられたのであった。すなわち、頼綱が景弘にたいして悲痛な調子で、父頼信が三田・風早の所領を維持するために貴殿に太政入道殿（清盛）へのとりなしをたのみ証拠文書を預けて吉報をまっていたのに、なんの沙汰もなく文書も返してもらえない、父と自分はこの両郷をもって微力を尽して、万雑公事は懈怠なく勤仕し、さらに宮仕えのため京上までしてきたのに、人の讒言によるのであろうか、もしくは貴殿が件の所領を御所望のためであろうか、かかる事態にたちいたった、自分にはこの両郷だけしかないのであるから不憫におもってなにとぞよしなにとりはからっていただきたい、と哀願したのは治承四年（一一八〇）九月のことであった。(14)しかし、この訴えも空しく頼綱は完全にその領主権を剥奪され、その後、かつての高田郡司の後裔は史上から姿を消し去ってしまうのである。そうして景弘の領主権が確立し、翌年三月には高田郡七ヵ郷を嫡男景信に相伝の所領として譲渡するのであった。(15)

この高田郡における藤原氏の衰退・滅亡と佐伯景弘の興隆の歴史は、平氏による在地支配と権力組織が形成されるなかで、それに編成される在地領主と排斥される者とのあいだにいかにきびしい隆替が生じたかをまざまざと物語るものであった。それとともに、この歴史はまた、平氏の権力編成の進展が、在地領主層とのあいだに惹起した政治的対立と矛盾の性格の一端についても示唆しているのである。周知のように、平氏と結合する以前の佐伯一族は厳島神主や佐伯郡司・在庁官人の地位をしめる名族ではあっても、安芸一国にわたって政治的勢威を振うほどのものではなかった。しかるに、平氏がこれを家人に編成し、その領主制の進展を育成しつつ権力基盤を樹立してゆくとき、対藤原氏の関係にみるごとく、それは他の在地領主にたいする圧迫・犠牲のうえにたってなされたのであった。それゆえ、平氏が権力編成を強行しようとすればするほど、それは必然的に他の在地領主層との政治的対立を激化せざるをえない性格をもっていたのである。治承・寿永の内乱期に藤原氏の後裔たちがいかなる動きをしたかを知る史料はないが、既述の壬生荘の存在する山県郡からこの内乱期に反平氏の行動をとった在地領主が出現しているのは注目される。元暦元年（一一八四）十月十二日、源範頼は安芸国における平氏勢力の討滅に成功し、頼朝の命によって勲功の武士に行賞したが、そのさい「当国住人山方介為綱殊被抽賞、軍忠越人之故也」と『吾妻鏡』は記している。しかして、約二十年後の元久元年（一二〇四）には、為綱の子為忠が壬生荘の地頭職をもっていることが判明するから[16]、このとき山方（山県）為綱が恩賞として獲得したのは平家没官地としての壬生荘地頭職であったとみられる。とすれば、為綱は壬生荘における凡氏らの平氏家人の前述のような領主制の進展に圧迫された結果、この内乱期に反平氏勢力の尖兵として戦乱に参加する道をえらぶにいたったものと想定されるのである。こうした在地領主層は、壬生荘のみならず、高田郡をはじめ平氏の権力編成が強行された地域の周辺ではたえず生みだされてくる条件が存在したのであって、かれらの動向がまた、安芸国における源氏軍の侵入と平氏の敗北という内乱の展開を現地において規定した一つの重要な基盤になったと考えられるのである。

以上のように、保元の乱前後から平氏の国衙支配がはじまると、在地領主層のなかからその領主支配権を維持するために、清盛に接近し所領を寄進する者が輩出したのであるが、そのさい注目すべきは、かれらのうちに在庁官人・郡司・郷司などの所職をもち国衙支配権力の一環を構成してきた者たちが多く存在したことである。山県郡志道原荘・壬生荘の凡氏一族、高田郡の藤原氏らは、既に十一世紀の中葉以来、権大介・惣判官代・権守・

書生などの在庁官人や郡司・郷司の地位をしめつつ領主制を形成してきた在地領主であったし、佐伯氏もまた佐伯郡の譜代の郡司にして在庁官人を兼ねその惣領的地位にある者が厳島神主の任についてきた領主であった。(17)だが、これらの国衙権力につらなる在地領主層も、その領主制の内部には藤原氏が受領層貴族の中原氏と相伝の家人や寄進関係を結ぶことによって克服しようとしたような脆弱性をつねに包蔵していた。したがって、これらの在地領主層はその脆弱性を克服すべく必死に政治権力との連繫を求めていたのであり、そこにかれらが清盛のもとに広範に蝟集して所領を寄進するもっとも根源的な理由があったのである。つまり、かれらがとった基本的形態は、藤原氏と同様に、国衙権力機構と荘園体制との双方に両属する体制をつくりだすことによってその領主支配権を確保しようとするものであったと考えられる。清盛は、かかる在地領主層の一部を下司・地頭・公文などに補任し荘園支配体制を設定して権力組織を構築していったのであるが、そのさいかれは、これらの在地領主層が保持する国衙系統の職権を否定せず、それを前提としつつ権力編成をすすめたのである。したがって、清盛が荘園制支配を媒介にこれらの在地領主層にたいする権力編成を推進すればするほど、かれの権力組織が国衙機構のなかに浸透・拡充し、やがて国衙権力機構そのものの掌握を可能ならしめる条件が進展することを意味していたのであった。この点はやはり佐伯景弘とその一族のばあいにもっとも典型的に示されている。平氏による安芸国支配の要にすえられた景弘は、官職も長寛二年（一一六四）掃部允、仁安二年（一一六七）民部大夫とのぼり、(18)治承年間には平姓を称するなど、(19)この地方に冠絶した地位を築きあげ、ついに寿永元年（一一八二）には安芸守に補任されて国衙在庁機構を掌握するにいたるが、その背後では、すでにはやい時期から平氏は佐伯一族を国衙在庁機構の中枢に配置しつづけていたのであった。清盛が久寿二年（一一五五）に佐伯氏の一流たる佐伯惟兼を田所執事職に任じたころより両者の結合関係は成立していたもののごとく、やがて平氏の第二期の国衙支配がはじまると、かれらは在庁官人・郡司として盛んに活躍するにいたる。(20)惟兼の系統はその後もながく田所大判官代をつとめて有力在庁の地位を確立し、寿永二年（一一八三）には、その子孫兼信は平氏姓を名乗っている。[21]もとより、こうした佐伯氏の興隆とともに国衙在庁勢力のなかに大きな隆替が生じたのであって、かつて惣判官代・権守などの在庁官人であった藤原氏が、その地位を失い衰退していったのはまさにこの間の事情を端的に証示するものといえよう。

ところで、平氏がこうした形態をとって国衙勢力の組織化を推進し、国衙機構のなかにしめる家人の比重が増大するにつれて、安芸国がその知行国であるか、また平氏一門が国守であるかどうかなどにかかわりなく、国衙在庁の実権を掌握するようになるのである。治承四年（一一八〇）の安芸守は前述のように実務官人層貴族の菅原在経であったが、そのもとにあって、「仕眼代之職、経四十余廻之年月、兼行数国」したと自称する老練の目代行蓮が景弘に書状を送り、「入道太相国御辺御事、殊可抽愚忠之由、弥以所令存候也、仍可然様令披露給者、所望可足而已」と阿諛しているのは、[22]在庁の最高責任者たる目代が、実質的には清盛・景弘の意向をうけて国衙支配を遂行していたことを示すものであった。平氏が実務官人の菅原在経を国守にして安芸支配を展開しえたのも、すでに国衙在庁勢力の掌握がすすんでいたからであった。しかして、既述の治承三年十一月における地頭制度の改編もまた、平氏のそうした国衙在庁機構の掌握体制の形成を前提としてはじめて実現することができたものと考えられるのである。

さらに平氏は、少なくとも寿永元年（一一八二）までに佐伯景弘を在国のまま安芸守に補任し、[23]また翌年七月には国衙に勧農使を設置するなど、[24]内乱の展開のなかで国衙支配機構を掌握しつつ軍事体制の整備・強化につとめていった。これらはたしかに、内乱が提起する諸問題を解決するために創出された一つの新しい制度であったといわなければならない。しかし、それは、この時点になってはじめて平氏政権がこれらの制度を創設して在地掌握にのりだしたことを意味するのではない。平氏の在地掌握と権力編成は、以上にみてきたように、すでにそれ以前からの一貫した方式であったのであり、これらの制度はその基盤のうえに創設されたのである。

（1）　承安三年二月厳島神社神主佐伯景弘解（『平安遺文』三六二〇号）、同年同月安芸国司庁宣（『平安遺文』三六二一号）。
（2）　上横手雅敬前掲論文（はじめに註5）参照。
（3）　承安三年二月安芸国司庁宣（『平安遺文』三六二一号）、同年同月安芸国符（『平安遺文』三六二二号）。なお、国司の側からみて景弘を尾越村の「地頭」にすることよりも、官物納付の責任者として把握することに第一義的な意味がおかれていたことは、たとえば安元二年二月安芸国司庁宣（『平安遺文』三七三八号）に、景弘にたいし単に尾越村を知行せしめ官物を納付すべしとのみあって、「地頭」の名称がみられない点にも示されているであろう。
（4）　安元二年七月安芸国司庁宣（『平安遺文』三七七一号）。
（5）　安元二年七月安芸国司庁宣案（『平安遺文』三七七二号）。
（6）　治承三年十一月二日安芸国留守所下文（『平安遺文』三八八八号）、同年同月安芸国司庁宣（『平安遺文』三八八九号）、同年同月安芸国留守所下文（『平安遺文』三八九〇号）。
（7）　治承三年十二月十一日安芸国司目代下文（『平安遺文』三八九七号）。
（8）　『玉葉』『山槐記』治承三年十二月十二日条。なお、菅原在経とその安芸守補任の政治的意味については、本書第六章の二高倉親政体制の構造（一）―平氏の知行国主・受領人事をめぐって―を参照されたい。
（9）　治承四年八月二十七日安芸国司庁宣（『平安遺文』三九二〇・三九二一号）。なお、三田郷地頭職補任の留守所下文は、同年九月六日にだされている（『平安遺文』三九二三号）。
（10）　治承四年十月安芸国司庁宣（『平安遺文』三九二七・三九二八号）。
（11）　註(9)に同じ。ただし、留守所下文では「補任」と表現されている。
（12）　この点、上横手雅敬前掲論文(註2)の見解にしたがいたい。
（13）　註(2)に同じ。
（14）　(治承四年）九月七日源頼綱請文（『平安遺文』補一三二号）。
（15）　寿永元年三月安芸守佐伯景弘譲状（『平安遺文』四〇二六号）。

(16)『吾妻鏡』元久元年七月二十六日条。
(17) 松岡久人「厳島の歴史」(『仏教芸術』五二号)。
(18) 長寛二年六月権中納言家政所下文(『平安遺文』三二八五号)、仁安二年六月十五日源頼信解案(『平安遺文』三四二六号)。
(19) 治承三年十一月二日安芸国留守所下文(『平安遺文』三八八八号)。
(20)『平安遺文』三四〇四、三四〇五、三五六八、三六二三号などの文書を参照。
(21) 寿永二年七月散位平兼資解(『平安遺文』四〇九八号)。
(22)(治承四年)十月十八日沙弥行蓮書状(『平安遺文』三九二九号)。
(23) 註(15)に同じ。
(24) 註(21)に同じ。なお、この勧農使の内容についてはの石井進前掲論文(はじめに註2)参照。

むすび

寿永二年(一一八三)七月、安徳天皇を擁して西走した平氏は、安芸・周防・長門・四国・九州などの諸国を基盤に、(1)備前を防衛線として木曽義仲の軍勢と抗戦してこれを退けた。やがて、義仲が京都で孤立し、源頼朝の軍勢との戦いに狂奔している間に、平氏は勢力を恢復し福原にもどったが、翌元暦元年二月、一ノ谷の合戦で撃破された。その結果、源軍は備後まで進出し、頼朝は、梶原景時を播磨・美作、土肥(小早川)実平を三備の守護に補任して(2)総攻撃の準備体制をしくにいたったのである。しかし、平氏は安芸国を拠点に頑強に抵抗し、安芸を進攻しようとした実平の軍勢は、六度とも阻止され、(3)源範頼の率いる援軍の到着をまって、九月から十月にかけての大激戦の末ようやく侵入することができたのであった。

安芸国に拠った平氏が、こうして暫時にもせよ源氏の大軍の進撃を阻止しえたのは、以上のような形態をとって平氏がはやくから在地領主層と国衙勢力を編成しつつ権力基盤を形成していたからであるが、それとともに、安芸国以外の瀬戸内海地域においても在地勢力の掌握と編成をある程度まで進展させていたものとみられるのである。平氏の国衙支配については安芸国以外に詳細なことは不明であるが、しかし若干の手がかりがのこされている。備中国では在庁官人の藤原資親いか数人を排して味方の者と入れかえ、(4)讃岐国でも「在庁已下の家人等」を組織しており、(5)伊予国においては、河野氏と拮抗する在庁勢力の新居一族を平氏方につけていた。(6)また、『平家物語』(巻第八、大宰府落)によれば、寿永二年(一一八三)十月に平氏が讃岐国屋島にわたるさい、かつて平知盛の知行国であった長門国の目代紀伊刑部大夫道資が大舟百余艘を献じたと伝え、『源平盛衰記』(巻第三十六、一谷城構事)には、翌年二月の一ノ谷の合戦で平氏方として籠城した周防・長門の軍勢に、周防介高綱・長門国豊東郡司秀平・豊西大夫良近・厚東入道武道らの名前をあげており、周防・長門両国における在庁勢力の編成の一端をうかがわせる。

これらの事例は、平氏による国衙在庁勢力の編成が一定の成功をおさめていたことを示唆するが、それは内乱期に入ってはじめて着手されたのではなく、すでにそれ以前から安芸国のような形態をとって進められてきたものと考えられるのである。この地域において、平氏が国衙支配機構や荘園支配機構を媒介として、いわば上から在地領主層を分断しながら権力編成することが可能であったのは、これらの在地領主層がおかれていた社会的基盤のなかにその条件があった。この地域の在地領主層は、一般に、前述の布施荘のばあいにみられるような農民層の成長度の高さに規制されて小規模な領主支配しか展開できず、脆弱な在地領主層が群立する状況にあった。したがって、一郡・数郡にわたって大規模な領域支配を実現している在地領主が多い東国などに比べて、平氏の権力基盤の形成も比較的容易に遂行することができたのである。だが、そうした平氏の権力編成の進展は、必然的に在庁勢力や在地領主層のあいだに政治的対立と矛盾を激化させずにはいなかった。平氏の権力編成が強行されればされるほど、さきの安芸国藤原氏のような在地領主が生みだされてくる条件が存在したからである。その政治的対立や矛盾は、この地域ではそれ自体としてはたしかに平氏政権と真っ向から対決して崩壊させるだけの力にはなりえなかったが、しかし、やがて治承・寿永の内乱が勃発すると、かれらのなかから反平氏勢力として戦乱に参加する者が輩出してくるのであった。源氏の挙兵に応じて、はやくも治承四年（一一八〇）末に蜂起した伊予国在庁の河野通清一族をはじめ、[7] 寿永二年（一一八三）閏十月の備前国における木曽義仲軍と平重衡軍との合戦で一〇〇〇余騎を指揮して義仲に味方した当国検非違使別当惟資、[8] 元暦元年（一一八四）十月に源範頼軍が安芸国に侵入したさい、軍忠人に超える働きをした山県郡住人の山県為綱、[9] ついで長門の壇ノ浦の決戦にあたって源義経に兵船数十艘を献じた周防国在庁で舟船奉行の船所五郎正利[10]などはその代表的な例である。これ以外にもさまざまな形態で反平氏の行動をとった在地領主が多くいたにちがいない。そして、これらの在地領主層の動向が、安芸国をはじめ瀬戸内海地域における治承・寿永の内乱の展開を現地で根底から規定する原動力になったのである。

（1）『玉葉』寿永二年九月三日、五日条。
（2）『吾妻鏡』元暦元年二月十八日条。なお、佐藤進一『鎌倉幕府守護制度の研究』一五三頁参照。
（3）『玉葉』元暦元年八月一日条。なお、このほか同年六月十六日、十七日、二十三日の各日条など参照。
（4）『吾妻鏡』元暦元年三月二十五日条。
（5）『延慶本平家物語』九―十六、能登守四国者共討平る事。
（6）田中稔「鎌倉時代における伊予国の地頭御家人について」（同『鎌倉幕府御家人制度の研究』所収）。
（7）註(6)に同じ。
（8）『吉記』寿永二年十一月二十八日条。
（9）『吾妻鏡』元暦元年十月十二日条。
（10）『吾妻鏡』文治元年三月二十一日条。

第四章　平氏政権の在地支配構造

――紀伊国の佐藤氏を中心に――

はじめに

平氏政権の歴史的位置を把握するためには多面的な考察が必要であるが、とりわけその政権がよってたつ階級的基盤・権力組織などの在地支配構造を究明することが最も重要な課題の一つになる。平氏政権のばあい、治承・寿永の内乱期における在地支配体制については、鎌倉幕府の在地支配制度の成立を展望する視角から、総管・総下司職をはじめ国衙機構や地頭制度などに関する精緻な業績が蓄積され(1)、その研究水準はいちじるしく深化するにいたった。しかるに、内乱期以前の在地支配構造の具体的な分析はきわめて乏しく、その実態がほとんど解明されていないのが現状であるといえよう。それには、たしかに極度の史料の貧困性という制約が作用しているのであるが、しかし、平氏政権の歴史的位置についての一貫した展望と認識を深めるためにも、この段階における在地支配構造を断片的な史料を手がかりにほりおこし、その実体を示す事例を一つでも豊富にすることが是非とも必要であると考えられる。

そこで本章では、こうした研究の現状と課題を念頭におきつつ、佐藤氏を素材として紀伊国における平氏の在地支配体制の形成過程と構造をできるだけ具体的に考察したい。(2) もとより、ここでも残存史料は決して豊富とはいえない。しかし、那賀郡荒川荘と田仲荘の相論に登場するこの佐藤氏のほかにも若干の史料が存在するので、それらの史料の中心に佐藤氏をすえて分析することにより、平氏の在地支配構造の内容に一定の照明を与えたいと考える。そのさい、まず平氏が荘園制支配などをつうじて在地支配体制を形成していく面を分析し、ついで、その在地支配体制が治承・寿永の内乱期にいかなる展開をとげて軍事体制として機能するかという二点に注目して考察したいとおもう。

(1) ここでは代表的なものとして、石母田正「平氏政権の総管職設置」「鎌倉幕府一国地頭職の成立―鎌倉幕府成立史の一節―」(ともに同『石母田正著作集第九巻　中世国家成立史の研究』所収)や石井進『日本中世国家史の研究』、上横手雅敬『日本中世政治史研究』などに収められた諸論文を念頭においている。

(2) 佐藤氏についてはすでに、井上満郎『平安時代軍事制度の研究』第三章第三節鎌倉幕府成立期の武士乱行、目崎徳衛『西行の思想史的研究』第二章佐藤氏と紀伊国田仲庄、などがあるが、本章では平氏の在地支配構造という視角からあらためて考察したい。なお、荒川荘と田仲荘の相論については、今井林太郎「高野山領紀伊国荒川荘」(『魚澄先生古稀記念国史学論集』所収)、熱田公「高野山領荘園の確立過程―荒川荘を中心に―」(『日本史研究』六九号・七〇号)などがある。

一　平氏の在地支配体制

荒川荘は、紀伊国那賀郡の山間部にあって、大治四年(一一二九)に平等院の大僧正行尊の寄進によって鳥羽院領となり、その荘域は、東は石清水八幡宮領鞆渕荘、西は法成寺領吉仲荘、南は金剛峯寺領真国荘、北は紀ノ川をへだてて摂関家領田仲荘などと境を接していた。そして北隣の田仲荘には佐藤仲清・能清父子らの一族が蟠踞しており、十二世紀中葉ごろから執拗に荒川荘への侵略をおこなって境相論を惹起するのである。そこで、まずこの境相論の展開を手がかりに、佐藤氏一族の存在形態と平氏との関係をさぐっていきたい。

佐藤仲清は、田仲荘預所であるとともに、内舎人でかつ摂政藤原忠通の随身でもあった。(1) その家系は、鎮守府将軍藤原秀郷に発し、代々左衛門尉となって五代目の検非違使・左衛門尉公清にいたり、左兵衛尉で藤原氏という意味で佐藤氏を称したといわれる。この公清が、仲清の曾祖父にあたるが、ついで祖父季清・父康清もそれぞれ検非違使・左衛門尉となり、また叔父清兼・公俊らも検非違使や兵衛尉であった。(2) さらに、『尊卑分脈』は、仲清の同母弟として鳥羽院下北面・左兵衛尉の義清をかかげている。(3) この義清こそ周知のように、十二世紀の動乱の時代を一つの強靭な個性をつらぬいて生きた歌僧西行の遁世前の姿であった。西行出家の三年後、永治二年(一一四二)三月十五日にかれと会った左大臣藤原頼長は、その日記の一節に「抑西行者、本兵衛尉義清也左衛門大夫康清子、以重代勇士仕法皇、自俗時入心於仏道、家富年若、心無欲、遂以遁世、人歎美之也」と録した。この『台記』の記事は、在俗時代の西行に関する著名な伝記資料の一つであるが、ここで注目すべきは、西行の家門が重代の勇士といい、家富むと評されている点である。このことは、上述のような佐藤氏一族が、たとい源平の武士団とは比肩しえないとしても、廟堂貴族のあいだにその存在を知られた「兵の家」であり、かつまた仲清も弟義清とおなじく京都を主要な舞台の一つとして活動する武士であったことを示唆しているからである。

この佐藤氏一族がいつごろから紀伊国那賀郡の地に土着し、田仲荘の預所になったかは詳らかでない。だが、寛治四年(一〇九〇)に高野山検校に就任し、白河院政の庇護のもとに高野の興隆につとめ、中院流の祖となった明算が那賀郡田仲荘の佐藤氏出身であった点を想起すると、(4) すでに仲清以前の段階においてこの地に本拠をすえ領主制支配を展開しつつあったことだけはたしかだといえよう。ところで一方、十一世紀末から十二世紀にかけて、院・摂関家などの権門貴族は、在地における恒常的な農民闘争の激化に対決して、その政治支配を維持し荘園制支配を実現するために、自己の荘園の在地領主のうち特定の「兵の家」の者をいわゆる「侍」として権力編成して私的武力装置の構築をはかりつつあった。摂関家についていえば、保元の乱で藤原忠実・頼長父子が預所をつうじて荘園の軍兵を動員しようとしたことが端的に示すごとく、すでに十二世紀の中葉までに預所を中核に一定の軍事組織に転化しうるほどの武力装置が形成されており、摂関家の家領支配は基本的にはその権力組織によって実現されていたのである。(5) 佐藤氏一族がどの時点でこうした摂関家の武力装置のなかにくみこまれていったかは不明であるが、しかし、仲清が忠通の随身・田仲荘の預所として登場することは、すくなくともかれのときまでには摂関家の権力組織の一翼を担う「侍」として編成されていたことを意味しているのである。

保元元年(一一五六)七月、鳥羽上皇が没すると、美福門院が荒川荘を伝領したが、その領主交替の間隙をついて、佐藤仲清によって北堺の地を押領され、また法成寺吉仲荘からも侵攻をうけるにいたった。この事態にたいし、荒川荘から数度にわたる解状をうけた後白河院庁では、平治元年(一一五九)になりその理非を決断すべく荒川荘荘官と田仲荘住人を院庁に召喚したが、田仲荘方は「巻舌無陳方」く敗北したという。(6) しかるに、その裁決の院庁下文が発せられるまえに、仲清はまたもや掠領をはかったのである。だが、こうした仲清の侵掠行動は、この時点になってにわかに発生したものではなかった。すでに鳥羽院領の時代にも惹起されており、このとき鳥羽上皇は氏長者藤原忠通にその旨をつたえて仲清の押領地にたいする避文をださせるとともに、長承三年(一一三四)には庁官宮道盛弘を派遣して四至牓示を確定せしめたのであった。(7) この措置により仲清の侵略は一時おさまったけれども、やがて保元の乱によって公家権門の政治権力に大変動が生ずる情勢のなかで、再び活発化するにいたったのである。その点で、仲清の侵略は中央政界の激変にきわめて機敏に対応したものであったが、それは既述のような仲清の政治的存在形態と密接に関連していたにちがいない。

さて、こうした仲清らの侵領にたいし、後白河上皇と美福門院側ではさまざまな政治的措置を講じてそれに対処した。後白河院庁では、平治元年五月二十八日付で荒川荘官らに下文をだし、前記の長承三年の宮道盛弘の注文四至にもとづいて田仲・吉仲両荘の押領を停止し美福門院領たるべきことを確認した。(8) さらに、美福門院は、同年七月、鳥羽上皇の菩提を弔うためとの理由で荒川荘を金剛峯寺の一切経蔵料に寄進し、「当山執行相継、大衆相共令致沙汰」めることにしたが、(9) もとよりその背景には仲清らの攻勢を防止しようとする政治的意図があったと考えられる。またその間、後白河上皇は院宣をもって藤原忠通に仲清の掠領を禁止するよう再度申し入れたので、摂関家では、翌永暦元年（一一六〇）十月にいたり、田仲荘にたいし院宣と鳥羽院庁下文にまかせて荒川荘への押妨を停止するよう命じるとともに、院にはその旨を知らせる御教書をだしたのである。(10) だが、今回の仲清の押領は、こうした院庁下文や忠通の避文によっても終息しないばかりか、さらに大規模で組織的な形態をとって激しく展開されてきたのであった。その一つは、かれが吉仲荘のみならず石清水八幡宮領鞆渕荘のおそらくは在地領主とみられる荘官等を糾合して攻勢をかけてきたことであり、(11) いま一つは、紀伊守源為長を中心とする在庁勢力と連繫して、きわめて武力的な形態で押領地の拡大をあらわにしはじめたことであった。ことにそれは、永暦元年十一月の美福門院の死去により、本家が八条院に移ったのを契機として活発化したようである。(12)

応保元年（一一六一）十月、紀伊守源為長・目代為貞・在庁成実らは、仲清と相語らい、数百の軍兵を率いて荒川荘に乱入し、荘司を追捕して資材雑物を奪い、民屋堂舎などを焼失させた。この事件の発端は、為長が荒川荘内の川に簗をうち、寺僧らがそれを殺生禁断を理由として破壊したためという。(13) だが、それはたんなる契機にすぎず、事件の本質はもっと深いところにあったとみなければならない。同じ頃、為長らの国衙勢力は、本荘以外にも大伝法院領の那賀郡山崎荘などへも軍兵を派遣して猛攻をくわえ、荘園の拡大を阻止して公領にとりこもうとしていた。(14) 紀伊国内でも、とくに伊都・那賀両郡には金剛峯寺領が多く、すでに嘉承二年（一一〇七）の時点で在庁官人をして「両郡中、十分之九已爲庄領、僅所残一両村也」といわしめたほどであり、[15]そうした寺領を抑制することがながらく国衙の最大の政治的課題の一つになっていたのであった。したがって、荒川荘への発向も、基本的にはそうした国衙権力と金剛峯寺とのはげしい対抗関係の一環として惹起されたのであり、国衙勢力と仲清との連繫も両者がともに金剛峯寺を共通の攻撃目標にしていた点から形成されたものと考えられるのである。

ところで、当面の課題である平氏との関係で注目されるのは、ここに登場する紀伊守源為長が、平清盛の家政機関の中枢に参与する政所家司のひとりであったことである。それは、かれが長寛二年（一一六四）六月の権中納言平清盛家政所下文に壱岐守藤原能盛らとともに連署している点に端的に証示されている。[16]しかも、その紀伊守在任はすくなくとも仁安二年（一一六七）正月までつづいているのである。[17]通常、平氏の紀伊国衙支配は、安元元年（一一七五）十二月に平頼盛を知行国主、同為盛を国守とする知行国体制が成立して以後のこととされるが、[18]実はすでに源為長を国守とする支配が平治の乱直後から数年にわたって存続したのであった。しかして、その支配は、上記のように在庁勢力を糾合しつつ金剛峯寺をはじめとする寺社勢力に武力的な猛攻をくわえながら展開されたのである。

佐藤仲清らの荒川荘への侵略は、こうした平氏の国衙支配のもとでそれと結託することによりますます激化していった。国衙の発向後、翌年四月には仲清の子息左衛門尉能清らが武力をもって再三乱入し、荒川荘方も防戦したと伝える。[19]そうした情勢のなかで、金剛峯寺の訴えにより、五月二十四日に実検の官使と本家の八条院使が派遣され、国衙在庁・両荘住人の立合いのもとに現地検証がおこなわれた。しかし、官使は為長・仲清の「賄賂」に籠絡されて往古の牓示を抜き捨てるなど矯飾偏頗をおこなったため、八条院使や荒川荘住人はその結果をみとどけずに引き上げてしまった。そこで、能清の郎従長明らは官使とともに数多の軍兵を率いて乱入し、荒川荘の中心たる上村の地を東西三十余町南北十余町にわたって押領してしまったのである。さらにそれを機に吉仲・鞆渕両荘からの侵掠も一段とはげしくなった。[20] かかる事態にたいし、金剛峯寺はしきりに上訴したが「裁報」がなく、ついに十月になって東寺をつうじて中央権力を動かすという最終的な手段にでたのである。そこで十一月、東寺は一宗の奏状をもって、かの王法仏法相依論を展開しつつ、紀伊守源為長・目代為貞・在庁成実らを罪科に処することと、田仲・吉仲・鞆渕各荘の妨を停止し長承三年の宮道盛弘の注文にもとづいて荒川荘の四至を確定することの二ヵ条についての官裁をつよく要求するにいたった。[21] これが奏功したもののごとく、ようやく翌長寛元年（一一六三）六月になって、藤原忠通家政所は田仲荘にたいし相論の焦点になっている北堺の地を金剛峯寺に寄進すべしという旨の避文をくだし、同七月には吉仲荘にたいしても住人が荒川荘に押入って作物を刈取ることなどを禁ずる下文をだしたのである。[22] また、紀伊守源為長も、六月三日、那賀郡麻生津保を金剛峯寺に寄進し、荒川荘を焼却した罪を償ったという。[23]

かくして、保元の乱直後にはじまり、やがて平氏の国衙支配のもとで公然たる武力的侵略にまで発展した佐藤氏一族の押領はひとまず落着したようである。『高野春秋編年輯録』も、「相論暫治」（長寛元年七月四日条）との見解をとっている。しかし佐藤氏は、武力侵略こそ一時おさめたものの、忠通の避文にもかかわらず荒川荘北堺の地そのものは依然として領有しつづけたままであった。それでは、右のような政治的条件のもとでいかにしてその押領を維持することが可能だったのであろうか。この点について、金剛峯寺は「能清依令祗候院中、背領家御避文、私所押領也」と指摘している。[24] つまり、能清が内舎人・左衛門尉（『尊卑分脈』）としての政治的立場をつうじて形成した中央政治権力との関係を媒介に押領を実現しつづけたと非難しているのである。だが、こうした中央政治権力との直接的な結合関係は能清の代になってにわかに成立したのではなく、すでに仲清の段階で形成されていたものと考えられるのである。仲清の荒川荘への武力侵略が平氏＝為長の国衙支配との連繫によって強行されたことは先述のとおりであるが、さらに注目されるのは、保元以後の相論抗争の展開過程を全体的にみたばあい、仲清の侵略行動が特定の中央政治権力の黙認ないし隠然たる政治的保護のもとにおこなわれた形跡をみいだしうることである。たとえば、院庁下文の黙殺や官使の籠絡などは当時ままみられた現象であるとしても、本所忠通の二回におよぶ避文を無視して、長年月にわたって押領地を維持拡大しつづけることは、まず仲清の個人的な力量のみをもっては容易ならざることであり、さらに、武力侵略にたいする金剛峯寺のたびかさなる訴訟を裁決しないという点にいたっては、あきらかにかれの個人的力量や政治的手腕を凌駕した次元の問題であったはずだからである。かかることは、中央政界における特定の政治権力との直接的な結合を媒介とすることによってのみはじめて可能なのであるが、その政治権力とは具体的には何であったのだろうか。わたくしは、結論的にいえば、それを平氏の政治権力と推定したいとおもう。その点は、仲清の侵略行動と平氏の国衙支配との関係や、能清が後述のように平氏の家人に権力編成されていることなどからも想定できるが、しかしより基本的には、この両者の結合関係は、本書の第二章で分析したような平氏の摂関家領支配を媒介として形成されたものと考えられるのである。

平氏の摂関家領支配への関与は、保元の乱で摂関家の荘園制支配の武力的基礎が崩壊することによって生じたものであった。すなわち、この乱において、藤原忠実・頼長父子は源為義・為朝らの武家のほかに預所・沙汰人をつうじて家領諸荘園の軍兵を動員してその軍事力たらしめようとしたため、乱後の処分で、朝廷は忠実・頼長領―それは摂関家領の大部分を占めていた―を忠通に帰属するにさきだって、この軍兵召集との関係で武士の預所・沙汰人の改定を広範に断行したのである。このことは、摂関家が在地の農民闘争に対決して家領支配を実現するために形成してきた武力装置が壊滅に近い打撃をうけたことを意味するものであった。したがって、膨大な家領を領有した忠通にとっては、いかにしてこの家領支配の武力組織を再構築するかが最重要な政治的課題の一つだったのであり、かれはそれを平氏武士団と連繫することによって解決しようとしたのである。ここに平氏武士団が摂関家領支配に登場してくる根本的な理由があった。だが、摂関家の政所や預所に進出した平氏一門は、しだいに家産制支配機構の実権を壟断し本所権を形骸化しつつ、その階級的性格にもとづいて家領荘園の在地領主の一部を自己の権力組織（武士団）に編成しその領主制の進展を支援・育成することによって在地支配を樹立するとともに、農民層にたいする収奪を強化して中間搾取の増大をはかる方向をあらわにしていったのであった。しかも、同様のことは、院領支配の面でも指摘できるのであって、[25]平氏は荒川荘の本家たる八条院領のばあいにも、のちに「平家時分、令致自由沙汰事も候き」（『吾妻鏡』文治四年六月四日条）と評されるような支配を展開しつつあったのである。

佐藤仲清が荒川荘への侵略を再開したまさにその時期に、中央では以上のような平氏の摂関家領および院領の支配が進展していたのであった。したがって、その領主制支配を展開するためにより強力な政治的保証を求めようとする仲清と、在地武士を権力編成することによって自己の権力基盤の拡大につとめる平氏の政治権力とのあいだに直接的な結合関係が形成されるのは、けだし必然的であったといえよう。まして、仲清が京都を主要な活動舞台の一つにする摂関家の「侍」であってみれば、その結合関係はきわめてはやい時期に成立したものと推察すべきであろう。その意味で、仲清の侵略行動は、たんに吉仲・鞆渕両荘の荘官との連帯や中央政界の動向にたいする洞察力というような個人的な手腕力量のみによって展開されたのではなく、かかる平氏との結合関係を媒介としその政治的保護に依拠することによって遂行されたと考えられるのである。

（1）平治元年五月二十八日後白河院庁下文（『平安遺文』二九七九号）、『尊卑分脈』第二篇。
（2）『尊卑分脈』第二篇、窪田章一郎『西行の研究』九〇～九七頁参照。
（3）目崎徳衛『西行の思想史的研究』（二六～二七頁）をはじめ、西行を仲清の兄と解する説も有力であるが、ここではとりあえず『尊卑分脈』にしたがっておく。
（4）『元亨釈書』巻第五、『野沢血脈集』巻第一、『高野春秋編年輯録』治安元年三月条など。なお、明算についての私見は、「荘国制支配の形成と僧田組織――金剛峯寺と官省符荘をめぐって――」（大阪歴史学会編『中世社会の成立と展開』所収）を参照。

（5）この点の詳細については、本書第二章平氏政権と摂関家を参照。

（6）平治元年五月二十八日後白河院庁下文（『平安遺文』二九七九号）、文治二年五月高野山住僧等解（『鎌倉遺文』一〇八号）。

（7）応保二年十一月東寺門徒申状案（『平安遺文』三二三五・三二三六号）、平治元年五月二十八日後白河院庁下文（『平安遺文』二九七九号）。

（8）『平安遺文』二九七九号。

（9）（平治元年）七月十七日美福門院令旨（『平安遺文』三〇一五号）、平治元年九月金剛峯寺政所下文（『平安遺文』三〇三一号）。

（10）以上、順に、永暦元年十月二十二日美福門院令旨（『平安遺文』三一一四号）、永暦元年十月二十日前太政大臣（藤原忠通）家政所下文案（『平安遺文』三一一一号）、（永暦元年）十月二十日関白家（藤原忠通）御教書（『平安遺文』三一一一号）。

（11）応保二年十一月東寺門徒申状案（『平安遺文』三二三五・三二三六号）。

（12）『高野春秋編年輯録』長寛元年四月八日、六月三日、七月四日、七月二十五日条など参照。

（13）註（11）および文治二年五月高野山住僧等解（『鎌倉遺文』一〇八号）。

（14）永暦二年五月紀伊国在庁官人陳状案（『平安遺文』三一五三号）。

（15）嘉承二年正月二十五日官宣旨案（『平安遺文』一六七〇号）。

（16）『平安遺文』三三八五号。

（17）『兵範記』仁安二年一月二十七日条。

（18）『玉葉』安元元年十二月八日条。

（19）『高野春秋編年輯録』応保二年四月十五日、二十八日条。

（20）以上、註（13）および治承四年十二月高倉上皇庁下文（『平安遺文』三九四六号）、『高野春秋編年輯録』応保二年五月二十四日条。

(21)　註(11)に同じ。
(22)　以上、順に、長寛元年六月藤原忠通家政所下文案（『平安遺文』補一〇二号）、長寛元年七月四日左京権大夫平信範書状（『平安遺文』三二六一号）、長寛元年七月二十五日左京権大夫平信範下文（『平安遺文』三二六三号）、同月同日左京権大夫平信範書状（『平安遺文』三二六四号）。
(23)　『高野春秋編年輯録』長寛元年六月三日条。
(24)　治承四年十二月高倉上皇庁下文（『平安遺文』三九四六号）。
(25)　この点、本書第一章平氏政権の形成過程の第二節を参照。

二　平氏の軍事動員体制

だが、こうした佐藤氏の武力侵略も、東寺が一宗の奏状をもってせまるに及んではさすがに矛をおさめざるをえなかった。一方、金剛峯寺は、はやくも長寛二年（一一六四）七月に、検校以下一四四人の僧侶に人供料として荒川荘の在家田畠を配分し免家支配体制を樹立したのをはじめとして、荘官の蠢動を規制しつつ農民層を積極的に把握編成することによって、その荘園支配体制を着実に推進していった。(1)そうした情勢のなかで、金剛峯寺は能清が押領している北堺の地そのものをも奪回すべく院などへ積極的にはたらきかけたようである（『高野春秋編年輯録』嘉応元年四月三日条）。やがて、治承三年（一一七九）十月にいたり、高野参詣中の平宗盛に愁訴してその「哀憐」をえることに成功した金剛峯寺は、翌年四月、能清の北堺地の領有を狼藉として正式に訴えたのである。そこで、五月二十日、蔵人所において田仲・荒川両荘の荘官が対決したが、能清の郎従長明は鳥羽院庁下文や忠通の避文をふりかざす金剛峯寺にたいし一言の陳弁もできず、さらにその後の召問にも応じなかった。このため、十二月になって荒川荘北堺の地を金剛峯寺領とすべしという旨の高倉院庁下文が紀伊国在庁官人らにだされたのであった。(2)しかして、この高倉院庁下文を発した真の主体は平氏とみてまずまちがいないであろう。

ところで、この下文が能清のいわば既得権を否定した不利益なものだったのはたしかであるが、しかし、このことはただちに平氏と能清との結合関係ないし政治的保護関係そのものが変化したことを意味するのではなかった。この下文の発せられた治承四年十二月といえば、いわゆる源平の内乱が全国的規模にまで発展する様相を呈し、畿内近国では、美濃・近江源氏が挙兵し延暦寺・園城寺・興福寺の大衆勢力が蜂起するなど、平氏政権の孤立と危機が深刻化した段階であった。そうした情勢のなかで平氏は、同月中旬には諸国に兵乱米(兵粮米)を課し公卿受領の荘園からも兵士を徴発して軍事力の強化につとめ、十八日には後白河院政を復活する方針をうちだし、さらに二十七日には平重衡に命じて南都攻撃を敢行するなど、あいつぐ叛乱・蜂起の鎮圧と対策に狂奔していた。平頼盛の知行国であるこの紀伊国においても、すでに十月に前別当湛増を中心に蜂起した熊野勢力は反平氏行動をますます激化させ、(3)国衙はさきの兵乱米徴収にたいしても「力不及」と返答してくる有様であった。(4)高倉院庁下文がかかる政治情勢下でだされた点をおもえば、これを発した平氏の真の意図は能清の押領そのものを禁圧することではなく、金剛峯寺を反平氏勢力の側に廻さないための政治対策としての狙いをもつものであったと推察されるのである。したがって、平氏と能清の結合関係はもとよりこの後も緊密に維持されたのであって、そのことは、平家都落ち直後の寿永二年(一一八三)八月七日づけの後白河院宣によって、大和国東大寺領小東荘内の能清の押領地(三町七反)が平宗盛(五町六反)・平重衡(十町七反)らのそれとともに停止されている一事からも窺知できるであろう。(5)

さて、あけて治承五年(一一八一)四月十八日、能清は舎弟・郎従長明を中心とした武士団を率い、突如、荒川荘を襲撃して、住人を殺害し作麦を苅取るなどの乱暴をはたらくにいたった。それのみならず、かれは池田に城を築き、平重衡・同維盛の下知と号して、紀伊国はもとより大和国の刀帯先生をはじめ和泉国河内国の平氏家人を召集して多数の軍勢をととのえ、二十五日を期して再び襲撃し、荒川荘ばかりか金剛峯寺そのものまで焼払うと通告してきた。これを恐れた荒川荘の農民は逃散して山林に交り他郷他所に移住し、寺僧は東西を失って走り迷う有様であった、と荒川荘百姓等や高野山衆徒の言上状は伝えている。(6) もとより、この事件は、基本的には佐藤氏一族がそれ以前からしばしばくりかえしてきた侵略行動と同じ性格をもつものであるが、しかし、その武力形態・規模と平氏政権との関連に留意して、さしあたりつぎの二点に注目されるのである。

その第一は、この時の能清の武力基盤が自己の一族郎等を基幹とした武士団のほかに、紀伊・大和・和泉・河内などの平氏家人を召集しその連合によってささえられていることである。しかし、この平氏家人の召集は、おそらく能清の個人的力量によるものではなく、かれが重衡・維盛の下知と号したといわれる点からすれば、まずそれは平氏政権の軍事動員体制との関連でなされたものとみるべきであろう。この時期、平氏は、東国追討とあいつぐ反平氏勢力の蜂起―とくに尾張国の源行家の上洛―に対処すべく、正月十九日、平宗盛を五畿内および近江・伊賀・伊勢・丹波諸国総管職に任命し、二月には平盛俊を丹波国諸荘園総下司職に補任するなど、(7) 荘公を論ぜず兵士・兵粮米を強力的に徴収確保する体制をうちだし、伊勢・美濃国などでは、来る三月の尾張墨俣川の合戦にそなえて軍用物資を徴発するために必死の措置を講じていた。(8) また、関東の軍勢が南海をへて入洛するとの風聞もあり、平氏は伊勢・志摩などの海浦に家人を配置していたが、熊野衆徒は、はやくも正月五日に志摩国の平氏家人伊豆江四郎を破ったのをはじめ、(9) 以後しばしば両国に乱入し、平氏の関東にたいする戦闘体制の背後をゲリラ的に襲いつづけていた。(10) かかる政治情勢のもとで、平宗盛は閏二月十五日に平重衡を大将軍とする東国追討使を発向させ、三月十日に尾張墨俣川の合戦で源行家軍を撃破するが、その追討軍の指揮官は重衡のほか維盛・通盛・忠度・知度らによって構成されていた。(11) その追討軍の軍勢をあつめるため、平氏は紀伊国においても当然なんらかの軍事動員体制をとったはずであり、さらに「治承以降、平氏党類暗称兵粮、掠成院宣、恣宛五畿七道之庄公、已忘敬神尊仏之洪範」と評されたような形態で兵士・兵粮米の徴発を強行しようとしたものとみなければならない。(12) したがって、能清の平氏家人召集も、荒川荘ないし金剛峯寺を襲撃するために私的に動員したものではなく、そうした重衡・維盛らを指揮官とする追討軍の軍事動員体制のなかにみずからが組織されその一翼をになうことによって遂行されたものと考えられるのである。

第二に、右の能清の御家人召集と平氏政権の軍事組織との関係について言及しておきたいとおもう。内乱期における平氏の軍事力は、すでに石母田正・高田実両氏によって指摘されているように、大別して、平氏一門の家人・郎等よりなる私的武力組織と、国衙機構などを媒介に一国平均の課役として徴発した兵士との二つから構成されていた。そのさい、この二者のいずれが基本的であるかといえば、両氏ともに平氏政権の在地武士団の把握・編成および在地支配組織の問題との関連で後者を重視されるのである。平氏政権を古代国家の傭兵隊長としての平清盛が狭小な武士団を率いて国家権力を簒奪することによって成立させた軍事的独裁政権とみる石母田氏にあっては、その政権は基本的には中央・地方をとわず独自の権力基盤と組織を樹立できず、内乱期にいたってはじめて当面する諸矛盾を解決するために総管・総下司職などの権力の下部構造を創出して本格的に在地掌握と軍事力の確保にのりだしたと解されている。(13) また、高田氏も、平氏は畿内近国・西国においてさえ在地領主との間に土地所有の保護を媒介とした権力編成を指向していなかったとする観点にたって、国衙ないし国家権力機構に依拠しての兵士徴発＝駆武者のしめる比重をきわめて高く評価された。(14) この両氏の見解の当否は、平氏の軍事力構成全体についての具体的な解明をつうじて検討されるべき問題であるが、しかし、本章で分析してきた佐藤氏一族のばあいを念頭においていえば、すくなくともつぎの点だけは指摘できるであろう。

一つは、平氏が、すでに保元の乱直後の時点から佐藤氏にみるような形態で在地武士の領主制支配の展開に政治的保護をくわえつつ家人郎等関係に編成し在地支配を実現するための権力基盤と組織の樹立につとめていることである。しかも、このことは、佐藤氏一族のみではなく、有名な湯浅氏一族についてもうかがえる。湯浅権守宗重が、平治の乱の勃発にさいし、郎等三十余騎を率いて熊野参詣途上の平清盛・宗盛父子のもとに駆けつけ入京の決断を慫慂したことは周知のとおりであるが（『愚管抄』巻第五）、これが平氏との家人関係を成立させる重要な契機になったとみてよい。その後、かれは、しばしば上京して藤原経房らの貴族とも交渉をもち、上皇の熊野詣の雑事を勤仕したり(15)、清盛の麾下として僧兵の鎮圧に参加するなど（『平家物語』巻第二、堂衆合戦）、京都での活躍も盛んになり、子息宗光も兵衛尉になっている。一方、在地には、湯浅の地を中心として、在田郡内の石垣・田殿・糸我・藤並・保田・宮原などに所領を有し、郡外にもいくつかの点在した領地を獲得している(16)。これらの所領の形成について詳細なことは不明であるが、しかし、その本拠地たる湯浅荘の立券が承安四年（一一七四）である点からすると(17)、所領の獲得・拡大の時期は意外におそく、その大部分は平氏との家人関係が成立して以後ではないかと推測されるのである。そして、平氏政権のもとで、宗重は「平家〻人之中、為宗者」と評され五〇〇騎近くを動員しうるほどの勢力を在地に築きあげていくのであった(18)。このほか、紀伊国において平氏の家人郎等ないし方人と認めうるものに、高倉院武者所平重国(19)・平貞能の郎従高太入道丸(20)・行命法眼(21)などの名前をみいだすことができる。その数は多くはないかもしれないが、これ以外にも何名かは存在したにちがいない(22)。しかして、かれらは、現地にあっては平氏の紀伊国にたいする在地支配の拠点を構成するとともに、その有力なものは、湯浅宗重・佐藤能清・平重国のごとくはやい時期から京都にでて活動したものとみられるのである。能清が召集した平氏家人はおそらくこのような者たちだったのであり、しかもそれは、紀伊国のみならず大和・河内・和泉などの畿内近国においても同様な形態をとって形成されていたと考えられるのである。

そこで、いま一つの問題は、こうした在地における平氏の家人動員体制と、国衙機構などを媒介とした兵士・兵粮米の徴発による軍事力確保との関係についてである。平氏政権の兵士・兵粮米の徴発の基本方式が、国衙公権を媒介とし、院宣―国司―在庁官人という系列でなされたこと、かつ、その実現にあたって、治承五年の正・

二月段階にやつぎばやに総管・総下司職をはじめとする独自の新しい機構を設置していったことなどは、石母田氏の解明されたとおりであり、それが平氏の軍制上にしめた意義は高く評価されてよいとおもう。だが、そもそも機構の設置それ自体は、所詮、支配のための一つの道具・手段の拡大を意味するにすぎないのであって、平氏政権がこうした機構を創出してそれに一握りの平氏一門や家人を任命するだけでは、兵士・兵粮米を徴発しそれを現実の軍事力に転化することはできなかったものとみなければならない。そのことは、平頼盛を知行国主、同為盛を国守とする紀伊国衙でさえが、すでに治承四年十二月の時点で、兵粮米の徴収にたいし「力不及」と答えている点に端的に証示されているであろう。したがって、かかる情勢のなかで、平氏が国衙を媒介として兵士・兵粮米の徴収を実現するためには、その不可欠の前提として、在地にあってこれらの諸機構の運転をささえ作動せしめる独自の権力組織の存在が要請されるのであった。そのさい、平氏政権がとった最重要な方法こそ、以前から拠点的に形成してきたところの家人郎等組織を広範に総動員しつつ、それを地域的ひろがりをもつ権力組織として集中し発動させることであって、能清のばあいの家人召集はまさしくこれに該当するものであったと考えられる。もとより、かかる平氏の権力組織は、たんに兵士・兵粮米を徴発するための強制力としてのみ機能したのではなく、戦闘のさいには、徴発兵士を統轄・指揮することによって生きた軍事力に転化するうえで中核組織としての位置をしめたとみるべきであろう。したがって、平氏政権の国衙機構を媒介とした兵士・兵粮米の徴発とその軍事力への転化は、こうした家人郎等の動員を基軸とした独自の地域的権力組織の成立を背景とすることによってはじめて可能だったのである。

(1) 長寛二年七月高野山検校以下在家田畠支配状(『平安遺文』三二九五号)。荒川荘における荘園支配体制の形成については、「はじめに」註(2)の今井・熱田両氏の論文のほかに、福田豊彦「古代末期における『在家』の一形態―高野山領紀伊国荒川荘の研究―」(『北大史学』四号)、高田実「在家の歴史的性格について―紀伊国荒川荘を中心に―」

『史潮』六六号）などがある。なお、この点についての私見は、前掲論文（第一節註4）を参照。
(2) 以上、（治承四年カ）四月十六日藤原行隆書状（『平安遺文』三九一〇号）、（治承四年カ）四月十九日左少弁藤原行隆奉書（『平安遺文』三九一一号）、治承四年十二月高倉上皇庁下文（『平安遺文』三九四六号）。
(3) この点、宮地直一『熊野三山の史的研究』二二三〜二四四頁参照。
(4) 『山槐記』治承四年十二月十日条。
(5) 『平安遺文』四一〇〇号。
(6) （養和元年カ）四月二十五日僧某申状案（『平安遺文』三九八二号）、（欠年）四月二十四日紀伊荒川荘百姓言上状案（『鎌倉遺文』八八号）。なお、後者の文書は『鎌倉遺文』では文治二年とされているが、これはすでに井上満郎氏が前掲論文（はじめに註2）で指摘されたとおり、治承五年（養和元）のものとみるべきである。
(7) 『玉葉』治承五年一月十六日、十九日条、同年二月八日条など参照。
(8) この点の詳細については、石母田正前掲論文（はじめに註1）参照。
(9) 『吾妻鏡』治承五年一月五日条。
(10) 『吾妻鏡』治承五年一月二十一日、同年三月六日条、および『玉葉』養和元年九月十八日条など参照。
(11) 以上、『玉葉』『吾妻鏡』治承五年閏二月十五日条、『吾妻鏡』同年三月十日条、『吉記』同年三月十三日条など参照。なお前年十二月からこの時期までの平氏軍制の全体的な構造については、本書第八章の第四節平氏の総力戦体制と総管職の設置で詳述する。
(12) 『玉葉』寿永三年二月二十三日条。なお、寿永三年二月紀伊国大伝法院所司解案（『平安遺文』四一四一号）には、「以去治承四年被下追討使於当国之日、猶当寺領賜可免除兵粮米院宣畢」とみえて、すでに治承四年の段階で兵粮米を賦課していたことを確認しうる。
(13) 石母田正前掲論文（はじめに註1）、および、同『古代末期政治史序説』第三章第四節平氏政権とその没落。
(14) 高田実「平氏政権論序説」（『日本史研究』九〇号）。
(15) 『吉記』承安四年九月二十日、二十六日条など。
(16) 安田元久『初期封建制の構成』第二編鎌倉時代に於ける武士団の構造—紀伊国湯浅党に就いて—。
(17) 『吉記』承安四年九月十七日条。

(18) 文治二年五月六日源頼朝書状案（『鎌倉遺文』九七号）。なお、『長門本平家物語』（巻廿）には屋島の合戦で敗北した平重盛の末子丹後侍従忠房が湯浅氏を頼り、宗重がこれを擁して源氏方の軍勢と交戦したときの軍事力の規模を、一族郎等五〇〇余とつたえている。

(19) 平重国は、在田郡石垣荘を本拠とする武士で、かの明恵上人の父にあたり、湯浅宗重の四女を妻とした。はやくから京都に宿所をもち、高倉院武者所につかえ、治承四年九月、上総国で源氏勢に討れて戦死した（『高山寺明恵上人行状』など）。これは、かれが平氏家人として上総介藤原忠清の指揮下に平氏の国衙支配の一員として派遣されていたためとみられる（田中久夫『明恵』参照）。

(20) 『吾妻鏡』文治二年九月二十五日条の海部郡蓮華王院領由良荘の相論関係の記事のなかに、平貞能法師の郎従高太入道丸の名がみえる。なお平貞能は平氏の家令もつとめ（『玉葉』治承四年二月二十日条）、蓮華王院との関係も深かったようであり（『吉記』寿永二年七月二十五日条）、あるいはかれは平氏の蓮華王院領支配をつうじて高太入道丸を郎等にしたのかもしれない。

(21) 行命は熊野勢のなかでただ一人平氏方に投じようとして討たれた人物であるという（『玉葉』養和元年十月十一日条）。

(22) 西村隆「平氏『家人』表―平氏家人研究への基礎作業―」（『日本史論叢』第十輯）には、このほか、神崎尾藤次・藤並十郎・泉源三・岩殿宗賢いか何名か検出されている。

むすび

以上、紀伊国における平氏の在地支配組織の形成過程を、佐藤氏一族を主たる素材として考察し、さらにその在地支配組織が治承・寿永の内乱期の平氏政権の軍事組織のなかでしめた意味について言及してきた。そこで最後に、こうした平氏の在地支配組織の一環を構成した佐藤能清にたいする金剛峯寺大衆と農民層の抵抗に関して一言ふれて本章をおえたいとおもう。

治承五年（一一八一）四月、平氏政権の家人動員体制を背景として、能清が荒川荘および金剛峯寺の焼打ちを通告してきたことは、その農民層と住僧に絶大な恐怖をあたえ、農民は山林や他郷に逃散し、寺僧の狼狽はその極に達したといわれる。しかし、これは、既述のように荒川荘百姓言上状および金剛峯寺衆徒言上状のなかにみられる表現であって、現実には、かれらはこうした逃散などの消極的な抵抗だけを展開したのではなかった。すなわち、かれらのなかには名手荘の所司庁番等とも連帯して積極的に武力をもって能清の軍勢と抗戦し、さらに田仲荘そのものへも攻撃をかけてこれを焼払うべしと主張して戦闘の準備をととのえる者もいたのである。このため、東寺長者はかれらに武力攻撃の非理を説いて、何度でも奏状をもって奏聞すべきであり、実力行使は防御のみにすべきであると必死に戒めなければならないほどであった。(1)この能清の通告はついに実行されず、結局、恫喝にとどまったようであるが、それを規定した最も根源的な力は、こうした農民層と大衆の強硬な抵抗にあったといえよう。

ところで、この抵抗は、能清個人にのみむけられたのではなく、平氏政権の家人動員体制そのものにたいしてもむけられたものであった。したがって、平氏が、能清らの家人を総動員しつつ兵士・兵粮米の賦課・徴収を強行しようとすればするほど、かかる抵抗をますます激化させ、金剛峯寺勢力を反平氏的にし、「高野御山、聊有騒動、源氏武士、少々籠件山」というような形勢を生みだすことになるのである。(2)能清が、その後、内乱のなかでどのような動きをしたか不明であるが、こうした情勢のもとでは、おそらく紀伊国にあって自己の所領支配を維持するのが精一杯で、遠国の戦場に赴くことは不可能だったとみなければならない。かれは、やがて数年をへて平氏滅亡後の文治二年(一一八六)四月、今度は源頼朝の仰せと称して荒川荘に乱入した。これは、新たに成立した鎌倉幕府のもとでその領主支配の延命を必死にはかろうとしたものであろうが、しかし、頼朝によって「称鎌倉下知猥企濫妨之条、尤以不当也」と一蹴されてしまった。(3)その後、能清と一族の名は、田仲・荒川荘関係の史料から消え去るのである。

（1）（欠年）四月二十九日東寺長者下文（『高野山文書（家わけ）之八』二三五号）。なお、この文書が、治承五年の事件関係のものである点については、今井林太郎前掲論文（はじめに註2）参照。
（2）『玉葉』養和元年九月二十八日条。
（3）文治二年五月高野山住僧等解（『鎌倉遺文』一〇八号）。

第五章　後白河院政期の政治権力と権門寺院

はじめに

十二世紀後半の後白河院政期は、既存の国家権力秩序が大きく改変をせまられ、政治権力の交替が劇的に展開する激動の時代であった。保元の乱は、武士が独立した政治支配層としての地位をかためて権門貴族の国政に割り込みはじめる画期となり、平治の乱後、平氏一門が急激に国家権力の中枢部へ進出し、やがて院・摂関らの権門貴族と拮抗する勢力になりあがって、国家権力のヘゲモニーをめぐる権力抗争を演じるのは周知のとおりである。この平氏の台頭と権勢の樹立は、院・摂関という二大権門を基軸として構成・維持されてきた政治権力（国政）の構造と秩序に厳しく改変をせまり、政治権力層内部における深刻な抗争対立を惹起するとともに、在地諸勢力との矛盾対立を激化していった。だが、疾風怒濤の時代に突入したのは、ひとり政治権力（王法）の世界ばかりでなく、権門寺院を中心とする仏法の世界でも同様であった。この段階になると、階級的差異を持つ諸階層を包摂しながら形成されてきた権門寺院の僧団内部で大衆下層集団の勢力がつよまり、僧団組織の根幹を動揺させるような新しい形態での闘諍があいついで発生するようになる。さらに、前代来の政治権力と寺院大衆との抗争・騒擾事件も、大衆下層集団の勢力の強盛化、平氏の台頭にみられる政治権力の軍備強化という情勢のなかで、ますます熾烈になり、政局にしばしば甚大な影響をおよぼし、やがて平氏との全面的対立をへて治承・寿永の内乱を誘発する政治状況をつくりあげるにいたるのである。

かくて、十二世紀の後半期は、王法仏法の双方の世界において、その体制的危機がきわめて深刻に進展したときであり、政治支配層にとって全体制の権力秩序を再編・強化することが焦眉の政治課題としてつきつけられたときであった。その最も重要なものの一つに、かの王法仏法相依の国家権力秩序の動揺・解体をいかにくいとめ再編成しつつ維持していくかという課題があった。この課題は、もとより多面的な考察を必要とする困難な問題であるが、本章では政治史的な視角からその一つの側面を考えたい。すなわち保元の乱後から治承・寿永の内乱が勃発するまでの後白河院政期における政治権力が、権門寺院勢力にいかなる政策ないし政治的姿勢でもってのぞみ、それによって王法仏法の政治的関係がどのような内容と矛盾を醸成しつつ展開していったかという面に焦点をあわせて検討したいとおもう。そのさい、権門寺院勢力としては、この時期の政治過程にもっとも多彩な形態で登場する延暦寺・園城寺・興福寺を中心にとりあげることとする。

一　後白河院政政権の寺院政策

後白河院政と権門寺院をめぐる王法仏法の関係を政治的次元で考えようとするさい、やはりまず問題にすべきは、後白河親政・院政期の国家権力の政策基調をなしたものとしてさまざまな視角から分析されてきた[(1)]、保元元年(一一五六)閏九月の新制七ヵ条である[(2)]。この新制は、保元の乱という政治危機を一応きりぬけた後白河親政権力が、第一条冒頭で「九州之地者、一人之有也、王命之外、何施私威」とのべる宣言に端的に示されるごとく、諸権門のうえにたつ統一高権としての天皇支配を強調しつつ、寺社院宮諸家の荘園所領の濫立を阻止し、悪僧・神人らの行動を禁断して、国家権力秩序のなかに統制しようとしたものであった。その七ヵ条は、周知のように、全条が寺社に関係しており、とりわけ第三条以下はすべて寺社の種々の「濫行」と荘園所領の拡大にたいする具体的な規制からなっている。したがって、この新制の政治的眼目は、膨大な荘園・末寺と数多の衆徒・神人などを擁して嗷訴・合戦も辞さず自己の権益を追求しつつあった寺社勢力の統制にすえられているのであるが、その統制策の特色として、さしずめつぎの点を指摘できよう。

第一は、権門寺社における神人・夏衆・彼岸衆・寺僧・寄人らの激増とその「濫行」が、皇猷・国威・国務を軽んじ「国之損益」をもたらし、国家支配秩序を攪乱させる根源のものとみて、きびしい禁遏を加えていることである。これは、寺社勢力の構成基盤の一つである神人・寄人らの人的要素の面にたいする統制であった。かかる神人・悪僧観はすでにはやくからあり、中央政府はその対策に苦慮していたが、ここでそれが国家権力による統制策の真正面にとりあげられるにいたったのであった。伊勢・石清水・加茂・春日・住吉・日吉・祇園の各社を名指しであげて「往古神人」・「本神人」以外の停止を命じ（第三条）、興福寺・延暦寺・園城寺・熊野山・金峰山に関しては夏衆・彼岸衆・先達・寄人らの金融経済活動を含む濫行を禁圧しようとしているのである（第四条）。

第二は、地方寺社に関する第五条であり、これは「部内寺社、皆是国司之最也」という立場から、地方寺社が多数の神人・講衆を組織して国衙権力の執行を妨げるのを禁断せよ、と国司に命じたものであった。そのさい注意されるのは、これら地方寺社が「霊祠之末社」・「権門之所領」など、権門寺社と本末関係を結んで威を振うと指摘している点である。したがって、これは権門寺社にたいする統制と不可分の関係にあって、権門寺社が広範に末寺・末社を形成しつつ勢力基盤の拡大をはかる情勢のなかで国衙権力によってその本末関係を直接的に制約し切断しようとする狙いをもつものであったといえよう。

第三は、伊勢・石清水などの宗廟神をはじめとする二十二社と、東大寺・興福寺・元興寺・大安寺・薬師寺・西大寺・法隆寺・延暦寺・園城寺・天王寺の十寺に新立荘園の設定を禁じて、「社領并神事用途」・「寺領并仏用途」の注進を命じた第六条・第七条である。これは、もとより寺社領荘園そのものの全面的な停発をはかったのではなく濫立の禁止であるが、問題はその統制の仕方・姿勢にある。寺社領荘園の存在は、「神事用途」・「仏用途」との対応関係のなかに限定してとらえられており、仏神事を遂行することを不可欠の前提とし、それに必要なかぎりで荘園所領を認める方針をとっているのである。しかも、その仏神事は、ひろく仏神事一般を指すのではなく、第六条で「件諸社封戸庄園、勅免有限、貢祭之勤、具載在竹帛」と記し、第七条で「件寺、或謂本願之起請、或謂臨時之仏事、計宛色数、施入田畠」というごとく、国家・国王との関係で公的に遵守を規定されたいわば国家的仏神事を基本とするものであった。その根底には、社司・所司大衆らが新立荘園の拡大に狂奔しながら、その実、遵守すべき仏神事の費用を最小限にとどめて私利を追求し、国家的仏神事を陵遅せしめているとの認識があり、その観点から国家権力が仏神事の内容・用途と荘園所領との対応関係を検討し、聖断によって荘園所領の拡大を統制しようとしているのである。それゆえ、この統制は、たんに荘園所領の面のみにとどまらず、仏神事そのものにたいする国家権力の方向づけないし規制の強化が内包されていたとみるべきであろう。

しかし、第四に、権門寺社にたいする統制策の原則は、政治権力が直接的に内部に介入して遂行するのではなく、外側からの統制を強化しつつしぼりあげていく形態をとっている点に注目される。それは、神人・悪僧の濫行停止に関して、権門寺社と国司の双方に下知しながら実質的には「本神人交名并証文」の注進、新加神人の停止を神社にゆだね（第三条）、制法を犯した悪僧も「遣本寺所司注進父母師主及所縁等」とし（第四条）、寺社領と仏神用途の注進にいたっては、寺社側からの提出をまって検討吟味する仕組みになっていること(第六条・第七条)などによく示されている。これは、寺社勢力と政治権力との現実の力関係のなかで、寺社勢力に一定の自律性・独自性を容認しつつ統制を強化しようとするとき必然的にとらざるをえなかった統制形態であったと考えられる。

かくして、保元元年の新制の寺社統制策は、天皇支配権をふりかざしてそのイニシヤティブのもとに、寺社勢力の三つの主要基盤である神人・悪僧・寄人、末寺・末社、荘園所領における反国家的・反体制的な要素・側面をあたうるかぎり抑圧し、寺社勢力を国家権力秩序の内部に包摂・編成しなおそうとする必死の政策であったといえよう。それは、たしかに寺社勢力の一種の削減策であったが、しかし、このことは、国家権力が寺社の宗教活動を全般的に圧縮することや、仏神の宗教的権威の凋落をはかったことを意味するのではない。保元元年の新制は、禁止事項のみで構成されて積極的な振興策を含まない特色をもっており、かつ、その統制・禁遏の標的はあくまで寺社勢力の右の反国家的・反体制的な要素・側面にすえられているのである。後白河は、こうした権力統制の強化をはかる一方、「神仏の御事かたがた興し立てさせ給へるかしこき御志」(『今鏡』すべらぎの下)、「仏法ノ御行ヒコトニ叡慮ニ入タル方」(『愚管抄』巻第五)といわれるごとく、朝廷における懺法講をはじめとする仏事の振興、諸大寺社へのたび重なる参詣、造寺造仏などを豪奢華麗におこない、死にさいして「帰依仏教之徳、殆甚於梁武帝」とまで評されたほど(3)、その政治権力を傾注して仏神事の興隆につとめたのであった。そのことは、政策次元においても、たとえば保元二年(一一五七)の新制で、社司・別当に本社・末寺の修造を厳命し(4)、治承二年(一一七八)の新制で「奉勅、国之大事、莫過祭祀」(第一条)「奉勅、年中仏事、皆是往聖之洪花也、後代明王承成此願」(第二条)として、祈年祭・御斎会をはじめ年中行事としての国家的仏神事の勤修・興行を命じている(5)ことなどに端的に証示されている。したがって、寺社勢力にたいする権力統制の強化と、国家的仏神事の振興策とは楯の表裏の関係にあったとみるべきである。つまり、寺社勢力における反国家的・反体制的側面を抑圧しつつ、それを国家体制に順応せしめ、あげて国家的仏神事の興隆に邁進せしめようとするのが基本的な政治姿勢であったと考えられる。(6)

さて、この保元新制は積極的に遂行され、後白河院政期にかけての政策基調をなしたのであるが、当然、後白河院政政権と権門寺院勢力との王法仏法の政治的関係も、この基本的な枠組みのなかで緊張と矛盾をはらみながら展開していった。しかして、後白河上皇が、いかに異常な熱意をもって、寺院勢力(仏法)を自己の政治権力のもとに統轄しつつ、国家権力秩序内における王法仏法相依の関係の実現につとめたかを示す典型的な例を、あの承安三年(一一七三)の興福寺にたいする制裁措置をめぐる動向のなかにみることができよう。

この事件は、興福寺が多武峯と争って多武峯廟を焼き払ったことに端を発し、多武峯の本寺延暦寺と興福寺との激烈な抗争となり、延暦寺が興福寺のみならず七大寺の北国荘園を押領するなどの挙にでたため、その抗争は南都諸大寺をまきこみ、九条兼実をして「自昔以降、南北大衆蜂起之中、莫勝自今度、只仏法之滅尽也、五濁之世、可悲々々」と慨嘆せしめるまでに発展したものであった。(7)後白河上皇は、六月段階でこの抗争の鎮圧にのりだし、延暦寺僧綱らを召喚して大衆蜂起の停止を厳命し、興福寺別当以下にも大衆蜂起をとどめ多武峯を焼くべからずとの勅命をだした。(8)しかし、六月二十五日、興福寺大衆は多武峯を焼き、その張本人の差出し、僧綱已講等の召喚をともに拒否するにいたった。(9)そこで、後白河上皇は、勅命に背くとして興福寺にたいする以下のような制裁措置をおしすすめたのである。

まず六月二十六日、法勝寺・最勝寺の八講への興福寺僧の公請を禁止し、二十九日には別当尋範・法印玄縁・法橋覚興を解官あるいは配流に処した。(10)ついで七月十五日、関白氏長者基房の使者に院宣を託して興福寺大衆を詰責せしめたが、その院宣の内容は、「若僧綱已下不参洛、又不召進張本者、(11)自今以後、一切不可達訴訟事於天聴歟、又官途昇進、永可断思云々、又奈良法師所知領、皆以可没官」というきびしいものであった。この院宣にたいし、興福寺は大衆集会において、多武峯焼失の罪科は認めながらも、別当らの解官、三論法相の僧綱以下の「公請」の停止は、「二宗仏法滅尽」を意味し、先例・傍例に照らしても苛法にすぎ、かつ延暦寺に制裁がないのは不当であるとして、たとえ勅宣といえども応じがたいと拒絶した。[12]そして、興福寺大衆は、八月以降、裁断の「偏頗」を非難し、別当らの解官と学徒の公請の撤回を求めて訴訟・蜂起するが、上皇は方針を変えなかった。十月になると、興福寺は南都諸大寺によびかけて朝廷にたいする嗷訴と延暦寺攻撃の態勢を固め、[13]十一月三日、参洛のため木津に到った。上皇は、平重盛らの官兵を派遣して入洛を防がせ、種々説諭につとめたが大衆は応ぜず、春日祭が延引、上皇が予定していた熊野詣の進発も危ぶまれる状況となった。そこで上皇は、十日、大衆にたいし理非を論ぜず春日祭ならびに熊野詣を打ちとめるのは「謀叛」であり、明日進発予定の熊野詣を妨げれば「争不行違勅之罪哉」と最後通牒をもって迫り、[14]翌十一日ついに神木が帰座すると、追うちをかけて官宣旨を発し、東大寺・興福寺以下南都十五大寺ならびに諸国末寺の荘園を悉く没官し、仏聖油料および恒例寺用を国司に宛て行わしめる措置を断行するにいたったのである。[15]

この事例のなかには、後白河上皇が王法仏法相依の国家権力秩序を紊乱したと認定したばあいに、権門寺院にたいして講じる制裁措置の形態がほぼ出そろっている。一連の制裁措置のうち、管理・統率責任を問うての別当・僧綱らの解官や官途昇進のさしとめは、いわば常套手段で比較的軽微なものであるが、「公請」の停止、訴訟の却下の通告は、権門寺院の存立にとってきわめて重大な政治的意味をもつものであった。「公請」の停止は、その寺院を国家的仏事の担い手として参加せしめないことであり、訴訟の却下は、その寺院の権益にかかわる国家の政治的・法制的支持と保証をいっさい放棄することである。権門寺院の勢力基盤は、膨大な荘園所領、末寺末社、多数の僧侶を擁する僧団組織などにあって、それらはたしかに国家権力にたいする依存関係を媒介としてのみなりたっているものではなかった。だが、国家権力のなかで、権門寺院として公的に位置づけ権威づけられるためには、国家的次元における仏事を担保することが必須の要件だったのであり、そのことによってはじめて諸特権を認証され、権門としての位置と勢力基盤を政治的に確保しえたのである。それゆえ、「公請」の停止、訴訟の却下という制裁措置は、その寺院を王法仏法相依の国家体制を構成する権門のなかから排除することを意味し、権門寺院にとってはその存立が危胎に瀕することであった。したがって、この事態に直面したとき、興福寺大衆が「一宗仏法滅尽」と危機感をみなぎらせたのも[16]、けだし当然であったといえよう。それにしても、ここまでの制裁措置は政治権力の外側からのしめつけによる攻撃であるが、南都十五大寺領の没官にいたっては、権門寺院の存立基盤そのものにたいする直接的な介入・攻撃であった。寺院領を没官し国司をして寺用を供さしめるこの措置は、寺院の自律的運営と宗教活動の経済基盤を剝奪し、政治権力の全面的な統制下に、仏事＝宗教活動のいわば一種の国営化を遂行しようとする方向をもつものであった。この没官措置は、先例のない「未曽有事」であった[17]が、しかしそれは「謀叛」「違勅之罪」をもって断行されたのであり、既述の保元新制の寺社統制策と原理的に抵触するものではなかった。保元の新制は、天皇支配権の絶対性を極限までおしすすめるとき、ここまでゆきつく原理を内包していたからである。しかして、このばあい、「謀叛」「違勅之罪」を直接的に構成したのが春日祭の延引と「我熊野詣」であったことに、後白河上皇の仏神事興隆にかける執念の一端を看取できるとともに、「我熊野詣」が公的参詣としてほかならぬ国家的仏事の重要事項にあげられている点に注目されるのである。南都十五大寺領は、二ヵ月後に悪僧らの個人的所領を認めず寺家に付属せしめるという条件ですべて返還されたが[18]、この一連の制裁措置にみられるような後白河上皇の強硬な政治姿勢は、権門寺院につよい政治的衝撃をあたえずにはいなかった。

後白河院政政権による寺院統制策の基本構造は、以上のようであったとみられるが、かかる施策が遂行されるのに比例して、政治権力と寺院勢力との結合と相剋・対立という二面がますます先鋭な形態をとって展開するにいたった。まず結合面についていえば、こうした寺院政策の強化は、必然的に、各寺院がその王法護持の宗教的権威と功績をかかげて後白河上皇をはじめ権門貴族の崇敬と保護を求めて政治権力への接近をはかり、そこに寺院相互間における王法にたいする忠誠競争を現出させ、国家権力に従属した形態での王法と仏法との癒着・結合関係をいっそう緊密化していったことである。たとえば、神護寺復興の悲願にもえた文覚が、「自往古至于今、離王法之力外、無有仏法流布之儀」との信念にもとづき、承安三年（一一七三）四月、後白河上皇に単身直訴し、以後くりかえしその援助を求め、ついにその復興が緒につく元暦二年（一一八五）に定めた四十五ヵ条の起請文の一節において、当寺は王法と命運をともにし王法に背くべからずと記し、さらに恒例仏事等についても「法華会御影供二季彼岸等、或自公家所被定置仏事之外、不可行講演等之小仏事」などと制誡しているのは、[19]そうした仏法のあり方をもっともシンプルに証示するものといえよう。そこでは、寺院自体が仏事の内容そのものまでを国家的仏事に一元化しようとしているのである。南都北嶺の権門寺院では、ことは文覚におけるほど単純な形態であらわれないが、しかし基本的には同様の方向へ流れるのであり、そのなかで後白河上皇は、権門寺院の競合・確執を政治的に利用しつつ、その寺院対策を展開していったのである。つぎにその点を、南都北嶺の権門寺院のなかでも、とりわけ後白河上皇との関係が密であった園城寺を中心にみることにしよう。

後白河上皇は、狛の僧正行慶を真言の師とするなど（『愚管抄』巻第五）、園城寺にはやくから帰信し、その外護者的立場を鮮明にうちだしたため、あの山門と寺門の宿命的な抗争をいっそう激化・錯綜させることになった。永暦二年（一一六一）四月、後白河上皇が、長吏行慶によって宇治平等院に建立された祈願所の落慶供養に臨むと、山門大衆は過敏にも寺門に戒壇を建立した法会ではないかと疑って蜂起し、東坂本に陣して発向の構えをみせ一触即発の状態となった。[20]はたして、応保二年（一一六二）閏二月、寺門派の覚忠を天台座主に任命すると、山徒は南都で受戒した小乗戒の者を和尚にすることも座主籍に載せることもできずと拒絶して蜂起するにいたった。[21]

覚忠はわずか三日で座主職を辞したが、山徒は承服せず、座主職補任の宣旨の撤回を訴えるとともに、[22]寺門勢力の削減を狙ったきびしい要求をうちだしてきた。すなわち、(1)寺門僧の南都受戒を停め山門での登山受戒を義務づけること、(2)もしこれが実行されないばあい、従来隔年でつとめてきた北京三会の講師、尊勝・最勝両寺の灌頂阿闍梨職、総持院阿闍梨八口をすべて山門の進止とすること、(3)寺門僧の兵杖の携行を禁止すること、などについて宣下を求めたのである。[23]そのために、当初、覚忠の遷替でことを処理しようとした朝廷も、それでは対応しきれず、山門の奏請をいれた宣旨をださざるをえなくなった。[24]しかし、これは、園城寺の権益と存立基盤を揺がすものだったから、寺門は一山磨滅の危機とうけとめてはげしく抵抗し、さらに南都の興福寺が寺門に与したので、この争いは両勢力の武力抗争へと発展して、ついに長寛元年(一一六三)六月、延暦寺大衆による園城寺襲撃、房舎の破壊焼却へとたちいたるのである。[25]

こうして、後白河上皇の園城寺にたいする過度の帰信と外護は、ただちに国家体制内にしめる山寺両門の政治的宗教的地位と勢力の隆替に直結する政治作用をおよぼすものとしてうけとめられ、前代来の両門の抗争にいっそう拍車をかけることとなったのである。しかし、後白河上皇の姿勢はその後も変らなかった。たとえば、嘉応元年(一一六九)六月十七日、後白河上皇は落飾の儀にさいして戒師を園城寺長吏前大僧正覚忠、唄師法印公舜・法印憲覚、剃手法印尊覚・法印権大僧都公顕、雑役法橋実慶・阿闍梨真円・阿闍梨源猷につとめさせ、平信範に「大僧正以下、至役人、併八人、皆為園城寺門徒、叡慮之所及、凡夫難知」と記さしめ、[26]承安二年(一一七二)十月には、覚忠の解文によって一身阿闍梨位をうけ、九条兼実をして「希代之珍事、上代未有如此事」といわしめたのである。[27]さらに、治承二年(一一七八)正月には、法皇が来る二月園城寺で権僧正公顕から伝法灌頂をうけようとしたため、延暦寺衆徒の蜂起をまねくにいたった。山徒は、この灌頂の賞によって寺門に戒壇が建立されることをつよく警戒し、天台灌頂はあくまで山門でうけるべしと主張して末寺荘園の兵士をも催して蜂起し、園城寺を焼き払う構えをとって灌頂の中止を要求したのである。[28]　法皇は、僧綱らを登山させ、園城寺戒壇の新設は意図しておらず、制法に従わなければ「延暦寺僧徒、天台仏法、云顕、云密、永可被弁置、以智証門徒可足」とつよく譴責せしめるとともに、右大将平宗盛を福原につかわして清盛に出兵を命じた。だが、山徒は承服せず、清盛も動く気配をみせなかったため、[29]ついに園城寺御幸と秘密灌頂をとどめざるをえなかった。[30]これに憤激した法皇は、五月にいたり、宮中で国家平安宝祚延長を祈願しておこなう最勝講へ恒例を破って延暦寺学僧の公請をとどめ、東大寺・興福寺・園城寺の僧のみをもって営むという報復の挙にでたのである。[31]高倉天皇方から再三とりなしがあり、山徒も蜂起して「難休吾山之沉滞」と、公請の停止の撤回を訴えたが、[32]法皇は秘密灌頂を阻止した罪科によると答えて断固拒否したのであった。こうした法皇の帰依と外護によって、園城寺はその寺威を高め、すでに治承元年（一一七七）ごろには、「寺門僧正五人、世以謳歌」と伝えられる状況を現出していたのである。[33]

かくして、国家権力のなかにしめる各権門寺院の政治的宗教的地位は、後白河法皇の政治権力によってつよく規定されたのであるが、そのことに関連して、つぎの点を確認しておく必要がある。

まず第一には、後白河法皇がその寺院政策を遂行するにあたって、たんに一個の私的な権門としてではなく、国家的仏神事の祭儀権はもとより公請の禁止権、僧位・僧官の昇進権（任免権）、寺院勢力の行動を「違勅之罪」・「謀叛」などと判断するいわゆる勅断権、さらに「官兵」に発動を命じる軍事統率権などをしばしば行使して、寺院勢力（仏法）を保護したり統制を加えたりした点である。王法は世俗的な諸権門の権力と秩序の代表としての帝王（天皇）の統治をいうが、[34]後白河法皇の行使するこれらの権限は、本来、天皇の大権事項に属するものであったと考えられる。[35]それゆえ、あとでのべるように、法皇がこれらの権限を掌握・行使することにたいする批判・抵抗もあったわけであるが、しかし、白河上皇以来、歴代の院政の主が天皇との関係を家父長的論理で癒着吻合することによって国政に関与し、「治天の君」としての政治権力を形成するなかで、院権力がこれらの天皇大権を現実に掌握・行使する体制がきずきあげられてくるのであった。後白河法皇が「我熊野詣」の阻止を「違勅」「謀叛」と断じて南都十五大寺領荘園の没官を強行したのは、そのもっとも端的なあらわれにほかならない。後白河法皇はこれらの権限を掌握することによって王法を代表し、仏法の興隆と統制の要をなす役割を演じるのであるが、そのさい、寺院内部の僧侶ひとりびとりについても、僧位・僧官の昇進権をきわめて露骨かつ政治的に行使することによって僧侶たちを忠誠競争にかりたて、その政治権力のもとに吸いあげ結集させようとした。たとえば、承安三年の事件のさいには、興福寺大衆にたいし官途昇進ながく思いを断つべしと通告して昇進権を寺院統制の一手段とした法皇は、他方において、先例を無視した強引な僧位僧官補任をおこなって多くの僧侶を昇進させ、のちに「故院御時百法橋ト云テアザミケン」(『愚管抄』巻第七)と評される状況を生みだしたのであった。それらは後白河法皇が押し進めた寺院政策の重要な一環をなすものであるが、かかる硬軟二様の政策が展開されるのに比例して、権門寺院と僧侶のなかから院権力に結託して保護と利益を追求しようとする者を増加せしめ、それらが後白河法皇の地位—諸権門寺院のうえに立ってその宗教活動を政治的に統轄する地位—をより強化するとともに、王法に従属した形態での王法仏法相依の国家体制をいっそう進展させる勢力基盤を構成するにいたるのである。[36]

しかし、第二に、院権力がかかる寺院政策を強行していく過程は、同時に、権門寺院相互間および寺院内部における政治的対立と諸矛盾を激化していく過程でもあった。後白河法皇の特定寺院にたいする政治的保護と登用が、権門寺院相互の競合・確執をいっそう熾烈にしたことは、山門寺門の抗争事件にみられるとおりである。そこでは、もともと法皇の私事であるはずの御幸や伝法灌頂さえが、国家体制内における山寺両門の地位の興廃に直接的な政治作用をおよぼすものとして深刻にうけとめられ、全山あげての武力抗争にまで発展したのであった。また、十二世紀以降、各権門寺院が急速に荘園制的領域支配を進展させるなかで、所領荘園・末寺・荘民などの支配・帰属をめぐる相互間の紛争葛藤が頻発し、武力衝突が惹起されるにいたった。(37) 後白河法皇が、かかる状況を国家権力秩序を破壊するものとみて権力介入して鎮圧しようとしたばあい、前記の承安三年の延暦寺・興福寺の事例に示されるごとく、しばしばその抗争をより大規模かつ熾烈なものに拡大させることが多かったのである。

王法護持の支柱たるべきこれら大寺院の抗争・闘諍は、権門貴族の目に仏法滅尽のゆゆしき事態と映じ、国家権力秩序を崩壊させるものとの深刻な危機意識を抱かしめた。承安三年の事件のさいにも、興福寺大衆は「三千衆徒張本也」と結束を固め、(38) 多武峯焼き打ちの張本の差出しを命じた院宣を拒絶して大嗷訴を展開し、ついに院をして「謀叛」といわしめたのであった。こうした抗争の基底に、しばしば後述するような神人・寄人などの形態をとった農民闘争が伏在することは事実であるが、しかし、寺院相互間の抗争をいきなり反権力闘争として把握することは飛躍を免れないであろう。寺院相互の一山あげての抗争は、それぞれの寺院が一個の荘園領主・権門としての権益を主張・擁護し、その勢力を拡張しようとするために惹起されたのであって、院権力を排除したり、王法仏法相依の国家体制を解体へみちびいたりするような政治的性格をもつものではなかったからである。右の興福寺大衆のばあいも、院権力そのものとの抗争は意図しておらず、あくまで院権力による政治支配の存在を前提として、別当の解官・公請の停止などの撤回―権門としての権益―を要求して嗷訴をかけたのであって、武力攻撃の相手は延暦寺であった。したがって、その嗷訴は、はじめから権門としての既得権さえ回復されれば収束する性格をもっていたのであり、反権力闘争・反国家闘争とはいちおう次元を異にするものだったのである。

また、法皇が僧位僧官の昇進権などを媒介に上層僧侶を院権力のもとに組織していく方法は、十一世紀末から権門貴族の子弟の入寺が激増する事情ともあいまって、各権門寺院の中枢部に院権力の支配を浸透せしめる人的基盤が拡充されることを意味したのであるが、それは一方、寺院内部の抗争対立にいっそう拍車をかける作用をおよぼすものでもあった。

（1）たとえば、石井進「院政時代」（歴史学研究会・日本史研究会編『講座日本史2封建社会の成立』所収）、小山靖憲「荘園制的領域支配をめぐる権力と村落」（同『中世村落と荘園絵図』所収）、五味文彦「院支配の基盤と中世国家」（同『院政期社会の研究』所収）など。
（2）『兵範記』保元元年閏九月十八日条。
（3）『玉葉』建久三年三月十三日条。
（4）『兵範記』保元二年十月八日条に「宣旨卅五箇条新制被下之」とあるが内容は記していない。ここでは水戸部正男氏が『公家新制の研究』（七八〜八一頁）で復元されたものによっている。
（5）『続左丞抄第二』治承二年七月十八日太政官符。水戸部正男前掲書（註4）参照。
（6）後白河が保元二年に内裏の造営復興、翌保元三年に朝堂院の大極殿以下の修造、内宴の再興、相撲節会の再興など宮廷や朝儀の再興に力をそそいだことは、周知のとおりであるが、同時に懺法講をはじめ仏神事の振興に力をいれた。後白河が企画し製作させた『年中行事絵巻』などは、かかる国家的仏神事興隆の意図を示す最も具体的な例とみるべきであろう。『年中行事絵巻』については、福山敏男「年中行事絵巻について」（『日本絵巻物全集24』所収）、小松茂美「年中行事絵巻誕生」（『日本絵巻大成8』所収）など参照。
（7）『玉葉』承安三年六月二十三日条。なお、この事件の経過の概要については、辻善之助『日本仏教史上世篇』（八九七〜九〇二頁）を参照されたい。本章では、後白河の興福寺にたいする制裁措置の分析に必要なかぎりで事件の経過に言及している。
（8）『玉葉』承安三年六月二十一日、七月七日条。
（9）『玉葉』承安三年六月二十七日条。
（10）『百錬抄』承安三年六月二十六日、二十九日条、『玉葉』承安三年六月三十日条。
（11）『玉葉』承安三年七月十四日条。
（12）『玉葉』承安三年七月二十一日条。
（13）承安三年十月興福寺僧綱等申状案（『平安遺文』三六三七号）、同年同月興福寺大衆牒案（『平安遺文』三六三八〜四〇号）など参照。
（14）『興福寺別当次第』巻第二。

(15) 承安三年十一月十一日官宣旨案（『平安遺文』三六四三号）、『百錬抄』承安三年十一月十一日条、『玉葉』承安三年十一月十二日条。
(16) 註(12)に同じ。
(17) 『玉葉』承安三年十一月十二日条。
(18) 承安四年正月十八日官宣旨案（『平安遺文』三六五二号）。
(19) 元暦二年正月十九日僧文覚起請文（『平安遺文』四八九二号）。
(20) 『山槐記』『百錬抄』永暦二年四月七日条。
(21) 『百錬抄』応保二年閏二月一日条、『天台座主記』覚忠の条、応保二年叡山衆徒披陳状（『続群書類従』二七輯下）。
(22) 『百錬抄』応保二年閏二月七日条。
(23) 応保二年閏二月二十二日延暦寺衆徒奏状（『寺門高僧記』巻第六）。
(24) 『寺門高僧記』巻第六に収める延暦寺衆徒重奏状にたいする三月十一日、三月十八日付の勅答など参照のこと。
(25) その経過については、辻善之助前掲書（註7）を参照されたい。
(26) 『兵範記』同日条。なお『後白河院御落飾記』も「抑戒師已下八口僧、一人不交他人、皆被嘱智証門徒、蓋有其故云々」と記している。
(27) 『玉葉』承安二年十月十一日条。
(28) 『玉葉』『山槐記』治承二年正月二十日条。
(29) 註(28)および『玉葉』治承二年正月二十二日条。
(30) 『山槐記』治承二年正月二十五日条、『百錬抄』治承二年二月一日条、『玉葉』治承二年二月五日条など参照。
(31) 『玉葉』治承二年五月十六日、十七日、二十日条、『山槐記』治承二年五月十六日条。
(32) 『山槐記』治承二年五月二十日条。
(33) 『寺門高僧記』巻第六、覚讃の条。
(34) 黒田俊雄「王法と仏法」（同『王法と仏法』所収）。
(35) 古代律令国家のもとにおける天皇の大権事項については、石母田正『日本の古代国家』二二八〜二五四頁参照。

(36) たとえば、『玉葉』嘉応二年五月二十七日条など。
(37) 小山靖憲前掲論文（註1）参照。
(38) 『玉葉』承安三年七月二十一日条。

二　後白河院政政権と寺院勢力との抗争

後白河院政政権は、以上のような寺院政策を展開することによって王法仏法相依の国家権力秩序を再編・強化しようとしたのであるが、その時期はまた在地における諸階層の闘争が激化し各地で公然たる武力衝突が惹起されたときでもあった。前節で、後白河院政政権の寺社統制策の眼目が、寺社勢力の三つの主要基盤である神人・悪僧・寄人、末寺・末社、荘園所領における反国家的・反体制的な要素・側面の禁圧にすえられていることを示唆したが、もとよりこの要素・側面は在地諸階層の動向と緊密な関係をもって進展したのであり、したがって、院権力と寺院勢力とのあいだに在地諸階層の闘争を根底にふまえた複雑かつ熾烈な抗争が繰りひろげられるのである。しかし、前節では、院権力が権門寺院を王法仏法相依の国家権力秩序のなかにどのように位置づけようとしたのかという、国家権力編成の次元における施策の問題に焦点をあわせたために、寺院勢力との抗争そのものについての分析を捨象してきたのであった。そこで、本節では、院権力と寺院勢力との抗争の問題をできるだけ在地および寺院内部における諸階層の動向と関連させて考えたいとおもう。

十一世紀後半から院政期にかけて、王朝国家体制のもとで公田の有期的請作者として位置づけられていた田堵農民層が、その耕作権＝土地保有権の確立と臨時雑役・国役などの遁避をめざして多様な闘争を展開してきたことは周知のとおりである。そうした農民闘争の諸形態のなかでも、国衙権力とそれにつらなる在地領主の支配にたいして最も有効な政治的意義をもったのは、権門寺社とのあいだに神人・寄人関係を設定することによっておこなう闘争形態であった。権門寺院は、一方で院・摂関らの貴族政治権力との政治的連繫を強化して国衙権力の侵攻を排除する努力を払いつつ、他方では、そうした田堵農民層の動向を前提として、かれらを神人・寄人・寺人などの諸身分に把握・編成することによって、積極的に寺領獲得運動を進展し、膨大な荘園所領と数多の僧侶を擁する僧団組織をもつ荘園領主としての地位をきずきあげてくるのである。そのさい、田堵農民層を広範に寺院のもとへ結集させた最も根本的な理由は、かれらの耕作権をはじめとする農民的諸権利の確保、課役の負担軽減などの基本的な要求・願望にたいし、寺院が少なくとも国衙支配や在地領主の支配下における従属関係に比してより緩和された有利な条件で対応し保証を与えようとした点に求められよう。いいかえれば、田堵農民層は、これらの基本的な要求・願望を寺院＝荘園領主にある程度承認させつつ、神人・寄人などのより緩和された従属関係を設定することによって国衙支配や在地領主の支配に抵抗する道をえらんだのであった。そして、かれらが、神人・公人などになったばあい神仏奉仕の公事を負担するかわりに免田などを付与されて農民層のなかの特権身分を獲得し、さらにそのなかのある者は、夏衆・彼岸衆・行人・承仕・堂衆などになって僧団組織の内部へ進出して大衆集団の下層部を構成し、十二世紀中葉ごろには、どこの寺院の僧団内部においてもかれらの階級的要求をつよくうちだした行動を展開するのである。また、田堵農民層だけでなく在地領主層のばあいにも、国衙・荘園領主などの上級政治権力の圧迫や在地領主相互間の政治的対立などが恒常的に発生するなかで、その所領と領主権を維持するための一形態として、積極的に寺院に所領を寄進し、自分自身や子弟一族が寺僧となって僧団の権力組織の内部に身を置こうとする者も多く輩出した。かくして、権門寺院の僧団組織は、田堵農民層と在地領主層という相対立する階級をともにその構成要素として包摂しつつ巨大化し、独自の政治勢力を形成するにいたったのである。(1)

かかる情勢のなかで後白河院政政権は、神人・寄人・寺僧らの激増と「濫行」および荘園所領の濫立・拡大をきびしく禁断した保元元年新制の政策路線をひきつぎ、国司・国衙権力をつうじて強力に推進しようとしたのであった。それは、当然、国司・国衙権力と寺社勢力との抗争対立を前代にもまして激化し、衆徒の蜂起・嗷訴を頻発せしめたが、この種の抗争対立事件は田堵農民層らの階級闘争を内包して展開されたため院権力にきわめて大きな政治的脅威をあたえるものとなったのである。つぎに、そうした抗争事件の具体的な内容と政治的性格を延暦寺のばあいを素材として検討したい。

（1） 藤原成親配流事件

権門寺院のなかでも延暦寺は、とくにその勢力の強大を誇って嗷訴・合戦も辞せず自己の権益の伸張をはかり、しばしば政治権力にたいして反抗的な姿勢をとってきた。後白河法皇が山寺両門の宿命的な対立を熟知しながら、あえてみずから智証門徒と称し、園城寺平等院流行真と号するほどの外護と帰信を示したのも[2]、たんに恣意的な信仰心ばかりでなく、政治権力により従順な寺門勢力を保護しようとする政治的意図がつよくはたらいていたとみるべきであろう。そうした後白河法皇の政治姿勢は、諸大寺のうちでもとりわけ院近臣の受領による山門領への侵攻を激しくし、延暦寺大衆にたいする攻撃的な対策をとらせることとなり、いくつかの抗争事件をひきおこすにいたるのである。

嘉応元年（一一六九）十二月、院近臣藤原成親の知行国尾張の目代藤原政友が、山門領美濃国平野荘の神人を凌礫したことに端を発して延暦寺衆徒が大嗷訴をかけ、翌年二月まで政局を紛糾させた事件などは、その代表的な例の一つであった。この事件が中央政府において政治問題化するのは、十二月十七日に大衆の使者として朝廷に権中納言藤原成親の遠流と左衛門尉藤原政友の禁獄を訴えた延暦寺所司・日吉社所司らが追い返されたため[3]、これに激昂した延暦寺大衆が二十二日の夕刻からあいついで京極寺に参集し嗷訴の態勢をとるにいたってからである。(4) この報に洛中は騒動をきわめ、後白河法皇は公卿らに院御所への参集を命じるとともに、検非違使・武士に動員命令をだして院御所の警備にあたらせた。二十三日の早朝までに、院御所には、太政大臣藤原忠雅・左大臣藤原経宗以下十余人の公卿が駆けつけ、前大納言平重盛・宰相中将平宗盛・前大弐平頼盛がそれぞれ二〇〇騎・一三〇騎・一五〇騎を率いて馳せ参じたので、院殿中は帯箭の輩で充満する有様となった。一方、内裏には摂政藤原基房・天台座主明雲らがつめ、平経正・源重定らが郎従を率いて修明門などを固めたが警備の軍勢はきわめて手薄であった。この警備体制からみると、後白河法皇は国政の実権を掌握する自分の院御所へ嗷訴の矛先が向けられるものと予想していたようである。

ところが、衆徒らは内裏へ嗷訴をかけ、待賢・陽明両門などに神輿をかつぎあげ、奏状を提して騒ぎたてた。法皇は使者を内裏に派遣し、座主明雲をして、衆徒が内裏に群参して幼主(高倉天皇)を驚かせ奉るのは不当千万であり、かれらが皆帰山し、座主が僧綱・已講らのみを率いて院御所に参って訴えれば裁定するとの院宣を衆徒につたえしめた。だが、衆徒らは、かかるとき幼主といえども内裏に参って天皇に訴えるのが先例・恒例であり、内陣において勅定をうけたまわるべきもので、院陣に参ることはできないと拒絶して、宮中に乱入し、建礼門・建春門などに神輿をすえていよいよ気勢をあげた。その後も、法皇は二度にわたって同じ趣旨の院宣をつたえしめたが、衆徒らは承伏せず、もし、成親の遠流・政友の禁獄の両条について裁許がなければ、われわれは帰山せず神輿を打ち捨てて逐電するが、そうなれば天台の仏法が滅亡するであろうと威嚇したのであった。こうした情勢のなかで、院殿上においては、夜に入って衆徒の要求する二ヵ条の許否をめぐって公卿僉議がおこなわれ、法皇は院別当平時忠をつうじて、(1)裁許すべきか、(2)裁許しないとすれば、武士を内裏に派遣して追い払うべきか、の二点を諮問せしめた。公卿僉議は、夜陰に及んで武士によって追却しようとすれば神輿が散々になるなど大事にいたるので、派兵はやめるべきであるという結論で、消極的に裁許を認める形でまとまったようであるが、しかし、裁許そのものについての判断は保留している。そこで法皇は、藤原政友の解官・禁獄のみを認める院宣をだし、座主明雲に衆徒を説得せしめた。けれども、衆徒らは成親の配流をも要求して応ぜず、座主・僧綱らを追い返し、予告どおり神輿を放置したまま分散してしまった。

あけて二十四日、法皇はやむなく成親の解官と備中国への配流および政友の禁獄を決定したので、衆徒らは歓喜して神輿を帰坐させた(5)。しかるに法皇はすぐ巻き返しに転じ、二十七日に座主明雲の護持僧をとどめ(6)、翌日には権中納言平時忠・蔵人頭平信範を解官・配流に処し、かわって成親の召喚を命じた(7)。さらに三十日、成親を権中納言に還任し(8)、翌年一月六日には右兵衛督・検非違使別当に昇進させ、世の耳目を驚かせた(9)。延暦寺大衆がこの措置に憤激して発向するという風聞が流れて、法皇が検非違使に命じて警固体制をとるなど洛中は緊迫し(10)、ある貴族をして「凡近日上下奔波、更以不安堵」と嘆ぜしめた(11)。大衆はいきなり嗷訴はかけなかったが、成親の再配流、時忠・信範の召還の二ヵ条をつよく要求し、僧綱をつうじて繰り返し法皇に訴えた(12)。かかる政治情勢のなかで、やむなく法皇は僧綱らにたいしこの二ヵ条を裁許する旨を伝えざるをえなくなったのである(13)。しかし、法皇が宣下をひきのばしたため、「世上尚以不落居、成親可被流之由、乍被仰大衆、未被宣下、大略亦変儀歟」と評される状況がつづいたが(14)、ついに二月六日にいたって正式の宣下があって(15)、この事件もようやく落着したのである。

こうして、延暦寺大衆は院権力との抗争において当初の政治目的を貫徹したのであるが、そのことに関連してつぎの二点に留意する必要があろう。

まず第一は、延暦寺大衆が成親の配流・政友の禁獄を要求して嗷訴をかけるにいたった原因と社会的政治的背景の問題である。事件の発端となった目代政友と平野荘住人との紛争の直接的な原因は瑣細なことであったらしい。当時の貴族の日記は、政友が中堂御油寄人で日吉社神人でもある平野荘住人を凌礫したと記し(16)、『源平盛衰記』（巻第七）は、その凌礫の内容を、目代として下向途中の政友が美濃国杭瀬河の宿所で、葛粉売りにきていた平野荘神人を値段のことをめぐってなぶり、葛粉のなかに墨をいれたためとしている。そして、『源平盛衰記』はつづけて、この事態に「神人等憤起テ、山門ニ攀登ツテ訴訟ヲ致ス間、衆徒奏聞ニ及、聖断遅々ニ依テ」、ついに嗷訴にいたったとのべるのである。つまり、ここには、在地における神人・寄人らの田堵農民層の利害にかかわる政治的要求が延暦寺の大衆組織のなかにもちこまれ、大衆組織の内部にその要求をうけとめる勢力が存在し、その勢力が嗷訴という政治行動をとらしめる起動力になった点が示唆されているのであるが、それはおそらく事実であったと考えられる。

美濃国は、すでに十一世紀末に「天台下僧等下向美乃国、沙汰庄園、事體以非道為宗」と中央政府から指弾されたごとく、(17)大衆集団の下層の山僧と現地の神人・寄人らの連繫を基軸にして積極的に山門領の拡大をはかり、一再ならず国司との抗争事件をひきおこしてきたところであった。なかでも平野荘は神人・寄人の勢力が強盛で、保安三年（一一二二）八月には、延暦寺の中堂衆が近隣の伊勢神宮領中河御厨を平野荘に加納すべしと座主寛慶に訴え、寛慶がその要求を朝廷に「執申」さなかったため無動寺に発向して大乗房を焼き払い、寛慶を山門から追却する事件を惹起したほどであった。(18)こうした状況のもとで、後白河院政権が神人・寄人・悪僧らの行為と荘園所領の拡大を禁圧する政策を推し進めようとすればするほど紛争・抗争を激発する条件がますます醸成されたのであって、目代政友と平野荘神人との紛争も、直接的な原因・契機は瑣細であっても大事件に進展する社会的政治的背景をすでにもっていたのである。したがって、この嗷訴の根底には、神人・寄人などの形態をとって国衙権力の支配に抵抗する田堵農民層の闘争が伏在しているのであり、延暦寺大衆が直接の下手人である政友の禁獄のみならず成親の配流を執拗に要求するのもこの点と関連するものであった。成親配流の要求は、たんに院権臣にたいする個人的な報復にとどまらず、国衙権力の責任者としてその支配の非を正式に朝廷に認めさせ、そのことによって国衙の支配権に掣肘を加えつつ、神人・寄人や山門の権益を擁護しようとするところに真の政治的狙いがあったとみられるからである。(19)

第二に注目されるのは、中央政府を現実に代表して衆徒の嗷訴に対処したのは後白河法皇であるが、その政治過程において院権力の限界と弱点が露呈し、政治支配層内部に亀裂を生ぜしめたことである。まず衆徒が法皇の予測に反して内裏に嗷訴をかけ、幼主といえども内陣において勅定をうけると主張して譲らなかったことは、警備体制の虚につけこんだということ以上に、院権力そのものの最も根本的な弱点をついたものであった。当時、後白河法皇が国政の主導権を掌握し、前節でみたごとく権門寺院にたいしても王法の実質的な代表者として保護・統制策を展開したことは事実である。だが、白河上皇以来、院政という政治形態は、中央政界における貴族階級の範囲にかぎっても、すべての政治勢力から国政上不可欠のものとして要求される存在ではなかった。摂関家の一派をはじめ、国政上の唯一の権威の源泉としての天皇と摂関とのいわゆる君臣合体の政治形態が正統なものであり、上皇の国政関与が国家権力秩序をみだしたとみる政治勢力がたえず存在し、院権力の国政関与の拡大を否定しようとする思想と政治行動が陰陽さまざまな形態で執拗に展開されつづけたのであった。したがって、歴代の院政の主は、天皇家の家長としての立場を前提とし、現在天皇の尊属観であるという分身的権威と、幼齢の主を扶持して朝政を相議し諮詢に応ずるという後見的立場を強調しつつ、国政関与を拡大・強化していかねばならなかったのである。もとより、院権力が実質的に確立していくのと並行して、院の政治的権威を貴族層のみでなく人民支配の面においても政治的・意識的に諸権門に超越する国家高権的なものにたかめようとする努力がつづけられたが、院政に対抗する勢力は、政治的争点においてたえず天皇の統治権をかかげてそれを阻止しようとしたのであった。(20)この嗷訴において延暦寺衆徒が、院宣にしたがわず幼主といえども内陣で勅定をうけるべきものなりと主張するのも、たとえば、伊賀国東大寺領黒田・玉滝荘をめぐる国衙と東大寺との争いのなかで院庁下文の権威を振りかざす国衙にたいして「院庁御下文、只限院御庄々被下知之由」を抗弁してその拡大解釈をはばんだ預所覚仁などのばあいと同じく、(21)院権力の政治的弱点をついてその権威と支配の拡大を制御しようとする動向の一端を示しているのである。こうして、後白河院政政権の寺院政策が展開されるなかで、寺院勢力の一方の極に、法皇を王法の要とみてそれに結託して仏法の興隆をはかろうとする動きが高揚するとともに、他方の極に、在地の田堵農民層や大衆下層集団を中心として院権力を相対化し制御しようとする動きが顕在化してくるのであった。(22)

ところで、延暦寺衆徒の要求にたいして法皇の対応策が二転・三転する政治的背景の一つには、政治支配層内部の足並の乱れと亀裂があった。座主明雲はすでにはやくから「山大衆之非常不敵、不可始于此、若無裁許者、定濫吹出来歟、只今可仰之詞、更以不覚悟」と匙を投げ、(23)九条兼実は法皇の対処を冷やかにみつめて天魔の所為と批判し、(24)院殿上における公卿僉議も判断保留か、「諸卿定申趣、非一」という有様であったが、(25)なかでも重要な政治的意味をもったのは、平氏の軍事力のきわめて消極的な態度である。それは十二月二十三日の嗷訴の当夜、平重盛が法皇の衆徒追却命令にしたがわず三度目にやっと翌朝発向する旨を返答したこと、(26)翌年一月十三日、衆徒の再嗷訴の噂に洛中騒動し、法皇が検非違使に坂本を固めさせたその日に平頼盛が、ついで翌日平重盛が清盛と連絡をとるために福原に下向し、九条兼実に「山僧発向之由風聞之比、専不可然歟」といわしめていることな(27)どに端的にうかがわれる。院権力の武力的支柱たるべき平氏が、政局の山場において山門との衝突を回避する消極的姿勢をとったことが、法皇の対処策を転変せしめる大きな政治的要因になったのであり、法皇が最終的に衆徒の要求をのむ背後には、つとに辻善之助氏の指摘されたごとく、(28)一月十七日に上洛した清盛の意向がつよくはたらいていたものと考えられるのである。したがって、法皇の対処策の転変は専制君主の恣意的な権力行使や権謀術数の発揮というようなものではなく、政治権力者間の亀裂が顕在化するなかで、成親の配流をあくまで阻止しようと苦慮する法皇の場当り的な対処策であったとみるべきであろう。[29]

(2) 白山事件とその政治的展開

こうして、美濃国の一隅でおこった紛争が中央政界を揺がす事件にまで発展したのであるが、同種のものでありながら、この事件よりはるかに重大な政治的意義をもったのは、七年後に発生したいわゆる白山事件である。この白山事件は、安元二年(一一七六)に、院の権臣西光の子息で加賀守藤原師高とその弟の目代師経が、所領問題をめぐって延暦寺の末寺である白山宮加賀馬場中宮の末寺涌泉寺を焼いたことが原因となり勃発したものであった。そして翌年春、延暦寺大衆が師高・師経の配流をせまって宮門へ大挙して嗷訴するにおよび中央政界を激動させる一大政治事件にまで発展するのである。この著名な事件のなかには、後白河院政政権の寺院統制強化策が生みだした政治的諸矛盾と対立が、前記の嘉応元年の事件のばあいよりもいっそう激化した形態であらわれるので、以下あらためて吟味したいとおもう。

まず注目したいのは、事件の発端から嗷訴へいたる過程にみられる寺社勢力の行動の社会的ないし政治的性格の問題である。目代師経と中宮三社八院大衆との抗争は、たんに目代の暴行沙汰という偶然事によって惹起されたのではなかった。その前提には、浅香年木氏が詳細に分析されたように、この地域の上層百姓による寄人化が進展して白山中宮加賀馬場の衆徒・堂衆・神人集団が拡大し、また本免外の加納田・出作田も増加して国務対捍運動が激化する状況のなかで、師経を中心とする国衙・在庁側が検注をおこない強引な抑圧策を推進したという事情があり、[30] それが目代の涌泉寺寺僧との乱闘・焼打ちを契機に爆発したものとみられるのである。その点で、この抗争事件の根底にも、国衙勢力や在地領主の支配に抵抗する田堵農民層らの広範な農民闘争の高揚という事態が存在していたのであった。しかして、『平家物語』諸本によれば、涌泉寺焼打ちに激昂した中宮惣長吏智積・

覚明らが張本となり中宮三社八院大衆の総力を糾合して国衙に武力攻撃を加えて目代師経を京都へ追い返し、さらに本寺延暦寺に訴え、その助力によって師高・師経の処断を要求することを決定したという。この延暦寺への訴訟の様子については『源平盛衰記』（巻第四）がもっとも詳しく、まず寺官六名を差しのぼらせ本寺に訴えたが、山門大衆がはじめ「本社白山ノ事ナラハ左モ有ナン、彼社ノ末寺也、許容ニ及ス」と消極的態度をとったため、業をにやした中宮三社八院大衆は「理訴非ニ処セラレハ、我寺々ニ跡ヲト、ムヘカラス」と白山権現の神前で一味神水し神輿を延暦寺に振りあげることを決意して進発し、以下、『平家物語』諸本などにも詳述する経過をたどって、山門大衆の蜂起、朝廷への嗷訴と展開していくのである。『平家物語』・『源平盛衰記』の叙すこの経緯が、細部にまでわたって正確であるか否かはもとより疑問であるが、中宮三社八院大衆あげての積極果敢な行動が起動力となって延暦寺大衆の大嗷訴へと進展した大筋はまずまちがいないものとみてよい。

ところで、この白山中宮大衆・延暦寺大衆ら寺社勢力の政治行動の性格について、浅香年木氏は、上層百姓の寄人化による反国衙・反領主・反権門闘争の激化と、その寄人化運動を基盤とする百姓層の白山中宮や延暦寺の大衆・神人集団への進出・激増という情勢のもとで、これら寺院勢力の主導権が百姓層を主たる構成勢力とする下層衆徒・堂衆・神人集団へ移行しており、この白山事件はそうした寺社勢力によるいわば堂衆主導型の反権門闘争として展開されたものであり、全国にみなぎる反乱・内乱への前奏になった、との構図のなかで把握された。(31)私もまた、白山中宮大衆の行動が、その社会的基盤として寄人形態をとった田堵農民層の闘争をふまえたものであり、延暦寺においても堂衆・神人層が強盛になるのに比例して、農民層の階級的要求や意向を反映した政治行動をとる勢力が台頭しつつあったのは事実であると考える。白山事件のみならず、さきの嘉応元年の事件など、この時期の寺社勢力と国司との抗争が、寄人・神人・堂衆などの凌礫・殺害をめぐって頻発し、嗷訴へと発展する最も重要な社会的背景の一つはそこにあり、けっして見落してはならない点であるとおもう。だが、この白山事件における寺院勢力の政治行動全体が、下層大衆集団につきあげられ農民層の闘争と要求を保護・支持する目的だけで展開されたのかというとそうではなかった。白山の勢力の内部構成についていえば、『平家物語』は、中宮三社八院大衆の蜂起の張本（主導者）として惣長吏智積・覚明らをあげるが、かれらはもとより領主的存在形態をとる者であり、この両名ばかりか大衆集団の中核をなす衆徒層は、中世をつうじて在地領主層ときわめて近似した階級的立場を保ちつづける存在であった。[32] つまり、白山の大衆組織は、在地領主層と特権的上層農民という相対立する階級に出自をもつ分子をともに構成要素として包含しながら形成されていたのであるが、そのさいこの事件において、大衆下層集団が衆徒上層部を凌駕して主導性を発揮したことを示す形跡はなく、『平家物語』はむしろ惣長吏らを張本としているのである。[33] したがって、中宮三社八院の大衆集団の行動の特質は、その内部に階級的差違と矛盾対立をはらみながらも、衆徒上層部をなす領主的な者をも含めて一味神水して強固に結束し、一山あげての政治形態をとって国衙権力との抗争を展開した、まさにその点にあったのである。その意味で、単純に田堵農民層の階級闘争を基盤とする大衆下層集団のつきあげのみを強調することはできず、同時に領主的存在形態をとる衆徒上層部を積極的に行動へ駆りたてたいま一つの理由が問題になるであろう。

　この時期、白山ばかりでなく、畿内近国の地方有力寺院において、在地領主層の子弟・一族出身者がその僧団組織の内部へ進出する現象が広範にみられるのは、よく知られているところである。そのばあい、かれらは衆徒上層部をしめるとともに、血脈・門弟組織などを媒介として一種の門閥支配集団を形成しつつ、寺院の管理支配機構の枢要な所職を専有し、個人的な私領・私財のほかに、その所職に附帯した所領・田畠・在家などの得分を獲得して領主的存在形態をとる者が多かった。けれども、そのことは、かれらが僧団組織の内部において在地領主としての存在形態をしめたことを意味するのではない。在地領主の子弟・一族という出身階級や現実の俗縁関係のなかで、かれらがたえず私領を集積・拡大して、在地領主的な支配を形成しようとする動きをみせることはたしかであるが、しかしそれがついに実現できなかったことは、中世をつうじてこれらの寺院の僧団組織そのものの内部に在地領主を成立せしめなかった点に端的に示されているとおりである。その存在形態のなかに在地領主と近似した面が多々みられるとしても、それはあくまで副次的なものであって、かれらが衆徒（学侶・学生層）として領主的存在を維持しようとするかぎり、基本的にはその僧団組織―門閥支配集団の組織も含めて―と集団的な支配所有体制に依拠する以外に道はなかったのである。(34) この事態は、白山衆徒の上層部のばあいも同様であったとみなければならない。(35) それゆえ、衆徒が依拠する僧団組織＝支配体制と荘園所領が外部勢力によって攪乱され、神人・寄人などの隷属民や荘民が侵害されることは、ただちにみずからの生活と存在の基礎を脅かされることを意味したのであった。とりわけ、僧団組織の経済的基礎をなす荘園所領と経営が、既述のような田堵農民層の寄人・神人化運動をふまえて形成・発展してきた以上、衆徒上層部にとって、政治的保護を期待して参集してくる田堵農民層らにたいし国衙権力や在地領主の不当な侵攻を排除するための政治的保証をあたえることが必然的に要請されるのであり、その政治的保証のいかんが荘園制支配の成否を大きく左右し、それがまた、かれらが領主的存在と権益を維持しつづけうるかどうかを根本的に決定づけるものとなったのである。したがって、白山衆徒の上層部が師高・師経らのきびしい侵攻と涌泉寺焼打ちに激昂してたちあがったのも、以上のようなかれらの存在形態にもとづくのであって、その領主的権益を保持するために不可避的にとらざるをえない行動であったとみるべきであろう。

かくして、中宮三社八院大衆は、階級的差違をもつ者をともに包摂しながら一山あげて結集し政治行動をおこしたのであった。その政治行動が、師経を武力で追放し、師高・師経の配流を朝廷にせまるものであった以上、一種の反権力・反国衙闘争であることはまちがいないが、しかし、反国衙闘争からさらに反国家権力・反権門闘争へと進展する政治的性格と内容をもつものであったかどうかについては、いま少し吟味する必要があろう。それは、かれらの結集と行動を規定した基本線が、すぐれて政治的なものというより、むしろ大衆・神人・寄人・荘民らの所領・田畠等の経済的権益を国衙権力の侵害から守り、かつ、中宮三社八院と教団組織の基礎を安泰ならしめることを目的とした、いわば経済的立場からの共同利益の擁護・追求にあったと考えられるからである(36)。

このことは、田堵農民層の階級闘争や政治行動のもつ意義を過少評価することではない。白山大衆の政治行動が、田堵農民層の階級闘争を基盤にふまえてはじめて可能だったのはたしかである。だが、その田堵農民層の反国衙闘争なるものも、あくまで課役の負担量の軽減や耕作権＝土地保有権の確立などの農民的諸権利の拡充という経済的動機を基本とする国務対捍行動であり、それを阻害する国衙権力の悪しき圧制者が眼前に立ち現われたばあいにはじめてこれを排除すべく武力抵抗などの政治闘争を展開するのであって、現存する国衙の支配権力そのものを直接的に攻撃・解体させたり、ましてその背後にいる院などの権門の政治権力を排除したりすることを明確な政治目的にかかげるものではなかったのである(37)。かかる田堵農民層の闘争を基底とし、領主的存在形態をとるものまで含めて蜂起した中宮三社八院大衆が、その行動目標を国衙権力そのものではなく、悪しき圧制者たる師高・師経への攻撃と処断にしぼったのは、けだし当然であったといえよう(38)。そして、かれらが師経を放逐したあととった方法も、『源平盛衰記』(巻第四)によると、まず師高・師経の断罪要求を本寺の山門に訴え、山門をつうじて朝廷へ訴訟しようとしたが、山門が消極的姿勢をとり裁許が遅延したため、ついに神輿を振りあげる強硬手段にでて山門大衆をうごかし、その権威をかりて朝廷への嗷訴におよんだと記すのである。嗷訴は訴訟の所定の手続きをへないで朝廷に強圧をかけて要求を押しとおそうとするものであるから、「濫訴」であり、一種の非合法手段であったといえる。しかし、この嗷訴は、あくまで朝廷およびその実権掌握者たる院・摂関らの権門による国政運営と王法仏法相依の国家体制を前提として、師高・師経の処分という具体的な裁断を要求しているのであって(39)、朝廷の統治や権門の政治権力そのものの攻撃・改廃を意図するものではなかったのである。この訴訟から嗷訴へいたる過程の基本的な政治性格は、さきの嘉応元年の成親配流事件にも共通しているといってよいであろう。この両事件のみならず、大衆の蜂起・嗷訴が一般に、寺社勢力の権益の擁護・伸張にかかわる具体的な要求の承認を朝廷にせまり、それが一応達成されれば急速におさまるという性格をもっているのは、以上のようなかれらの階級的構成と政治行動の特質にもとづくものであったと考えられる。その意味で、大衆の蜂起・嗷訴は、直接的に反国家権力・反権門闘争をめざすものでも、また政治権力の掌握をめぐる抗争のなかへ政治主体として積極的に割り込んでくるものでもなかったのである。だが、大衆の蜂起・嗷訴は、その内部に矛盾対立する勢力・要素をはらんでいるとはいえ、広範な田堵農民層の闘争を基盤にふまえつつ、僧団あげての権益の擁護・伸張を執拗かつ強力に主張することによって、この段階の政治的対抗の一翼をにない、しばしば政治権力の存立を揺がせて政治史過程の趨向を左右する役割を演じたのであった。それは、白山事件のその後の展開のなかにも示されている。

さて、あけて治承元年（一一七七）三月二十日頃から、白山の訴訟を支持することに決した山門大衆がいよいよ神輿を奉じて入洛するとの風聞がたかまると、後白河法皇は、三月二十八日、目代師経だけを備後に流してその矛先をかわそうとした(40)。しかし、この措置は、事件勃発の根源である所領問題について代々国領であって寺領ではないと前提したうえで、「雖非寺領、焼払之条、所為之旨、不穏便」(41)と、師経の罪科を涌泉寺焼打ちのみにしぼって配流に処したものであったから、山門大衆は満足せず、加納・出作田の抑制策などを推進して白山の権益を侵害した国衙権力の責任者師高の処分を要求して、四月十三日、宮門へ大規模な嗷訴をかけるにいたった。この嗷訴を「大衆已致謀叛」「非訴訟已同謀叛儀」(42)とみた法皇は強硬な態度でのぞみ武士に撃退させたが、そのさい神輿に流矢が当る事態が発生した。激昂した大衆が甲冑をつけて再度下山すると威嚇したので、「禁中周章、上下男女奔波」して騒動をきわめて高倉天皇・中宮らは院御所へ難をさけ(43)、院殿上における公卿僉議も、賢所移転の是非・京中に潜伏する悪僧対策・大衆の要求にたいする裁許の可否・警備の武士の問題などをめぐって容易に結論がでなかった。かかる騒然たる状況のなかで、十四日、法皇は「神輿事出来、依恐思食、可被行罪科」という一定の譲歩を示唆した院宣を座主明雲にだして大衆の慰撫をはかったが効果なく、ついで十六日にはさらに譲歩し、このたびの「悪僧結構」は反逆・謀叛の儀であるとしつつも、近日中に師高の流罪と神輿を射た下手人の刑を執行する旨の内意を明雲につたえたが、大衆はなお鎮まらなかった。法皇にこうした譲歩を余儀なくさせたのは、たしかに山門大衆の政治的圧力と神輿にたいする不慮の事態の発生であるが、いま一つ、院の軍事力の中心として大衆と対決すべき平氏が非協力的姿勢をあらわにして法皇の意向にしたがわなかった点に注目しなければならない。それは、法皇が賢所の警固を平経盛に命じたさい、清盛に一の所の守護を命じられていると称してついに請文を進めなかった事実のなかに端的に示されている。山門大衆の嗷訴による政治的非常事態は、かねて進展しつつあった院権力と清盛の関係をより悪化させ、政治権力内部の亀裂を一段と拡大させる作用をおよぼしたのである。そうして、ついに四月二十日、師高の解官・配流（尾張国）と神輿を射た下手人六名の禁獄を命じる宣旨がだされ、この事件も落着したかにみえたのであった。

ところが、院側はすぐ反撃に転じ、五月五日、明雲の天台座主職の解任を断行して逮捕檻禁し、十一日にはその罪名勘申の宣旨をだすとともに所領三十九ヵ所を没収して、覚快法親王を座主に任じた。その宣旨に記す明雲の罪科は、第一に前座主快修を悪僧らと語らって山門から追放したこと、第二に、前述の嘉応元年の美濃国平野荘の紛争事件で悪徒を宮城に乱入させ狼藉を働かしめたこと、そして第三に、白山事件をめぐる大衆蜂起において、「催三塔凶徒、外構制止之詞、内成騒動之企、蔑爾朝章、欲滅仏法、或以凶徒乱入陣中、数ヶ処放火、或対警固之輩合戦、或帯兵具可下洛之由、令執奏、誠是朝家之愁敵、偏為叡山之悪魔者歟」というきびしい内容のものであった。院権力は、嘉応元年の事件と白山事件の大衆嗷訴はすべて明雲の使嗾によるとし、王法仏法相依の国家権力秩序を破壊する「朝家之愁敵」「叡山之悪魔」と断じて法家に勘申を命じたのである。しかして、それをうけた法家が「其罪、渉謀叛之由」を勘申したのはいうまでもない。この勘文にもとづき、二十日、明雲の罪名を議す仗座がひらかれたが、その席上、まず右大弁藤原長方が「衆徒依訴訟、企参陣被相禦之間、自然及合戦、偏不可謂謀反」と、大衆嗷訴の目的とその政治的性格を冷静にみつめて反国家権力行動とは認めがたいとの判断を示し、つづけて「加之、奉教一乗於公家、奉授菩薩戒於法皇、令還俗流罪之条、何様可候哉、且可在勅定」と還俗・流罪にも消極的な意見をのべ、九条兼実ら多くの公卿もほぼこの見解に同調した。(50) だが、さすがに仗議の定文を草するに当っては、院の意向を配慮せざるをえなかったとみえ、その内容・表現ともにトーンダウンし、全体として、明雲が公家に一乗を教え法皇に菩薩戒を授けた人物であることに力点をおいて還俗・流罪の宥免を主張し、該当すべき刑罰の内容は勅定に一任するものとなっている。それゆえ、謀叛罪そのものについての正面からの判断はさけているが、しかし嗷訴に関する「事起自訴訟、為蒙裁報催衆徒、令参陣頭、其間狼藉事、若出不図、偏難処謀叛歟」という藤原長方の見解は明確に記入されていた。(51) ところが、院側はこの公卿定文を「不叶時議」と採用せず、翌二十一日、明雲を還俗のうえ伊豆国へ配流することに決定した。(52) それを聞いた九条兼実は、「可為此議者、素不可被及仗議歟、政道之體、後鑒有恥、可憐之世也」と院側の独断専行を批判する文言を日乗に書きつけている。(53) こうして、院側は廟堂貴族の大方の認識と意向を無視して謀叛罪を振りかざしつつ、明雲に標的をしぼってやつぎばやに反撃を加えていったのであるが、当時からその反撃策は院権臣西光らが讒奏をもって法皇をつきあげ強引に推進したものとみられていた。(54)

他方、明雲の座主職解任・逮捕檻禁の報に山上は騒然となり、大衆は神輿を講堂にかつぎあげて連日蜂起し僉議をくり返した。五月十三日には大衆が明雲を奪いとるため下京するとの風聞が流れ、『百錬抄』は、「洛中驚目、偏如軍陣」き状況になったと伝えている。けれども、弟の道快をつうじて比較的はやくから山上の動向についての情報を入手していた九条兼実は、この段階でいきなり大衆が入洛して実力行使にでることはないとみており、(55)その後、大衆蜂起がますます熾盛になっても「於此条者、非衆徒之過失歟」と冷静であった。(56)はたして大衆は入洛せず、十五日に大衆の使として僧綱十一名が参院して明雲の宥免を願いでるという態度をとったのであるが、法皇はこれを拒絶した。(57)そこで大衆は、二十三日にいたって明雲の配流途上を襲い奪還するのである。この明雲奪還にいたるまでの山上における大衆蜂起・僉議の動向は、記録類によるかぎりこの程度しかわからない。しかし、『平家物語』(巻第二)・『源平盛衰記』(巻第五)は、その間の事情を詳細にのべている。もとより両書の叙する内容がどこまで正確なものかは問題としても、注目されるのは、大衆の危機意識と行動の政治的性格についての認識にきわめて顕著な特質が示されていることである。その認識の基本点を、当面の課題に必要なかぎりで『源平盛衰記』に則してあげればつぎのようになるであろう。まず明雲の刑は西光父子の無実の讒奏によることを前提とし、(1)山門は他山に冠絶した威験をもつ鎮護国家の道場として王法の帰依をうけてきた、「然ハ大衆ノ意趣モ人ニマサリ、賤キ法師原マテモ世以テ軽シメス」という勢力を維持してきた、(2)ところが、「顕密ノ大将」「大戒ノ和尚」たる貫主が無実の罪によって配流せられることは山門仏法の滅亡を意味し、「山上洛中ノ歎ノミニ非ス、併興福園城ノ嘲也、悲哉」である、(3)そこで法皇に明雲の無実たること、山門仏法の滅亡になることを訴えて宥免を乞うのであり、それが実現せず配流に決定すると、違勅による断罪をうける悲壮な覚悟で明雲の奪還にふみきるのである。山門大衆の危機意識と政治行動に関するこの基本的な枠組みは『平家物語』にも共通している。つまり、大衆にとって「王法仏法牛角」の国家権力秩序は不動のものであり、明雲を処断した責任者たる朝廷や法皇自体は直接の攻撃目標ではなく、「山門にはせんずる所、我等が敵は西光父子に過ぎたる者なし」(『平家物語』)と、あくまで西光父子であった。そしてかれらの死守しようとしたものは、明雲配流による仏法界での山門の宗教的権威と政治的地位の低落であり、さらにそのことによってひきおこされる末寺末社の訴訟にあたって「例ヲ此時ニ残サレハ、生々世々口惜カルベキ事」になる（『源平盛衰記』）というような権益の喪失を擁護することであったといえよう。そこには、反国家・反権門の政治闘争そのものを積極的に意図し推進する行動のあとをみいだしえない。『平家物語』『源平盛衰記』のこうした認識は、作者の特定の立場にもとづくというより、むしろ大衆の現実の政治行動のあり方が素直に反映されているとみるべきであろう。というのは、九条兼実が蜂起熾盛によって洛中が動揺する状況のなかで、体制的危機感を抱かず比較的平静に大衆の動向を見通しているのは、弟道快をつうじてもたらされる大衆の現実の行動が、基本的には両書に叙するような政治性格をもつものであることを理解していたためと考えられるからである。したがって、後日、法皇が明雲奪取を謀叛ときめつけてその理由を詰問したのにたいし、大衆が「更非謀反、顕密棟梁、惜而有余、今一度為謁見也」と答えたのも[58]、明雲を擁して反国家権力闘争を展開する意志をもたないという点において真実を語っており、たんなる強弁ではなかったのである。

だが、院側はこの明雲奪還を契機として山門に武力攻撃をかける方針をうちだし[59]、平重盛・宗盛に出動を命じたが、かれらは清盛の指図にしたがうと称して動かなかった[60]。このため法皇は使を福原に派遣して清盛の上洛をうながした。その頃、院近辺では、西光・藤原成親らが中心となり、院宣と称して独自に武力を集め叡山攻撃の武力の結集をはかると同時に、来る六月の祇園会の町の騒ぎに乗じて一挙に六波羅を攻める密議—鹿ヶ谷の陰謀—をめぐらしていたといわれる（『平家物語』巻第二）。これは山門大衆と平氏を衝突させて双方の勢力を削減させるとともに、その虚をついて平氏を討滅しようとする一石二鳥の目論見であったと考えられ、中央政界内部における院権力と平氏の反目・亀裂は、いまやひそかに権力抗争の段階へ突入しつつあったのである。院権力が、（1）兵器を帯びて京中を往還する輩の逮捕を命じ、（2）山門領没収のための準備として国司にその末寺荘園を注進せしめ、（3）近江、美濃、越前三ヵ国の国内武士を国司に注進させて動員体制を整えはじめる、などの措置を講じたのも、(61) かかる政治情勢のもとにおいてであった。清盛が五月二十七日夜に入洛すると、法皇は翌日会談し、ついに東西の坂を固めて叡山を攻めることを承知させ、同時に僧綱らを登山せしめ大衆に明雲の差し出しと「謀叛之意趣」を問わしめる命令をだした。法皇はおそらく謀叛人追捕という名目を振りかざして清盛の説得にあたったものと推測されるが、清盛は同意したものの内心これを悦ばなかったという。(62) だが、ともかくこうして院権力による山門攻撃がまさに断行されようとするかにみえたのであった。

ところが、二十九日の夜ふけ、多田蔵人行綱が院近臣による平氏討滅の謀議を清盛に密告するにおよんで政局は急転回するにいたった。この密告をうけた清盛の行動はまことに迅速で、翌六月一日の払暁、西光・藤原成親を捕え、西光を年来の「凶悪事」、明雲配流などの罪状をあげて拷問にかけ「法皇及近臣等、令謀議之由」を自白させて謀議参加者の名前をつかむと頸をはね、成親を備前に流した。(63) 西光逮捕の報に「我等が敵は西光父子に過ぎたる者なし」(『平家物語』巻第二)とする山門大衆が悦んだのはいうまでもなく、すでにその日の夕刻には垂松辺りまで下山して清盛のもとに使者を送り「令伐敵給之条、喜悦不少、若有可罷入之事者、承仰可支一方」と伝えてきた。(64) この西光の処断によって山門との衝突を回避し、その支持をうけることに成功した清盛は、三日、法勝寺執行俊寛ら六名を捕え、六日に流人明雲召還の宣旨をだし、さらに九日には藤原師高・師経を尾張の配所で殺害するなど、(65) 法皇の周辺から有力な院近臣を放逐して院権力を後退させるとともに、山門の地位と権益の回復をはかって政治的連繫をつよめる措置をやつぎばやに講じていった。この施策は効を奏し、はやくも十四日には、座主補任いらい待機していた覚快法親王がはじめて登山できるほど、(66) 山上の状勢は急速に鎮静化している。かくして、目代師経の涌泉寺寺僧との乱闘・焼打ちを契機として勃発し、院権力と山門勢力との抗争にまで発展したこの事件も、山門側が一応所期の目的を達成することで収束への見通しがつくにいたったのである。(67)

山門大衆の蜂起・嗷訴は、その宗教的政治的権威と権益の擁護・伸張をめざすもので、反国家権力・反権門闘争を直接意図したものではなかったが、政治権力に従属した形態での王法仏法相依の国家権力秩序の編成を遂行しようとする院権力の目からみれば、田堵農民層の寄人・神人化運動を基礎にふまえて所領荘園の拡張をはかり独自の権益を主張する山門勢力が国家権力秩序を紊乱するものと映じたのも当然であった。したがって、院権力が大衆の嗷訴をいちはやく「謀叛」ととらえ、大衆全体の制御が不可能とみるや、座主明雲に標的をしぼって「謀叛罪」を適用して処断することにより延暦寺の宗教的権威を失墜せしめてその勢力の削減をはかる強硬策を打ちだしてきたのも、たんに西光・成親らの私怨による「讒奏」ばかりでなく、前節で指摘したような権門寺院統制策を遂行しようとする院権力中枢部の必死の施策であったと考えられるのである。だが、この明雲配流から山門の武力攻撃へとエスカレートする強硬策は、延暦寺勢力の興廃にかかわるものであったから一山あげての頑強な抵抗にあい、他方、中央政府内部においては院権力の独断専行がその政治的孤立化をまねき、とくに平氏との対立が深刻化していった。かかる政治状況のなかで、院近臣による平氏討滅の謀議が発覚して、院権力は重大な打撃をうけ、「院政の一時的な麻痺」[68]、あるいは院権力の拘束下からの「平氏軍制の自立」[69]などと位置づけられる、院権力の後退と平氏の政治権力の強化がもたらされるにいたったのである。この権力状況のもとで、いちおう山門は宗教的政治的地位の低落という危機を脱し、その既得権益を維持する保証を獲得したのであった。

（1）　以下の論述に必要なかぎりで、要約的にのべたが、これらの点についての私見は、拙稿「荘園制支配の形成と僧団組織―金剛峯寺と官省符荘をめぐって―」（大阪歴史学会編『中世社会の成立と展開』所収）を参照。

（2）　『寺門高僧記』（巻六）房覚の条に「太上法皇御自称曰、園城寺平等院流阿闍梨行真」とみえ、また『後白河院御落飾記』は、後白河の法名行真について「抑今度殊被用行字之旨、是以故行慶僧正名之一字、可為御諱字之故云々」と記す。

（3）　『兵範記』嘉応元年十二月十七日条。

（4）　以下、とくに註記しない場合は、『玉葉』『兵範記』の嘉応元年十二月二十三日条による。

(5)『玉葉』『兵範記』嘉応元年十二月二十四日条。
(6)『兵範記』嘉応元年十二月二十七日条。
(7)『兵範記』『百錬抄』嘉応元年十二月二十八日条。
(8)『兵範記』嘉応元年十二月三十日条。
(9)『玉葉』嘉応二年一月六日条。
(10)『玉葉』嘉応二年一月七日条、『百錬抄』嘉応二年一月十三日条など。
(11)『玉葉』嘉応二年一月二十一日条。
(12)『玉葉』嘉応二年一月二十三日条、『百錬抄』嘉応二年一月二十七日条など。
(13)『玉葉』嘉応二年一月三十日条。
(14)『玉葉』嘉応二年二月四日条。
(15)『百錬抄』同日条、『玉葉』嘉応二年二月八日条。
(16)『兵範記』嘉応元年十二月十七日条、『玉葉』同年十二月二十三日条。
(17)『中右記』嘉保二年十月二十三日条。
(18)『天台座主記』(巻二)権僧正寛慶の条参照。
(19)藤原成親はわずか二ヵ月後の四月二十一日に権中納言に還任されるが(『玉葉』同日条)、山門大衆はこれをなんら問題にしていない。このことは、成親の配流がたんなる個人的な報復を目的としたものでないことを意味しているであろう。
(20)以上の点についての私見の詳細は、「院政期貴族の帝王観」(『赤松俊秀教授退官記念国史編集』所収)を参照。
(21)久安五年六月十三日伊賀国目代中原利宗・東大寺僧覚仁重問注記(『平安遺文』二六六六・六七号)。
(22)ただし、このときの嗷訴が、法皇の存在や院権力そのものを否定しようとしたものでないことはいうまでもない。翌年になって、山門大衆の意をうけた僧綱らが院御所に参って、要求を訴えているのは、そのことをよく示している。
(23)『玉葉』嘉応元年十二月二十三日条。
(24)『玉葉』嘉応元年十二月二十八日条。

(25)『玉葉』嘉応二年一月二十三日条。
(26)『玉葉』嘉応元年十二月二十四日条。
(27)『玉葉』嘉応二年一月十三日条。
(28)辻善之助『日本仏教史上世篇』八九七頁。
(29)なお、『百錬抄』嘉応元年十二月二十八日条によれば、平時忠・平信範両名の解官・配流の罪名を「奏事不実」とするが、かかる状況のもとでは、「奏事不実」は、不可避的に発生せざるをえないものであったといえよう。
(30)浅香年木『治承・寿永の内乱論序説』第一編第三章内乱前夜の反権門闘争と白山宮、第二編第一章堂衆・神人集団の反権門闘争。
(31)註(30)に同じ。
(32)中世における白山衆徒の存在形態については、黒田俊雄「白山信仰の構造―中世加賀馬場について―」(同『日本中世の社会と宗教』所収)参照。
(33)なお『源平盛衰記』(巻第四)は、物長吏らが日代師経を追放する張本になったばかりでなく、神輿を山門にかつぎあげるさいも、智積・覚明・仏光らの骨張の輩が山上にのぼり山門大衆を説いてまわったと記している。
(34)以上の点についての私見は、前掲拙稿(註1)を参照。
(35)黒田俊雄氏は、前掲論文(註32)で、中世における白山衆徒の在地領主との類縁性などを指摘しつつも、結局、「だが、たといいくらかの私領や私財をもっていたにしても、衆徒の社会的・経済的基礎は、究極は白山禅頂ないし白山諸社の権威と組織とに依存していた。逆にいえば、いままでみてきたような複雑な組織をもつ集団的な支配体制なしには、中世社会における衆徒の地位はあり得なかったのである」(一〇七頁)と位置づけられている。
(36)この点を的確に示す史料を欠くが、たとえば『源平盛衰記』(巻第四、被載下可止白山神輿上洛事)に、白山大衆が山門に神輿をかつぎあげようとしたのを制止した延暦寺牒にたいして、安元三年二月二十日付で白山中宮衆徒が出した返牒として収めるもののなかで、「倩案事情、白山妙理権現者、雖有敷地、併山門三千之聖供也、雖有免田、又当任没倒非神物故、只有名更無実、是以恒例之神事仏事、此時既断絶、以往之八講、三十講、今正及闕退、随而近来無有参詣、再拝之輩、(中略)、云寺僧云氏人、歎冥威之陵忌、悲権迹之衰微、而奉戴神輿、所企推参也」とのべているのなどは、史料の性格に問題があるとしても、白山大衆の行動の動機を割合正確に物語っているものと考えられる。

(37) 国衙支配にたいして寄人・神人などの形態をとって展開される田堵農民層の抵抗・闘争は、国衙権力を制御しうる上級の権門の存在を前提としておこなわれるところに基本的な特質をもっている。したがって、権門の政治権力を排除することをめざすのではなく、逆にそれを強化する作用をおよぼすばあいもあった。その点は前節で検討した保元の新制などが端的に示している。

(38) 『源平盛衰記』(巻第四、涌泉寺喧嘩事)は、白山大衆が「目代師経程ノ者ニ、末寺一院ヲ焼亡サレテ、黙止スヘキニ非ス、此条若無沙汰ナラハ、向後ノ嘲断絶スヘカラス」と、白山の宗教的権威の失墜と、以後国衙権力の侵害がはげしくなるのを阻止するために、圧制者師経を攻撃したと記している。

(39) この点は、後述するように、朝廷側の貴族のなかにも「訴訟」であるとする者が多いことによく示されている。なお、註(36)で引用した中宮衆徒返牒もその冒頭部分で、聖断を求めての訴訟であることを強調している。

(40) 『百錬抄』同日条、『玉葉』同年四月二日条。

(41) 『玉葉』治承元年四月十七日条。

(42) 『玉葉』治承元年四月十四日、十七日条。

(43) 『玉葉』治承元年四月十四日条。

(44) 『玉葉』治承元年四月十六日条。

(45) 『玉葉』治承元年四月十七日条。

(46) 『玉葉』治承元年四月十九日条。

(47) 『玉葉』『百錬抄』治承元年四月二十日条。

(48) 『玉葉』同日条。

(49) 『玉葉』治承元年五月十一日条。

(50) 以上、『玉葉』治承元年五月二十日条。

(51) 『玉葉』治承元年五月二十一日条。

(52) 『百錬抄』同日条。

(53) 『玉葉』治承元年五月二十二日条。

(54)『百錬抄』『玉葉』治承元年六月一日条。
(55)『玉葉』治承元年五月八日、十三日条など。
(56)『玉葉』治承元年五月十四日条。
(57)『百錬抄』同日条、『玉葉』治承元年五月十六日条。
(58)『百錬抄』治承元年五月二十三日条。
(59)『玉葉』治承元年五月二十三日条。
(60)『顕広王記』治承元年五月二十四日、二十五日条。
(61)『玉葉』治承元年五月二十九日条によれば「大衆奪取明雲之後、近日有沙汰事等」とみえて、二十九日以前の近日にこの措置がとられていることがわかる。したがって、二十七日夜に入洛した平清盛は、この措置に直接には関与していないものと考えられる。
(62)以上、註(61)に同じ。
(63)以上、『玉葉』治承元年六月一日、二日条。
(64)『玉葉』治承元年六月三日条。
(65)以上、順に『玉葉』治承元年六月四日、十一日条、『百練抄』同年六月九日条参照。
(66)『仲資王記』同日条。なお『愚昧記』治承元年五月八日条によれば、明雲にかわって、座主に補任された覚快法親王は「明雲門徒広者也、大衆等弥蜂起歟、無極之不祥也」とつよい危惧をもっていたという。
(67)なお、明雲の没収所領が返給されるのは十二月になってからであり、そこに法皇の反対の姿勢をみるべきであろう(『玉葉』治承元年十二月十九日条参照)。
(68)石母田正『古代末期政治史序説』四八五頁。
(69)五味文彦「平氏軍制の諸段階」(『史学雑誌』八八編八号)。

三　治承三年十一月の政変と権門寺院

以上、後白河院政政権が王法仏法相依の国家権力秩序の再編強化をめざして打ちだした寺院政策と、その政策が遂行されるなかで権門寺院勢力とのあいだに惹起された抗争対立の政治的性格について考察してきた。だが、この時期はまた、平氏の台頭によって王法の世界そのものがきびしく改変をせまられたときであり、さきの二つの抗争事件にもうかがわれるごとく、平氏の動向が院権力と権門寺院勢力との政治的関係を大きく左右するようになってくるときでもあった。その意味で、王法仏法相依の国家権力秩序の現実は、もはや武門平氏の存在を無視して、王法の代表としての院権力と権門寺院という二つの勢力の枠組みだけでは把握しきれない段階をむかえつつあったのである。そこで、本節では、平氏が政治権力を形成・確立する過程において寺院勢力とのあいだにどのような内容をもった政治的対立を激化し、それが既存の王法仏法相依の国家権力秩序にたいしていかなる政治的作用をおよぼしたかという問題を、治承三年十一月の政変に焦点をあわせて検討したいとおもう。

平氏は、白河法皇によって正盛が登用されて以来、院権力の爪牙として遺憾ない活躍を示し、頻発する嗷訴にさいしても大衆の入洛を阻止する「官兵」として差遣わされるなど、たえず寺院勢力の前に直接たちはだかる抗争相手の役割を果たしつづけてきた。しかし、平氏は国政の中枢部へ進出し武家の権門として地歩を固めるにしたがって、次第に独自の判断にもとづいて権門寺院勢力との正面衝突を避け、政治的連繫をはかる姿勢をうちだすにいたった。その点は、かつていくたびか抗争した山門にたいする姿勢の変化のなかに最も端的にあらわれている。仁安三年（一一六八）二月、清盛・時子が出家するにあたって天台座主明雲を戒師として以後(1)「偏ニ平家ノ護持僧」（『愚管抄』巻第五）の関係を維持するとともに、一族の全真・忠快らを山僧にするなど(2)、積極的に山門頂上部との私的な結合関係の形成にもつとめているが、これはかれらを媒介として大衆を掌握・制御しようとする政治的意図からでたものとみてよい。また、山門勢力を一方の当事者とする抗争事件が勃発し国家権力がその対処をせまられたばあい、平氏がその武力面において果たす役割は前代にもまして重くなっていたが、しかし平氏はそのさい、既述の藤原成親配流事件、白山事件、治承二年（一一七八）の山寺両門の抗争事件、さらに同年から翌三年にかけてのあの「行学合戦」などにみられるごとく、後白河法皇の強硬策にただちには同調せず、できるだけ武力発向を回避しようとする姿勢をとりつづけたのであった。(3)これらはいずれも、平氏が権勢を確立するにつれてその政治的地位を維持・強化するために、かつての院権力の従順な走狗としての立場を脱却して独自の政治判断による寺院対策を展開しはじめた一端を物語るものと考えられるのである。

だが、もとより平氏と寺院勢力との対立は、こうした支配層内部の政治的関係や対策によって解消するほど単純なものではなく、もっと深いところにその根源をもっていた。平氏が荘園制支配や国衙支配をつうじて権力基盤を拡大し収奪を強化していく過程は、とりもなおさず在地諸勢力、とりわけ農民層の闘争を激化し、寺院勢力との抗争を熾烈にしていく過程でもあったからである。平氏はすでに正盛・忠盛の代から院領支配の一翼をになってきたが、保元三年（一一五八）に後白河院政が開始すると平氏一門はすぐさま院庁に進出し、清盛・重盛らが院別当をつとめて院庁の実権の掌握をめざすとともに、院領荘園の領家職・預所職などを多数しめて荘園制支配を推進していった。また、保元の乱によって武力を壊滅された摂関家でも、清盛との連繋をはかって政所や預所などの支配機構の内部に平氏の武力をくみこみ荘園制支配を維持しようとした。平氏の荘園制支配の最も重要な特色は、これら院領・摂関家領における荘園支配機構を媒介に在地領主の一部を家人・郎等などに編成しつつ、その領主制支配の進展をバックアップすることによって在地に権力組織を形成し地代の中間搾取を増大させていくことにあった。(4)そうした平氏の在地支配が強行される地域においては必然的にその権力組織からはずされた在地領主や農民層との対立が激化したが、ことに畿内近国では農民層が神人・寄人・堂衆などの形態をとって権門寺社勢力と結合しているばあいが多かったため、寺社勢力との抗争対立に発展せざるをえなかったのである。承安二年（一一七二）十二月に、平重盛の家人であった伊賀国の在地武士が春日社の神人を殺害したことにより、あわや興福寺大衆の嗷訴に発展しそうになった事件、また、同四年七月、平信兼が九条兼実によって和泉国春日社領春木荘の預所に補任されて支配にのりだしたところ現地で玄禅五師らが悪僧をあつめてはげしく抵抗した事件、さらに同じ年の十一月、春日祭の使者となった平維盛が「平将軍之郎従等与堂衆有騒動事、依其事恐大衆」て途中から帰洛して非難された事件などはいずれもその典型的なものであった。(5)他方、知行国や国衙支配の面でも、平氏はその武力を背景に支配を遂行しようとする傾向がつよかったため寺院勢力との対立抗争をはげしいものとした。それは、保元三年（一一五八）清盛が大和国に家人中原貞兼を派遣して一国検注を実施し加納余田・寺僧領などを掌握しようとして東大寺・興福寺等の抵抗をひきおこした例、(6)また応保元年（一一六一）清盛の家司源為長が紀伊守として高野山領荒川荘・大伝法院領山崎荘などに軍兵を派遣して猛攻をくわえ荘園の拡大を阻止しようとして寺院勢力とのはげしい抗争を惹起した例(7)などによくあらわれている。こうして平氏一門が荘園・国衙支配機構などを媒介として展開する支配は、外見的には藤原成親・藤原師高ら院近臣の貴族などのばあいと類似した形態をとっているが、しかし、平氏のばあいは在地そのもののなかに権力組織を形成・拡大していく点で大きく異なっており、したがって農民層や寺院勢力との対立抗争もより恒常的で、かつ深刻な形態をとって発現せざるをえない構造をもっていたのである。平氏が寺院大衆と宿命的ともいうべき対立関係をもたざるをえない最も根源的な理由はこの点にあったといえよう。

ところで、平氏が院庁や摂関家政所に進出して実権を握り、領家職・預所職などの地位を多くしめて荘園領主権を形骸化しはじめると、院権力や摂関家との対立が次第に顕在化するだけでなく、院近臣・家司層貴族の経済的基礎を侵害することになり、かれらのあいだに深刻な危機意識と憎悪をもたらした。また、平氏一門による中央官職や知行国・国守などの独占化の進展は、当然、旧来の貴族層の官途を圧迫したので、つよい反発と抵抗をうみだすこととなった。治承元年（一一七七）六月の鹿ヶ谷事件は、そうした政治的対立と葛藤が権力闘争の形態をとって現われたものであるが、その結果、院権力が後退し平氏の政治権力が著しくつよまったのである。しかし、当面の課題との関連で注目すべきは、平氏が院の拘束から脱して権力を強化したといっても、それは従前に比べて国政審議や軍事執行面で独自の政治意思と行動を展開できる条件を獲得したことを意味するのであって、権門寺院勢力を含めた王法仏法の国家権力構成全体のなかでしめる政治的地位はとうてい後白河法皇のそれに拮抗できるものではなかったことである。鹿ヶ谷事件後も、法皇が現実に王法を代表して国家的仏神事の祭儀権を掌握・運営し、諸権門寺院の宗教活動を政治的に統轄する地位は揺らいでいない。このことは、翌治承二年（一一七八）春、法皇の園城寺における伝法灌頂をめぐって山寺両門が抗争した事件の展開のなかによくあらわれている。この事件は、既述のごとく、延暦寺大衆が法皇の灌頂によって園城寺に戒壇が設立されるのを恐れてその阻止をはかったことに端を発したものであるが、そのこと自体、依然として法皇が国家的仏神事の現実の掌握者であったことをうかがわせるとともに、さらに、延暦寺にたいする制裁措置が高倉天皇方の再三のとりなしにもかかわらず、山門の仏法を捨てるべしという「公請の停止」をもってなされていることに、その点がよりはっきりと証示されているのである。したがって、権門寺院勢力にとっては、王法仏法牛角の国家権力構成のなかで権門寺院としての政治的宗教的地位を確保しようとするかぎり、院近臣受領らとどれほどはげしい抗争を演じようとも、法皇そのものはあくまで排除できない存在であったのである。これにたいし、武門平氏は、現実の政治状況のなかで妥協や協調関係を結ぶことがあっても、それはどこまでも私的な政治関係にとどまり、王法仏法相依の国家体制のなかで不可欠のものとして要請される存在でもなければ、法皇や摂関に比べると何ほどの権威を認める存在でもなかった。けだし、平氏は寺院大衆と宿命的ともいうべき対立関係を構造的にもっている相手であり、王法仏法相依の体制から排除されるべき存在でさえあったとみられるからである。(8)

さて、鹿ヶ谷事件の結果、後白河法皇と平清盛の対立が決定的なものとなったが、その後、法皇はもう一方の反平氏勢力の中心である関白藤原基房との結合をつよめて中央政界における反平氏の輪をひろげ清盛に対抗するようになった。そして、治承三年（一一七九）になると、法皇の清盛にたいする露骨な挑戦がはじまった。まず六月に故関白藤原基実の室平盛子が没すると、法皇は基房とはかって彼女が相続していた摂関家領を没収して院領に編入しようとし、[9]ついで七月末に平重盛が死ぬとその知行国越前を「入道《（清盛）》ニモトカクノ仰セモナクテ」（『愚管抄』巻第五）その子維盛からとりあげ、さらに十月には基実の子で盛子の養育していた二十歳の基通を無視してわずか八歳の師家（基房の子）を権中納言に昇進させた。[10]これらは清盛の目に「法皇与博陸同意、被乱国政」「近日、愚僧偏以棄置、見朝政之體、不可安堵」[11]ものとも、また「上皇与関白、可令滅平家党類之由、有密謀」[12]ものとも映ったのであり、断固たる反撃策をとる必要にせまられた。

　その年の十一月十四日、平清盛は大軍を率いて、突如、福原より上洛し翌日からやつぎばやに廟堂における反平氏勢力の弾圧に着手した。まず関白藤原基房を解任して大宰権帥におとし、[13]かわって藤原基通を関白氏長者につけ、太政大臣藤原師長以下三十九名の廷臣の官爵を奪って院近臣勢力を一掃した。[14]そしてついに二十日には、後白河法皇を鳥羽殿に幽閉してその院政を停止するにいたったのである。[15]清盛が、院・摂関という国家権力の頂点に位していた権門貴族を武力でもって圧伏し、廟堂における専権的地位を確立したこの政変は、当然、従来の国家権力秩序を激変させるものとして、貴族層に強烈な政治的衝撃と深刻な危機感をあたえた。慈円は、後年この政変を「平将軍ガ乱世ニ成サダマル謀叛ノ詮」（『愚管抄』巻第七）と記したが、兄の九条兼実もその日乗のなかで、摂政失脚の報に「仰天伏地」し、清盛の専権を「於乱代者、天子之位、摂籙之臣、太以無益」と悲嘆するのをはじめ、以後くりかえしこの政変によって国家権力秩序が破壊されたとして激しい非難・憎悪・怨念を書きつけていくのである。[16]しかし、この政変によって存亡の危機を感じたのは貴族層だけでなく、権門寺院にもその存立基盤にたいする深刻な危機意識をいだかせた。後白河法皇の幽閉と関白氏長者藤原基房の配流という、王法世界を代表して仏法世界を外護する要の位置にいた政治権力者の更迭は、鹿ヶ谷事件で院近臣が処断されたのとは次元を異にし、それと密接な関係を維持してきた権門寺院の仏法の世界にもただちに強い影響をおよぼすものであったからである。

興福寺では、はやくも政変直後の十一月二十七日に大衆が氏長者の配流は例なしと称し、基房の帰京を要求してはげしく蜂起した。(17)この蜂起は、摂関家の外護と連携のもとで権門寺院としての地位をきずきあげてきた興福寺が、基房の配流＝摂関家権力の凋落によってその政治的特権的地位を失墜させられるのを恐れる危機意識にもとづくものであった。そのさい注目されるのは、大衆が別当玄縁・権別当蔵俊らの制止を聞かず、かれらを「追散」じて蜂起していることであって、(18)このことは、かかる興福寺の政治的危機が一部上層の特権僧侶のみならず、より広範な大衆集団の構成員の権益を損なうものと受けとめられたことを意味するであろう。この大衆蜂起は十二月初旬ごろひとまず鎮まったが、(19)しかし、治承三年十一月の政変は、在地支配などをめぐって平氏と大衆のあいだに進展しつつあった対立を一挙に激化させ、やがて数ヵ月後に興福寺大衆が寺院連合の一翼に参加して反平氏行動にたちあがる最も重要な政治条件をつくりあげたのである。(20)

王法を代表して諸権門寺院の宗教活動を政治的に統轄する地位にいた後白河法皇の政治権力が封じられ、経済的基盤が制約されたことは、ただ観念的にだけではなく、王法仏法相依の国家権力秩序の核心部そのものにきわめて大きな亀裂が生じたことを意味するものであった。事実、幽閉後の法皇は、大規模な仏事、諸山参詣、造寺造仏などはもとより、院中での千日講懺法・仏名会ですら断絶せざるをえない有様であった。この千日講懺法や仏名会が院中で再開されるのは、翌治承四年（一一八〇）十二月中旬、相つぐ反平氏勢力の蜂起にゆきづまった平清盛が「法皇可知食天下之政之由」を再三申し入れて(21)後白河院政の復活をはかるまさにその時期からであり、後白河院政の復活がまず仏事の再興となって具体化しはじめるのは、いかにも象徴的であるといえよう。『山槐記』は、この千日講懺法について「去年十一月以来断絶」していたけれどもその間園城寺の已講公胤が住房でひそかにおこないつづけ、今回の再興はそれを継承するものであって、導師には園城寺の前権僧正公顕が予定されていたが、最近、平氏と園城寺の合戦があったため山門の権大僧都澄憲が導師になったと記している。[22]ここには、後白河法皇と園城寺の結合関係のつよさの一端があらためて示されているのである。したがって、治承三年十一月の政変によって後白河院政が停止され、その結合関係を切断された園城寺が危機感をもって反平氏の急先鋒となって登場するのは必然的であったのであり、後年、『寺門高僧記』(巻六)が「平氏謀叛、治承三年奉籠法皇於鳥羽殿、園城衆徒懐悲」き身命を捨てて蜂起するにいたったと記すのは、あながち誇大の表現とのみいいきれないのである。

こうした園城寺・興福寺に比較すると、延暦寺が治承三年十一月の政変によってうけた直接的な衝撃は少なかった。それは、一つには後白河法皇や平氏が従来から延暦寺にたいしてとってきた既述のような施策や政治関係にもとづくとともに、いま一つは、この政変の時点で平氏が明雲を天台座主に復帰させて延暦寺との提携の強化をはかったことにもよっている。白山事件で明雲にかわって座主に補任された覚快法親王は山内を統制する力量をかき、ことに前年七月ごろから熾烈になっていた「行学合戦」を収拾することができず、すでに政変の直前に辞意を表明していたのであるが、十一月十六日、清盛はかれにかえて明雲を僧正ならびに座主に還任したのである。正僧正二人の例は今度がはじめてという異例の補任であった。[23]この明雲還任はもとより山門大衆の歓迎するところであったから、平氏の狙いは功を奏し、明雲は「明雲門徒広者也」といわれた[24]勢力を背景に大衆の収攬につとめたもののごとく、まもなく「行学合戦」もひとまず和平するのである。[25]だが、延暦寺はこの政変によってなんらの衝撃も危機感も抱かなかったのかというとそうではなかった。そのことは、やがて翌年春、後述するように延暦寺大衆のなかからも園城寺・興福寺と結んで反平氏の政治行動にたちあがる一派が出現する事実によって証示されているからである。その衝撃ないし危機感を与えた要素としては、後白河法皇の幽閉による国家的仏神事の停滞ということもあったが、さらに、この政変にさいして、平清盛が中宮徳子と東宮を相具して鎮西に赴くとの風聞が流布した点に留意すべきであろう。この風聞はたしかに根拠があったのであり[26]、後白河法皇がみずから国政への口入を否定する直接的な要因の一つになったのであった[27]。このとき、遷都は具体的な行動となってあらわれなかったが、しかし、清盛に平安京をすてる意向があるという風聞は世人の念頭から去らず、翌年二月の高倉上皇の厳島社参のさいにも或説として流れ[28]、ついで、平氏の福原遷都がまず世上の巷説として喧伝される[29]など、治承三年十一月の政変を画期として増幅しつづけたのであった。しかして、福原遷都後、山門大衆が先頭になって還都要求をはげしく展開するなかで、その理由を「依遷都事、無人于帰依、偏失活命之計」と訴えている[30]点などを想起すると、この十一月の政変に際し清盛が都を遷すという恫喝的な構えをみせたことは、当然、山門をも含めた寺院勢力にたいして死活にかかわる問題としてつよい衝撃と危機意識をよびおこしたものと考えられるのである。それゆえ、いささか山門大衆の心情を付度した表現をすれば、この政変によって直接被害はうけず、平氏はむしろ提携の手をさしのべてきたのであるから園城寺・興福寺のようにただちに反平氏の姿勢をとる必要はなかったが、しかし、後白河法皇の幽閉・関白氏長者の配流によって既存の王法仏法相依の国家権力秩序を打ち破り、遷都の構えさえみせる武門平氏が今後どのような政治行動をとって王法仏法の関係を展開しようとするのかは全く未知数であり、その動きを固唾をのんで見守っている、というのが山門大衆のほぼ一般的な政治姿勢であったといえよう。

平清盛の主観的な政治意図からいえば、治承三年十一月の政変は、平氏が廟堂の実権を独裁的に掌握することをめざして断行した朝廷内部の権力抗争としての性格をもつものであり、権門寺院勢力の弾圧や統制強化を狙ったものではなかった。それは、このとき清盛が明雲を座主に還補したこと以外にみるべき寺院対策を打ちだしていない点に示されている。しかし、この政変はそうした清盛の主観的な政治意図をこえて、園城寺・興福寺などの権門寺院勢力にとっては、成り上がりの武門が院・摂関らの権門貴族を武力で圧伏して、王法仏法相依の国家権力秩序を麻痺・攪乱させ、いままで享受してきた特権と権益を破壊したものと受けとめられたのであり、延暦寺大衆にも大きな危惧と衝撃を与えることとなったのである。その点で、この政変はたんなる宮廷内部の権力抗争にとどまらず、平氏が期せずして既存の王法仏法相依の国家体制の基幹部に楔をうちこみ、その体制の改編をせまるという政治的意義をもっていたのであった。ここに各権門寺院が従来の確執と軋轢を越えて相互に連合し、やがて平氏との全面的対立へとむかう最も重要な政治的枠組みが決定づけられたのである。

(1) 『兵範記』仁安三年二月十一日条。
(2) 全真・忠快の伝記については、角田文衛『平家後抄』四二～四三頁参照。
(3) 「行学合戦」において、平清盛が武力発向に消極的であった点については、たとえば『玉葉』治承三年九月十一日条参照。
(4) 以上の点についての私見の詳細は、本書第一章平氏政権の形成過程、第二章平氏政権と摂関家、を参照。
(5) これらの事件に関する史料は、順に、『玉葉』の承安二年十二月二十四日条、承安四年七月四日条、承安四年十一月十五日条を参照。
(6) 有本実「平氏の抬頭と院政―平清盛の知行国把握をめぐって―」(『日本歴史』三三五号)、高田実「平氏政権論序説」(『日本史研究』九〇号) など参照。
(7) この点については本書第四章平氏政権の在地支配構造を参照。
(8) 王法仏法相依の国家権力秩序のなかで、権門寺院(仏法)の側からみて武門が正統性をもって位置づけられるのは、もっと後のことと考えられる。そのことは、鎌倉幕府成立後においても、たとえば慈円が『愚管抄』であの苦悩にみちた思索のすえに、ようやくその位置づけに到達している点などによくうかがわれるであろう。
(9) 『愚管抄』(巻第五)。なお、この点については、本書第二章平氏政権と摂関家のむすびを参照。
(10) 『玉葉』『山槐記』治承三年十月八日条。
(11) 『玉葉』治承三年十一月十五日条。

(12)『百錬抄』治承三年十一月十五日条。
(13)註(11)に同じ。
(14)『玉葉』『山槐記』治承三年十一月十七日条。
(15)『百錬抄』『玉葉』『山槐記』同日条。
(16)『玉葉』治承三年十一月十五日、十六日条。なお『玉葉』治承四年九月三日条、同年十一月二十六日条、同年十二月二十九日条、治承五年閏二月五日条など参照。
(17)『山槐記』治承三年十一月二十七日条、『玉葉』治承三年十一月二十九日、十二月一日条。
(18)『山槐記』治承三年十一月二十七日条。
(19)『玉葉』治承三年十二月三日条。
(20)たとえば『延慶本平家物語』(四―十四、三井寺より山門南都へ牒状送る事)は、治承四年五月、以仁王が園城寺に籠った段階で、園城寺が興福寺に合力を呼びかけたのに応じた五月二十一日付けの興福寺返牒を収めるが、その一節で「去年冬十一月追捕太上皇之阪、押流博陸侯之身、叛逆之甚、誠絶古今、其時我等須行向賊衆、可問其罪也、然而或相量神慮、或依称王言、抑鬱陶、送光陰之間」とのべている。後述するように、園城寺と興福寺の大衆のあいだに連繫が成立し、反平氏の政治行動をおこすのは、以仁王が園城寺に入る以前であるが、この返牒にのべているごとく、興福寺に反平氏の姿勢を決定づけるうえで、治承三年十一月の政変がきわめて重大な政治的意味をもったとみてよい。
(21)『玉葉』治承四年十二月十八日条。
(22)『山槐記』治承四年十二月十六日条。なお仏名会について、『山槐記』治承四年十二月二十二日条は、「今夜一院御仏名也、去年十一月以降院中諸務不被行、今夜有此事」と記している。
(23)以上、『山槐記』治承三年十一月十七日条。
(24)『愚昧記』治承元年五月八日条。
(25)『百錬抄』治承三年十一月二十二日条。
(26)『玉葉』治承三年十一月十五日条。
(27)『百錬抄』治承三年十一月十五日条。

(28)『玉葉』治承四年三月十八日条。
(29)『玉葉』治承四年五月二十三日条。
(30)『玉葉』治承四年十一月二十六日条。

むすび

治承三年十一月の政変後、国政は形式的には高倉天皇の親政となったが、清盛は、翌年二月二十一日、三歳の安徳天皇を即位させて譲位した高倉上皇に院政を開始させ、自分は待望の外祖父として君臨する体制をきずいた。そして三月三日、清盛が譲位した高倉上皇の最初の社参を平氏縁故の厳島神社へおこなうことを定めると、延暦寺をはじめ権門寺院の大衆は、従来の社参先が石清水八幡宮・加茂・春日・日吉のいずれかであった先例を無視するものだと憤慨し(1)、急激に反平氏の気運を昂揚させるにいたった。その理由は、つとに指摘されているごとく、平氏一門の熱烈な信仰によってめざましく興隆してきた厳島神社への上皇の社参が、朝廷・貴族の帰信をあつめ、それによって旧来の権門寺社がその地位を低落させられるのを恐れたためと考えられる(2)。しかし、もとよりその政治的前提には、平氏が治承三年十一月の政変によって既存の王法仏法相依の国家体制に改変をせまり権門寺院に深刻な体制的危機意識をいだかせていたという事態があったのであって、それにもかかわらず、平氏が高倉院政の発足の当初にあたって明白に権門寺社を軽視した施策をうちだしたため、寺院勢力の危機感をあおり、一挙に反発・対立を激化させることとなったのである。その意味でこれは、治承三年十一月の政変を画期とする平氏と権門寺院との対立の政治的枠組みにもとづいて発生したものであった。

権門寺院のなかでも、まず園城寺の大衆が急先鋒となって反平氏の政治行動をおこし、三月八日ごろには、ひそかに興福寺と延暦寺の衆徒によびかけ三寺が連合して後白河法皇と高倉上皇を平氏の手から奪取する計画をたてている。(3) この園城寺大衆らの企ては、厳島社参の予定日（三月十七日）の直前に延暦寺の僧徒のなかから密告者がでて露顕し、平氏が武士を動員して鳥羽殿や新院御所に厳重な警備体制をしくとともに、三月十六日、ひとまず参詣を延期する旨を発表したので(4)未発におわったが、洛中には風聞・憶測がとびかい、不穏な空気がみなぎった。この時点までに園城寺の意図する計画がどの程度まで具体化していたか詳らかでないが、しかし、たとえば三寺のなかでは平氏にたいして穏健派の延暦寺でも、大衆が全体としてまとまって動いた形跡こそないものの、三月十六日に恵光房珍慶を中心とする一派が蜂起しており、(5) 園城寺に呼応して各寺院のあいだに横断的な結合が進展しつつあったことを示しているのである。

そうした緊迫した情勢のなかで三月十九日の払暁、平氏はあえて高倉上皇の厳島詣をおこなった。この社参の強行は、平氏と寺院勢力との政治的対立をますます激化させ、園城寺を急先鋒とする大衆の結集と反平氏の策動をいっそう進展させるにいたった。それにしても、永年にわたり相互にしばしば反目と抗争をくりかえし、蜂起するばあいにも個別的形態をとりつづけてきたこれら三寺院のあいだに一定の連繫が成立し、法皇・新院の奪取をスローガンにかかげて反平氏という点で結集しつつ、現実の政治行動にたちあがる姿勢をしめしはじめたことは、大衆蜂起の歴史において画期的な意味をもつものであった。そのさい、かれらが後白河法皇と高倉上皇の奪取をスローガンにかかげたことは、一見、破天荒な珍事ともみえるが、(6) しかし、既存の王法仏法相依の体制を維持し、みずからの権益と特権を護持しようとする点ではきわめて政治的な必然性をもっていたのである。したがって、そのスローガンは、寺院大衆の反国家権力闘争の反映というより、基本的にはこれら権門寺院の権益と特権を維持するための政治行動とのからみでうちだされたものと理解されるのである。これら大衆蜂起の基底に、平氏の在地支配をめぐってますます熾烈になってきた田堵農民層の闘争や大衆下層集団との対立が存在し、それなくしてかれらの蜂起もありえなかったことはいうまでもないが、しかし、この時点で、そうした田堵農民層や大衆下層集団の闘争がそのまま直線的に権門寺院勢力の連合と反平氏の政治行動へと展開したわけではなかった。寺院勢力の反平氏的な蜂起と連合を生みだした最も重要な政治的核に、既存の王法仏法相依の国家体制を維持し、そのもとにおいてみずからの権益と特権を護持・拡充しようとする意識と行動が存在したことを看過すべきではない。この点を見落すならば、やがて権門寺院の大衆が治承・寿永の内乱期に演じるあの曲折にみちた政治行動の意味を理解できないことになるとおもう。

こうした寺院勢力、とくに源氏と関係の深い園城寺の動向は、源頼政に平氏討滅の挙兵を決意させる大きな政治条件となり、以仁王と密謀をめぐらして、『吾妻鏡』によれば、四月九日に、いわゆる「以仁王の令旨」を発したのであった。この令旨は、直接的には三道諸国に散在する源氏と軍兵にあて、その蹶起をうながしたものであったが、同時に平氏を「仏法破滅之類」ときめつけるなど、南都北嶺にたいしても十二分の配慮がなされており、この挙兵計画が寺院大衆との提携に絶大な期待をよせていたことを物語っている。(7) やがて五月十五日、この挙兵計画が露顕して以仁王が園城寺にのがれ、園城寺大衆は以仁王の引きわたしを拒絶して真正面から平氏と対決する姿勢をうちだした。ここに、平氏と寺院勢力の対立は、あらたな段階へ突入するのである。

(1) 『平家物語』巻第四、厳島御幸。
(2) たとえば、池田晃淵『平安朝史』六〇四~六〇五頁など。
(3) 『玉葉』治承四年三月十七日条。
(4) 以上、『玉葉』『山槐記』治承四年三月十六日条。
(5) 『玉葉』治承四年三月十六日条、『山槐記』治承四年三月十七日条。
(6) 松本新八郎「玉葉にみる治承四年」(同『中世の社会と思想上』所収) は、この法皇・新院奪取の計画を「珍事」と評価している。治承・寿永の内乱を「封建革命」の一段階として位置づける松本氏は、この時期の寺院大衆(堂衆)の蜂起を古代寺社内部からおこった革命的勢力としてとらえ、この計画についても「南都、北嶺の衆徒は下からわき起る革命的な勢力の要求にこたえて、次第に横にも連合しつつあった。このことによって、清盛は、今まで秋波を送っていた南都北嶺の大衆からも見放されたのである」と評価された。平氏の在地支配の進展とともに寺院勢力との政治的対立が激化したのは事実であるが、その点のみから、この時期の寺院勢力の蜂起と法皇らの奪取計画を直線的に説明することは、寺院勢力の複雑な政治的性格を見失うことになるとおもう。

（7）『吾妻鏡』治承四年四月二十七日条。

第六章　高倉親政・院政と平氏政権

はじめに

治承三年（一一七九）十一月十四日、平清盛は数千の軍兵を率いて福原から上洛し、その軍事力を背景に翌日から廟堂における反平氏勢力の弾圧を強行していった。まず関白・氏長者藤原基房とその子権中納言師家を罷免して藤原基通を関白・氏長者につけ、ついで太政大臣藤原師長いか三十九名の廷臣を解官して院近臣の勢力を一掃し、二十日には、ついに後白河法皇を鳥羽殿に幽閉してその院政を完全に停止し、高倉天皇を擁して廟堂の実権を独裁的に掌握するにいたった。いわゆる治承三年十一月の政変である。

この政変は、平清盛が従来の国家権力秩序を激変させたものとして、貴族層、とりわけ摂関家貴族に強烈な政治的衝撃をあたえた。右大臣九条兼実は、関白基房の失脚の報をうけて「仰天伏地」し、清盛の専権にたいし「於乱代者、天子之位、摂籙之臣、太以無益」と悲嘆するのをはじめ、(1)以後その日乗『玉葉』のなかで、この政変は清盛による「逆乱」「大乱」「僭上」―国家権力秩序の破壊―であると繰り返し非難し、(2)「自去治承三年以来、武権偏奪君威、恣行朝務、因之天下之貴賤、只恐彼権、不粛君命」という状況を現出するにいたったと書きつけるのである。(3)弟の慈円も、『愚管抄』(巻第七)において、この政変を「平将軍ガ乱世ニ成サダマル謀叛ノ詮」と位置づけたのであった。しかして、この政変を、清盛が正統な国家権力秩序を破壊した最も重要な画期とみなし、その結果成立した清盛の専権体制を謀叛者の権力であると位置づける政変観は、ひとり兼実・慈円のみならず、かの以仁王の令旨や清盛の晩年の悪行を弾劾する『平家物語』諸本などでも強調されるところであって、貴族層をはじめ園城寺・興福寺などの反平氏勢力のあいだに広く存在した認識であった。(4)

ところで、現在、平氏政権の形成史のなかで、この政変がどのような政治的位置と意義をしめるのかという点に関しては、これを重要な画期とみなし、この政変の結果はじめて平氏政権が成立したと積極的に評価する見解と、(5)消極的にしか評価しない見解(6)とが相対立しており、容易に決着がつきそうにない。この見解の対立には、平氏政権にたいする分析視角や「政権」概念をめぐる認識の相違など、いわば方法論上の問題もあるが、より根本的には、治承三年十一月の政変における政治史過程のなかで清盛の樹立しようとした政治体制の内容が、〝独裁体制〟という以上にほとんど具体的に解明されていないことに起因するものと考えられるのである。たしかに、この政変史に関しては、平氏による軍事警察機構や受領・知行国の掌握体制などをめぐって貴重な研究が蓄積されてきている。(7)だが、平氏が国家権力の中枢部において国政のヘゲモニーを掌握した政治体制―平氏の専権体制―の構造そのものについてほりさげて分析した研究は存在しないのが実情であるといえよう。したがって、平氏政権論を深化するためには、この政変によって平氏が獲得し成立させた国政領導体制を、前記の『玉葉』『愚管抄』『平家物語』などの叙述をなぞって評価するだけでなく、その体制の具体的な内容を解明することが最も重要な研究課題の一つになるのである。

そこで本章では、主として、治承三年十一月の政変から高倉院政の成立にいたるまでの時期を対象として、平氏が国政を掌握し領導する体制―専権体制―をいかにして樹立していったのかという点に照準をあわせつつ、その構造をできるだけ具体的に分析したいとおもう。そのさい、とくに、平氏の専権体制の形成過程を、高倉親政・院政との関連のなかで追究することを課題にすえたいと考える。治承三年十一月の政変によって、平清盛が、後白河院政を停止し、廟堂の実権を独裁的に掌握する政治体制―専権体制―を確立していく政治過程は、また同時に、高倉天皇による親政、ついで院政が成立する過程でもあった。したがって、平氏の専権体制の確立と、高倉親政・院政の成立とは密接不可分の関係において展開したのであり、両者は分離することができない構造的連関をもっていたものとみるべきだからである。ところが、この両者の関係については、従来、高倉親政・院政を、平氏の政治的傀儡と位置づけるにとどまり、その政治構造に関してそれ以上に踏み込んだ分析がなされてこなかったのである。

九条兼実や木曽義仲のような当時の政治支配層も、すでに高倉親政・院政を清盛の傀儡とみていたのであって、(8)傀儡と指摘すること自体は、たしかにあやまりではない。しかし、清盛が高倉天皇を操って専権を振った、いくつかの事象を点綴して、両者の関係を「傀儡」という抽象的な概念で処理するだけでは、政治権力の構造分析としては不十分なものといわざるをえず、その結果、つぎのような重要な課題が看過されてきたと考えられるのである。

まず第一は、平氏の専権体制―国政掌握体制―が、いかなる政治構造をもつものであり、それを形成・維持していくうえで、高倉親政・院政は、どのような政治的役割と機能をはたしたのかという問題である。それはまた、平氏が高倉親政・院政を推戴・存続せしめることによってしか、その専権体制を樹立することができなかったのは何故かという問題でもある。これは、平氏政権論の核心にかかわる問題であるが、しかし、積極的に追究されることなく、残されてきた課題であるといえよう。

第二は、第一の点と表裏をなすものとして、高倉親政・院政の政治構造の内容を、それ自体ほりさげて分析するという課題である。これは、たんに平氏政権論にとって必要なばかりでなく、院政論にたいしても一つの重要な素材と課題を提供することになるであろう。院政というとき、従来、白河・鳥羽・後白河・後鳥羽らの、いわゆる治天の君として国政に関与し、権力を振った上皇のばあいが注目されることが多かった。(9) 上皇(太上天皇)が国政を主導する政治形態が院政である以上、研究者の関心が、これらの政治権力を掌握した上皇に集中したのは、むしろ当然であった。その結果、高倉院政については、その存在を認めながらも、実権のない傀儡的な存在、あるいは特殊な政治情勢のもとでの例外的な存在として、軽視ないし無視されることとなり、その実態についての独自の解明がなされてこなかったのである。しかし、高倉院政が、たとい傀儡的ないし例外的な存在であったとしても、それが厳然として存在した以上、専権的なもののみを院政として把握するのではなく、高倉院政もまた、この時代の政治構造のなかから歴史的必然性をもって生みだされてきた、院政のありうべき形態の一つとして考察する必要があろう。そしてまた、高倉親政・院政をも視野のなかに入れることによって、この時期の院政という政治形態の特質をより総合的に理解することができるものと考えられるのである。その意味で、高倉親政・院政を分析することは、中世の天皇制や院政を考察する上できわめて重要な課題の一つになるのである。

そこで、本章では、このような研究の動向と課題を念頭におきながら、高倉親政・院政と平氏政権との関係をできるだけ具体的に分析したいとおもう。

(1) 『玉葉』治承三年十一月十五日、十六日条。
(2) 『玉葉』治承四年二月十一日、同年九月三日、同年十一月二十六日、同年十二月二十九日、治承五年閏二月五日、養和二年二月十七日の各日条など。

(3)『玉葉』文治元年十二月二十八日条。
(4) 本書第七章以仁王の乱の第一節を参照。
(5) その代表的なものとして、石母田正「平氏『政権』について」(同『古代末期政治史序説』所収)、上横手雅敬「平氏政権の諸段階」(安田元久先生退任記念論集刊行委員会編『中世日本の諸相上巻』所収)などがある。
(6) その代表的なものとして、村井康彦『平家物語の世界』、五味文彦「平氏軍制の諸段階」(『史学雑誌』八八編八号)などがある。
(7) 軍事警察面については、満富真理子「検非違使と院政」(『史淵』一〇四号)、白川哲郎「平氏による検非違使庁掌握について」(『日本史研究』二九八号)、米谷豊之祐「後白河院北面下﨟」(同『院政期軍事・警察史拾遺』所収)、五味文彦前掲論文(註6)などがある。受領・知行国については、飯田悠紀子「平氏時代の国衙支配形態をめぐる一考察」(『日本歴史』二六二号)、石丸熙「院政期知行国制についての一考察―とくに平氏知行国の解明をめざして―」(『北海道大学文学部紀要』二八号)、菊池紳一・宮崎康充「国司一覧」(『日本史総覧II』所収)などがある。
(8)『玉葉』治承四年十一月二十六日、寿永二年八月十四日条など。
(9) 石母田正『古代末期政治史序説』は、専制君主としての上皇の役割を重視する最も代表的な見解であり、院政史研究に大きな影響をおよぼした。

一　治承三年十一月の政変と高倉親政の出現

平治の乱に勝利することによって、中央政界における唯一の武門としての地位を固めた平清盛とその一門が、順調かつ急激に国政の中枢部へ進出しはじめ、やがて院・摂関らの権門貴族と相拮抗する政治勢力に成りあがっていったことは周知の通りである。この平氏の台頭と権勢の樹立は、院・摂関という二大権門を基軸として運営・維持されてきた国政の構造と秩序にきびしく改変をせまるものであったから、政治権力者層の内部に鋭い対立・緊張関係を生みだし、国家権力のヘゲモニーをめぐる抗争が激化するにいたった。院・摂関らの権門貴族にとって、たしかに武力はおのが政治権力と階級支配を維持するために必要不可欠なものであったが、しかし、それを担当する武門が、清盛のように自己の政治権力と拮抗し凌駕する勢力にまでのしあがることは断じて阻止すべきものだったからである。

とくに高倉天皇の即位後、清盛を囲繞する宮廷勢力の形成がすすむのに比例して、後白河法皇との協調関係に亀裂が生じはじめ、法皇の平氏にたいする抑制策が露骨にとられるようになった。そうした情勢のなかで、まず院近臣が動きだし、治承元年（一一七七）、権大納言藤原成親・僧西光・検非違使平康頼・法勝寺執行俊寛らが鹿ヶ谷の山荘に集まり、日陰者的な存在になっていた多田蔵人行綱らの武士と結んで平氏討滅の密議を重ねだした。この謀議は、六月一日、多田蔵人行綱の密告により発覚し、清盛は西光を捕えて拷問にかけ「可危入道相国之由、法皇及近臣等、令謀議之由」を自白させると[1]、ただちに関係者を流刑または殺害し、法皇の周辺から有力な院近臣を放逐した。その結果、国政運営上における法皇の主導権は大きく後退し、高倉天皇を擁した清盛の発言力がいちじるしく強化されるにいたったのである[2]。このいわゆる鹿ヶ谷事件によって、法皇と清盛との対立は決定的となり、法皇は政界におけるもう一方の反平氏勢力の領袖である関白藤原基房との結びつきをつよめて清盛と対抗し、やがて治承三年（一一七九）になると、法皇らは矢つぎばやに平氏にたいする巻き返し策を展開しはじめた。そうした政治的対立と葛藤が権力抗争の形態をとって激発したのが、治承三年十一月の政変であった。この政変については、すでに第二章平氏政権と摂関家や、第五章第三節「治承三年十一月の政変と権門寺院」でとりあげ、政変の大きな原因となった摂関家領をめぐる平氏と関白藤原基房との争いの内容や、この政変が権門寺院勢力にあたえた政治的影響などについて考察してきた。そこで、本章では、それらをふまえながら、この政変の展開過程を全体的に分析することにより、高倉親政が出現する政治的意味を考えたいとおもう。

さて、当時、この政変を身近で体験した九条兼実・中山忠親・慈円らの人びとが一致して、政変勃発の直接的な動因として指摘するのは、あいついで起ったつぎの三つの事件であった。

(1)白川殿遺領の争奪事件

この年の六月十七日、白川殿平盛子が二十四歳で没すると、平清盛と後白河法皇・関白藤原基房とのあいだで、その遺領の伝領・管掌をめぐってはげしい争奪戦が展開されるにいたった。それには過去からの些か複雑な事情が伏在していたが、その点については第二章で考察したので、詳述することをさけ、必要なかぎりで言及すると、つぎのようであった。盛子は、清盛の娘で、わずか七歳で関白・氏長者藤原基実の正妻となったが、仁安元年(一一六六)七月に基実が急死すると、長子基通(母は従三位藤原忠隆の娘)が幼少であったため、弟基房が摂政・氏長者になった。しかし、清盛は、基房には佐保殿以下のいわゆる殿下渡領などをわたすにとどめて、基通が成人するまで預るとの口実のもとに、九州の島津荘をはじめ膨大な摂関家領、累代の記録、宝物などを前関白未亡人たる盛子に相続させ、みずからが摂関家領支配の実権を掌握する体制を築いたのであった。そして、摂関家家司の藤原邦綱を盛子の後見にすえて基通を養育し、さらに盛子の妹寛子を基通に配するなどの策を講じて将来に備えたのである。

こうした立場にいた盛子が没したいま、その膨大な遺領の帰属が、平氏はもとより摂関家勢力にとっても、にわかに緊迫した問題となるにいたった。清盛は、盛子が高倉天皇の養母(准母)の地位にあったことから、その遺領を高倉天皇に相続させて、所領支配の体制を実質的に維持しようとしたのであった。この高倉天皇への伝領に不満をもった関白基房は、摂関家氏長者としてその遺領相続の権利を主張し、後白河法皇にはたらきかけたため、法皇もこの遺領問題に介入し激しい争奪戦が演じられることとなった。しかして、法皇は、天皇家の家長としての立場からその所領—高倉天皇領となった盛子の遺領—の支配に介入し、白川殿倉預に院近臣の前大舎人頭藤原兼盛を補任して、管理支配権を掌握しようとしたのであった。九条兼実は、この介入を「法皇過怠」としてあげ、清盛が激怒して政変をひきおこす直接的な動因の一つになったと指摘している。(3) それは、たしかに、清盛が永年にわたって築きあげ維持してきた摂関家領支配の体制に、楔を打ち込み否定するものであったから、兼実の指摘はけだし当然であったといえよう。

(2)越前国の収公事件

二つ目の事件は、清盛の嫡子重盛の没後、その知行国越前を後白河法皇が没収する措置にでたものであった。越前国は重盛を知行国主、平通盛を国守とする国であったが、(4) この年七月二十九日に重盛が死去すると、その知行国主の地位は子息の維盛がうけついでいた。(5) ところが、法皇は、十月九日の除目において、「入道(清盛)ニモトカクノ仰モナク」(『愚管抄』巻第五)、維盛から越前国を没収して院分国とし、通盛にかえて藤原季能を越前守に任じるにいたったのである。季能は、周防・讃岐など数国の院分受領を歴任してきた法皇の近臣であった。(6) 法皇のこの措置も、荘園とならんで知行国支配(国衙支配)をその重要な権力基盤とする平氏にとっては大きな打撃であり、まして平氏の嫡流重盛の後継者が否定されたことは、その面目を完全に失墜させるものであったから、これまた清盛が「大成怨」したのは当然であった。(7)

(3)藤原師家の権中納言昇任事件

第三番目は、平維盛が越前国を収公されたのと同じ十月九日の除目において、かねて清盛が推挙していた従二位非参議右中将で二十歳の藤原基通をさしおき、関白藤原基房の子で、わずか八歳の正四位左中将の師家が権中納言に昇任された事件である。この除目は、前日の八日夜、にわかに師家ひとりだけを対象として叙位をおこない従三位に昇叙したうえで、翌日、権中納言に補任するという異例の措置であって、師家はその後「八歳ノ中納言」と異名をとった(『愚管抄』巻第五)。九条兼実は、この強引な人事にたいする基通側の思いについて「基通為権門之親昵、定有所鬱歟」と危惧の念を書きとどめている。(8) たしかにそれは、権門(平清盛)にとっては、たんに人事にたいする発言権が無視されただけにとどまらず、永年にわたって積みあげてきた摂関家対策の苦心の構想を根底から揺るがす内容をもつものであった。清盛は、前述のように、基実の没後、基通が幼少のため止むをえず基房を摂政・氏長者につけたが、基房のつぎには基通にその地位を継承させる構想をたてて、盛子に摂関家領の大部分を伝領するとともに基通を養育させ、さらに娘の寛子を配するなど周到な策をめぐらしてきていたのである。ところが、盛子のあまりにも若い死はこの構想に破綻を生じ、盛子の遺領に関しては高倉天皇領とすることによりその危機を切り抜けようとしているところへ、いままた基房側が思いきった勢力挽回策をとってきたのであった。そうした政治情勢のもとで、基通を超越して師家を権中納言に任ずるということは、とりもなおさず師家が基房のあとを継承すべき「摂籙之嫡子」たることを天下に宣言するに等しい政治的意味をもっていたのである。(9) さらにそれは、後白河法皇の介入などをうけて不安定な状況にある盛子の遺領（高倉天皇領）の帰属についても、ただちに甚大な影響をおよぼさずにはいないものであったから、清盛にとっては、到底、許容できない人事であったのである。

　治承三年十一月の政変の直接的な動因となったのは、以上の三つの事件であった。これらは、平盛子と重盛の死を契機として発生したが、そのいずれもが平氏の築きあげてきた政治的地位と権力基盤を根底から崩壊させる内容をもつものであったために、かねて進展しつつあった政局の危機を一挙に激発させることになったのであった。そのなかでも、とりわけ摂関家領の帰属問題が大きな比重をしめており、この政変は摂関家領支配をめぐる清盛と法皇・基房の抗争を基本的動因として勃発したといっても過言ではないほどである。かくして、清盛は、白川殿遺領への介入と越前国の収公とを法皇の「過怠」、師家の権中納言昇任を関白基房の「罪科」とみ、これらは、法皇と関白が同意して清盛を朝政から排除して「国政」を乱そうとするものであると激怒し、(10) さらに「上皇与関白、可令滅平家党類之由」の密謀の噂さえあるにおよんで、(11) ついに断固たる対抗措置をとる必要にせまられ反撃にでるにいたったのであった。したがって、この政変が清盛と法皇・基房との政治的対立にもとづいて惹起された権力抗争であることはたしかであるが、しかし、そのさい清盛は、当初から独自の政権構想を明確にもってそれを樹立することをめざして政治行動に踏みだしたというより、平氏一門の既得権益を奪い国政から排除すべく法皇・基房らが加えてきた圧迫にたいして、みずからの政治的地位と権力基盤を維持・確保することを第一義的な目的としてひきおこしたものと考えられるのである。その意味でこの政変は、清盛にとっては積極的に新政権の樹立をはかるためではなく、平氏一門のいわば政治的既得権益を保全するための防衛的・対抗的な意識と目的のもとに敢行したものとみるべきであろう。

さて、平清盛は、治承三年十一月十四日に入京し、翌日から藤原基房・師家父子の罷免・配流をはじめ院近臣三十九名の解官など一連の反平氏勢力にたいする追放・弾圧を疾風的に断行していった。そして、十一月二十日、後白河法皇を鳥羽殿に幽閉すると、はやくもその日の午刻には京都を出立して福原に向かったのである。[12] 上洛からわずかに七日間、政変の終結というにはいまだ程遠い時点での清盛の離京は、この政変にたいする彼の政治姿勢を端的に示すものと評価する見解を古くから生じさせた。

すでに『平家物語』(巻第三、城南之離宮)は、この点について、清盛は政変を断行して「かくさむ〴〵にし散されたれ共」、それを収拾することなく、建礼門院徳子が中宮であり、かつ聟の藤原基通が関白になったことにより、万事安心したものか、「政務はたゞ一向主上の御ぱからひたるべし」と平宗盛をつうじて高倉天皇に奏上させておいて、自分は怱々に福原へひきあげてしまった、と伝えているのである。つまり、清盛は、政変によって国政を撹乱したあげく、高倉天皇の親政を奏請してそれに一任し、わが事なれりとばかり離京した、とのべているのであって、それは『平家物語』諸本に共通する認識といってよい。こうした『平家物語』の政変観は、現在においても継承されており、清盛はあらかじめ明確な政権構想を描かずにこの政変を敢行しただけでなく、政変の結果、後白河院政にかわる平氏独自の政治体制を形成する意思すらもっていなかったという、治承三年十一月の政変にたいする消極的な評価を生みだす根拠の一つになっているのである。(13)私もまた、さきに指摘したように、この政変は政治体制の変革や政策をめぐる対立などからおこったものではなく、平氏のいわば既得権益の確保を直接的な動因とし、すぐれて権力抗争的な内容をもって勃発したものであると考える。しかし、たとい直接的な動因がそのようなものであっても、清盛が政変を断行し、後白河・基房らの政敵を国政の座から排除する過程は、同時に国家権力の主導権を掌握する過程でもあったのであって、清盛は、好むと好まざるとにかかわらず、後白河院政にかわって国政を担保していく政治体制を樹立する必要にせまられたものとみられるのである。『平家物語』の政変観を無批判に継承するのではなく、政変の直接的な動因とは別に、政変の遂行過程のなかで平氏の政治権力や国政掌握体制に変化が生じなかったか否かをそれ自体ほりさげて吟味すべきであるとおもう。この問題を検討するにあたって、まず注目する必要があるのは、つぎの二点である。

第一は、この政変の遂行過程において、平氏の軍事力がはたした圧倒的な役割についてである。権力抗争を最も端的に解決する手段の一つは軍事力であるが、このばあいも、まず当初からそれが表面に突出したのであった。「数千騎」の武士を率いて上洛した清盛は、ただちに洛中を軍事的圧制下におき、(14)反平氏勢力や廷臣・貴族に迫害・威圧・懐柔などをもって臨みつつ、一連の政治措置を講じていった。この状況のもとでは、九条兼実でさえ、家中の男女に高声雑言を禁じるほどの脅威を覚える有様であった。(15)こうした畏怖・脅威は、その後、平氏が反対派にたいする苛烈な処断を実施するのに比例してますます増幅し、兼実をして、「近日事、以恐為先」「世間之人、不語武士」(16)といわしめるような一種の恐怖政治を生みだしたのであった。それゆえ、この政変は、清盛が武力を行使して、院・摂関らの権門貴族を圧伏させ、非合法的に国家権力を簒奪して軍事的独裁政権を成立せしめたという意味あいをこめて、しばしばクーデターともよばれるのである。たしかに、この政変において、軍事力が重大な意義をもったのは事実であるが、しかし、清盛は軍事力のみによって国家権力を簒奪したのではなかった。清盛は、この政変を敢行して国政執行に関する実権を掌握する最強の権門になったのであるが、そのさい、清盛が選択した政治体制は、『平家物語』のいうごとく、高倉天皇の親政にほかならなかったからである。

そこで第二に注目したいのは、清盛がたんに軍事力だけでなく、この政変を正当化し権威づけるために、一貫して高倉天皇を推戴しその統治権（天皇大権）を真正面におしだして最大限に利用する方法＝体制をとっている点である。そのことは、関白基房の罷免や後白河院政の停止など政変の決定的な山場において最も端的に示されている。

まず関白・氏長者の更迭に関しては、はやくも清盛が入洛した十四日の夜半、蔵人頭源通親をつうじて、高倉天皇の「勅定」により、藤原基通を関白・内大臣・氏長者に任じ、関白藤原基房・権中納言藤原師家を解任するよう宣下すべしとの命が下された。これをうけて上卿の権中納言源雅頼が権右中弁藤原兼光らを指揮して勅書・宣命などを作成せしめ、外記に清書させ奏聞したうえで発布したのであった。十六日の早旦にこれを聞いた権中納言中山忠親は、驚いて源雅頼に問い合せたところ、「勅定也、不移時剋、可参陣」との答えがあって茫然自失する有様であった(17)。さらに十七日には、正二位内大臣基通にたいし、従一位左大臣藤原経宗、従一位右大臣九条兼実の上に列すべしという、一座の宣旨が下されたのである(18)。官位下臈の関白に一座の宣旨がだされるのは異例のことであるが、清盛が廟堂における関白基通の地位の強化をはかる目的であえて高倉天皇に宣旨をださしめたものと解されている(19)。この関白の更迭は、たしかに怱々の間に強引になされ、異例な部分もあったが、しかし政務執行の手続き面では、正規の手順を踏んでおこなわれたのであった。九世紀中葉以降、太政官における政務・朝儀は、議政官たる現任公卿のなかから上卿が任命され、その上卿が職事蔵人をつうじて天皇の勅（命令）をうけ、弁官を指揮して施行文書を作成せしめて処理するのが基本的な執行形態であって、その形態は院政のもとでも変化がなかったことが古文書学的な研究の面から明らかにされている。[20] しかして、清盛もまたこの関白の更迭にあたって、その執行形態を踏襲しているのである。それゆえ、この関白の更迭が、いかに強引かつ怱々の間におこなわれたものであっても、高倉天皇の勅定(親裁)のもとに太政官機構をつうじ正規の執行形態をとってなされた以上、真正面から否定することのできない合法性をもっていたのであった。

後白河法皇にたいしては、さすがに高倉天皇の「勅定」による院政の停止というような直接的な形態をとることはできなかったが、しかし清盛は天皇の統治権を巧妙に利用することによって、後白河法皇の国政への介入の排除―院政の停止―を実現したのであった。十五日の夕刻、清盛が中宮徳子・東宮言仁をつれて福原ないし鎮西に赴くための迎えの車が内裏に参集しているとの風聞が流れ、洛中が騒動をきわめるなかで、清盛は東宮亮平重衡を使者として高倉天皇のもとに遣わし「近日、愚僧《(清盛)》偏以棄置、見朝政之體、不可安堵」、身に罪科を蒙ってから後悔しても無益なので暇を賜り、両宮を相具して辺地に隠居したい、ついてはそのために両宮が八条亭(清盛邸)に移ることの許可をえたい、との要望を伝えしめた。これをうけて高倉天皇はただちに両宮の行啓を許す旨の勅使を清盛のもとに遣わすとともに、上卿に命じて「勅書・宣命」などの沙汰をせしめたのであった。政局が緊迫をきわめるこの時点で、清盛があえてこうした要求をだした真の狙いは、もとより単純な隠退にあったのではなく、法皇が関白基房と結託して清盛を国政から排除し、平氏討滅の謀略をめぐらしたことにたいする政治的責任を、両宮をともなっての辺地への隠居という恫喝的な強硬手段で訴え、高倉天皇がそれを認めたことを満天下にしめす方法で追及する点にあった、と考えられる。そのため、この日の早朝より、平宗盛や高倉天皇の女房の若狭局らが、清盛と天皇とのあいだを数回も往還して意見の調整をはかり、あらかじめ「内々議定」したうえで、上記の風聞がひろまったのを見計らったかのように、平重衡を派遣するという周到な策をとっているのである。[21] はたして、清盛のこの狙いは奏効して「天下上下如死灰」くなり、[22] その日のうちに法皇は、法印静賢を清盛のもとに遣わして子細を弁明させるとともに、みずから「自今以後、万機不可有御口入之由」—国政不介入—を伝えしめたのであった。(23)

後白河院政を停止するにあたって、清盛がとったこの方法は、院政のはらんでいる政治的弱点をまことに的確についたものであった。院政は、上皇が国政に関与しそれを主導する政治形態であるが、しかし、その政治形態は、中央貴族の範囲にかぎっても国政上不可欠の存在として要請されるものではなかった。貴族層のなかには、天皇こそが国政を統治する政治主体であり、その天皇から摂政・関白が執政を委託されておこなう政治形態＝摂関政治こそ正統なものであって、院政は「脱屣ノ後ニ大上天皇ナガラ、主上ヲ子ニモチテ、ミダリガハシクハヾカラズ世ヲシラントイフハカラヒ」(『愚管抄』巻第三)であるとするような観点から院政に抵抗する勢力がたえず存在したのであった。このため、歴代の院政の主は、太上天皇(上皇)という地位と権威のみでは院政を正統づける根拠とはなしえず、その国政関与を正統づける論理とイデオロギーを自己主張することによって政治権力を形成・維持していかなければならなかったのである。そのさい、かれらがとってきたのは、天皇家の家長としての立場を前提とし、現在天皇の尊属親であるという天皇の分身的権威と、幼齢の天皇をたすけて朝政を相議し諮詢に応じるのだという後見的立場を主張することによって、その国政関与を正統化する方法であった。要するにそれは、天皇を国政上不可欠の存在と位置づけたうえで、その権威と癒着吻合することによって国政関与を正統化するものであったのである。(24) したがって、院政は天皇の側が独自の支持勢力を背景として攻撃をくわえてきたとき、意外にもろい政治的弱点をもっていたのであった。清盛は、そうした院政の弱点を巧みについて、高倉天皇の統治権にもとづいて関白基房を国政紊乱の罪で解官・配流に処して、現実に高倉天皇の親政を発足させる一方で、法皇と基房が国政を紊乱するので自分は辺地へ隠居したいと天皇に奏請し、それを天皇が認可するという形態で法皇の政治的責任を追及しつつ、法皇の方から国政不介入を申しでる状況をつくりあげたのであった。このとき、法皇はもはやみずからの国政介入を正統化する論理と方法を奪われたのである。後年、慈円が『愚管抄』（巻第七）で、清盛が「後白河院ヲワロガリマイラセテ」、高倉天皇・安徳天皇を推戴して「世ヲ治メメント」したと批判する政治体制は、けだしこのときをもって開始されたとみるべきであろう。

かくして、清盛は、法皇と関白基房を武力で圧伏して政権を簒奪したという非難を、誰しもが表向き反対できない天皇の権威をかかげて乗り切り、天皇親政の政治体制を推進することによってこの政変の正当化をはかったのである。その点で、武力とならんで高倉天皇の権威と政治的役割がこの政変における最も重要な転轍軸になったのであった。

もっとも、高倉親政の発足とはいっても、天皇自身が実体的な権力を掌握したわけではない。後白河院政のもとで成長した十九歳の高倉天皇は、国政の実務経験がほとんどなく、それを輔弼すべき関白藤原基通も、わずか二十歳で、かつ非参議から一挙に昇任したため、公事・朝儀などにきわめて未練であった。したがって、『平家物語』のいうように、清盛が国政から手をひき、この両名が朝政・公事をとりしきって親政の実をあげることなど、到底、不可能であった。そこで必然的に、清盛にとっては、高倉親政を表面にかかげつつ、そのもとで国政を実質的に運営し主導する体制を構築することが緊急の政治課題としてつきつけられるにいたったのである。この国政領導体制が進展するところに、後白河法皇の幽閉後、清盛が「皆雖假名於勅宣、其実只任雅意」せて政治をおこなったと九条兼実が指弾し(25)、木曽義仲が「法皇御隠居之刻、高倉院恐権臣、如無成敗」であったと非難する(26)、高倉親政を傀儡とした平氏の専権体制が形成されていくことになるのである。

こうして、平氏が後白河院政を停止して高倉親政を発足させたことにより、国政における権力状況は、後白河法皇と平氏との連合政権的な形態から、平氏の専権体制へと大きな変化をとげたのであった。その変化は、とりもなおさず、国政上における平氏の政治的地位が、軍事部門の担当を基本とする武門―軍事的権門―から、国政全般を実質的に担当・掌握する最強の権門へと成り上り転換したことを意味するものでもあった。私は、この軍事的権門から国政全般を掌握する権門への転換をもって、平氏政権の確立と評価すべきであるとおもう。平氏政権はやはり、治承三年十一月の政変のなかから生みだされたのである。

そこで、つぎに問題となるのは、平氏が国政を領導していくためにどのような政治体制（システム）を構築していったのかということである。結論的にいえば、高倉親政を表面におしたててそのもとで国政領導体制を構築しようとする以上、平氏は独自の政治機構をあらたに創設するのではなく、国家と権門の既存の権力機構の存続を前提としつつ、それらの権力機構における人事を更迭することによって政治勢力を再編成し、国政のヘゲモニーを掌握する体制を築きあげようとするのが基本的な形態であった、と考えられる。関白基房の罷免以後も、清盛は人事の更迭を廟堂の頂上部だけにとどめず官制諸部門や後院庁・摂関家政所などの権門の家政機関の実務担当者にまでおよぼし、十一月十七日以降、大量の免職者にかわって平氏一族やその与党を登用することによって、これらの諸機関を掌握することを狙ったのであった。この人事の更迭は、もとより武力的な威嚇のみによっておこなわれたのではなく、国家権力機構におけるばあいは、上卿が権大納言藤原実国・権大納言藤原実房・大納言藤原実定・右大臣九条兼実らにかわり、担当の職事蔵人や弁官に変化があっても、すべて関白更迭のときと同様に、高倉天皇の勅定・勅旨にもとづき太政官機構をつうじて執行するという正規の政治的手続を踏んで執行されていったのである。(27) そのさい清盛は、基本的にはつぎの二つの形態をとって、これらの諸機構における権力集中体制の形成をはかったのであった。

その一つは、あの『平家物語』（巻第一、吾身栄花）が「惣じて一門の公卿十六人、殿上人卅余人、諸国の受領、衛府、諸司、都合六十余人なり」と誇称したように、中央・地方の官制諸部門や権門の家政機構などのなかへ、平氏一族や家人を配置・進出させることによって、これらの機構を掌握しようとする形態であった。これは従前から平氏が推進してきたものであるが、この政変を境として一段と拡充・強化されたのである。

もう一つの形態は、反平氏勢力をきびしく弾圧して、これらの機構から排除する一方で、中立ないし日和見的立場の政治勢力―とりわけ実務官人層貴族―との対立をできるだけ回避しつつ、かれらの政治的地位と特権を保証したり、官職の恵与や昇進・登用などをつうじたりして積極的に平氏の与党勢力に包摂し編成しようとするものであった。前者が、主従的支配の拡大であるとすれば、これは官職の任免権の行使を槓杆として機構や制度を媒介に政治勢力の再編成をはかることによって権力基盤を拡大していく方法であった、といいかえてもよい。

この二つの形態のうち、平氏が権力集中体制を形成するうえで基軸をなしたのは、もとより前者であった。しかし、平氏が前者を基軸にすえながらも、同時に後者の形態をつうじて権力集中体制を構築していった点を軽視すべきではない。とりわけ、この政変によって平氏が軍事的権門から国政全般を担当する権門への転換をとげるなかで、国政の実務行政を担う部門の再編・強化が焦眉の急となったため、後者のしめる比重が一挙に増大するにいたったからである。軍事部門の担当者として国政に関与しつつ政治的地位を築いてきた成り上がり者の平氏は、その台頭過程において、実務官人層貴族の組織化にとりくんできたとはいえ、院や摂関家などにくらべてその知識も基盤もはるかに狭隘であった。したがって、平氏がこの政変を契機として、現実に国家権力の掌握体制を構築するにあたっては、後者の形態をとった人事の拡充・補強策が緊急の課題となったのである。高倉親政のもとで、清盛が右の二つの形態をとりながら、国家と権門の権力機構のなかに人を配置することによって築きあげていった政治体制（システム）を具体的に分析する作業をつうじて、平氏の国政領導体制―平氏政権の構造―への解明を深めることができると考える。そこで、この作業に取り組むことにするが、そのさい、以下の論述の都合上、まず軍事警察部門について確認しておきたいとおもう。

この政変において、軍事警察部門のなかでも、人事の更迭がとくに目立つのは、検非違使庁であった。[28]当時、使庁では、同年一月に別当に就任した平時忠が辣腕を振っていたが、[29]この政変で、平氏は、検非違使尉の大江遠業・平扶行・藤原信盛をはじめ、明法家出身の志・府生の中原清重・中原重成・安倍久志らの院近臣を解官し、かわって藤原景高・藤原忠綱・藤原(斎藤)友実・源光長らを抜擢することによって、使庁の掌握体制を積極的に推進していった。[30]このうち、大江遠業・平扶行・藤原信盛は、ともに後白河法皇の北面下﨟の出身である。遠業は、保元三年(一一五八)正月に左衛門尉、仁安三年(一一六八)正月に検非違使尉となり、強盗の追捕や院の御幸の警備などに従事してきたが、その間、備前国和気郡の香登荘の下司職を平重衡の家人の業資なる者と争奪しあうなど平氏との対立を深めていった。[31]そうしたこともあって、清盛に憎まれ、この政変で解官されたあと、平氏に召還されると覚悟をきめ、二十一日に自宅に火を放って子息らとともに自殺したのであった。[32]平扶行は、すでに鹿ヶ谷事件で、平氏討滅の謀議の参加者のひとりとして検非違使左衛門尉の地位を解任されたことのある人物である。ところが、後白河法皇の政治権力が回復するとともに検非違使左衛門尉に還補されていたが、この政変で再び解官されるにいたったのである。[33]藤原信盛は、随身の磯部公春の子であったが、後白河法皇の命によって北面下﨟藤原盛景の猶子となり、「院近臣無双」といわれた人物であり、左兵衛尉・左衛門尉などをへて検非違使になっていた。[34]したがって、この三名は、いずれも検非違使庁における後白河法皇の武力を代表する存在であって、清盛はかれらを排し、藤原景高・藤原忠綱・藤原(斎藤)友実・源光長らを任命したのであった。

藤原景高は、伊勢国を本貫とする飛弾守景家の嫡男で、父の景家は、平盛俊・藤原忠経らとならんで平家の「第一之勇士」と称される有力家人であった。[35]藤原忠綱も、伊勢を本拠とする平氏の侍大将、上総介忠清の嫡子で、このとき景高とともに左衛門少尉・検非違使に任じられたのである。[36]藤原(斎藤)友実は、越前国の北部に勢力基盤をもつ在地領主の斎藤氏の一族で、はやくより京にでて仁和寺宮守覚法親王のもとに祗候していたが、「首服時属平家」したという。[37]その後、平氏に属しながら在京武士として活動しはじめたらしく、仁安二年（一一六七）ごろには右衛門少尉としてあらわれ、翌年三月に検非違使の宣旨をうけたが、[38]やがて検非違使の職を辞していたのであった。[39]

これにたいして、源光長は、美濃国中央部を本拠地として発展してきた美濃源氏の嫡流で、父光信は白河上皇の命により検非違使として源為義らとともに、鳥羽天皇の警備・宿直にたずさわるなど近侍し（『愚管抄』巻第四）、悪僧追捕などにも活躍して「鳥羽院四天王其一也」（『尊卑分脈』）と称された人物であった。叔父の光保も、鳥羽院の「最後ノ御ヲモイ人」（『愚管抄』巻第四）の父として、鳥羽上皇の引級をうけて、検非違使・出雲守などを歴任し、院の昇殿も聴され、保元元年（一一五六）七月の鳥羽院の葬送にあたっては、藤原信西らとともに入棺の役をつとめたほどであった。[40]したがって、この時点での美濃源氏一族は、独立した武士団として平氏に比肩しうる存在であったといえるのである。ところが、光信は、大治五年（一一三〇）十一月に京中で乱闘事件をひきおこして土佐に流され、[41]光保も平治の乱で源義朝方に与同する動きを示したため、乱後の永暦元年（一一六〇）六月、謀叛の嫌疑をうけて薩摩に配流となり、そこで謀殺されたという。[42]そうした情勢のなかで、中央政界における美濃源氏の政治的地位は失墜して完全に平氏の下風に立つにいたり、光長は、すでに久安六年（一一五〇）八月に左兵衛少尉、ついで翌々年に右衛門尉に任じられていたものの、[43]その後ながらく官位も昇進せず雌伏を余儀なくされていたのであった。

かくして、清盛は、この政変において反平氏勢力を使庁から掃蕩して後白河院政の武力基盤を壊滅させ、かわって自己の家人を送りこみ、また源光長のような不遇な境涯にあった武士の一部を積極的に擢用して編成することによって使庁の掌握体制をいっそう強化しようとしたのであった。その効果は、はやくも翌年五月の以仁王の乱の追討にあたって、藤原景高・同忠綱・源光長らが遺憾ない活躍を示す点などによくあらわれている。[44]さらに、その後、平氏は、内乱の激化に対応して検非違使庁の機能を一段と拡大させ、治承五年（一一八一）二月には、京中の在家を検注させるのをはじめ、検非違使を美濃国に派遣して水手・渡船を点定するなど、兵粮米等の軍用物資を徴発・確保するための兵站的機能をもたせるにいたるのであるが、[45]それも、こうした平氏の使庁掌握体制を前提として推進されたものであったのである。だが、もとよりこのことは、平氏の使庁掌握体制が、この政変を起点として進展したことを意味するのではない。平氏は、すでに応保元年（一一六一）一月に、清盛が検非違使別当に就任したのをはじめ、平時忠が検非違使尉・佐をへて仁安三年（一一六八）七月に別当に昇任し、以後、安元元年（一一七五）十二月、治承三年（一一七九）一月と、三度にもわたって別当に補任され「物狂之至也、非人臣之所行」と評されるなど、[46]使庁の実質的な担い手としてその掌握体制を積極的に推進してきていたのであった。[47]それゆえ、この政変の結果、平氏はその体制を一段と強化し、使庁の権限をほぼ完全に掌握したものとみなすことができるのである。しかして、そのことは、使庁のみならず、平氏の軍事警察権の掌握体制全般についてもいえるのである。

平治元年（一一五九）の平治の乱で、清盛は源義朝を破って源氏の勢力を没落させて、中央政界における最強の武門としての地歩を固め、急激に国政の中枢部へ進出していくが、それは同時に、国家の軍事警察権を掌握し軍事的権門（武門）としての地位を確立していく過程でもあった。清盛は、はやくも翌永暦元年には、正三位参議として公卿に列して右衛門督を兼ね、応保元年（一一六一）権中納言・検非違使別当、さらに永万元年（一一六五）権大納言・兵部卿、仁安元年（一一六六）正二位内大臣と驚異的な累進をとげ、ついに翌年二月、左右大臣をへずして従一位太政大臣の極官にのぼるにいたった。その間、平氏一門の昇進もめざましく、この仁安二年二月の段階では、清盛のほか、重盛が権大納言、頼盛が正三位・大宰大弐の任にあったうえ、あらたに平時忠が参議・右兵衛督に昇任されるなど四名の公卿が出現する有様であった（以上、『公卿補任』）。この年の五月十七日に、清盛は太政大臣を辞すのであるが、それに先立って同月十日、後白河法皇の院宣にもとづき「宜仰権大納言平卿（平重盛）、令追討東山東海山陽南海道等賊徒」という内容の宣旨がだされた[48]。この宣旨は、すでに五味文彦氏が指摘されたよう[49]に、清盛の辞官によって、その後継者となった重盛が、後白河院政下において、諸国の賊徒を追討する全国的な軍事警察権を公的に付与されたものとみられるのである。したがって、これは、かねて平治の乱後から軍事的権門への地歩を固めてきた平氏が、この時点で清盛のあとを重盛が継承するにあたって、その政治的地位を明確化し公的に確認・保証されたことを意味したのであった。こうして、国家的な軍事警察権を確保した平氏は、その後、大番制度を媒介に諸国の武士の把握につとめたり[50]、前記の検非違使庁の掌握体制を固めるなど、軍事的権門としての立場をますます強化するとともに、国政への関与を深めつつ、その権勢を高めていったのであった。その権勢について、「勇名被世、平治乱逆以後、天下之権、偏在彼私門」という[51]評価はたしかに誇張であるとしても、清盛みずからが「源氏平氏者我国之堅也、而於平氏者、朝恩已普一族、威勢殆満四海、是依勲功也」とのべて、源頼政を三位に叙するように推挙するとき[52]、そこには、国家権力をささえる軍事的権門としての揺るぎない地位を確立した自負と余裕がはっきりと示されているといえよう。

　このように、平氏はすでに治承三年十一月の政変以前に、国家の軍事警察部門の実権を掌握する体制を固め、軍事的権門としての地位を確立していたのであった。したがって、平氏軍制という視点からだけみれば、この政変は、たしかに五味文彦氏のいわれるごとく[53]、重要な画期をなすものではなかった。だが、私は、この政変の最も重要な政治史的意義は、平氏が軍事警察面を拡充・強化したことにあるのではなく、平氏の政治権力が軍事的権門から国政全般を担当・掌握する最強の権門へと転換をとげた点にあると考える[54]。そこで、軍事警察面の考察はここで打ちきり、つぎに平氏が国政の運営・執行などの面で、どのような政治体制（システム）を構築したのかという点について具体的に分析したいとおもう。

(1)『玉葉』治承元年六月二日条。
(2)この点については、本書第五章後白河院政期の政治権力と権門寺院の第二節を参照。
(3)『玉葉』治承三年十一月十五日条。
(4)『山槐記』治承三年正月二日条。
(5)註(3)に同じ。
(6)以上、『公卿補任』寿永二年の平通盛、藤原季能条および『平家物語』(巻第三、法印問答)参照。
(7)『山槐記』治承三年十一月十四日条。
(8)『玉葉』治承三年十月九日条。
(9)その意味で、『平家物語』(巻第三、法印問答)が、清盛に「家嫡といひ、位階といひ、理運左右に及ばぬことを引きちがへさせ給ふ御事は、本意なき御はからひとこそ存じ候へ」といわしめているのは、その心情を的確にあらわしたものといえよう。
(10)註(3)に同じ。
(11)『百錬抄』治承三年十一月十五日条。
(12)以上、『玉葉』『山槐記』『百錬抄』の同日条。
(13)たとえば、村井康彦『平家物語の世界』などは、その代表的なものである。なお、石母田正「平氏『政権』について」(同『古代末期政治史序説』所収)は、治承三年十一月の政変を平氏政権成立の画期として積極的に評価する代表的な論文であるが、しかし、この政変の過程において、清盛が国政を担当するために積極的な政治措置を講じなかったとみる点に関しては『平家物語』の評価と共通したものがある。石母田氏は、内乱期に入ってから平氏が積極的な対策を展開するものと評価されている。
(14)『玉葉』治承三年十一月十四日、十五日条、『山槐記』治承三年十一月十四日条、『百錬抄』治承三年十一月十五日、二十三日条など参照。
(15)『玉葉』治承三年十一月十六日条。
(16)以上、『玉葉』治承四年一月一日、十四日条。
(17)以上『玉葉』治承三年十一月十五日条、『山槐記』治承三年十一月十六日条。

(18)『玉葉』治承三年十一月十七日条、『公卿補任』治承三年の藤原基通条。
(19)米田雄介「一座の宣旨について」(直木孝次郎先生古稀記念会編『古代史論集下』所収)。
(20)早川庄八『日本古代官僚制の研究』、富田正弘「口宣・口宣案の成立と変遷(一)(二)」(『古文書研究』十四、十五号)など。
(21)以上、すべて註(3)に同じ。
(22)『山槐記』治承三年十一月十五日条。
(23)『百錬抄』治承三年十一月十五日条、『玉葉』治承三年十一月十六日条。
(24)この点についての私見の詳細は、「院政期貴族の帝王観」(『赤松俊秀教授退官記念国史論集』所収)参照。
(25)『玉葉』治承四年十一月二十六日条。
(26)『玉葉』寿永二年八月十四日条。
(27)たとえば、『玉葉』『山槐記』の治承三年十一月十七日、十八日、十九日、十二月十二日、治承四年一月五日条など参照。
(28)この点に関する先行の研究として、満富真理子「院政と検非違使」(『史淵』一〇四号)、白川哲郎「平氏による検非違使庁掌握について」(『日本史研究』二九八号)、米谷豊之祐「院政期検非違使歴名表及び附考」(同『院政期軍事・警察史拾遺』所収)などがある。
(29)『玉葉』治承三年一月十九日条、『玉葉』『山槐記』『百錬抄』治承三年五月十九日条、『百錬抄』治承四年正月二十七日条など参照。
(30)『玉葉』『山槐記』治承三年十一月十七日、十八日、十九日条など参照。
(31)『除目大成抄』第八、『兵範記』仁安三年正月十一日条、『百錬抄』承安三年三月十一日条、(長寛二年カ)八月十一日後白河上皇院宣案(『平安遺文』補二三六号)、長寛三年三月二十二日菩提心院下文案(『平安遺文』三三三九号)、建久四年九月二十三日八条院庁下文(『鎌倉遺文』六八七号)など。なお、本書第一章平氏政権の形成過程の第二節の(2)を参照。
(32)『玉葉』『山槐記』同日条、『平家物語』(巻第三、行隆沙汰)。
(33)『玉葉』安元三年六月四日、七日、治承三年十一月十七日条など。なお、米谷豊之祐「後白河院北面下﨟」(同『院政期軍事・警察史拾遺』所収)参照。
(34)『尊卑分脈』。なお正木喜三郎「藤原能盛考」(川添昭二編『九州中世史研究第一輯』所収)参照。
(35)『玉葉』治承四年五月二十六日条、寿永二年六月五日条など。『吾妻鏡』養和元年閏二月十日条では平宗盛の家人とし、『延慶本平家物語』(七―十三、実盛打死する事)には、平宗盛の乳母子とみえる。なお、西村隆「平氏『家人』表―平氏家人研究への基礎作業―」(『日本史論叢』一〇輯)参照。
(36)『玉葉』治承四年五月二十六日、三十日条など。なお、西村隆前掲論文(註35)参照。
(37)『吾妻鏡』文治元年十一月二日条。
(38)『山槐記』仁安二年四月九日、二十七日条、『兵範記』仁安三年三月二十三日条など。
(39)『尊卑分脈』第二篇。なお、この人物については、石井進『日本中世国家史の研究』(三四〇頁)、浅香年木『治承・寿永の内乱論序説』(三〇〇~三〇八頁)など参照。
(40)『兵範記』保元元年七月二日条。なお、この美濃源氏一族については、宮崎康充「古代末期における美濃源氏の動向」(『書陵部紀要』三〇号)参照。
(41)『中右記』大治五年十一月十三日、十五日、十九日、二十三日条など。
(42)光保は、『尊卑分脈』に「平治乱与同信頼卿」とみえ、『百錬抄』平治元年十二月十七日条によれば、藤原信西を追跡している。その配流・誅殺については、『百錬抄』永暦元年六月十四日条、『尊卑分脈』などにみえる。なお、宮崎康充前掲論文(註40)参照。
(43)『本朝世紀』久安六年八月三十日条、『山槐記除目部類』仁平二年二月二日条など。
(44)『山槐記』治承四年五月十五日条、『玉葉』治承四年五月二十六日条など。
(45)『玉葉』治承五年二月八日、二十日条、『吉記』寿永元年三月十七日条など。
(46)『玉葉』治承三年一月十九日条。
(47)この点については、白川哲郎・米谷豊之祐氏らの前掲論文(註28)により、検非違使庁の尉以下にも平氏の家人層が多く補任され、その中核を占めつつあったことが指摘されている。
(48)『兵範記』仁安二年五月十日条。
(49)五味文彦「平氏軍制の諸段階」(『史学雑誌』八八編八号)。

(50) 石井進「院政時代」(歴史学研究会・日本史研究会編『講座日本史2封建社会の成立』所収)、五味文彦前掲論文(註49)など。
(51) 『玉葉』治承五年閏二月五日条。
(52) 『玉葉』治承二年十二月二十四日条。
(53) 註(49)に同じ。
(54) なお、五味文彦氏は、前掲論文(註49)で、治承元年(一一七七)六月の鹿ヶ谷の事件を、平氏の軍制が後白河院政下から自立した重要な画期とし、この時点をもって平氏政権の成立とされる。私もこの事件の結果、平氏が院の拘束から脱して軍事執行や国政関与の面で独自の政治意思を発揮しうる条件がひらかれはじめたことは事実であると考える。しかし、第五章後白河院政期の政治権力と権門寺院の第二節で指摘したように、この時点では、権門寺院勢力をも含めた、王法仏法相依の国家権力構成全体のなかでしめる平氏の政治的地位は、とうてい後白河法皇のそれに対抗できるものではなく、基本的にはあくまで軍事的権門の枠内にとどまっており、この段階の国政における権力状況は、後白河法皇と平氏との連合政権的な性格―政治的対立と抗争をはらみながらも―を脱却していないとおもう。

二　高倉親政体制の構造（一）
――平氏の知行国主・受領人事をめぐって――

治承三年十一月の政変によって、国政全般を担当するにいたった平氏が、高倉親政のもとでいかなる政治体制を構築していったのかという問題については、多面的な考察を必要とするが、本節では、国衙機構にたいする平氏の掌握体制と支配内容を検討することにしたい。

国衙は、荘園・公領をこえて一国全体に支配権を行使しうる権能をもつ地方支配のための最重要な行政支配機構である。したがって、平氏が国政を担当するにあたって、この機構を重視し、自己の勢力を受領ないし知行国主に配置して、国衙機構の支配権を掌握しようとするのは、当然であった。この点については、すでにいくつかの貴重な研究があり、保元・平治の乱後、平氏一門が国政の中枢部へ進出するのと並行して知行国主・国守の数を増加させていき、この治承三年十一月の政変によってそれが一挙に激増し、知行国主・国守（受領）をあわせると、『平家物語』（巻第一、吾身栄花）の「日本秋津嶋は纔に六十六箇国、平家知行国の国卅餘箇国、既に半国にこえたり」という表現が、あながち誇張ではない状況を現出させたことが明らかにされてきている。(1) しかしこの平氏の知行国主・国守の獲得数の増加という事実を、平氏の権力基盤の問題としてどのように評価するかをめぐっては、二つの見解が対立している。(2) その見解の対立は、結局、平氏が知行国主・国守などになったばあい、国衙支配を媒介として在庁官人や在地領主層を積極的に権力編成しえたか否かという点に帰着するのであるが、この点に関しては、すでに第三章の平氏政権の国衙支配で吟味したので、ここでは別の角度から検討したい。すなわち、平氏が国政を領導・運営するにあたって、地方支配の最重要な機関である国衙機構を掌握し機能させるために、どのような体制を築いていったのかという問題を、知行国主・国守（受領）の人事に焦点をあわせてみることにしたいとおもう。

ところで、この問題については、従来、主として平氏が後白河院政を停止して、法皇の保持していた知行国の配分権や受領の任免権などを奪取することにより、院近臣らにかわって平氏一族や家人を知行国主・受領に補任していく点に照準をあわせ、その数量や変動を追究する方法がとられてきた。これはたしかに誤りではないが、しかし、前節で指摘した、平氏が国家機構における権力集中体制を形成するにあたって採用した二つの形態のうち、もっぱら平氏一族・家人などの主従制的支配の拡大を媒介とする形態のみに注目したものであったといえよう。しかし、高倉親政下における平氏の国政領導体制の一環として国衙機構の掌握体制をとりあげようとするばあい、この視点だけでは不十分であって、もう一つの平氏一族・家人以外の政治勢力の編成形態をも含めて全体的に再検討することが必要である。そこで、以下、国衙支配機構の中核に位置する受領に主として照準をすえながら、その点を考察することにする。

治承三年(一一七九)十一月十七日に、平清盛は三十九名の院近臣らを解官したが、そのなかには、越前守藤原季能・伊予守高階泰経・伯耆守平時家・備中守藤原光憲・参河守藤原顕家・陸奥守藤原範季・相模守平業房・美濃守藤原定経・加賀守平親国・出羽守藤原顕経・阿波守藤原孝貞(定)・河内守源光遠・淡路守藤原知光・周防守藤原能盛・但馬守源信賢・甲斐守藤原為明・佐渡守中原尚家・上総守(介)藤原為保・常陸守(介)高階経仲ら十九名の受領がふくまれており、さらに同月十九日には伊勢守大中臣忠清を停任している。(3) これらの免職者にかわる新しい受領の補充人事は、十七日に加賀守に藤原保家を補任したのをはじめとして、その後、数次の除目をへて、翌治承四年二月二十日に、平仲盛が佐渡守に補任されたのをもって完了する。治承四年二月二十日といえば、高倉天皇の在位の最終日にあたっている。したがって、この受領の補充人事は、高倉親政の全期間をつうじておこなわれたことになるのである。しかも、その高倉親政期における数次の除目では、これら十九ヵ国を基軸としつつも、さらに多くの諸国をも含めて、四十三ヵ国、四十四名の受領の改補がおこなわれたのであった—重任・遷任などを含めて—。その国名と受領の人名とを、除目の年月日の順に示すと、表1のようになる。

この表1からも明らかなように、平氏は高倉親政下において、諸国支配の要をなす受領の再編・整備をめざした人事を断行していったのである。ここに登場する受領補任の対象者を、その政治的身分・経歴などに注目して分類すると、大きくつぎの三つのグループに整理することができよう。(A)平氏一門とその家人、(B)上級貴族の子弟・一族および家司、(C)実務官人層貴族、の三つである。そこで、この三つのグループの内容を吟味することによって平氏の受領補任政策の意義を分析する方法をとりたいとおもう。

(A)平氏一門とその家人

高倉親政下において、受領補任の対象となった人物を、その家系・身分や知行国などとの関連で示すと、表2

表1　高倉親政下の受領補任表

年月日	国守・人名	出典
治承3年11月17日	加賀守（藤原保家）	『玉葉』『山槐記』同日条
治承3年11月18日	尾張守（平時宗） 三河守（平知度） 相模守（藤原範能） 上総介（藤原忠清） 常陸介（平宗実） 美濃守（源則清） 越前守（平通盛） 伯耆守（平忠度） 周防守（平範経） 淡路守（平清房） 讃岐守（平維時） 伊予守（藤原隆成） 土佐守（藤原成定）	『玉葉』『山槐記』同日条
治承3年11月19日	伊勢守（藤原清綱） 若狭守（平経俊） 能登守（平教経） 但馬守（平経正） 備中守（平師盛） 阿波守（平宗親）	『玉葉』『山槐記』同日条
治承3年12月12日	甲斐守（藤原宗隆） 近江守（高階為清） 丹波守（平清邦） 備後守（藤原保房） 安芸守（菅原在経）	『玉葉』『山槐記』同日条
治承4年1月28日	山城守（紀久季） 河内守（源康綱） 和泉守（高階仲基） 摂津守（橘以政） 伊賀守（小槻隆職） 安房守（藤原定長・重任） 下野守（藤原範光・重任） 陸奥守（藤原実雅） 出羽守（平信兼） 越中守（平業家・重任） 伯耆守（藤原基輔） 播磨守（平行盛・重任） 美作守（藤原公守） 紀伊守（平為盛・重任） 筑前守（平貞俊） 筑後守（大江広賢） 豊後守（藤原宗長） 壱岐守（源俊光）	『玉葉』『山槐記除目部類』同日条
治承4年2月20日	佐渡守（平仲盛）	『山槐記』同日条

表２　平氏関係受領補任表

国名	国守	家系・身分	知行国主
伊勢	藤原清綱	平氏家人	
尾張	平時宗	平時忠の子	平徳子
三河	平知度	平清盛の子	
上総	藤原忠清	平氏家人	
常陸	平宗実	平重盛の子	
美濃	源則清	平氏家人	
出羽	平信兼	平氏家人	
若狭	平経俊	平経盛の子	平経盛
越前	平通盛	平教盛の子	
能登	平教経	平教盛の子	平教盛
越中	平業家	平氏家人カ	
佐渡	平仲盛	平頼盛の子	
丹波	平清邦	平清盛の猶子・藤原邦綱の子	藤原兼隆カ
但馬	平経正	平経盛の子	
伯耆	平忠度	平清盛の弟	平時忠
播磨	平行盛	平基盛の子	平宗盛
備中	平師盛	平重盛の子	
周防	平範経	不詳	
紀伊	平為盛	平頼盛の子	平頼盛
淡路	平清房	平清盛の子	
阿波	平宗親	平宗盛の養子	
讃岐	平維時	不詳	
筑前	平貞俊	平氏家人	

のようになる。(4)

この政変の直前に、平氏一門ないし家人が受領であったことが判明する国は、和泉(平信兼)・伊賀(平経俊)・尾張(平知度)・駿河(平維時・知行国主平宗盛)・若狭(平師盛・知行国主平経盛)・能登(平通盛)・越中(平盛俊)・丹後(平経正)・伯耆(平時家・知行国主平時忠)・播磨(平行盛・知行国主平宗盛)・紀伊(平為盛・知行国主平頼盛)・土佐(平宗実・知行国主藤原経宗)の十二ヵ国ほどであるから、政変の結果、二十三ヵ国と飛躍的に増大したことがわかる。十二ヵ国のうち、駿河・丹後などはひきつづき平氏が支配した可能性がきわめて高いので、政変後の受領・知行国主の数はさらに増加するものとみてよいであろう。(5)その意味で、従来指摘されてきたように、平氏がこの政変によって受領・知行国主を一門や家人で多数しめる施策を積極的に推進していったことは事実であった。しかし、平氏の受領補任政策はそれだけにとどまらず、(B)(C)のグループをも視野に入れて展開されたものであった点に留意する必要がある。

(B)上級貴族の子弟・一族および家司

このグループは、平氏以外の公卿クラスの上級貴族の子弟・一族および家司層貴族を受領に補任したものである。そのさい、上級貴族が知行国主の地位をしめているばあいが最も典型的なタイプであって、表3のようになる。(6)

さらに、そのほか、このタイプに属する受領としては、政変の過程をつうじて変動せず留任したものが存在する。知行国主の判明する確実な例だけをあげると、表4のようになる。したがって、平氏は、高倉親政下において、表3・表4の少なくとも十五ヵ国でこのタイプの受領を補任ないし温存しようとしたのであった。

さて、表3・表4にみえる国守(受領)のなかには、後年、公卿などに昇進するものもいるが、しかし、この政変の時点では、そのほとんどがまだ政治的に目立った活動をするまでにいたっていなかった。(7) したがって、平氏がかれらを受領に補任したのは、これらの人物の政治的力量に期待したというより、その背後に知行国主や尊属親・一族として存在する上級貴族を重視し、それとの政治的提携をはかる狙いの一環として、その子弟・一族・家司らを受領に任命したものとみられるのである。

これらの貴族のなかには、すでに以前から平氏と婚姻や猶子などの関係をつうじて緊密な結合関係を形成している者も多かった。藤原邦綱が、息子清邦を清盛の猶子とし、娘輔子を平重衡の正妻とするなど、(8) 清盛と「契深く志不浅し人」(『延慶本平家物語』六―二十) で、かの平盛子の後見役をつとめ、仁安元年（一一六六）十月十日の憲仁親王（のち高倉天皇）の立太子にあたっては春宮大夫平清盛のもとで権大夫に就任するなど（『玉葉』『山槐記』同日条）、平氏与党貴族のうちで中心的な位置をしめる人物であったことはいうまでもない。藤原経宗は、平重盛の末子宗実を三歳の時から猶子とし、治承二年（一一七八）に、土佐の知行国主になると宗実を国守に任じており、(9) この政変で宗実が常陸介に転じたため甥の藤原成定が土佐守に任命されたのであった。(10) 藤原基家は、平頼盛の娘と結婚して保家・陳子らをもうけ、さらに保家の異母妹が平重盛の子資盛の正妻となり（『尊卑分脈』）、資盛が基家の持明院第に住んだため「持明院三位中将」（『愚管抄』巻第五）とよばれるなど、二重の姻戚関係を形成しており、平氏の準一門ともいうべき存在であった。この邦綱・経宗・基家の三名は、とりわけ平氏との関係が緊密な例であるが、(11) 藤原脩範も平氏と婚姻関係にあった。脩範は、かの通憲（信西）の子息で、後白河法皇の院司などをつとめて信任が厚く、この政変で法皇が幽閉された後も兄の成範らと近侍しているが、(12) 平氏との関係もよく、その娘が平重盛の四男忠房（丹後侍従）と結婚している。(13)

ところで、こうした婚姻や猶子関係などは、それをつうじて貴族層のなかに与党勢力を拡大しようとする平氏と、平氏の権勢と結ぶことによってみずからの政治的地位を維持・向上させようとする貴族との政治的抱合のなかで形成されたものであった。だが、もとより表3・表4にみえる上級貴族のすべてが、平氏と婚姻・猶子関係などを結ぶ与党勢力だったのではなく、中立的ないし日和見的立場をとる者も多かった。したがって、平氏のこの受領政策は、たんに与党勢力を補任するだけでなく、中立的ないし日和見的立場の貴族とも積極的な提携をはかることを狙っておこなったものとみられるのである。その点で、婚姻・猶子関係などにもまして注目されるのは、これらの貴族の多くが、当時の公卿のなかで、国家の公事—国政—の面における有識として、その政治的能力・器量を高く評価される人物たちであったことである。藤原経宗・九条兼実・藤原実定・藤原実房・藤原長方は「才卿五人」と称されることもあり、[14] 慈円が『愚管抄』(巻第七)で「後白河院ノトキ」の器量ある人物としてあげたなかにも、経宗・実定・実房らが含まれている。それゆえ、平氏は必ずしも与党勢力のみではなく、中立的ないし日和見的立場の者も含めて、国政運営上においてすぐれた器量をもつ貴族との政治的提携を重視する方針をとっているのであって、その一環として知行国主の地位を保障したり、子弟・一族・家司らを受領に任命したりしているのである。[15] そのことは、表4の貴族の場合にも指摘することができるので、少し詳

表3　上級貴族関係受領補任表

国名	国　守	家系・身分	知行国主
甲斐	藤原宗隆	参議左大弁藤原長方一男	
相模	藤原範能	非参議左京大夫藤原脩範一男	
陸奥	藤原実雅	権大納言藤原実房給	藤原実房
加賀	藤原保家	非参議右京大夫藤原基家二男	
伯耆	藤原基輔	右大臣九条兼実家司	九条兼実
美作	藤原公守	大納言藤原実定二男	藤原実定
備後	藤原保房	権大納言大宰帥藤原隆季従兄弟	藤原隆季
伊予	藤原隆成	前権大納言藤原邦綱男	
土佐	藤原成定	左大臣藤原経宗甥	藤原経宗

表4　上級貴族関係受領表

国名	国守	家系・身分	知行国主	出典
伊豆	源仲綱	従三位源頼政一男	源頼政	『吉記』安元二・四・二七 『玉葉』治承元・五・二三 『山槐記』治承四・五・二六
信濃	藤原実教	前太政大臣藤原忠雅義弟	藤原忠雅	『公卿補任』文治四年藤原実教条 『玉葉』承安二・閏一二・七
越後	藤原雅隆	前権中納言藤原光隆一男	藤原光隆	『公卿補任』文治元年藤原雅隆条 『山槐記』治承三・正・六 『玉葉』養和元・七・一
因幡	藤原隆清	権大納言大宰帥藤原隆季四男	藤原隆季	『玉葉』治承二・正・二八、 『吉記』治承四・一一・一七 養和元・五・二七
美作	藤原基輔	右大臣九条兼実家司	九条兼実	『山槐記』治承三・正・六 『玉葉』治承四・正・二八
備前	藤原時房	前権中納言藤原光隆の弟	藤原邦綱	『玉葉』承安三・八・一八 『山槐記』治承三・正・六 治承三・一一・一四 治承四・四・二二

しくみることにしよう。

信濃守藤原実教は、鳥羽院の近臣として「天下事、一向帰家成」といわれた中納言藤原家成の子で、参議藤原公親の猶子となったが、実妹が藤原忠雅の室で嫡子兼雅を生んでおり、そうした姻戚関係によって知行国主忠雅のもとで国守に任命されたものとおもわれる。また、忠雅の嫡男兼雅は平清盛の娘を妻とし、実教の実妹のひとり経子が平重盛の室となるなど、両名とも平氏ときわめて緊密な関係にあった。しかし、この忠雅も、たんなる平氏の縁人だったのではなく、慈円が後白河院の時代の器量人のひとりにあげる人物であった（『愚管抄』巻第七）。藤原隆季も家成の子で実教の兄にあたる。後白河上皇の近臣として、執事別当をつとめて院中の庶務を掌るなど頭角をあらわし、すでに仁安三年（一一六八）には父の極官を越えて従二位権大納言に昇ったが、他方、嫡男隆房に清盛の娘をめとるなど平氏との関係も密であった。この隆季一族と因幡国との関係は、応保元年（一一六一）十月、隆房が因幡守に補任されたのにはじまり、嘉応二年（一一七〇）その秩満により二男隆保が補され、さらに治承二年（一一七八）正月に隆保のあとをうけて四男隆清が補任されたのであった。隆季が知行国主になった時期は詳らかではないが、治承三年（一一七八）正月六日の時点では現任としてみえる（『山槐記』同日条）。また、この政変の結果、表3のように備後国の知行国主となり従兄弟の藤原保房が国守に任じられた。保房は家房の子で、前年十二月に安芸守に補任され、この年の三月には高倉天皇の六位蔵人になっているが、その政治的地位はもっぱら隆季に依存していたものとみてよい。それゆえ、こうした隆季一族の因幡・備後両国にたいする国務支配も、たんに平氏との婚姻関係のみで維持されたのではなく、清盛が「当世之有識」と称された隆季の政治的器量と実務能力を高く評価して積極的に提携・登用する一環として確保したものであったといえよう。すでに、承安二年（一一七二）二月十日の平徳子の中宮冊立にあたり、清盛が隆季を中宮大夫にすえてそのもとに権大夫平時忠以下の平氏一門を配する体制をとっていることなどに、それが端的に示されている。やがて実現する高倉親政下において隆季がはたした政治的役割と活動については次節でとりあげたい。

越後の知行国主の前権中納言藤原光隆は、白河上皇の近臣の藤原清隆の嫡男で、異母兄の隆盛が平正盛の孫にあたり、姉妹のひとりが前述の左大臣藤原経宗の室になっているなど、平氏とかなり深い関係にあった。(25)その官途は、鳥羽上皇の院判官代より出発して七歳で六位蔵人に任じ、淡路・安芸・出雲・但馬・備中などの受領を歴任し、その富力をもって久寿元年（一一五四）十二月から保元二年（一一五七）正月まで内蔵頭を兼任するなど、諸大夫の家柄出身の院近臣としてはきわめて順調なコースをたどっており、ひとかどの政治的能力の持主であったとみてよい。(26)嫡男雅隆もまた政治的な実務能力にすぐれていたようで、安元三年（一一七七）六月の鹿ヶ谷事件で藤原成親が配流されたあとをうけて越後守となったが、(27)治承二年（一一七八）六月二十七日、高倉天皇の皇女範子内親王が賀茂斎王に卜定されると斎院の勅別当に任じられ（『山槐記』同日条）、ついで翌年十一月の政変では、後白河法皇の寵臣高階泰経が解官されたあと大蔵卿に補任され、(28)以後、高倉親政・院政下で後院別当・院司別当などとして活躍するのである。

このように、上級貴族にたいする平氏の受領補任政策は、たんに与党勢力の利益確保をめざしただけのものではなく、すぐれた政治的器量や事務能力をもった中立的ないし日和見的立場の貴族をも積極的に包摂しつつ、国政の運営・執行に参加せしめる狙いの一環としての意味をもっていたのである。政変の結果、国政全般を担当するようになった平氏にとって、国政の公事面に堪能な人材を確保することが焦眉の課題であった。したがって、この受領補任政策も、それだけが単独で展開されたのではなく、次節でとりあげる国政の運営・掌握体制の形成と緊密に連動している点を見落してはならないとおもう。そうした国政の運営・執行面との関連でいえば、つぎの実務官人層貴族にたいする平氏の受領補任政策もきわめて重要な意味をもつものであった。

(C) 実務官人層貴族

近年、四位・五位を中心とする実務官人層貴族が、この時期の国家行政の運営・執行面ではたした政治的役割が注目されつつある。(29) 平氏もまた、政変の結果、国政を運営・執行するにあたって、これらの実務官人層貴族を重視し太政官機構のなかに登用・再編成していくが、それと並行して諸国の受領にも積極的に補任する政策をとったのであった。まず治承三年(一一七九)十二月十二日に近江守高階為清・安芸守菅原在経を任命し、あけて翌年一月二十八日の除目において、山城守紀久季・和泉守高階仲基・摂津守橘以政・伊賀守小槻隆職・安房守藤原定長(重任)・下野守藤原範光(重任)・豊後守藤原宗長・壱岐守源俊光らを一括して補任している(表1参照)。平氏が、これらの人物を補任した政治的意味を具体的に考察するために、いささか煩瑣ではあるが、その政治的経歴と特徴を吟味したいとおもう。

高階為清は、近衛天皇の六位蔵人をへて佐渡守・中宮少進などを歴任し、(30) 永暦元年(一一六〇)五月の後白河院庁下文によれば、(31) 内大臣藤原公教を筆頭に大宰大弐平清盛・左馬頭平重盛・中務権大輔平頼盛らを含む二十名の院別当のもとで、右衛門権佐平時忠らとともに前佐渡守として院判官代をつとめ、院中の実務沙汰を担当している。したがって、平清盛らは為清の実務能力をはやくから承知しており、この政変において藤原家綱にかえて為清を主殿頭に起用し、ついで近江守に兼補したものとみられるのである。(32) 菅原在経は、はやくから高倉天皇を囲繞する平氏一門の周縁に位置してきた実務官人であった。仁安元年(一一六六)十月十日、憲仁親王(のち高倉天皇)の立太子にあたって東宮大夫平清盛・権大夫藤原邦綱以下の東宮坊官が決定されたさい、非蔵人として昇殿を聴され、翌々年二月十九日に高倉天皇が即位すると、蔵人頭平教盛・平信範のもとで六位蔵人に昇っている。(33) その後、近江守・摂津守を歴任し、この政変で藤原保房が備後守に遷任したあとをうけて安芸守に補任されるわけであるが、すでに久重和夫氏が指摘されているように、(34) この受領補任の背後には平氏の意向がつよく作用していたものと考えられるのである。ついで在経は、翌年四月の高倉上皇の厳島社参詣に神主佐伯景弘らとともに奉仕してその功により従五位上に昇叙され、また同年六月の福原遷都にあたっても後白河法皇・高倉上皇に供奉するなど親平氏の行動をとっている。(35)紀久季は、後白河法皇の後院領や近衛天皇の御厨子所預をつとめた久家の嫡男で、みずからも民部大輔にして二条天皇の御厨子所預を兼職したことのある実務官人であった。(36)また、弟久光は、治承三年（一一七九）一月に三度目の検非違使別当になった平時忠のもとで検非違使左衛門尉として強盗の追捕や京の東西市の違法糺断などにあたっており、(37)平氏にちかい一族だったようである。ただし、紀久季の山城守の任期は翌治承四年六月二十八日までであって、藤原行隆に改補されている。(38)

高階仲基は、仲行の子で母は平盛兼の娘、平氏の有力家人信兼はおじにあたる。(39)その家は、九条兼実が「仲基重代為被召仕之者」と評しているように(40)摂関家家司をつとめる家柄であり、父仲行は藤原忠実・頼長らに近侍している。仲基の官途は、仁安三年（一一六八）、高倉天皇の即位後まもなく六位昇殿を聴され、翌年には蔵人、ついで右衛門尉・修理亮などの兼官をへて、(41)この政変で和泉守に補任されたのであった。この和泉守の補任について、『山槐記』の翌治承四年正月二十八日条には、仲基は、本来、蔵人巡により出羽守に任ぜられるはずのところ、平信兼が和泉守秩満となり、かつ仲基に「親服」しているため入れ替わったのであると、信兼との関係を配慮した人事である旨を明記している。実務官人としての仲基の能力は、治承五年（一一八一）六月に造興福寺次官に補任され、以後五年間にわたり長官の右中弁藤原兼光とともにその困難な事業の遂行にあたっている点などに(42)端的に示されている。

菅原在経が安芸守へ転じたあと摂津守となった橘以政は、当時、橘氏の氏長者であったが、諸大夫の橘氏は代々摂関家を是定とし、その家司をつとめる家柄であった。(43)以政は、後白河天皇の六位蔵人、左近将監などをへて、保元二年（一一五七）一月肥前守、ついで筑前守に遷任された。(44)肥前守の在任中、永暦元年（一一六〇）に日向通良の叛乱がおこったさい、大宰大弐平清盛が有力家人の平家貞を派遣して鎮圧するが、このとき以政は大宰権少弐を兼ねていた。(45)したがって、以政の肥前・筑前の国務支配は、平氏の大宰府支配との緊密な連繫のもとに展開されたのではないかとみられている。(46)だが筑前守秩満後は任官のことがみえず、前筑前守のままもっぱら摂関家の家司として活動したようである。橘氏是定としての摂関家と以政との関係は、すでに保元の乱後、藤原基実が権大納言に昇任したころからはじまり、以後、平信範・藤原邦綱らとその家司をつとめている。(47)平治元年(一一五九)に権中納言藤原基房が是定の地位をしめるとその家司となり、安元三年(一一七七)四月に基房が橘氏是定を九条兼実に譲るが、以政はただちに兼実に属したわけではなく、依然として基房の家司をつとめている。(48)やがて、この政変で藤原基通が関白・氏長者に就任するとその家司となって活動しはじめ、(49)年があけて摂津守に補任され再び国守にかえりさいたのであった。したがって、この人事は、平清盛が永年にわたって摂関家の家司をつとめて実務に練達し、かつ国務支配の経験をもつ以政の能力に注目して登用し、新関白基通の脇固めをはかるとともに、平氏の拠点福原を管内にもつ摂津国の支配にあたらせたものとみられるのである。(50)

小槻隆職は、太政官事務局の中核をなす弁官局の大夫史(五位の左大史)の地位を代々世襲し、一族の多くが大少史の職をしめることによって弁官局の実務を統轄してきたため、「官務家」ともよばれた小槻氏の氏長者であった。大夫史は、太政官の文書・記録を管理し、公文の勘例・勘造をはじめとする文書行政の実務の主宰者であって、専門的知識と経験・修練の蓄積などがとりわけ要求される職であったため、その地位が世襲されるなかでそれがいわば小槻氏の家業となるにいたったのである。(51)しかし、隆職は、永万元年(一一六五)に左大史に補されて十数年たってもその官途は必ずしも順調ではなく、穀倉院別当や主税頭の兼官を要求しても後白河法皇の近臣に先を越されて撰にもれて慨嘆しなければならず、子息国宗も市正を望んで任じられない有様であった。(52)国宗はようやく安元二年(一一七六)四月に西市正、ついで治承三年(一一七九)正月に左少史に補されているが、(53)隆職の兼官は実現せず、「未兼一官、古来無此例」と嘆息しなければならなかったのである。[54]しかして、この翌治承四年一月二十八日の除目において、隆職は伊賀守を兼任、国宗は左少史より右大史に昇進、甥の広房の子公尚は東市正に補任されたのであった(『玉葉』『山槐記』同日条)。したがって、この人事は平氏が国政の主導権を掌握するにあたって、弁官局の実務を統轄し行政執行の面で不可欠の地位をしめていた小槻隆職とその一族を積極的にとりこむことを狙ったものとみるべきであろう。その後、隆職は治承五年(一一八一)六月に東大寺造仏次官に登用されて大仏修造に参画するなど活躍するが、[55]それはあくまで実務官人としてであって平氏に臣従したことを意味するのではない。しかし、その間、隆職は備中国新見郷の開発領主大中臣孝正から所領寄進をうけ、それをさらに建春門院(平滋子)が建立した平氏ゆかりの最勝光院に寄進して新見荘を成立させるなど[56]平氏よりの行動をとって家領の拡大をはかっているのである。

藤原定長は、平安中期以降、太政官事務局の中枢をなす弁官の職を世襲し「弁官家」とも称された勧修寺家の出身で、権右中弁光房の五男、経房・光長の弟にあたる。このとき、経房はすでに左中弁・蔵人頭・内蔵頭、光長は左衛門権佐・春宮大進の地位にあった。この兄弟は、中山忠親が『山槐記』の治承三年(一一七九)正月十日条で「此一族人々如父子、大小巨細各相憑」と評したように、強く団結してその政治的地位を向上させ相ついで弁官・蔵人頭をへて公卿に列するのであるが、このときまでの定長の官歴はつぎのようであった。永万元年(一一六五)六月に十九歳で六位蔵人、翌仁安元年正月日向守、承安元年(一一七一)には日向守を重任、安元二年(一一七六)正月正五位下に叙されて安房守に遷任し、ついでこの治承四年(一一八〇)正月二十八日の除目で安房守を重任されたのであるが、このときの安房国の知行国主は兄の経房であったとみられる。[57]その間、承安元年(一一七一)十二月に兄の光長らと摂政藤原基房の北政所の家司に補任されて以降、摂関家の家司をつとめると同時に、[58]後白河法皇の院判官代をも兼任し、これまた兄の経房とともに院司として活動している。[59]ところで、この政変で後白河法皇・藤原基房はともに失脚したが、三兄弟は更迭されることなく、経房は同年十二月八日に高倉天皇の後院別当となり、ついで安徳天皇の蔵人頭にして高倉上皇の院別当を兼ね、春宮大進の光長は安徳天皇の即位とともに五位蔵人に補されており、定長も、かねてからの高倉天皇の内殿上人の地位が安泰なうえに、やがて高倉院政がはじまると五位の院殿上人として活躍するなど(60)、高倉親政・院政下において着実にその地歩をすすめていくのであった。これらの点からすると、この定長の安房守重任も、平氏がたんに実務官人の地位を保証したというにとどまらず、太政官の中枢部において高倉親政体制をささえる支柱として「弁官家」を積極的に組み込むための方策の一環をなしていたものとみるべきであろう。

下野守藤原範光は、儒者として有名な刑部卿従三位範兼の子であるが、叔父範季の猶子になっており、その妹には法勝寺執行能円（平時子・時忠の異母弟）の妻範子、のち後鳥羽天皇の乳母卿二位として権勢をふるう兼子らがいる。本来、儒家出身の実務官人貴族の家柄であったといえる。範光は、長寛二年（一一六四）文章得業生、ついで六位蔵人・式部少丞などをへて、承安三年（一一七三）七月、範季が上野介を辞した替わりに紀伊守に任ぜられ、安元元年（一一七五）十二月に下野守に遷り、このたびの除目で重任されたのであった(61)。かれの庇護者の範季は、平教盛の娘範子を妻とするなど平氏と姻戚関係をもち、かつ、はやくから九条兼実の家司をつとめていたが、同時に後白河法皇にも接近していたため、この政変で式部権少輔兼陸奥守の地位を解官されており(62)、範季と範光にたいする平氏の措置に差違がみられる。それはおそらく、のちに後鳥羽上皇の寵臣として従二位権中納言にまでのぼり、「光華権勢」を誇る範光も(63)、この時点ではまだ独自の行動をとりうる存在として認識されず、平氏が能円らとの姻戚関係などを評価して下野守を重任したのであろう。

藤原宗長は、刑部卿頼輔の孫、豊後守頼経の子で、ときに十七歳であった。頼輔は蹴鞠の無双の達人として知られ(64)、また「鼻豊後」と異名をとるなど（『平家物語』巻第八）、長期にわたって豊後国を知行してきた人物であった。永暦元年（一一六〇）正月から仁安元年（一一六六）二月まで豊後守をつとめたあと知行国主となり、息子の頼経を豊後守に任じたが、この治承四年（一一八〇）正月にいたって頼経が秩満となったため、孫の宗長を自分の子ということにして豊後守に申任したのである。これは、同じ国の国守を父子で引きつぐことを禁じられていたので、兄弟ということにした処置であったという。[65]頼輔は『玉葉』によると、始終、九条兼実邸に伺候し、蹴鞠はもとより歌会・詩会にもしばしば参加するとともに、法成寺での法華八講や九条家の仏事・法事などにも家司らと一緒に奉仕し、兼実が重病にかかって右大臣を辞する上表文をだすさいにはこれを清書し、また尊星王供・大般若経読経などを沙汰して平癒を祈願したりしている。[66]これらの点からすると、頼輔は政治的人脈としては兼実にきわめて近く、その家司ないし侍臣的存在であったとみられるが、しかし能吏タイプの実務家ではなかったようである。当時の貴族社会においては、むしろその直情径行的な行動が異彩をはなつ人物であって、のち治承・寿永の内乱期に豊後国の住人の叛乱を鎮めるために下向しようとして、九条兼実に「事已類物狂」といわしめているのなどはその端的な例である。[67]したがって、平氏がこの除目以降も、頼輔・宗長に豊後国の知行国主と国守の地位を維持しさせつづけたのは、かれらの実務官人としての能力を評価したためではあるまい。おそらく、一つには九条兼実につらなる人物としての政治的配慮があり、いま一つは、蹴鞠の家として宮廷文化をささえる独自の家業を保持している点などを評価したためではないかと考えられるのである。ちなみに、宗長もまた祖父頼輔の技を継承した蹴鞠の名手であり、その死にさいし、藤原定家をして「於鞠者堪能之人絶了歟、恐於口伝故実者、誰人伝之哉、諸道次第陵遅、可悲可痛」と嘆かせた人物であった。[68]壱岐守源俊光は、播磨守顕親を父とし、権中納言源重資の娘を母として、侍従・少納言などの経歴をもつ実務官人であった。[69]建春門院が九条兼実の子良通を猶子にして魚味の儀をおこなったさい陪膳の役をつとめ、皇嘉門院の乳母の子の元服に加冠するなど、兼実との関係が密で平氏ともよかったようである。[70]この除目で式部の巡により壱岐守に補任されたのであるが、任国を嫌い、はやくも翌二月二十日には辞任している（『山槐記』同日条）。

以上、高倉親政下において、平氏が受領・知行国主に補任した実務官人層貴族の政治的経歴・特徴を吟味してきた。しかし、なおこのほかに、すでにこれ以前に受領や知行国主に補任されていて、この時点でその地位に変更のなかった者が幾人か存在する。藤原兼光を知行国主としその子頼高を国守とする上野国、藤原光雅を知行国主とし藤原能頼を国守とする石見国をはじめ、豊前国守藤原成光、肥後国守藤原資隆、対馬国守藤原親光らがそれである。平氏の受領補任政策というばあい、これらの人物にたいしても配慮する必要があるので、簡潔にふれておきたい。

上野国の知行国主藤原兼光と石見国の知行国主藤原光雅は、仁安三年（一一六八）二月に高倉天皇が即位したとき、藤原経房とともに五位蔵人となっており、その後多年にわたって蔵人・弁官などをつとめてきた実務官人の典型的な人物であった（『蔵人補任』『弁官補任』）。平氏は、後述するように、この政変で右中弁平親宗・右少弁平基親を解官したあと十一月十七日に、兼光を権右中弁から右中弁へ、光雅を左少弁から権右中弁へそれぞれ昇任するなど弁官局の掌握体制を固めるのである[71]。したがって、平氏がかれらの既得権益を否定しないのは当然であって、前記の「弁官家」の藤原経房・光長・定長三兄弟にたいするばあいと同様に、その政治的実務能力を高く評価した結果であるとみてよい。ちなみに、上野守頼高は兼光の子であるが、石見守能頼は、多年弁官をつとめ、このとき右大弁として光雅らの上司であった藤原重方の二男である[72]。豊後守藤原成光は、九条兼実が「儒士之中、云才学文章、云口伝故実、於当世、頗得其名者也」と評した儒者で、かつその家司であった[73]。家司といっても、仏事の諷誦文を書いたり、兼実の子良経の元服にさいして名字を勘進したり、良通の読書始めにあたって師儒をつとめるなど、その才学と専門的知識をもって顧問にあずかるようなばあいが多かった[74]。その点では、純粋な実務官人とはいえないが、しかし、改元定の年号の上進、太政大臣の上表文の作成など国家公事の面でも重要な役割をはたしており、兼実もそうした成光の能力をかって大学頭や式部大輔などに推挙しようとしているのである。(75)肥後守藤原資隆は、豊前守藤原重兼の子で『禅林葉集』などを残した歌人であり、九条兼実邸にしばしば出入りし、とくにその子息の良通・良経兄弟の詩歌の会などに参加している。(76)その官歴は、越後権守・少納言をへて、治承二年（一一七八）一月肥後守、翌年一月に従四位下に敍されるが、その間、八条院の院司、ついで別当をつとめ、またその娘で八条院女房の右衛門佐が後白河法皇の寵をうけているなど、政治的には兼実よりも八条院よりの人物であったとみられる。(77)ただし、この後まもなく出家して入道となった。対馬守藤原親光は、勘解由次官資憲の次男で、その姉妹に平教盛の妻となり通盛らを生んだ女性がいた（『尊卑分脈』第二篇）。嘉応元年（一一六九）一月に六位蔵人に補され、検非違使・右衛門尉などをへて治承二年（一一七八）一月従五位下、翌年一月十九日に対馬守に任じられた。(78)その官歴および、関白藤原基房・同基通や、のちには九条兼実の職事・家司などとして活動している点などからすると、(79)実務に堪能な人物であったとみられる。対馬守になると任国に下り、みずから国務にあたったが、治承・寿永の内乱にさいしては平氏に従わず反抗的な姿勢をとったため三度も追討をうけ、高麗国に亡命せざるをえなかったという。(80)

さて、この(C)グループの貴族たちにたいする個別的検討をつうじてまず確認できることは、そのほとんどが、太政官の中枢機構の官職を世襲してきた弁官家・官務家などを筆頭として国家行政の実務に通暁した人びとや、儒学・文章道・蹴鞠などの諸道に練達した人物たちであったことである。さきの(B)グループの上級貴族のばあいは、平氏と姻戚・猶子関係をもつ者が多かったが、この(C)グループではわずかに高階仲基・藤原範光・藤原親光らをあげうるにすぎない。しかも、かれらもまた実務の堪能者であったとみられるのであって、必ずしも姻戚関係にあったがゆえに受領の地位を保証されたものとは考えがたいのである。したがって、かれらもこの実務官人層グループとして一括して把握することができよう。

平氏は、これらの実務官人層貴族の政治的役割を重視し、それを掌握する一環として積極的に受領に補任したり、留任せしめたりしたのであるが、そのさい注目されるのは、九条兼実の家司ないし侍臣的存在の者が多くいることである。藤原基輔をはじめ高階仲基・橘以政・藤原頼輔・源俊光・藤原成光・小槻隆職らがそれである。その理由の一つは、当時、平氏は右大臣九条兼実の抱きこみにつとめていたから、そのための政治的措置の意味あいをこめてその家司クラスの人物たちを受領に補任・留任して厚遇した、とみることもできよう。しかし、それにはいま一つのより根本的な理由があったのである。十一世紀の中葉以降、院・摂関家などの権門貴族は、荘園制や知行国が急激に発達するのに比例して、それらの膨大な荘園や知行国などを管理支配し、かつ、その政治的地位と活動を維持していくために院庁・政所などの家政支配機構を拡充・整備することが最も緊要な政治的課題の一つになっていた。そこで、これらの権門貴族は院庁・政所などに種々の機能をもつ諸機関を付属・増設するとともに、院司・家司らの増員をはかり、上下の廷臣のなかから人材を選んで院司・家司などに編成していったのであるが、そのさい院庁や政所における実務執行の中心的担当者になった者こそ、これらの実務官人層貴族にほかならなかったのである。そうした状況のなかで、有能な実務官人層貴族のほとんどが院や摂関家の院司・家司などに編成されるにいたった。かれらは、前記の藤原光長・定長兄弟や橘以政などの例からもわかるように、院司と摂関家の家司を兼ねたり、摂関家のなかでも基房と兼実に兼参したりするなど、必ずしも一権門にだけ服属する者ではなかったが、しかし、院司や家司になることは、上皇や摂関家とのあいだに私的な保護と従属関係が形成され、一種の主従関係が結ばれることを意味したのであった。したがって、この政変において、後白河法皇と関白藤原基房という二大権門を更迭し、その統率下の院近臣をはじめとする多数の実務官人層貴族を排除したいま、平氏が起用・掌握することのできる実務官人層貴族の多くが、なんらかの形で残る有力権門の九条兼実とつながりのある者たちだったのは、むしろ必然的であったといえるのである。

以上、高倉親政下でおこなわれた受領・知行国主の補任人事の内容を三つのグループにわけて検討してきたのであるが、それをふまえて、さしずめつぎのような点を指摘することができるであろう。

第一に、この受領・知行国主の補任人事の経過をみると、まず基本的に(A)平氏一門とその家人、(B)上級貴族の子弟・一族・家司の二つのグループの任命を先行させ、それがひとまず終了したあと、十二月十二日と翌年一月二十八日の除目で(C)実務官人層貴族にたいする補任を集中的におこなっていることである。このことは、平氏が政変によって後白河法皇の知行国(院分国)を奪い、院近臣の受領などを排除するのと並行して、まず平氏一門・家人でそれを多く占取するとともに、九条兼実をはじめとする中立的ないし日和見的立場の者をも含めた上級貴族とその関係者に知行国主・受領などの地位を給与・維持せしめ、ついで実務官人層貴族の補任に着手したことを示している。これを、国衙支配の要に位置する受領・知行国主にたいする平氏の掌握体制の形成という観点からみると、平氏が最も重視したのはもとより(A)グループであって、この政変の結果、いわば主従制的支配を槓杆とする受領・知行国主の掌握体制を一挙に拡大したのであった。しかし、それと同時に平氏は、官職の任免権をきわめて露骨かつ政治的に行使しつつ、(B)・(C)グループの貴族層を受領・知行国主などに補任することによって、かれらをその政治権力のもとに包摂・結集させるとともに、国衙支配にあたらせようとしたのであった。その意味で、平氏は、主従制的支配と官職の任免権の行使という二つの形態をつうじて諸国の国衙にたいする支配掌握体制を再編・強化しようとしたものとみられるのであるが、その点については(B)・(C)のグループに関してもう少し吟味すべきであろう。

そこで第二に注目したいのは、平氏が(B)・(C)グループを受領ないし知行国主に補任した意味と、かれらが国衙支配のうえではたすべく期待された役割についてである。この問題をとりあげるさい、まず確認しておく必要があるのは、知行国主・受領がもつ、つぎの二つの側面である。その一つは、国衙機構の最高責任者として行政実務を統轄し地方支配を実現していくという職務活動の面であり、もう一つは、知行国主ないし受領は、さまざまな官職のなかでも、その経済的収益がとりわけ大きい官職であったことである。したがって、後者の経済的収益の面からいえば、平氏が(B)・(C)グループの貴族たちを知行国主ないし受領に補任したことは、経済的権益を恵与・保証することによって、かれらを平氏のもとに結集せしめる親平氏派形成工作の手段にしたものとみることができよう。だが、平氏はそうした経済的権益の面のみならず、かれらが国衙支配のうえではたす職務活動面での役割をも重視しながら受領・知行国主の補任政策を遂行していったのであった。そのことは、とくに(C)グループの新任・遷任受領のばあいに最も端的にあらわれている。この時期に補任された実務官人層貴族の受領十名のうち、重任の安房守藤原定長、下野守藤原範光を除いた新任・遷任の八名は、いずれも平氏の地盤である畿内近国から北九州にかけての地域に集中的に配置されている。そのうち、福原・厳島・大宰府を結ぶ地域は、かねて平氏が瀬戸内海航路の整備と交通・運輸の掌握、国衙在庁官人勢力の編成などの施策を積極的に推進し、嘉応二年（一一七〇）には宋船を摂津大輪田泊に入港させて日宋貿易をおこなうまでになっていたところである[81]が、その最重要拠点国の摂津守に橘以政、安芸守に菅原在経、さらに大宰帥に藤原隆季をすえたのであった。[82]しかも、この受領人事には、安芸守藤原保房を備後守に遷し、その後任に摂津守菅原在経を任じ、空席となった摂津守に橘以政を起用するという操作がおこなわれており、実務行政を念頭においた適材適所の人事配置であったことをうかがわせる。とりわけ摂津守の人事には、当時、平清盛が執念をもやして遂行しようと企画していた大輪田泊の大修築工事にともなう膨大・煩瑣な実務処理の問題などが密接に関係していたとみるべきであろう。[83]さらに、畿内および近国には、さきの摂津守橘以政をはじめ山城守紀久季・和泉守高階仲基・近江守高階為清・伊賀守小槻隆職らを配して、平氏の一門・家人の受領とあわせてほぼその全域を押える体制をとっている。[84]この地域は、平氏の地盤であると同時に諸権門の支配が錯綜し、訴訟裁判その他の複雑な政治問題がたえず惹起されるところでもあった。したがって、国衙支配にあたっては有能な実務官人を受領に配することが要求されたのであって、とりわけ貴族や寺社勢力の強盛な山城・近江などの人事にそれがよくあらわれている。また、この時点での大和国の受領は詳らかでないが、やがて以仁王の乱後、平氏が南都にたいする制圧体制を固めるにあたって、治承四年（一一八〇）六月二十八日、右少弁源兼忠を大和守に、同日付で紀久季にかえて左少弁藤原行隆に山城守を兼任させるなど(85)、屈指の実務官人を起用している点などにも、この地域の国衙支配の面において実務官人層貴族のはたす役割の重要性が如実に示されているであろう。

この実務官人層貴族のグループの例にみられるように、平氏が(B)・(C)グループの貴族たちを知行国主・受領に補任したのは、たんに経済的権益を恵与してかれらを包摂するためだけでなく、国衙支配のうえではたすその実務行政面の能力をも高く評価したためであったと考えられる。けだし平氏は、(A)の平氏一門・家人グループを基軸にすえつつも、(B)・(C)グループを適宜配置することによって諸国の国衙にたいする統轄体制を再編・整備しようとしたのである。もとより、こうした知行国主・受領の配置・掌握体制の形成が、そのまま国衙在庁勢力の編成や在地支配の推進の実現を意味するものではなかった。しかし、知行国主・受領を補任・掌握することなしには、現実に国衙支配を遂行する方途がないことも事実であって、その点で平氏はまずこの政変によって、国衙を統轄・支配するための体制整備に全国的規模で着手したものといえよう。

第三は、これらの知行国主・受領の兼官・兼職の問題である。(B)・(C)グループの貴族には、中央官衙の重要な官職を本官とする者が多く、なかには公卿として国政審議に参加したり、摂関家の家司などをつとめる者もいた。かれらは、前記の小槻隆職の例が端的に示すように、その経済的権益を確保する目的もあって、兼官・兼職を望むのが常であった。それらの官職のなかでも、経済的権益の大きい知行国主や受領の地位を求める者が多かった以上、この知行国主・受領の人事は、京官を掌握するための人事とも緊密に連動していたものとみるべきであろう。つまり、平氏はこの知行国主や受領の人事を、国家権力や権門の家政支配機構の中枢部に位置する貴族層を掌握する手段として利用したとみられるのであるが、この京官の掌握体制の問題については次節で検討したいとおもう。

(1) 菊池武雄「平氏受領表および解説」(『世界歴史事典22』所収)、飯田悠紀子「平氏時代の国衙支配形態をめぐる一考察」(『日本歴史』二六二号)、石丸煕「院政期知行国制についての一考察—とくに平氏知行国の解明をめざして—」(『北海道大学文学部紀要』二八号)、菊池紳一・宮崎康充「国司一覧」(『日本史総覧II』所収)、五味文彦「武家政権と荘園制」(網野善彦他編『講座日本荘園史2』所収)など。

(2) たとえば石丸煕前掲論文(註1)は、権力基盤としての平氏の知行国制を高く評価するが、五味文彦「平氏軍制の諸段階」(『史学雑誌』八八編八号)は、知行国支配はたんなる収取制度であり、家人の組織化にはむしろマイナスの作用をおよぼしたと評価する。

(3) 『玉葉』『山槐記』治承三年十一月十七日、十九日条。

(4) 平範経、平維時は不詳である。飯田悠紀子前掲論文(註1)は平維時を平維盛ではないかとしている。この両名は不詳ながら一応その姓から、平氏関係者として、この表に加えておく。他は、『公卿補任』『尊卑分脈』などからその家系・身分を検出したが、平氏家人については、西村隆「平氏『家人』表—平氏家人研究への基礎作業—」(『日本史論叢』一〇輯)を参照した。なお、菊池紳一・宮崎康充「国司一覧」(註1)も参照。

(5) 菊池紳一・宮崎康充「国司一覧」(註1)など。

(6) 表1「高倉親政下の受領補任表」の出典を参照。なお、家系・身分および知行国主などの関係については、あとの記述のなかでのべる。

(7) なお、このうち陸奥守藤原実雅の経歴は不詳、源仲綱は武士、藤原基輔は九条兼実の家司であり、上級貴族の子弟・一族ではない。

(8) 『玉葉』治承二年六月十日条、『山槐記』治承四年四月十二日、十五日条など参照。

(9) 『尊卑分脈』第一篇、『玉葉』治承二年十月七日、十六日条、『山槐記』治承三年正月六日条など参照。なお、『愚昧

記』安元三年四月一日、十四日条などによると、平重盛が公事について経宗に質問したり、意見を求めたりしている。

(10)『玉葉』『山槐記』治承三年十一月十八日条。なお、藤原成定の兄頼定も高倉天皇の蔵人頭をつとめ（『蔵人補任』）、その娘が高倉天皇の典侍で皇女を生むなど平家との関係が密であった（『玉葉』文治元年十一月十五日条）。
(11)『公卿補任』承安四年藤原脩範条。平治元年五月二十八日後白河院庁下文（『平安遺文』二九七九号）。
(12)『百錬抄』治承三年十一月二十日条など。
(13)『山槐記』治承三年正月七日条。
(14)『百錬抄』寿永二年六月六日条。
(15)もとより平氏は、後述するようにこれらの上級貴族にたいしそれぞれ国政上における重要な地位と役割を保証しているのであるが、しかし、こうした知行国主や国守などの官職をも保証する手段を講じている点も見失ってはならないであろう。
(16)『長秋記』大治四年八月四日条。
(17)『公卿補任』文治四年藤原実教条、『尊卑分脈』。
(18)『尊卑分脈』。
(19)『玉葉』仁安二年一月二十八日条。
(20)以上、『公卿補任』仁安三年条、『尊卑分脈』、『明月記』元久二年八月二十九日条。
(21)以上、『公卿補任』寿永二年藤原隆房条、建久八年藤原隆保条、『玉葉』治承二年正月二十八日条。
(22)『山槐記』治承二年十二月二十四日条、治承三年三月二十四日条、市川久編『蔵人補任』。
(23)『吉記』寿永元年三月二十六日条。
(24)『玉葉』同日条。
(25)『尊卑分脈』。なお、藤原光隆の伝記については、久保田淳『新古今歌人の研究』四八四～七頁参照。
(26)『公卿補任』永暦元年藤原光隆条、『台記』久寿元年十二月二十八日条など。光隆は、平治の乱で解官されるが、翌年還任し、非参議、従三位をへて仁安二年権中納言となる。安元二年正月三十日に治部卿を辞してかわりに息男の家隆を高倉天皇の侍従に任じ（『玉葉』同日条）、治承元年十一月高倉天皇と小督局とのあいだに生まれた皇女範子をその猫間第にひきとって養育し、翌年六月二十七日範子が賀茂斎王に卜定されると、嫡男雅隆が勅別当に任じられるなど（『山槐記』同日条）、高倉天皇との関係がきわめて密であった。
(27)『公卿補任』文治元年藤原雅隆条。
(28)『玉葉』『山槐記』治承三年十一月十七日条。
(29) たとえば、佐藤進一『日本の中世国家』、玉井力「『院政』支配と貴族官人層」（『日本の社会史第三巻』所収）など。
(30) 市川久編『蔵人補任』、『兵範記』仁平二年六月二十七日、久寿二年二月二十五日、保元元年十月二十七日条など。
(31)『平安遺文』三〇九三号。
(32)『玉葉』『山槐記』治承三年十一月十九日、十二月十二日条。なお、『山槐記』治承三年十二月十一日条によれば、その子親家も春宮蔵人に補任されている。
(33) 以上、『兵範記』各日条。
(34) 久重和夫「平安末期内乱期における菅原氏の動向―中下級貴族研究への一試論―」（川添昭二編『九州中世史研究第三輯』所収）。
(35)「高倉院厳島御幸記」（新日本古典文学大系『中世日記紀行集』所収）、『玉葉』治承四年六月二日条。
(36)『尊卑分脈』。
(37)『山槐記』治承三年一月十九日、四月二十一日、五月十九日条、「大夫尉義経畏申記」（『群書類従第七輯』所収）。
(38)『玉葉』治承四年七月二日条。
(39)『尊卑分脈』、『兵範記』仁安三年六月十二日条。
(40)『玉葉』治承五年三月二十三日条。
(41)『蔵人補任』、『兵範記』仁安三年六月十二日、同四年二月二十二日、嘉応元年九月十七日、同二年四月七日条など。
(42)『玉葉』治承五年三月二十三日、六月十五日、文治二年七月二十五日、二十六日条など。
(43) 竹内理三「氏長者」（同『律令制と貴族政権第Ⅱ部』所収）。
(44)『兵範記』久寿二年七月二十四日、同年十月二十二日、保元二年一月二十七日、仁安三年八月十九日条、『山槐記』

永万元年七月二十七日条など。

(45)『百錬抄』永暦元年五月十五日条、応保二年三月二十三日肥前国司庁宣案（『平安遺文』四八〇四号）。

(46) 正木喜三郎「藤原能盛考」（川添昭二編『九州中世史研究第一輯』所収）。

(47)『兵範記』保元元年九月二十五日、十二月一日、同二年一月一日、二月十二日、四月十一日、八月十九日条など。

(48)『玉葉』安元三年六月五日、治承二年十月二十九日条など。なお、この点については、石田祐一「諸大夫と摂関家」（『日本歴史』三九二号）参照。

(49)『玉葉』治承三年十一月二十日、十二月八日、治承四年二月十一日条など。

(50) なお、橘以政が、是定たる兼実の家司になるのは、平清盛が没し、後白河院政が復活したのちの養和元年八月二十七日のことであるが、しかし、九条家家司としての以政の活動が顕著になるのは、文治二年三月十二日に兼実が摂政に任じられてからのことで、同年七月二十六日には、前記の高階仲基を罷免して、以政を造興福寺次官に補任している(以上、『玉葉』各日条)。こうした点からも、平氏が以政を重用しており、その滅亡後になって、兼実がようやく以政を家司として自由に使える状況になったことをうかがわせる。

(51) 小槻氏については、橋本義彦「官務家小槻氏の成立とその性格」（同『平安貴族社会の研究』所収）、佐藤進一『日本の中世国家』二八～三二頁、曽我良成「官務小槻隆職について」（『名古屋学院論集人文・自然科学篇』二六の一号）などがある。

(52)『玉葉』承安五年九月六日条。

(53)『玉葉』安元二年四月十七日、治承三年一月十九日条。

(54)『玉葉』安元二年四月二日条。

(55)『玉葉』治承五年六月二十六日、七月十日条、「東大寺続要録造仏篇」（『続々群書類従第十一』所収）。

(56) 建武四年六月二十五日法印信尊契約状（『岡山県史家わけ史料』東寺百合文書六二〇号）。なお、この点については、石井進『鎌倉武士の実像』五一～六頁参照。

(57)『公卿補任』文治五年藤原定長条、『山槐記』治承四年十月七日条。なお藤原定長については、五味文彦『平家物語、史と説話』一六一～一七二頁参照。

(58)『兵範記』承安元年十二月二十一日条、『吉記』承安三年六月二十五日条など。

(59)『吉記』承安四年八月十日条、治承二年六月十二日後白河院庁下文案（『平安遺文』三八三三号）、『山槐記』治承四年十二月二十二日条など。
(60)『公卿補任』養和元年藤原経房条、文治二年藤原光長条。定長については、『山槐記』治承三年二月二十八日、十一月十九日、治承四年三月四日の各日条など参照。
(61) 以上、『公卿補任』建久八年藤原範季条、建仁元年藤原範光条。三浦周行「丹後局と卿局」（同『日本史の研究新輯二』所収）参照。
(62) 以上、『尊卑分脈』、『玉葉』治承二年十二月十日、治承三年十一月十七日条など参照。
(63)『明月記』建保元年四月六日条。
(64)『玉葉』承安五年四月五日条ほか。
(65) 以上、『公卿補任』寿永元年藤原頼輔条、『山槐記除目部類』治承四年一月二十八日条。
(66) 以上、『玉葉』の関係記事は多いので、兼実重病のさいの記事のみあげると、元暦元年九月十四日、十六日、十八日、十九日条などがある。
(67)『玉葉』治承五年二月二十九日条。
(68)『大日本史料』嘉禄元年八月二十二日条所引の『明月記』。
(69)『尊卑分脈』、『公卿補任』長治三年源重資条。
(70)『玉葉』嘉応元年十一月十九日、承安三年四月十三日条。なお、『玉葉』治承二年十月十九日条には、蔵人頭・左大弁をへて権中納言にのぼった外祖父源重資が寛治二年に春日使をつとめたさいの記録などを持っていると兼実に語っており、有職故実に通じた人物であったとみられる。
(71) この点次節でのべる。
(72)『尊卑分脈』、『兵範記』仁安三年九月十二日条。
(73)『玉葉』治承四年七月十八日条。なお、家司としての活動については、『玉葉』の長寛二年閏十月十七日条以下の随所にみえる。
(74)『玉葉』承安元年九月六日、治承三年四月十七日、十二月二十八日条など。
(75) 以上、『兵範記』嘉応二年六月六日条、『玉葉』承安元年四月二十三日、治承元年十一月十五日、治承四年一月二十八日条など。
(76)　井上宗雄『平安後期家人伝の研究』四四〇～四四七頁参照。
(77)　以上、『玉葉』治承元年八月二十五日、同二年一月二十八日、七月二十八日、同三年一月十九日の各日条、治承四年四月十五日八条院庁下文案（『平安遺文』三九〇九号）など参照。
(78)　『兵範記』嘉応元年一月六日条、『玉葉』治承二年一月五日、同三年一月十九日条。
(79)　『玉葉』治承三年十一月五日、十二月八日、文治二年八月六日の各日条など。
(80)　『玉葉』文治二年二月二十四日条、『吾妻鏡』文治元年三月十三日、五月二十三日、六月十四日条など参照。
(81)　この点についての私見は、本書の第三章平氏政権の国衙支配を参照。
(82)　この藤原隆季を大宰帥に兼補した人事について、九条兼実は『玉葉』治承三年十一月二十一日条で強引な人事であると批判している。
(83)　大輪田泊の修築工事の内容については、本章の第四節でふれる。
(84)　この時点での大和守は不明。河内守は、坂戸牧を本領とする文徳源氏の源康綱であるが、やがて、治承四年十二月二十一日、平氏の南都攻撃の直前に肥前守に遷任され、藤原隆親が河内守に補任されている（『山槐記』同日条）。これは、源康綱が平氏家人でありながらも、基本的には院武者であったことを警戒した人事とみられる。なお、源康綱については、西村隆前掲論文（註4）参照。
(85)　『玉葉』治承四年七月二日条。

三　高倉親政体制の構造（二）
——平氏の国政掌握体制——

高倉親政のもとで、平氏が知行国主・受領の掌握をめぐって推進した施策の内容は、ほぼ以上のようなものであった。平氏が軍事警察機構を押えるとともに、知行国主・受領にたいする掌握体制を強化していったことは、その政権を支える重要な基盤の一つをなしたのである。だが、もとより平氏は、それだけで国政を掌握・運営し、政権を樹立しえたわけではない。知行国主・受領などの掌握体制は、基本的にはあくまで国衙という地方支配の問題だからである。したがって、政権の問題としては、平氏が国政のヘゲモニーを掌握するために、国家と権門の権力機構の中枢部においてどのような政治体制（システム）を構築していったのかという点を分析することが必要になるのである。本節では、この問題をとりあげることにしたい。

平清盛は、すでにみたように、治承三年十一月の政変において高倉天皇の権威と統治権を真正面にかかげ、その「勅定」による国政の執行という政治形態―高倉親政―をとることによって、後白河法皇と関白藤原基房の国政関与を排除し、平氏の専権体制をつくりあげる転轍軸にしたのであった。その後、平氏が政変を遂行する過程で矢つぎばやに敢行した、明雲の天台座主への還補、藤原基房・師家父子の解官・配流、太政大臣藤原師長いかの公卿・官人の解官と、それにともなう叙位・任官などの一連の人事更迭の措置も、すべて高倉天皇の勅定・勅旨にもとづく親裁という形態をとっておこなわれたのである。このことは、清盛が院・摂関らの権門を武力で圧伏して国家権力を簒奪したという非難を回避し、この政変とみずからの政治権力とを正統化するために、天皇親裁の建前を前面につよく押し出す必要があったことを示しており、平氏政権の樹立と存立にとって高倉天皇の権威と政治的役割が不可欠の政治的意味をもっていたことを物語るものであった。たしかに、高倉親政とはいっても、天皇自身が実体的な権力を掌握したわけではなく、そこには高倉天皇を傀儡とした平氏の専権体制が形成されたのである。したがって、この高倉親政＝平氏の専権体制を国家権力の中枢部においてささえ作動せしめた政治構造の特質を解明することが、平氏政権論の最も重要な課題の一つになるのである。そこでまず、この点からみることにしたいとおもう。

（1）　高倉「親裁」の構造と特質

天皇を傀儡として推戴し操縦することによって、国政の実権を掌握する政治形態は、すでに摂関政治や院政のもとで顕著になり、常態化していた。摂政は幼少の天皇にかわって政務を総覧する職であり、関白は天皇の成年後それを補佐する職であるが、摂関家はこの二つの職を独占し、天皇の統治権を代行することによって国政の実権を掌握したのであった。また、院政の主が、天皇家の家長としての立場を前提としながら、現在天皇の尊属親であるという家父長的論理にもとづいた天皇の分身的権威と幼齢の天皇を扶持して朝政を相議し諮詢に応じるのだという後見的立場を振りかざすことによって、国政に関与しそれを領導してきた点については別に考察したとおりである。(1) したがって、摂関政治や院政のもとにおける天皇の傀儡化と政治的利用は、その論理と方法に差違こそあれ、いずれも天皇の統治権を直接的に輔弼ないし代行する形態をとっておこなわれたのであって、国制上、すでに公的に認知・定着した地位と権限にもとづいて執行されたものであったといえるのである。これにたいして、清盛のばあいは比類ない権勢をもつ武門とはいえ、国制上の地位はあくまで前太政大臣にすぎず、院や摂関のように政治の公的舞台において天皇権力を直接的に代行しうる存在ではなかった。国政の表舞台に登場するのは、あくまで高倉天皇と関白藤原基通であって、背後でそれを操縦することになるのである。ここに平氏が、院・摂関家を抑えて国政の主導権を掌握するにあたって、国制上、天皇親裁の建前をかかげて高倉天皇を政治主体として前面におしだし、関白藤原基通にこれを輔弼せしめる形態をとりつつ、背後で天皇を操作するという間接的な方法を採用せざるをえない根本的な理由があったのである。この清盛の方法について、後年、慈円は『愚管抄』(巻第七)において、「コノ日本国ハ初ヨリ王胤ハホカヘウツルコトナシ、臣下ノ家又サダメヲカレヌ」という国家体制が確立している国であるにもかかわらず、「清盛公ガ後白河院ヲワロガリマイラセテ、ソノ御子、御孫ニテ世ヲ治メントセシヤウ」は、「武士ガ心ノソコニ、世ヲシロシメスキミヲアラタメマイラスル」ものであり、「世ヲミダス方」に天皇を推戴する「謀反ノ義」であると断じたが、そうした見方は『平家物語』諸本などにも共通してあらわれている。したがって、平氏にとって、この高倉天皇を媒介とする間接的な操作を有効に機能させるうえでまず必要なことは、高倉天皇を「独占」し、そのもとでみずからの政治意思を高倉天皇の政治意思に転換して国政に反映させうる独自の政治体制（システム）を構築することであった。

高倉天皇は、後白河上皇と清盛の妻時子の妹滋子（建春門院）とのあいだに生まれたが、幼少のときから平氏一門とその与党が、二重・三重にその側近を固めつつ養育してきた。平盛子（清盛の娘、関白藤原基実室）が養母の地位をしめるのをはじめ、[2]大納言局（平重盛室）・別当局（藤原邦綱の娘）らが乳母として、[3]いわば襁褓のうちから養育にあたり、即位後も、建春門院の乳母でのち高倉天皇の女房となり、「故建春門院御乳母、当今又如御乳母、執権之人也」と評された若狭局（平政子）のような女性が、[4]常に側近に侍して天皇と平氏の意思を媒介・調整するうえで重要な役割をはたしたのである。[5]また、仁安元年（一一六六）十月、憲仁親王（高倉天皇）の立太子が実現すると、東宮傅には内大臣九条兼実をすえたものの、東宮大夫権大納言平清盛いか権大夫参議藤原邦綱・亮内蔵頭平教盛・大進左兵衛権佐平知盛・主馬署首左衛門尉平盛国というように、東宮坊の中枢を平氏一門と与党が固める体制を築いたのである。[6]翌々仁安三年二月の高倉天皇の受禅の儀は、右兵衛督平時忠が、後白河上皇の命をうけて毎事とりしきり、「上卿職事弁官各以有若亡」と評される有様であったが、蔵人所の人事についてみると、東宮亮平教盛が権右中弁平信範とならんで蔵人頭となり、東宮蔵人の平時家（平時忠子息）・平信広（平信範子息）をはじめ東宮蔵人や非蔵人の藤原顕経・高階泰経・菅原在経・藤原資綱らの実務官人も、そのまま六位蔵人に補任されてひきつづき高倉天皇の側近を固めている。[7]ついで清盛は、承安元年（一一七一）十二月に娘徳子を高倉天皇の女御として入内させて岳父となり、翌年二月、徳子が中宮に冊立されると、その中宮職にもまた、大夫権大納言藤原隆季・権大夫権中納言平時忠・亮左馬頭平重衡・権亮右少将平維盛・大進勘解由次官平基親というように、平氏一門とその与党を補任したのであった。[8]

こうして清盛は、はやくから高倉天皇の周辺に幾重もの網の目をはりめぐらせつつ、「平氏タテマイラスル君」

（『愚管抄』巻第五）として天皇を「独占」し、その政治意思と行動を規制し操縦する体制の形成につとめてきたのである。一方、それと並行して、平氏は、この政変で「摂籙ノ臣ノ名バカリサヅケ」て関白にし（『愚管抄』巻第七）、高倉親政を輔弼する地位につけた藤原基通にたいしても、既述のように、仁安二年（一一六七）七月の関白藤原基実の死後、藤原邦綱を後見にすえて北政所平盛子に基通を養育させて摂関家領を支配し、さらに盛子の妹寛子を基通に配するなど、はやくから高倉天皇のばあいと同様の対策を講じて将来に備えてきたのである。

高倉親政を発足させた平氏は、こうした体制を前提とし、さらにそれを拡充・強化することによって、高倉天皇―および関白藤原基通―を媒介とする国政領導体制を展開するのであるが、その実体の一面を、治承四年（一一八〇）一月の叙位・除目をめぐる動向を手がかりにみることにしよう。

春の叙位は一月五日、除目は同月二十六日から二十八日にかけて、いずれも右大臣九条兼実を執筆としておこなわれたが、それに向けての兼実にたいする高倉天皇の諮問や、関白藤原基通からのはたらきかけは、すでに前年の十二月初旬ごろからはじまっている。『玉葉』の十二月六日条によると、この日、政変後はじめて参内した九条兼実にたいし、高倉天皇は女房をつうじて、明春、譲位する予定である旨を漏らすとともに、「春除目任官一巻」などをみせ、意見があれば書き進めるようにと諮問した。兼実は、若干不審な点をみいだしたが、しかしそれは、本来、「執政」たる者が書き改めるべきものであって、自分の任ではない旨を返答して辞退した。ところが高倉天皇から、「外聞」にはしないので書き進めよと、「再三勅」があったので、年来の除書の知識にもとづいて、その手続き・様式などに関する意見だけを書き進めたのである。これにたいし、天皇は、かさねて女房を介して「深秘蔵更不可他見」と伝えしめている。ここで高倉天皇が「外聞」せずとか「他見」せずなどと、繰り返し念を押しているのは、とりわけ平氏に知らせないという意味に大きな比重をもたせた発言とみてよく、この諮問が平氏の意向ではなく、高倉天皇みずからの意思によって兼実の意見を聴取することを強調したものと考えられるのである。だが、兼実は、女房をつうじておこなわれたこの諮問が、けっして平氏の意向と無関係でないことを自覚していた。そのことは、この日の日乗のなかで、自分のこうした行為は、定めし人の嘲りをうけるであろうが、しかし「綸旨有限、更不為苦」と弁明的な言葉を記し、さらに「抑余今日出仕、聊依有冥応也、然而赭面無双、始終不可叶事歟、諂諛之甚可恥々々」と、今日の出仕と行動が、結局、平氏にたいする諂諛にほかならないことを苦々しく反省していることなどに端的に示されている。また、同じ頃、関白藤原基通も、官奏内覧・関白上表・大饗から小朝拝・節会・叙位などの公事・朝儀について、執政臣としてつとめるべき先例や儀式上の心得などを、逐一、兼実に問い合せており、兼実は、基通の父である「故摂政殿」(藤原基実)の恩・遺徳に報いるためとの見地から、これに具さに答えているのである。(9) この春の叙位・除目をめぐる動向に関連して、さしずめつぎの三点に注目すべきであろう。

まず第一に、高倉親政は、その国政運営にあたって、恒例の朝儀・公事などの国家的儀式・儀礼を、先例・故実にのっとって執行することに努力していることである。それは、高倉親政が、たんに従前の政治方式を踏襲したことだけを意味するのではなく、後白河院政を政変によって停止して高倉親政を発足させた平氏にとっては、これらの国家的公事・儀礼を万遺漏なく執行することによって、国政上における親政の威光を顕示し、その統治を正統化する必要があったためと考えられるのである。ところが、後白河院政のもとで成長した高倉天皇は、「主上雖有成人之礼、猶未知食政事」と評され、(10) 非参議から一挙に関白・内大臣に就任した二十歳の藤原基通も、みずから公事・朝儀などについて「一切未習、不知」と告白する有様であった。(11) したがって、この両名が中心になって朝儀・公事をとりしきって親政の威光を高めることは不可能であって、ともすれば、「凡主上未練、関白有若亡」し、毎事違乱と指弾される状況に陥いりがちであった。(12) このため、平氏にとっては、九条兼実のような儀式・典礼に通暁し、公事に豊富な経験をもつ人物の意見と参加を求めて、異常なまでに発達した「主上御作法」や公事執行の顧問に備えることが要請されたのである。[13]しかし、平氏の権力にたいして批判的な政治姿勢をもつ兼実などは、「凡知此御作法執政臣、可備顧問者」であって、自分の任務ではないと称し、できるだけそれを回避しようとするのであった。[14]

その点にかかわって、第二に注目したいのは、平氏がこの兼実のような政治姿勢をとる貴族にたいし、高倉天皇の勅・綸旨などをもって直接的にはたらきかけることによって、親政への忠誠・服従関係を要求しつつ、平氏の政治意思にしたがわせるという政治的手法をとっていることである。さきに、高倉天皇が「再三勅」によって、辞退する兼実から春の除目についての意見を書きださせたことをみたが、同様な事例は他にもあげることができる。『玉葉』の治承四年一月十七日条によると、この日、兼実は高倉天皇から女房奉書をもって、東宮言仁親王（のち安徳天皇）の着袴の儀のさいの「主上御進退作法」などについて書き進めるべし、との命をうけたが、子細を知らない旨を返答している。ところが、重ねて書き進めよとの命があったため、「再三之綸旨、不能申左右」と、これに従い、十九日には参内して、直接、天皇の諮問に応じているのである（『玉葉』同日条）。ただし、兼実の意見が聴取されたといっても、それは儀式面にかぎるのであって、一月二十日を予定日とする東宮着袴・魚味の儀の計画そのものは、はやくから平氏の手によって決定し周到に準備されてきていたのである。すでに前年の十二月十一日には、東宮大夫中山忠親のもとへ、平時忠から政変にともなう東宮殿上人の人選のほか、明年一月東宮着袴・魚味の儀、二月高倉天皇の譲位、四月安徳天皇の即位の儀などの国政上の重要な政治日程が決定したという知らせがあったが、これらは、いずれも高倉天皇・平清盛・平時忠らを中心として、「内々被仰定」られたものであった。同じ日、東宮傅左大臣藤原経宗にたいしても、着袴の儀式の準備をはじめるよう通知している。[15]また翌十二日には、東宮大進藤原光長が清盛のところへ赴いて、東宮着袴・魚味の儀の雑事などに関して直接報告し指示をうけているので、この儀式の実施計画全体を陰で最終的にとりしきったのが、やはり清盛であったことはあきらかである。(16) ついで十六日には、東宮言仁親王が外祖父清盛の八条亭に行啓し、関白藤原基通・左大臣藤原経宗いか十九名の公卿が参入して、東宮着袴・魚味の儀などの件について「議定」をおこない、国家的儀式として実施することが正式に決定されたのである(『山槐記』同日条)。

この東宮着袴・魚味の儀に関する事例のなかには、実質的には清盛を中心とした平氏の政治意思にもとづいて立案計画された施策が、高倉天皇の政治意思に転換され、国家的次元の公事として決定し執行される過程が鮮やかに示されているであろう。そのさい、重要な意味をもつのが高倉天皇の政治的役割であって、平氏はこれらの施策の政治主体として天皇を表面におしだし、勅・綸旨などをもって九条兼実のような立場をとる貴族にも直接的にはたらきかけることによって、天皇にたいする忠誠・服従をひきだし、結局、その施策の実現に駆りたて参加せしめているのである。したがって、平氏にとって高倉親政は、たんに政変によって獲得した権力を正統化する手段として必要であったばかりでなく、国政を領導し運営していくうえで、臣下の天皇にたいする忠誠・服従を要求することによって、平氏の権力行使を容易ならしめるという、きわめて能動的な役割をもつ政治装置だったのである。

そこで、第三に問題としたいのは、平氏の政治意思を高倉天皇の政治意思に転換するうえで、重要な政治的機能をはたした「内議」なるものの存在である。内議は、内々に相談・協議・評定などをすることで、正式の会議・議定などに先だって予めおこなわれることも多く、そのばあいには「豫議」「予議」と同義になる。この内議は、本来、正規の公的な会議ではないため、多様な形態がとられるのであって、平氏にのみ個有のものではなかった。しかし、清盛の統率のもとに一門が結集した武士団の力をもって、中央政界に地歩を築きあげてきた平氏のばあいには、当然、その政治的結束と意思統一の手段として、内議がはやくから発達したのであった。とくに、清盛が福原に隠栖し、子弟・一族が京都政界で活動するようになると、内議の必要性はますます増大し、重大な政治的事件にさいし、平頼盛・重盛らが公務を放棄してまで福原にかけつけて清盛と相談しその意向を確認しているのなども、(17)そうした内議の一形態とみることができよう。また、既述のように、平氏一門は、高倉天皇が幼少のときからその周辺を幾重にも固めて「独占」しつつ、天皇の政治意思と行動を規制する体制を形成してきたのであるが、かかる体制が有効に機能するためには、内議による平氏の意思統一が不可欠の前提になったことはいうまでもない。

ところで、この平氏の内議は、本来、あくまで私的な協議組織でありながら、高倉親政の出現とともに、国政運営上、きわめて重要な政治的機能をはたすにいたったのである。この政変で、清盛が後白河院政を停止するさいにとった、中宮徳子・東宮言仁をともなっての辺地への隠居を天皇に要求し認めさせるという強硬手段は、清盛と高倉天皇とのあいだを平宗盛や若狭局が数回も往還し、「内々議定」して意見を調整したうえで実行にうつしたものであったし、東宮着袴・魚味の儀、高倉天皇の譲位、安徳天皇の即位の儀などの国政上の重要事項が、まず高倉天皇・清盛・時忠らによって「内々被仰定」られたことについてはすでにみたとおりである。また、高倉親政下において、人事の実権を掌握していたのは清盛であったが、(18)しかし、人事が執行される実務の場では、内議が重要な役割をはたしたのであった。そのことは、治承四年（一一八〇）一月の春の叙位の儀が、高倉天皇・藤原基通と平宗盛の意見調整が手間どったため時刻が延引したこと、藤原隆季が「豫有内議」によって、後院別当に補任されていることなどにも示されている。(19)かくして、高倉親政の成立と同時に、天皇を中核として構成される平氏の内議が、国政全般の運営を実質的に領導していくうえで大きな政治的機能をはたすものとして浮上するにいたったのである。(20)この内議は、高倉院政下にも継承されていくのであるが、その点については後述したい。

さて、この内議が高倉天皇を中核として構成されたといっても、その編成主体はあくまで平氏であり、運営の実権も平氏が掌握していたのである。頭中将源通親が「依事可待勅定」と放言して兼実に批判されたように、(21)高倉天皇が国政運営上の実権をもたないことは誰の目にも明らかであった。したがって、この内議の実体は、天皇と平氏が対等に国政を審議し意見調整をおこなう場ではなく、平氏の意向を天皇にレクチャーして理解させ、それを天皇の口から発言させる体制を整えることに重点をおいた場であったとみるべきであろう。その意味で、この内議の場は、平氏が、外観上、高倉天皇を政治主体としてかかげつつ、天皇を媒介として間接的に国政を領導していくにあたって、みずからの政治意思を天皇の政治意思に転換するうえで、かけがえのない政治的機能を発揮したのである。

(2) 太政官機構の掌握体制

平氏が、みずからの政治意思を高倉天皇の政治意思として国政に反映させるために形成した政治システムの実態は、以上のようであって、そこに高倉天皇を傀儡とする平氏政権の最も重要な構造的特質の一つが潜んでいたのである。しかし、もとより平氏の国政領導体制は、こうした政治システムだけで実現できるものではなかった。高倉天皇の政治意思—平氏の政治意思—は、そのまま生の形で国家意思として発動されるのではなく、太政官機構を媒介とし、所定の政治的手続きをへて詔書・勅書・宣命・位記や太政官符等の文書などに作成されることによって、はじめて現実に執行されたからである。そのことは、すでにみたように、治承三年十一月の政変における関白藤原基房の罷免をはじめとする一連の廟堂人事の更迭が、高倉天皇の勅定のもとに、職事(蔵人)—上卿—弁官・外記という太政官機構の所定の政治的手続きを踏んで執行されている点などに端的に示されている。したがって、平氏が国政のヘゲモニーを掌握するためには、なによりもまず、国家行政の最高執行機関である太政官機構の中枢部を確実に把握することが必須の課題となったのである。そこでつぎに、平氏による太政官機構の掌握形態と権力集中体制の形成を、国政における最高の議政官たる公卿と、実務行政の中核に位置した職事(蔵人)・

弁官との二つに焦点をあわせて検討したいとおもう。

平氏の公卿は、永暦元年（一一六〇）に平清盛が参議に任ぜられたのを最初として、応保三年（一一六三）に清盛・重盛の二名、仁安元年（一一六六）には清盛・重盛・頼盛の三名と、権勢の伸張にともなってその数を増加させ、清盛が太政大臣になった翌仁安二年には、はやくも太政大臣平清盛・権大納言平重盛・参議平時忠・参議平宗盛・非参議平頼盛の五名に激増している。仁安三年に清盛が出家したあとも、平教盛・平経盛が公卿に昇任するため、嘉応二年（一一七〇）以降、安元二年（一一七六）までは六名（重盛・宗盛・時忠・頼盛・教盛・経盛）の体制がつづき、翌安元三年、これに平知盛が加わって七名となるにいたった。しかして、治承三年（一一七九）七月に内大臣平重盛が死去したため、十一月の政変直前における平氏一門の公卿は、権中納言平時忠・権中納言平頼盛・参議平教盛・前権大納言平宗盛・非参議平経盛・非参議平知盛の六名という構成になっていたのである（以上、『公卿補任』）。

こうして、平治の乱後、平氏一門は武家の権門として国政の座にのしあがるのに比例して、公卿の数を増加させてきたのであった。その意味で、『平家物語』（巻第一、吾身栄花）が、平氏の栄華を叙するにあたって、まず、「一門の公卿十六人、殿上人卅余人」と誇称して、高位高官の独占化の筆頭に公卿の数をあげ、また後年、九条兼実が「其後、平家押領天下之間、大納言及七八人、中納言又有十人之例」と、平氏の権勢と公卿員数の増加との関連性を指摘した(22)ことなどは、たしかに事態の本質の一面をついたものだったといえるのである。ところが、注目すべきは、治承三年十一月の政変後の高倉親政・院政下においては、この平氏一門による公卿の占有数が停滞し、人的構成面からいえばむしろ弱体化していることである。

政変直前の公卿の員数は、前官や非参議を含めて五十名で、そのうち平氏一門は前記の六名であった。これを太政官における国政審議の議政官たる参議以上に限定すると、全体で二十九名、平氏一門は権中納言平時忠、同平頼盛、参議平教盛の三名のみであった。ところが、政変の結果、参議以上の議政官のなかから、関白藤原基房・太政大臣藤原師長・権大納言源資賢・権中納言藤原兼隆・同平頼盛・同藤原実綱・同藤原師家・参議藤原定能・同藤原光能の九名が解官され、平氏の公卿のうちからも平頼盛が抜けたために全体で五名に減少し、参議以上は平時忠と平教盛の二名のみで、とりわけ上卿をつとめうる資格をもつ中納言以上となると、わずかに時忠だけという有様になったのである。もっとも、翌年一月二十三日には平頼盛は出仕を聴されるので、平氏の公卿の総数はもとの六名に復するが、それにしても、たとえば安元三年（一一七七）段階の内大臣平重盛いか七名（うち参議以上、重盛・時忠・頼盛・宗盛・教盛の五名）という構成メンバーと比較しても、その政治的比重が質量ともに低下していることは否定しがたいであろう。その後、治承五年（一一八一）一月に高倉上皇が死去するまでの高倉親政・院政期を含めても、平氏の公卿は、治承四年（一一八〇）五月三十日に、平清宗（宗盛の嫡男、十歳）が父宗盛の以仁王の乱の鎮圧の功を譲られて従三位・非参議に任じられた例があるだけであって、もとよりこれは、国政運営上の観点からすれば名目的な意味しかもたない人事であった。平氏の公卿の員数が、この六〜七名の枠を越えて増加しはじめるのは後白河院政の復活以降であって、治承五年（一一八一）五月に平重衡、十二月に平維盛がそれぞれ従三位に叙せられるなど増加し、寿永二年（一一八三）七月の平家都落ち直前の段階では十一名に達しているのである（以上、『公卿補任』）。

このように、平氏の公卿は、平氏一門が国政の中枢部へ進出するのに比例して単純に増加の一途をたどったのではなく、全体的にみたばあい、高倉親政・院政期はむしろ質量ともにその停滞期―ないし陥没期―に相当しているのである。それには、いくつかの理由を想定しうるが、とりわけ重要なものとして、つぎの二つをあげることができよう。まず一つは、平氏内部の人材の問題であって、平重盛死去による痛手が大きいうえに、この時点で平氏方には公卿になりうる適格者がほとんど存在しないという事情があった。もう一つは、その点とも関連して、平清盛が国政運営の主導権を掌握するうえで、国政の実務に未練な平氏一門の公卿の増員や昇任には第二義的な政治意義しか認めず、その実現に無理をしなかったということが考えられる。事実、この時期に清盛が一門の公卿の増員や昇任に積極的につとめた様子はみられず、むしろ平宗盛の大納言還任を抑えようとした形跡すらうかがわれるのである。(23) だが、清盛が消極的であったのは、平氏一門のばあいだけでなく、十一月の政変で解官した公卿の補充人事などについてもそうであった。この政変で十一名の公卿—うち参議以上の議政官九名—が解官されたが、高倉親政下における公卿人事は、このうち治承四年（一一八〇）一月に権中納言藤原兼雅・権中納言平頼盛・参議藤原定能の三名の籠居を聴して復帰せしめたほかは、新任人事としては、わずかに源通親を参議に補任した一件があるのみで、公卿の員数は大きく減少したままであった。これを国政審議の議政官たる参議以上についていえば、政変直前の二十九名から二十五名に減少しており、また前後の時期と比較しても、たとえば治承二年（一一七八）は三十名、寿永元年（一一八二）は三十三名で、著しい縮小現象がみられるのである（以上、『公卿補任』）。ところで、この議政官としての公卿の縮小現象を、国政の審議決定権をめぐる天皇権力と公卿僉議という現実の政治の場のなかでみたばあい、それが他方の極における既述のような高倉「親裁」体制—国政上の重要事項を平氏の「内議」などによって実質的に決定する体制—の形成・強化と表裏の関係で転回していった点に注目すべきであろう。すなわち、この縮小現象や清盛の公卿増員にたいする消極策は、たんに平氏内部の人材不足だけに起因するのではなく、公卿僉議の場における国政審議の権限と機能を形骸化し、高倉天皇の勅断権を強化することによって平氏の国政領導体制を樹立しようとする政治意図と緊密に関連したものであったとみられるのである。

だが、もとよりこのことは、清盛が公卿人事や太政官機構の機能を軽視したことを意味するのではなかった。さきに、関白藤原基房の罷免をはじめとする一連の廟堂人事の更迭が、高倉天皇の勅定をうけた源雅頼・藤原実国・藤原実房・藤原実定・藤原経宗らの上卿が弁官らを指揮して執行するという太政官機構における正規の政治的手続きを踏んでおこなわれたこと、また、春の除目や東宮着袴・魚味の儀なども国家的公事・朝儀として、先例故実にのっとった威儀ある執行形態をとるようつとめている点などを指摘した。これらは、いずれも、平氏が国家行政の執行にあたって、高倉天皇―職事・蔵人―上卿―弁官を基軸にすえた太政官機構を媒介とする執行形態を重視していたことを物語るものである。したがって、清盛は、公卿僉議の場などにおける公卿の国政審議権を形骸化することによって、高倉天皇の親裁権―平氏の専断体制―の強化をはかる一方で、国家行政の実務執行機関としての太政官機構はこれを重視し、公卿とりわけ上卿を、あくまでその実務執行の最高責任者として位置づけ機能させる体制を構築しようとしたものと考えられるのである。

ところで、国家行政の実務執行面を担当しうる公卿ということになると、「世の固めにおはする筋」―武門―として成り上がってきた平氏は、まことに人材不足であった。この時期に、平氏一門の公卿のなかには、公事・行事の故実・典礼などに通暁した有識者はほとんどおらず、上卿をつとめえたのは、わずかに「日記の家」出身の平時忠のみであったといっても過言ではない(24)。したがって、平氏が太政官機構の中枢部を掌握し、スムーズに機能させるためには、まず上卿をつとめうるような公卿を確保することが、きわめて緊要な政治課題の一つとなったのである。この点に平氏が積極的に努力したことは、前節の高倉親政下の知行国主・国守の補任において、有能な公卿クラスの貴族との政治的提携をはかる狙いの一環として、かれらを知行国主に任じたり、その子弟・一族・家司らを国守に補任したりしたことなどにも示されているとおりであるが、それ以外にも、いくつかの例をあげることができる。

この政変の劈頭、関白藤原基房・師家父子を解官し、藤原基通を関白に補任するさい、上卿を担当したのは、既述のように権中納言源雅頼であった。かれは、時に五十三歳、五位蔵人として保元の乱の修羅場をくぐったのをはじめ（『愚管抄』巻第四）、永年にわたって職事・弁官をつとめ、長寛二年（一一六四）参議、嘉応元年（一一六九）権中納言と昇進してきた公事練達の人物であった。[25]平清盛は、その政治的経験や公事能力を見込んで、この解任劇を執行する上卿という困難な役目を配したものとみてよいであろう。ところが、雅頼はその役目をはたすと、基房父子解官の上卿をつとめたことにたいする批判を回避する狙いもあってか、十一月十八日に権中納言の官職を辞し、かわって息男兼忠の侍従から右少弁への遷任を申請して認められたのであった。[26]しかし、雅頼はわずかに一ヵ月ほどで本座を聴され、[27]前官ながら朝廷に出仕し、以仁王の乱後の処分をめぐる公卿僉議に参加したり、福原遷都後は福原にあって福原京の図面を作成するなど、平氏側からその実務執行能力を期待されて活躍するのである。[28]もっとも、治承四年（一一八〇）十二月六日には、家人の前斎院次官中原親能が源頼朝に与力したとの嫌疑をうけ、平氏の武士のために邸宅を追捕されて問題となったが、平氏方は翌年正月の除目で雅頼を従二位に昇叙し、追捕の怨みを散じる措置を講じて関係の修復につとめている。[29]

高倉親政下における唯一の公卿の新任人事の対象者となった源通親もまた、後年、政敵の九条兼実をして、「奉公勝等倫、其身為才卿」といわしめた政治的才腕の持主であった。[30]かれは、はやくから高倉天皇の近習として仕える一方、建春門院別当・東宮殿上人となるなど平氏と親密な関係を形成し、嘉応三年（一一七一）右近衛権中将、治承三年（一一七九）一月には上臈をこえて蔵人頭に補され、頭中将として内廷の実務執行を管掌するにいたった。[31]しかして、十一月の政変にさいしては、蔵人頭として源雅頼らの上卿とともに関白更迭以下の解官・叙任人事を奉行したのをはじめ、平氏による高倉親政体制の構築の一翼をにない、十二月二十四日に中宮亮を兼ね、あけて翌年正月には参議・左近衛権中将に昇進して公卿に列したのである。[32]その後も、高倉院政が発足すると院庁別当に補任され、また公卿僉議の場で、清盛の意向をうけた発言をして「只察権門素意、不知朝家之巨害」と批判されるなど、[33]平氏の国政運営に深く関与しつづけるのであった。

このほか、平氏は公卿を重要な官職に抜擢したり兼補したりすることによって政治的提携の強化をはかり、与党勢力を拡大する方法を積極的に展開した。そのなかでも、世人を驚かせたのは、権大納言藤原隆季を大宰帥に兼補したことであって、九条兼実は、この人事を乱世における「希代之例」ときびしく批判している。(34)平氏が「当世之有識」といわれた(35)隆季の実務吏僚としての政治能力をはやくから評価し結びつきをつよめていたことは、すでに前節でふれたが、国政運営の実権を掌握したこの段階において隆季のような人物の必要性が一挙に増大し、こうした抜擢人事を断行したものと考えられるのである。平氏は、その後も、高倉院政のもとで隆季を院庁の執事別当に補任し、さらに、かの平氏の「内議」にも参加せしめるなど、(36)ますます重用するにいたるのである。

これらは、いずれも平氏が国家行政の実務能力にすぐれた上卿クラスの公卿の確保につとめたことを示す例であるが、しかし、平氏が太政官機構を掌握しスムーズに機能させるためには、上卿クラスの人物を確保するだけでは不十分であった。平氏が国政の執行にあたって、高倉天皇―職事・蔵人―上卿―弁官というルートを基軸にすえて太政官機構を作動させる執行形態をとる以上、蔵人所と弁官局を確実に掌握することが必要であったからである。

そこでまず、蔵人所の中核をなす五位以上の蔵人に注目すると、十一月の政変の直前における高倉天皇の蔵人は、

蔵人頭
　正四位下右近衛権中将源通親
　正四位下左中弁藤原経房
五位蔵人
　正五位下左少弁藤原光雅

正五位下右少弁平基親
従五位上宮内権少輔藤原親経

という構成であった。(37)ところが、政変の勃発とともに、まず十一月十七日に平基親を解官して右少弁・中宮大進の兼官をも止めて、藤原光雅を従四位下に昇叙して権右中弁に転ぜしめ、翌十八日には左少弁藤原行隆を蔵人に登用するなど人事の改編をおこなっている。(38)平基親は、のちに『官職秘抄』を著わすなど朝儀典例に通じた実務官人であり、かつ、平時忠らと同じ桓武平氏の高棟流行義の系統に属する関係もあってか、はやくから平氏が目をつけ、承安二年（一一七二）二月の平徳子の中宮冊立と同時に中宮大進に、ついで安元元年（一一七五）十二月に高倉天皇の五位蔵人、治承三年（一一七九）十月九日には右少弁に補任するなど重用してきた人物であった。しかし一方、基親は後白河上皇の院判官代をもつとめる院近臣であったため、この政変で解官の憂き目をみるにいたったのである。(39)藤原光雅は、前節でも少しふれたように、高倉天皇の即位当初に藤原経房・藤原兼光とともに五位蔵人に補されて以後、多年にわたって蔵人・弁官の任にあって、安元元年（一一七五）十二月右少弁、治承三年（一一七九）十月左少弁と累進し、その間、皇太后宮権大進、建春門院判官代などをつとめてきた実務官人であった。平氏は、この政変で、弁官局を強化する施策の一環として光雅を権右中弁に抜擢昇任したのである。しかして、この平基親・藤原光雅の闕を補うべく平氏が蔵人に登用したのが藤原行隆であった。行隆は、永暦元年（一一六〇）十月に五位蔵人になると二条天皇の側近中の側近として活躍し、永万元年（一一六五）正月には右少弁の藤原長方を越えて権左少弁に補され、ついで八月には左少弁になるなどめざましく昇進するが、二条天皇が没すると、翌年四月、解官されるにいたった。(40)その後、十四年間も籠居を余儀なくされた行隆を、清盛が十一月十七日に、突如、左少弁に起用し、翌日蔵人に還補したのである。この点については、『平家物語』巻第三の「行隆沙汰」の章段などによって有名であるが、さきの解官が、憲仁親王（のち高倉天皇）のライバルとして平氏が警戒していた以仁王を支持する勢力に加担したことが原因と考えられるだけに、[41] 今回の思い切った再起用は、なによりもまず行隆の政務能力にたいする清盛の並々ならぬ期待からでたものであったとみてよいであろう。さらに、翌治承四年正月には、頭中将源通親を参議に昇進させたあとの蔵人頭に平重衡を任じたのであった。その結果、高倉親政下の蔵人所の中枢部は、最終的には、

蔵人頭

正四位下左中弁藤原経房

正四位下春宮亮平重衡

五位蔵人

正五位上左少弁藤原行隆

従五位上宮内少輔藤原親経

という構成となり、平氏の掌握体制が一段と強化されたのである。[42]

さて、他方、清盛は弁官局にたいしても同様の掌握体制を推進している。弁官局は、弁官部門と大少吏部門とに大別できるが、まず弁官部門についてみると、治承三年（一一七九）十月九日の除目で確定した弁官の構成は、つぎのようであった。[43]

正三位左大弁藤原長方

正四位下右大弁藤原重方

正四位下左中弁藤原経房

従四位上右中弁平親宗

従四位下権右中弁藤原兼光

正五位下左少弁藤原光雅
正五位下右少弁平基親

ところが、清盛はこの政変にさいして、十一月十七日に右中弁平親宗・右少弁平基親を解官し、藤原兼光を権右中弁から右中弁へ、藤原光雅を左少弁から権右中弁へそれぞれ昇任して、左少弁の後任に藤原行隆を十四年ぶりで還任せしめ、さらに翌十八日には、権中納言源雅頼の二男兼忠を侍従から右少弁に遷任して弁官体制を固めたのであった。まことに迅速な措置であり、その人事が蔵人の補任と連動するものであったことはいうまでもない。このうち、平親宗は、平時忠や時子の異母弟で、伯耆守・讃岐守・皇太后宮大進・勘解由次官などを歴任して、嘉応二年（一一七〇）七月に高倉天皇の五位蔵人、ついで右少弁、権右中弁を経て治承三年（一一七九）十月九日に右中弁となった、平氏一門のなかでは数少ない実務吏僚型の人物である。[44]しかし、平基親と同じく後白河法皇の近臣として活動したために解官されたのであった。その他の昇任ないし新任の対象となった人物たちが、いずれも有能な実務官人層貴族であったことは、すでに平氏の知行国主・受領補任や蔵人補任などをめぐる記述のなかで言及したので、ここでは繰り返さないが、しかし、つぎの点だけは確認しておきたいとおもう。すなわち、平氏は、左大弁藤原長方以下の弁官にたいして、たんに本人を昇進させたり、知行国主や受領にするだけでなく、子弟・一族をも国守その他の官職に補任することによって、これらの弁官をはじめとする実務官人層を積極的に包摂し掌握する方策を講じていったのである。しかして、この点は、大少史部門についても指摘することができる。

弁官局の事務を統轄する大夫史（五位の左大史）は、小槻氏の世襲するところであり、当時、氏長者の小槻隆職がその地位にあったが、後白河法皇の近臣らに先を越されてその官途は必ずしも順調ではなかった。ところが、平氏は、既述のように、この政変後、隆職に伊賀守を兼任せしめるとともに、子息国宗を左少史から右大史に昇進させ、甥の公尚を東市正に補任するなど、隆職とその一族を引級することによって、大少史部門にたいしても掌握体制を押しすすめていったのである。

以上、平氏による太政官機構の掌握体制と権力集中体制の形成について、公卿—とくに上卿—と職事・弁官の人事に焦点をあわせながら分析してきた。平氏は、たんに高倉天皇の統治権を振りかざすだけでなく、太政官機構の中枢部を確実に把握することによって、国政の実務を執行する体制を構築しようとしたのであった。しかも、平氏の専権体制は、こうした太政官中枢部や検非違使庁・国衙などの国家権力機構にたいする主導権の確保をはかる一方で、天皇家と摂関家という二大権門の家政支配機構の実権を掌握してその死命を制する方法をとって展開された点を見落してはならない。そこで、つぎにこの問題をとりあげたいとおもう。

（3）　権門の家政支配機構の掌握体制

後白河院政をとどめて高倉親政を発足させた平氏は、院政の経済的基盤をなした院領荘園などの膨大な天皇家の家産を法皇の手からとりあげ、それをみずからの管理支配下におく措置を矢つぎばやに講じていった。

後白河法皇を鳥羽殿に幽閉した翌日の十一月二十一日には、清盛ははやくも院庁の年預中原宗家を捕えさせているが、その目的は院領荘園の所領目録を注進させるためであったという。[45] 中原宗家は、隠岐守・伊豆守などを歴任するとともに、建春門院の主典代として建春門院領の管理などにもたずさわり、[46] やがて大蔵大輔にして院庁年預をつとめるにいたった、いわば出納官吏型の院近臣で、院領の管理支配面に通暁した人物であった。すでに同月十七日には、子息の佐渡守尚家ともども大蔵大輔の地位を解官されていたのであるが（『玉葉』『山槐記』同日条）、平氏は院領の支配に着手するにあたって、まず最初にこの宗家に目をつけ院領目録を書き出させることにしたものと考えられる。ついで二十四日には、前大舎人頭藤原兼盛を逮捕して、手を切るという苛罰を加えている。

この兼盛は、すでにみたように、白河殿平盛子が没したあと、平氏がその遺領を高倉天皇領にして支配しようとしたのに対抗して、後白河法皇がその管理支配権を掌握すべく「白川殿倉預」に補任してきた人物であり、[47]清盛が激怒して政変を断行する直接的な原因の一つになった事件の当事者であった。したがって、この措置は、倉預という白川殿領の出納機構の中枢部から法皇の支配を排除し、平氏が白川殿領にたいする管理支配権を全面的に掌握することを狙っておこなったものとみられるのである。同じ二十四日に、平氏の武士の一隊が、院近臣の西景入道の楊梅壬生の「庫倉」（倉庫）を追捕し、米穀・魚類などを運び去っている（『山槐記』同日条）。西景は、俗名を藤原成景（業景とも書く）といい、『尊卑分脈』によれば兼盛の伯父にあたり、はじめ藤原信西の家人として仕え、「熟根いやしき下臈」ながらその能力によって右衛門尉にまで昇進したが、信西が平治の乱で敗死したさい出家して西景と号した。その後、出家の身ながら後白河法皇の近臣として「院の御倉あづかり」をつとめて才腕を振い、かの鹿ヶ谷事件には、西光らとともに参加して平氏討滅の密謀をめぐらしたという。[48]したがって、この西景追捕のばあいも、たんに反平氏派の院近臣を弾圧することだけを目的としたのではなく、院の倉預という院領荘園の管理支配と経済機構の中枢を押えることをめざしたものとみるべきであろう。[49]さらに二十五日に、平氏は後白河法皇の第二皇子で、かつて憲仁親王（高倉天皇）の皇位継承をめぐるライバルと目されていた以仁王の手から城興寺とその荘園を奪い、天台座主明雲に与えている（『山槐記』同日条）。城興寺は、もと太政大臣藤原信長の旧堂であったのを、その後家が白河法皇の時代に御願寺に寄進したことによって成立し、[50]天台座主最雲法親王が管掌したが、応保二年（一一六二）に最雲法親王が没したあと、弟子の以仁王が付属の寺領ともども伝領していたものであった。[51]この城興寺領の没収事件は、やがて以仁王の挙兵を誘発する直接的な要因の一つになったものとして有名であるが、それはまた、平氏の天皇家領にたいする支配の手が、御願寺領などを含めた広い範囲にまで及びつつあったことをも示唆しているのである。

こうして平氏は、後白河法皇を幽閉すると、院庁の機能を停止して、院の管轄下にある荘園所領などを没収する措置にでたのであった。そこで、つぎに問題になるのは、平氏がこれらの所領荘園などを管理支配するために、どのような支配方式をとったのかということであるが、その点で注目されるのが後院の設置である。

高倉親政を発足させた平氏は、ただちに後院庁を設置する準備にとりかかったらしく、十二月八日に、参議左大弁藤原長方と蔵人頭左中弁藤原経房の両名を後院別当に補任し、[52]ついで十四日には、後院庁始めをおこなっている（『百錬抄』同日条）。九世紀の初期以来、後院庁は、天皇が在位中に退位後の居所として設けた後院と、それに付属する所領荘園の後院領などを管掌する天皇家の私的な家政機関として設置されてきたものであった。[53]ところが、十一世紀末に院政がはじまってからは、この高倉天皇の後院庁始めについて、『百錬抄』の同日条が「上皇御坐之時、先例不置後院」と註記し、『愚管抄』（巻第六）が「白川・鳥羽・此院ト三代ハ、ヲリ居ノ御門ノ御世ニテアリケレバ、メヅラシク後院ノ庁務ナクシテ」とのべているように、治天の君として院政をおこなっている上皇が、天皇家の家長の立場から、後院領なども院庁において管理支配したため、後院庁を設けないことが常態化していたのである。もっとも、その間、保元の乱直後の保元元年（一一五六）閏九月から同三年八月にかけての後白河天皇の親政の期間には、後院庁が設けられ、[54]乱で敗れた藤原頼長・平忠貞・平正弘らの所領を没官し後院領に編入して支配する措置などを講じたわけであるが、[55]この時期は、すでに鳥羽上皇が没し、崇徳上皇は讃岐に配流となっており、天皇家の家長として院政をおこなう上皇が存在しないときであった。これにたいし、高倉天皇のばあいは、後白河院政が存続していたにもかかわらず政変によってそれを否定し、高倉天皇を治天の君にすえ、院庁を廃して後院庁が設けられたのである。したがって、この後院庁は、天皇家の家長となった高倉天皇が、たんに狭義の後院領だけでなく、後白河法皇からとりあげた院領荘園なども含め、天皇家の家産全体にたいする管理支配を実現するために、院庁にかわる機能をもつものとして設置したとみられるのである。それだけに、この

後院庁の設置にたいしては貴族間につよい反感・反発が存在したのであった。(56)

さて、こうして平氏は後院庁を設けて天皇家領を掌握する方式をとったのであるが、そのさい注目すべきは、この後院庁設置の時期が、既述のような平氏の内議によって、高倉天皇の譲位を明春二月と決定し、それに向けて手筈をととのえはじめる時期とそのまま軌を一にしていることである。(57)つまり、平氏は高倉天皇の退位という政治方針を前提としながら後院庁を設け、かつ、それを拡充強化していったのであった。したがって、その後院庁は、当初から高倉親政期だけでなく、高倉院政の院庁へと衣更えする構想のもとに陣容を整えていったものとみるべきであろう。そのことは、後院別当の人的構成の面によくあらわれている。

まず治承三年（一一七九）十二月八日に参議左大弁藤原長方と蔵人頭左中弁藤原経房を、ついで翌年二月五日には帥大納言藤原隆季、大蔵卿藤原雅隆らを後院別当に補任している（『山槐記』同日条）。かれらが、国家行政の実務面ですぐれた能力と器量の持主であり、平氏がそれを高く評価して政変後の国政運営に積極的に起用した点についてはすでに触れたので繰り返さないが、しかし、当面の課題との関連でつぎの点だけは確認しておきたい。すなわち、これらの後院別当のうち藤原長方・藤原経房・藤原隆季の三名は、ながらく後白河院庁の別当の地位にあり、(58)とりわけ隆季は、執事別当として院中の庶務を統轄してきた人物であったことである。(59)そのため、隆季のばあいは、高倉天皇の後院庁の執事別当にすることに異論もあったらしく、平氏はあらかじめ内議によって憚りなしと決めたうえで任命したのであるが、それは平氏が「此人猶依堪其器」とその政治的器量を評価したためであったという。(60)

このように、平氏は国政の実務に堪能で、かつ院庁の庶務にも通暁した人材を中核にすえつつ、後院庁の体制を整備していったのであった。しかして、高倉天皇の譲位後も、院庁始めまではこの後院庁ですべてとりしきり、(61)高倉院庁の発足にあたっては、これらの後院司をそのまま院司に補任するとともに、その陣容をさらに補強して高倉院政をささえる体制を固めるのであるが、その点については後述したい。

ところで、平氏は高倉後院庁の掌握体制を築く一方で、摂関家にたいしても、政所機構を拡充・整備し、その掌握体制を強化していったのである。この政変によって、藤原基通を関白・氏長者につけた清盛は、基通がその職務を遂行するうえで最も重要な機構となるべき政所の組織と人的構成について、飛躍的に拡充・強化をはかっている。『山槐記』の治承三年（一一七九）十一月二十八日条によると、この日、関白家政所の家司補任がおこなわれたが、そのさい新たに補任されたのは、つぎのような人びとであった。

家司

正四位下行左近衛権中将兼春宮亮平重衡

従四位上行左馬権頭平信基

従四位上行皇太后宮亮兼但馬守平経正

従四位下右中弁藤原兼光

従四位下権右中弁藤原光雅

正五位下行右衛門権佐藤原親雅

正五位下行大外記兼大炊頭中原師尚

散位従五位下中原頼継侍

職事

散位従五位下平信清

散位従五位下高階仲資

散位従五位下高階清定

このほかに、基通が関白になる以前から家司であった右大弁藤原重方・散位藤原敦綱・左衛門権佐藤原光長・少納言平信国・宮内少輔平棟範の少なくとも五名がひきつづき家司に補任されている。これを、たとえば、嘉応二年（一一七〇）四月二十三日、基通が元服したさいの家司の補任について『玉葉』が記す、

家司
　権右中弁重方朝臣、中宮大進光長　宮内少輔棟範
職事
　和泉守季長、散位光兼
知家事
　主税允親重
案主
　刑部録久行、主税属忠弘
雑色長
　下野毛武成衛府長　松久走長

という記事と比較すると、その間に若干の増加がみられるとはいえ、家司・職事だけでもこの政変を契機にいかに急激に拡充されたかがわかるであろう。そして、『山槐記』の同日条によれば、これらの基通家の家司のうち、筆頭家司たる執事に権右中弁藤原光雅、年預に春宮亮平重衡、厩別当は上に参河守平知度、下に右衛門権佐藤原親雅、勧学院別当に右中弁藤原兼光をそれぞれ補任して、任務執行の分担体制をきめている。さらに、前関白基房から没収して基通に帰属させた殿下渡領のうち、越前国方上荘と大和国佐保殿が執事たるにより藤原光雅に、備前国鹿田荘が年預たるによって平重衡に預けて知行させることとなった。ただし、この知行方式は、このとき

にはじまったのではなく、執事・年預としての先例にもとづいたものであった。(62)

こうして関白・氏長者となった基通家は、関白ないし氏長者としての職務を遂行していくためには、従前の政所機構では対応しきれないため、家司の員数を激増して政所の拡充・整備をはかったのであるが、そのさい、これらの家司の人的構成に関連してつぎの点に留意する必要があろう。

まず第一は、平清盛の子重衡・知度、甥経正らの清盛一族をはじめ、兵部卿平信範の子信国・信基・信清の三兄弟および藤原親雅らの広義の平氏一門が多数政所へ進出していることである。平信範は、平時子・時忠の叔父にあたり、藤原忠通・基実父子の家司であったが、基実の死後、平盛子が摂関家領を相続してからも清盛一族とのあいだは親密であった。その点は、信国の子息時兼が時忠の養子となり、娘禅子がのちに安徳天皇の掌侍に任ぜられ、(63)信基が関白基通の側近として活躍し、平家都落ちにあたって基通に強く同道をせまり、聴き入れられないと、単独で平氏のあとを追ったことなどによく示されている。(64)藤原親雅は、参議藤原親隆の三男であるが、母が平信範の兄知信の娘であったため時子・時忠らとの関係も深く、はやくから建春門院の五位判官代となり、女院の葬送にさいしては時忠らとともにその奉行をつとめている。(65)このように、清盛は政所のなかに多くの平氏一門を配置し、年預・厩別当などの重要な地位をしめさせる方式をとって、政所の領導体制を形成しようとしているのである。しかし、この方式は、もとよりこの政変を契機として新たに開始されたのではなく、保元の乱後まもなくからはじまる平氏の摂関家領支配への関与の深まりとともに推進されてきたのであって、(66)それがこの時点で一段と拡充されるにいたったのである。ところで、この広義の平氏一門のなかには、武門平氏の直系だけでなく、信範の子息らを中心とする実務官人層貴族も含まれている。これは、政所を掌握し機能させるにあたっては、武力のみでなく広範かつ多様な実務を処理する体制を整える必要があったためであるが、平氏一門の実務官人層だけでそれをカバーするにはあまりに人材不足だったのはいうまでもない。

そこで第二に注目されるのは、執事藤原光雅いか藤原兼光・藤原重方・中原師尚・藤原光長・平棟範・高階仲資・高階清定・藤原敦綱ら平氏一門の数を凌駕する実務官人層貴族の存在である。かれらのほとんどは、典礼・政理に関する専門知識や行政技術に通暁したり、儒学や文章道など諸道に練達し、いわばそれを家業とする人びとであるが、その中心人物の何人かについてはすでに言及した。執事藤原光雅と勧学院別当藤原兼光は、仁安三年（一一六八）二月、高倉天皇の即位とともに五位蔵人となり、その後弁官を兼ね、多年にわたって蔵人・弁官をつとめてきた実務官人であり、この政変の時点で平氏が、光雅に石見国、兼光に上野国の知行国主の地位を保証するなどしてその掌握につとめたのであった。また藤原光長も、すでにみたように、「弁官家」の一員として経房・定長の兄弟とともに平氏に目をつけられ、当時、春宮大進であり、やがて安徳天皇の即位と同時に五位蔵人に補任される人物であった。藤原重方も、五位蔵人ののち仁安二年（一一六七）正月、平信範が権右中弁に昇進したあとをうけて右少弁になって以降、ながらく弁官の地位にあって治承三年（一一七九）十月九日の除目で右大弁に補任された人物である（『蔵人補任』『弁官補任』）。重方・兼光は、すでに前関白藤原基房の政所家司に補任されて、兼光は執事を重方は勧学院別当をつとめた経験をもっている。(67)重方のばあいは、前述のごとく、嘉応二年（一一七〇）からは基通の家司をも兼ねていたのである。また、この重方・兼光・光雅の三名の弁官は、いずれも後白河院庁の院司の一員でもあった。(68)こうした職事弁官と院司や摂関家家司などとの兼任はこの三名にかぎらず当時すでに常態化していたものであった。(69)それには、膨張する家政事務を統轄処理するためには弁官経験者のような有能な人材が要求されたこともあるが、より根本的な理由は、院であれ摂関であれ、国政を担当する権門はその家政支配機構と太政官機構の中枢部との関係を緊密に保ちつつ政務処理にあたる必要があったためと考えられるのである。しかして、清盛もまた、関白基通の政所家司にこれらの弁官を補任し、摂関家の庶務統轄の中心たる執事に藤原光雅を、興福寺・春日神社の法会祭祀から訴訟・裁判などまでをも管掌する勧学院別当に藤原兼光を補任したのであった。けれども、清盛はこれらの弁官をただ慣例にしたがって安易に補任したのではない。清盛は、前述のように、この政変で右中弁平親宗・右少弁平基親を解官すると、十一月十七日に兼光を権右中弁から右中弁へ、光雅を左少弁から権右中弁へそれぞれ昇任し、左少弁の後任に藤原行隆を十四年ぶりで還任せしめ、さらに翌十八日には源兼忠を侍従から右少弁に遷任するなど、弁官局の人事の更迭を断行して掌握体制を固めたうえで、この関白基通の政所家司へと起用しているのである。家司のなかには、このほか大外記中原師尚のように外記局を管掌し、詔勅の勘正、奏文の作成、臨時の公事儀式の奉行など国政運営上の重要な文書実務にたずさわる人物から、散位藤原敦綱のごとく儒士として知られ内大臣平重盛の辞表を作成したような者まで[70]、実務能力にすぐれた多様な人材が含まれているのである。

このように、平氏は関白基通家の政所においても、一門・家人らを配置するものと、実務官人層貴族を編成するものとの二つの形態をとって権力集中体制を築きあげようとしたのであった。もとより、この二つの形態のうち基本をなすのは、前者の平氏一門・家人を権力機構のなかに配置するものであったが、しかし、後者の実務官人層を中心とする政治勢力を積極的に編成することにつとめている点を捨象すべきではない。とくに、この政変を契機として後者の比重が一挙に増大し、二つの形態が密接不可分の関係において推進されたことを、この関白基通家の政所の事例のばあいも縮図的に示しているのである。

(1) 拙稿「院政期貴族の帝王観」(『赤松俊秀教授退官記念国史論集』所収)。
(2) 『山槐記』治承三年六月十七日、二十日条によれば、憲仁親王がまだ即位する以前に藤原基実邸に滞在して盛子の「養育」をうけたため、即位とともに盛子は准母(養母)・准三后にされたという。
(3) 『兵範記』仁安元年十月十日、同三年二月十九日条など。
(4) 『山槐記』治承三年正月三日条。
(5) 若狭局が高倉天皇の側近に侍し重要な役割を果たしている点については、註(4)のほか、『玉葉』治承元年十月十日、同三年十一月十五日条など参照。
(6)『兵範記』『玉葉』仁安元年十月十日条、「春宮坊官補任」(『続群書類従第四輯上』所収)。
(7)以上、『兵範記』『玉葉』仁安三年二月十九日条、市川久編『蔵人補任』。
(8)『玉葉』承安二年二月十日条。
(9)以上、『玉葉』治承三年十二月八日、十五日、二十九日、治承四年一月一日条など参照。
(10)『玉葉』治承二年一月二十八日条。
(11)『玉葉』治承三年十二月二十九日条。
(12)『玉葉』治承四年一月二十日条。
(13)当時の「主上御作法」の発達状況については、井原今朝男「中世の天皇・摂関・院」(『史学雑誌』一〇〇編八号)に興味深い指摘がある。
(14)『玉葉』治承四年一月十七日条。なお、治承三年十二月六日条にも同様のことがみえる。
(15)『山槐記』治承三年十二月十一日条。
(16)『山槐記』治承三年十二月十四日条。
(17)たとえば、『玉葉』嘉応二年正月十三日条など参照。
(18)たとえば『山槐記』治承三年十二月十四日、十五日、同四年二月十九日条など参照。
(19)『玉葉』治承四年一月五日条、『山槐記』治承四年二月五日条。
(20)平氏の「内議」については、はやく村井康彦氏がその著『平家物語の世界』(二六二〜三頁)において注目されている。ただし、氏は、その内議が高倉院政下の治承四年五月末の時点で、はじめて姿をあらわすとされているが、私は以上のように、高倉親政の成立との関連で把握すべきであると考える。
(21)『玉葉』治承三年十二月四日条。
(22)『玉葉』文治二年十月二十八日条。
(23)『山槐記』治承三年十二月十五日条。
(24)『今鏡』(すべらぎの下第三、二葉の松)に、「平氏初めは一つにおはしけれど、日記の家と、世の固めにおはする筋とは、久しう変りて、かた〴〵聞え給ふを、いづ方も同じ御世に、帝(高倉帝)后(建春門院)同じ氏に栄えさせ給ふ」とあり、平時忠は、この「日記の家」の出身であった。また『平家物語』(巻第一、東宮立)は、平時忠が「執政の臣」といわれ、「入道相国天下の大小事をのたまひあはせられければ」平関白と称されたと記す。こうした平時忠の八面六臂の活躍は、かれの能力もさることながら、平氏の行政部門における人材不足を端的に示すものでもあった。

(25)『公卿補任』『弁官補任』『蔵人補任』。彼が有識の人物であったことは、『玉葉』承安三年二月七日、治承四年二月十九日、二十四日、同年八月二十九日条などにもその一端が示されている。

(26)『玉葉』『山槐記』治承三年十一月十八日条、『公卿補任』、『弁官補任』。

(27)その時期を、『山槐記』治承四年五月二十七日条は「去年十二月」とし、『公卿補任』は治承四年正月とする。

(28)たとえば、『玉葉』治承四年五月二十七日、八月二十九日、九月二十一日条など参照。なお、前述のように、子息の右少弁兼忠も興福寺対策の一環として、大和守に起用されている。

(29)以上、『玉葉』『山槐記』『百錬抄』治承四年十二月六日条、『玉葉』治承五年一月六日条、『公卿補任』治承五年条など。

(30)『玉葉』文治二年十月三日条。なお、その伝記については、橋本義彦『源通親』が詳しい。

(31)『公卿補任』治承四年源通親条。

(32)『山槐記』治承三年十一月十六日、十七日、二十八日、十二月十六日条、『玉葉』治承三年十一月二十日、二十八日、十二月四日、六日、治承四年一月四日、五日条など参照。

(33)『玉葉』治承四年五月二十七日条。

(34)『玉葉』治承三年十一月二十二日条。

(35)『吉記』寿永元年三月二十六日条。

(36)『山槐記』治承四年二月二十一日条、『玉葉』治承四年五月二十七日条など。

(37)市川久編『蔵人補任』。

(38)『玉葉』『山槐記』治承三年十一月十七日、十八日条。

(39)以上、『公卿補任』建久元年平基親条、『尊卑分脈』『蔵人補任』『弁官補任』および、治承二年六月十二日後白河院庁下文(『平安遺文』三八三三号)など参照。

(40)『蔵人補任』『弁官補任』。『山槐記』応保元年十一月十八日条には、二条天皇が蔵人のなかでも、頭弁源雅頼と五位蔵人行隆を重用し、頭中将中山忠親や五位蔵人の藤原長方・藤原重方らを「疎遠」にしたと記している。なお、藤原行隆については、平野さつき「藤原行隆をめぐる一考察―延慶本平家物語を中心に―」(『古典遺産』三一号)、宮地崇邦「『行隆沙汰事』と行長」(『国学院雑誌』八〇巻六号)など参照。

(41)この点、確実な史料はないが、註(40)の二論文とも、このように推定しており、従うべきものと考える。

(42)註(37)に同じ。なお、藤原経房と平氏との関係については、すでに前節でふれた。藤原親経は儒者で、のち『愚管抄』(巻第四)で慈円が「親経卜申シ中納言、儒卿コソサイカクノ物」と評した人物であり、平氏は、治承二年十二月十五日の言仁親王立太子にあたり、東宮学士に補任している(『玉葉』同日条)。

(43)『弁官補任』。なお、平親宗は、『弁官補任』にはみえないが、『公卿補任』寿永二年平親宗条および『玉葉』『山槐記』治承三年十一月十七日条などによっておぎなった。

(44)『公卿補任』寿永二年平親宗条、『大日本史料』正治元年七月二十七日条。なお、伝記については、中村文「平親宗伝」(『立教大学日本文学』五四号)を参照。

(45)『百錬抄』同日条。

(46)『兵範記』仁安二年正月二十七日、十二月三十日条、『吉記』承安四年三月五日、八月二十三日、九月三日条など参照。

(47)『玉葉』治承三年十一月二十四日条。

(48)以上、『平家物語』(巻第一、俊寛沙汰鵜川軍)。なお、藤原信西と西景との関係については、『愚管抄』(巻第五)、『平治物語』(上巻、信西出家の由来)などにもみえる。

(49)なお、『玉葉』治承五年六月五日条によれば、この追捕のさい、西景は平氏の手をのがれて逐電し、その後逮捕されて遠江国へ流罪となり、その家屋敷・資財は没収されて、平氏の家人の検非違使藤原景高が管掌し、ついで覚智僧正に伝えられた。その家は広大であったらしく、一時、皇嘉門院が避暑のために利用することとなった。そのとき、「抑件法師、為院近臣之間、帰洛之時、若可帰預哉」ということが問題となって、後白河法皇の意向を確認している。これらの点からすると、この家や倉庫はたんなる西景の私宅ではなく、院から「預」った倉としての機能を備えていたものとみられるのである。

(50)『中右記』康和五年三月十一日条。
(51)『山槐記』治承三年十一月二十五日条。
(52)『山槐記』同日条。なお、『弁官補任』は十二月七日とする。
(53)この点については、八代国治「後院の考」(同『国史叢説』所収)、橋本義彦「後院について」(同『平安貴族社会の研究』所収)に詳しい。
(54)後白河親政は、あの保元の新制がだされた保元元年閏九月からはじまり、十月七日に後院別当補任のことがみえ(『弁官補任』)、同月二十日には記録所も設置され(『百錬抄』同日条)、新制への体制づくりが整備されていった。そして、保元三年八月十一日に後白河は譲位して上皇となり、院司補任をおこなっている(『譲位部類記』)。したがって、その親政期間中、後院庁が設置されていたわけである。
(55)『兵範記』保元二年三月二十九日条。
(56)『玉葉』治承四年一月二十四日、二十五日条によると、皇居を後院町につくることが問題になったさい、後院の理解をめぐって、藤原行隆が「後院者不付太上皇事也」としたのにたいし、九条兼実らは「太上天皇御座之時、強無此沙汰、只付院庁有進止歟、太皇不御坐之時、自公家被補別当有其沙汰」という反対意見をのべている。この兼実の意見は、後院についての誤解にもとづくものと解釈されている。しかし、たんなる誤解ではなく、『百錬抄』治承三年十二月十四日条が、後院庁始めについて、とくに「上皇御坐之時、先例不置後院」と註している点などをあわせ考えると、保元の乱後の後白河親政のばあいとことなり、高倉親政のばあいは、後白河法皇が存在するにもかかわらず、政変でそれを否定し、後院庁を設置することにたいする批判の意味がこめられているものと理解すべきであろう。
(57)『玉葉』治承三年十二月六日、『山槐記』同年十二月十一日条など。
(58)たとえば、治承二年六月二十日後白河院庁下文案(『平安遺文』三八三六号)など参照。
(59)『玉葉』仁安二年正月二十八日条、『山槐記』治承四年十二月八日条など。
(60)『山槐記』治承四年二月五日条。なお、『源平盛衰記』(巻第四六)は、平氏が藤原長方と藤原経房の人物・識見を見こんで後院別当に補任したとしている。
(61)八代国治前掲論文(註53)を参照。
(62)橋本義彦「藤氏長者と渡領」(同『平安貴族社会の研究』所収)。

(63)『尊卑分脈』第四篇、『山槐記』治承四年二月二十一日条。
(64)『吉記』養和元年三月一日、寿永元年九月十七日、寿永二年七月二十五日条など。
(65)以上、『公卿補任』建久四年藤原親雅条、『玉葉』安元二年七月十日、治承二年六月二十七日条など。
(66)この点については、本書第二章平氏政権と摂関家を参照。
(67)承安三年三月八日摂政家政所下文案(『平安遺文』三六二三号)、『兵範記』承安元年十二月二十一日条、『玉葉』治承三年十月二十一日条など。
(68)註(58)に同じ。
(69)井原今朝男「中世国家の儀礼と国役・公事」(『歴史学研究』五六〇号)、玉井力「『院政』支配と貴族官人層」(『日本の社会史』第三巻所収)など。
(70)『玉葉』治承二年二月八日条、『玉葉』『山槐記』治承三年三月十一日条など。

四　高倉院政の成立

治承三年十一月の政変の結果、軍事的権門から国政全般を担当する最強の権門へと転換をとげた平氏が、国政のヘゲモニーを掌握するにあたって築きあげた政治体制の構造は、以上のようなものであった。その政治体制の構造は、従来の政治機構や制度を否定して新たに創設する方法をとって形成されたのではなく、国家と権門の既存の政治支配機構を前提としつつ、その機構における人事の更迭と政治勢力の再編成を断行する事によって樹立されたのである。平氏は、高倉天皇を「独占」し傀儡化するシステムをはじめ、太政官機構、国衙支配機構、権門の家政支配機構などの主要な部門において、その方法を積極的に推進していったのであった。そうした政治的方法と形態は、一見すると、摂関政治や院政のもとで展開されてきた国家権力の掌握形態と基本的に差違がないかにみえるのである。従来、平氏政権の歴史的評価にあたって、この点が重視されることが多く、守護・地頭などの新しい制度を創設した鎌倉幕府を中世的な武家政権と位置づけるのにたいし、既存の政治機構を否定せず、その制度的枠組みのなかで形成された平氏政権を、古代的国家権力機構のなかに埋没した古代的ないし貴族的な政権と位置づける主要な論拠の一つにされてきたのであった。(1)

だが、機構や制度そのものは、あくまで支配のための一つの道具・手段にすぎないのであるから、機構や制度の有無・大小などをもって政権評価の基本的な指標にすることは、あまりにも形式論的であるといわざるをえないであろう。政治権力の問題としては、やはり政治支配者がこれらの機構や制度を、その政治支配を実現し階級的利益を貫徹するために、いかに掌握・編成したのかという権力組織との関連で把握する必要があるとおもう。その点についていえば、すでに前述の各章で分析したように、平氏は、はやくから一貫して荘園や国衙の支配機構を媒介として権力基盤の拡大に積極的にとりくんできていたのであった。平氏は、まず院、ついで摂関家の武力的支柱として、院庁・政所や荘園支配機構に進出すると、それらの機構を媒介として荘園支配を展開するなかで在地領主の一部を編成しつつ、その権力基盤と組織の拡大・強化をはかり（本書の第一章、第二章参照）、受領や知行国主になると、やはり国衙支配機構をつうじて在庁勢力や武士の組織化につとめたのである（本書の第三章、第四章参照）。つまり、平氏は、武士団という院や摂関家らの貴族権門がもたない独自の権力組織に立脚して、これらの機構を媒介に権力基盤と組織を拡大し、階級支配を実現する体制を築きあげてきたのであった。したがって、平氏の荘園制的所職の集積や知行国主・受領の独占化などが、一見いかに古代的・貴族的にみえようとも、それを支配する権力の実質は、あきらかに武門の権力にほかならなかったのである。さらに、平治の乱後、平氏は軍事的権門としての地位を確立する過程において、検非違使庁をはじめとする国家の軍事警察機構に家人・郎等を送りこみ、また他の武士を編成するなどして、それらの機構を掌握する体制を固めたのであった。しかして、この政変によって、国政全般を担当する権門としての地位をしめた平氏は、これまで形成してきた権力基盤と組織とをふまえて、国家と権門の権力機構の中枢部を掌握する体制を構築するにいたったのである。それゆえ、平氏のこれらの機構にたいする掌握体制は、形態的にはたしかに院・摂関家ら権門貴族のそれと似ているけれども、内容的にはあきらかに武門としての独自の性格をもっていたのであった。そのことは、平氏が、これらの機構を掌握するにあたって採用した二つの形態のなかに最も端的に示されている。平氏は、これらの機構に一族・家人らを配置・進出させる形態と、官職の任免権の行使を槓杆として実務官人を中心とする貴族層を積極的に包摂していく形態との二つを採用したのであった。平氏が国政を運営・掌握するためには、この二つの形態はいずれも必要不可欠なものであったが、しかし、平氏のばあいはあくまで一族・家人らの武士団の権力組織に立脚する前者の形態が基軸をなしたのであって、そうした権力組織を欠き、後者の形態に重心をすえる院や摂関家の掌握形態とは、あきらかに性格を異にするものであったのである。

さて、こうして高倉親政をかかげて国政の領導体制を樹立した平氏ではあったが、はやくも翌治承四年二月二十一日には、高倉天皇が東宮言仁親王に譲位し、践祚の儀が前大納言藤原邦綱の五条亭（五条東洞第）でとりおこなわれた。ときに高倉天皇二十歳、東宮わずかに三歳であった。その日、平清盛は福原にいて表舞台に姿をみせなかったが、この践祚の儀はかねて清盛の意向をうけて着々とすすめられ、とりわけ剣璽渡御の場面には、平氏の権勢を巧みに誇示する演出が施されていた。左中将藤原泰通・右中将藤原隆房の両名が剣璽を捧持し、摂政藤原基通以下が供奉した剣璽渡御の行列は、閑院第（高倉天皇の里内裏）をでて、平氏指揮下の武士が辻々を固める都大路を進み、亥刻に五条亭の中門についたが、そのころ中門付近は、見物の雑人や供奉の人びとの従僕らで充満し、狼藉極まりなし、と評される有様であった。中門から南殿まで筵道をもうけ、左大臣藤原経宗以下の公卿が列立して磬折するなかを、剣璽を捧持する両中将と摂政が南殿のきざはしまで歩んでいった。これよりさき、南殿の昼御座には、東宮亮平重衡が言仁親王を抱いてまちうけており、摂政らは南階を昇ってその前に進み、昼御座の左右に祗候している内侍二人にうやうやしく剣璽を手渡し、剣璽渡御の儀が終了したのである。この践祚の儀の中核をなす剣璽渡御のハイライトの場面において、平重衡が東宮を擁して、ひとり殿上の昼御座にあって剣璽を受納する姿は、安徳天皇の即位と高倉院政の成立にかけた平氏の政治的意図を象徴的に示す光景であったといえよう。もとより、重衡が言仁親王を抱いて出御することについては、幼主といえどもその例なしとか、昇殿を聴される以前に摂政以外の侍臣が堂上に昇るべきではないなどという異議や批判もあったが、それを無視してとりおこなったのである。(2)

ところで、この高倉天皇の譲位に関しては、古くから平清盛が外戚として専権を振うことをめざして強行したものであるとする見方が存在する。『平家物語』(巻第四、厳島御幸)は、「主上ことなる御つゝがもわたらせ給はぬを、をしおろしたてまつり、春宮践祚あり。これは入道相国よろづおもふさまなるが致すところなり」と記して、清盛の圧力と専横によって病気でもない高倉天皇が退位させられたことを強調する。慈円も『愚管抄』(巻第五)で、かねて清盛は言仁親王を即位させて「帝ノ外祖ニテ世ヲ皆思フサマニトリテント思ケルニヤ」と書くのであった。こうした評価は現在でも有力であって、十一月の政変後、清盛は安徳天皇の即位をいそぎ、それを実現することによって天皇の外祖父として君臨する独裁的地位を確立したとか、(3)ときには「清盛は天皇の外祖父となり、かつての藤原氏の如き外戚としての栄華の地位についた」(4)などといわれるのである。清盛が多年にわたって天皇の外祖父として君臨する念願を持ちつづけていたことは事実であるが、しかし、これらの評価は、安徳天皇の即位によって清盛が実現しようとした国政領導体制の構造についての分析を欠いているため、『平家物語』や『愚管抄』と同じく、清盛の外戚としての独裁を指摘するにとどまっているのである。したがって、その国政領導体制の構造を考察する必要があるわけであるが、そのさい私は、この高倉から安徳への譲位は、平氏がたんに高倉天皇を国政から排除することを狙ったものではなく、高倉上皇を治天の君とする院政を成立させることを前提としておこなわれた点を重視すべきであると考える。つまり、安徳天皇の即位と高倉院政の成立は緊密に連動しているのであって、まずその連動関係の政治的意味から吟味することにしたいとおもう。

高倉天皇は、治承三年（一一七九）十一月六日、政変後はじめて参内した九条兼実にたいし、女房をつうじて、明春、譲位の予定であることを伝えるとともに、その気持ちはすでに「去夏比」より切なるものがあったが、このたびの「大乱」（政変）によっていよいよその決意を固めるにいたった旨を漏らしている（『玉葉』同日条）。「去夏比」といえば、六月十七日に白川殿平盛子、七月二十九日に平重盛と、平氏にとって重要な人物の死が相つぎ、とくに平盛子の遺領が高倉天皇領とされたため、平氏と後白河法皇・関白藤原基房とのあいだでその帰属をめぐって熾烈な争いが展開されたころであった。それに加えて、高倉天皇自身も七月二十日すぎから病気にかかって高熱がつづき、宮中でも、天皇の病気は摂関家領をすべて「公家之沙汰」（高倉天皇領）としたことにたいする春日大明神の祟によるものであるなどと、密かにささやかれたときでもあった。(5) したがって、そうした状況のなかで、病弱の天皇の心中に退位の思いがきざし、さらに政変の勃発によって後白河法皇と清盛のあいだで苦悩するあまり、ついに最終的な決断をしたという『玉葉』の記事は、高倉天皇の心情を素直に吐露したものとみてよいであろう。その意味で、高倉天皇自身の退位にたいする主観的な意図は、たしかに閑静な生活の実現にあったと考えられるのである。(6) だが、清盛が高倉天皇の退位を急いだのは、病弱な天皇の意志を尊重したからでも、ひたすら自分の外孫を帝位につけることだけを狙ったのでもなかった。高倉天皇が兼実に譲位の意志を漏らしたころには、清盛は一門の「内議」によって、すでに明年一月東宮着袴・魚味の儀、二月高倉天皇の譲位、四月安徳天皇の即位という政治日程を確定し、着袴・魚味の儀の準備を指令していたのである。(7) それは、高倉親政をかかげて政変を断行してからまだ一ヵ月にもみたない時点であった。しかも、一方では、同じ時期に、既述のごとく、後白河法皇から奪った院領を高倉天皇の管理下に集中し、十二月十四日には後院庁始めをおこなうなど、高倉院政の成立をにらんだ政治的措置を講じはじめているのである。これらの点からすれば、清盛の政治的意図は、たんに外孫の安徳天皇を早期に即位させることのみに関心があったのではなく、高倉院政の成立とセットにして実現することに真の狙いがあったとみられるのである。

そこで、問題となるのは、安徳天皇の即位と高倉院政の成立をセットにして実現することに、どのような政治的意味があるのかということであるが、それには、さしずめつぎの二点が考えられる。

まず第一は、高倉から安徳への皇位継承を実現することによって、後白河院政の復活の可能性を阻止する体制を築きあげる狙いがあったとみられることである。平氏政権の樹立と存続にとって、高倉天皇の権威と役割が不可欠の政治的意味をもっており、かつ、その天皇の政治的利用の方法が、摂関政治や院政のばあいと異なって、天皇の統治権を背後で間接的に操縦する形態をとっておこなわれた点についてはすでに指摘したとおりである。したがって、平氏にとって、皇位継承問題はその政権を維持していくうえで根幹をなす重要事項だったのであり、病弱な高倉天皇の親政体制を形成するだけでは、きわめて不安定なものであった。憲仁親王（高倉天皇）の皇位継承上のライバルとして平氏が警戒してきた以仁王をはじめ、後白河法皇には幾人かの皇子がおり、政治情勢の展開のいかんによっては、そのうちの誰かが即位し、後白河法皇の院政が復活する危険性がみなぎっていた。その危険性を回避する最も有効な方法の一つは、はやく安徳天皇を即位させて、以仁王らの皇位継承の可能性を断つ体制を固めると同時に、高倉院政を発足させることによって、後白河法皇の国政に口入する立場を喪失させ、その院政の復活を阻止することであったのである。その意味で、安徳天皇の践祚と高倉院政の成立は、セットとして後白河院政の復活を抑える政治的意味をもっていたのであり、それを実現することは、平氏にとって緊急の課題だったのである。

それに関連して第二に注目したいのは、平氏が国政領導体制を維持していくうえで高倉院政の成立がもつ政治的意味についてである。高倉上皇が国政運営上にしめる政治的意義は、安徳天皇の即位によって些かも低下したり減じたりするものではなく、退位後の閑静な生活などはとうてい望むべくもなかった。平氏は、高倉親政をかかげ、そのもとでみずからの政治意思を天皇の政治意思に転換して執行する政治体制をつくりだすことによって国政運営の主導権を掌握してきたのであった。しかし、そうした天皇を傀儡とする政治体制が「親政」として有効に機能するためには、天皇は成人であるか、最低限、自分の意見を言語でもって表明しうる能力をもった人物でなければならない。全くの幼主では、平氏の政治意思を天皇の政治意思に転換して綸旨・勅などをもって臣下に直接的にはたらきかけ、天皇への忠誠・服従を要求しつつ国政を運営していくことなど不可能だからである。この点で、三歳の幼主安徳天皇のもとでは「御前之儀」（親政）はありえず、(8) 天皇は平氏が国政を運営・掌握していくうえでの傀儡としても、十全な機能をはたしうる存在ではなかったのである。したがって、現実に傀儡としての政治的役割を期待されたのは、安徳天皇ではなく高倉上皇ということになるのであって、ここに平氏が国政領導体制を確保していくうえで高倉院政を成立させなければならない必然性があったのである。その意味で、清盛が外孫安徳天皇を即位させることによって摂関政治の政治形態を志向したというような見解は正しくなく、高倉院政を媒介とする国政領導体制を志向したのであった。そのことは、のち高倉上皇の病状が悪化したさい、やむをえず一時的に摂政藤原基通による摂関政治を採用している点にも端的に示されている。(9)

こうして、平氏の国政領導体制は、現実には高倉親政から院政へと回転軸を移動させることになったのであるが、その高倉院政の発足に先立って、清盛は注目すべき策を講じている。その策とは、高倉親政の最後の時点で打ちだした大輪田泊の修築に関する施策である。

この年の二月二十日、高倉親政の最後の日、清盛は太政官に解状をだして、大輪田泊の修築について、つぎのような内容の宣旨をくだすように官裁を申請した。その解状によると、清盛は、この福原の地に隠栖して以来、泊がないため風波をうけて航行に難儀する船舶をまもるべく「私力」をもって新島を築いてきたが、激浪のため築島がすぐ崩れてしまう。もはや私力だけでこの事業を遂行することは無理であり、「国之功力」による以外に方法はない。そこで延喜の先例にならって、河内・和泉・摂津の三国と、山陽・南海両道の諸国からは、荘公を問わず一国平均役として田一町・畠二町ごとに一人の割合で人夫を雇役して修築にあたらせ、また東海・西海両道の国々から雑物を運上してきた船が下向するさいには、梶取・水手に三日間ずつ人夫役を賦課する旨の宣旨をだすように求めたのである。清盛のこの申請はただちにいれられ、同日づけで諸国にたいし太政官符がくだされたのであった。(10) ところで、『玉葉』の同月二十日条によれば、清盛はこの解状の提出に先立つ何日かまえに、左少弁藤原行隆にたいし、大輪田泊の修築について申請するので「延喜例」によって宣下すること、またそのさい上卿を右大臣九条兼実にすべきことなどを申し入れている。行隆がこの旨を高倉天皇に奏上すると、申請どおり宣下すべしとの勅答があったので、解状をみると、その様式に不備・異例なところがあった。その点は太政官でも問題となり、上卿の兼実とも協議したが、福原の清盛に連絡する時間的な余裕もなく、結局、「此事必今日可被宣下」ということで、そのまま太政官符がだされたのである。上卿は右大臣九条兼実、行事の弁・史はそれぞれ左少弁藤原行隆・左大史小槻隆職であった。(11) この大輪田泊の大修築計画は、清盛がかねてから推進してきた瀬戸内海航路の整備・支配と日宋貿易とを飛躍的に進展させるためにうちだした施策として有名であるが、(12) 当面の課題である高倉親政から院政への移行という問題についても興味深い素材を提供しているのである。

まず注目したいのは、この事例のなかには、高倉親政体制のもとで、清盛の政治意思からでた大輪田泊の修築という事業計画が、太政官機構を媒介とすることによって国家的施策として決定し執行されるまでのメカニズムとプロセスの一端が鮮明に示されていることである。そのメカニズムが有効に作動していることは、平氏が前節でみたような形態をとって、高倉天皇を「独占」し、上卿クラスの公卿や弁官局の実務官人層などを再編成しつつ築いてきた太政官機構の掌握体制が一定の成功をおさめたことを物語るものにほかならない。その意味で、たしかに高倉親政体制は、平氏が国政を運営・掌握するうえで有効な成果をあげていたのであった。

ところで、つぎに問題にしたいのは、清盛がこの解状を高倉親政の最後の日に提出し、しかも延喜の例にならうことを主張しているのは何故かという点である。清盛は、この解状のなかで「聖代之政尤足因准」として、再三、延喜の例を強調するとともに、あらかじめ左少弁藤原行隆にだした指示のなかでも、「件事、依延喜例、可被宣下」と、わざわざ念を押しているのである。清盛が延喜の例を振りかざす理由の一つは、この難事業が新儀のものではなく、かの「延喜聖代」の先例にもとづく点を強調することによって、予想される反対・抵抗を封じ込めるためであったと考えられる。しかし、それだけでは、この解状が高倉親政の最後の日にだされた理由が分らない。そこで、この延喜聖代の先例が、高倉親政の最後の日にだされた解状と、それをうけて下された太政官符のなかで強調されている点に注目すると、もう一つ別の政治的意図をみいだすことができるであろう。それは、清盛の提案をうけた高倉天皇が「聖代之政」「延喜例」を継承してこの事業を遂行することを太政官符でもって公布することにより、高倉親政の存在意義とイメージをアピールするという狙いである。高倉親政は、政変のなかから関白の罷免と後白河院政の停止という衝撃的な弾圧策をとることによってつくりあげられた政治権力であった。その高倉親政をそのまま院政へと転じるのではなく、延喜聖代の政をうけつぐ施策をもりこんだ太政官符を諸国にくだすことによって、高倉親政の悪しきイメージを払拭することで締めくくり、それをふまえて高倉院政の発足へとつなげていくという、清盛の周到な政治的意図を読みとることができるのである。だからこそ、この太政官符は、必ず「今日」宣下しなければならなかったのである。

さて、こうして安徳天皇を践祚させ、高倉親政から院政へと基軸を移した平氏は、高倉院政を媒介とすることによって国政の主導権を掌握する形態をとるのであるが、その点を考察するまえに、安徳天皇をとりまく平氏の政治体制についてみておきたいとおもう。

平氏一門の絶大な期待をうけて誕生した言仁親王（安徳天皇）は、治承二年（一一七八）十二月十五日、生後わずかに一ヵ月あまりで東宮に冊立された。その立太子の儀は、清盛のつよい意向によって六波羅第でおこなわれ、東宮傅に左大臣藤原経宗、学士に文章博士藤原光範、宮内権少輔藤原親経をすえ、東宮坊官には、大夫権大納言平宗盛いか権大夫権中納言藤原兼雅、亮左馬頭平重衡、権亮右近衛権少将平維盛、大進左衛門権佐藤原光長というように、東宮坊の中枢は、平氏一門とその与党および後白河法皇の近臣で構成された。また、藤原定能・光能の両蔵人頭をはじめ源通親・藤原経房らの実務官人層貴族と、平親宗・平清経・平資盛の平氏一族ら十五名に昇殿を聴したのであった。(13)ついで翌年正月五日には九名の東宮殿上人を追加し、十日には東宮帯刀の給所を定めて帯刀の編成に着手するなど、東宮坊の体制を整えていったのである。(14)しかし、その直後に平宗盛が辞官して東宮大夫の地位を去ったため、同月十九日に藤原兼雅が昇任してそのあとを襲い、権大夫には右兵衛督平知盛を補任している（『玉葉』同日条）。ついで、同年十一月の政変は、この東宮坊にも影響をおよぼし、大夫藤原兼雅・権大進高階経仲らの院近臣が解官されて、その後任に中山忠親・藤原時光が補され、(15)また清盛の指示によって東宮殿上人の除籍・改編がおこなわれるなどの変動が生じた。(16)だが、もとより平氏一門を中核とする東宮坊の体制は揺るがず、安徳天皇の践祚の時点における東宮坊の上層部は、傅左大臣藤原経宗、学士大内記藤原光範、宮内権少輔藤原親経、大夫権中納言中山忠親、権大夫左近衛権中将平知盛、亮蔵人頭平重衡、権亮右近衛権少将平維盛、大進左衛門権佐藤原光長、権大進前左衛門権佐藤原時光らという構成をとっていたのである。(17)

安徳天皇が践祚・即位すると、坊官はその任を解かれ、坊官除目によって他の官職へ昇任したり、昇叙されたりした。(18)その結果、東宮坊にかわって蔵人所が天皇直属の機関としての役割をはたすことになるのである。この蔵人所へは、坊官のうちから亮平重衡が、すでに高倉天皇の在位中の一月二十八日に蔵人頭に補任されたのをはじめ、践祚後は大進藤原光長が五位蔵人に、東宮蔵人のなかから藤原時経・藤原邦隆らが六位蔵人に補任されている。(19) しかし、蔵人所の中枢をなす五位蔵人以上の構成についていえば、高倉親政下のそれを基本的にひきついでおり、蔵人頭藤原経房・平重衡、五位蔵人藤原行隆・藤原親経のうえに、五位蔵人として藤原光長が加えられたにすぎないのである。同じことは、弁官局についてもいえるのであって、清盛が高倉親政体制の形成とともに築きあげた、左大弁藤原長方、右大弁藤原重方、左中弁藤原経房、右中弁藤原兼光、権右中弁藤原光雅、左少弁藤原行隆、右少弁源兼忠という構成が全くそのまま継承されたのであった(『弁官補任』)。このように、安徳天皇の践祚・即位によっても、国家行政の中枢機関である蔵人所・弁官局に変動はなく、高倉親政下の体制がひきつがれたのである。このことは、安徳天皇に国政関与の能力がなく、平氏が国政運営の体制を高倉親政から院政へと移行させようとする以上、当然であったといえよう。

それにたいし、この時期に平氏が早急に対処する必要にせまられたのは、安徳天皇を践祚・即位の儀式などにどのようにして参加させるか、また、養育の体制をいかにするかというような、三歳の幼主なるがゆえに生じる問題であった。受禅の日に、幼主が母后と同居することや、外出のとき乳母が幼主を抱いて同車することの可否をはじめ、昼御座にひとりで着座しえない幼主をどうするかなどが論じられたのである。(20) その問題にかかわって注目されるのは、安徳天皇の女官・乳母の体制である。『山槐記』の同年三月九日条によると、この日、女官除目があって、高倉上皇の「仰詞」により、つぎのような人物がそれぞれ典侍と掌侍に任命されている。

典侍

藤原輔子　大納言局と号し、天皇の乳母。蔵人頭平重衡の妻で、前大納言藤原邦綱の三女。安徳の東宮時には五条局と称した。

藤原領子　帥局と号し、天皇の乳母。権中納言平時忠の妻で、故権中納言藤原顕時の娘。安徳の東宮時には洞院局と称した。

源房子　新大納言局と号す。大納言源定房の娘。

源頼子　別当局と号す。前権中納言源雅頼の娘。

掌侍

平衡子　少将局と号す。蔵人頭平重衡の養女。

高階秀子　伊与局と号す。故高階成景の娘。

藤原方子　弁局と号す。故兵部大輔藤原頼方の娘。

源職子　甲斐局と号す。前伊賀守源雅亮の娘。

このように、安徳天皇の女官・乳母は、平氏一門とその与党の貴族にゆかりの女性たちで固められ、そのなかでも上臈乳母の帥局こと藤原領子が中心になって諸事をとりしきったようである。(21)この女官・乳母の体制は、たしかに平氏が安徳天皇を「独占」する体制の一環をなすものであったといえる。しかし、安徳天皇が「親裁」をおこないえない幼主であってみれば、そうした天皇の「独占」体制自体は、平氏が現実に国政を運営・執行していくうえで、高倉親政のばあいのように有効な政治機能を発揮しうるものではなかった点に留意する必要がある。

そこで、平氏にとっては、高倉上皇を治天の君にすえ、その院政を媒介とした国政領導体制を築くことが最も重要な政治課題となったのである。その高倉院政の発足にあたって、平氏がまず力を注いだのは、院政の拠点をなす院庁の組織を整備・拡充することであった。平氏が、すでに高倉親政下において、後院庁を高倉院政の発足とともに院庁へと改組する構想をたてて、執事別当の権大納言藤原隆季いか左大弁藤原長方、左中弁藤原経房、大蔵卿藤原雅隆ら国家行政の実務に堪能な人物たちを別当にすえて、後院庁の体制を整えつつあったことは、前節で指摘したとおりである。しかして、二月二十一日に安徳天皇の践祚の儀が終了するとただちに、閑院第で院司の補任がおこなわれ、別当には、右の後院別当の藤原隆季・藤原長方・藤原経房・藤原雅隆のほかに権大納言藤原実国と蔵人頭平重衡の両名が、判官代には、宮内少輔藤原棟範いか藤原通業・藤原為成・源信政・源定清・源通清らが補任されたのであった。このうち、藤原隆季、藤原雅隆が執事別当として院庁の庶務を統轄し、平重衡と藤原為成・源信政・源定清らは、それぞれ高倉天皇の蔵人頭と六位蔵人からそのまま院別当・判官代に転じたのである。(22)ついで二十四日に、権中納言平時忠、参議源通親、皇太后宮亮平経正、右中弁藤原兼光が別当に、勘解由次官藤原定経が判官代に補任され、二十七日に院庁はじめがおこなわれるにいたった。(23)さらに平氏は、左兵衛督平知盛を院厩別当に就任させるなど、院庁の掌握体制を整備していくが、四位五位の実務官人層貴族を確保することは容易でなく、そのクラスの院司の不足が指摘されている。(24)したがって、その後も、平氏は院司の拡充・強化につとめるのであって、治承四年（一一八〇）十二月付の高倉院庁下文の署名者には、右にあげた院司のほかに、左近衛権中将藤原泰通、中宮亮平通盛、中務権大輔藤原経家、勘解由次官藤原宗頼らの名前がみえる。(25)

こうして、平氏は、院庁の組織を整備・拡充することによって天皇家の家長としての高倉上皇の権力基盤を固めるとともに、高倉院政を発足させたのである。その高倉院政を媒介（傀儡）として平氏が国政を領導する政治形態は、基本的には高倉親政下において形成したそれを踏襲するものであった。平氏が高倉親政を媒介として国政を領導するさい、最も重要な政治的機能を発揮したのは、既述のように高倉天皇—職事・蔵人—上卿—弁官というルートを基軸にすえて、高倉天皇の綸旨・勅などをもって太政官機構を作動させる執行体制であった。そのため平氏は、太政官機構の中枢部の人事を更迭・再編して掌握体制を固めるのに多大の努力を払ってきたのである。高倉天皇が譲位し、安徳天皇が践祚・即位することによって、この政治執行体制は、安徳天皇—職事・蔵人—上卿—弁官へと変化したわけであるが、しかし、それはあくまで国制上の建前であって、幼主安徳は「親裁」をおこなうことができない。したがって、平氏にとっては、安徳天皇の統治権（天皇大権）を輔弼ないし代行する人物をたてて、この政治執行体制を作動させることが必要となるのである。そのさいの選択肢としては、高倉上皇による院政の形態と、摂政藤原基通による摂関政治の形態との二つがあったわけであるが、平氏が選択したのはもとより院政であった。高倉上皇は、天皇家の家長であり、かつ尊属親として幼主の国政を扶持・後見するという立場から、治天の君として天皇の統治権を執行するにいたったのである。高倉上皇の「仰詞」「仰」によって、安徳天皇の女官除目や東宮坊官除目の申請がおこなわれたり(26)、厳島社参中にも、右中弁藤原兼光に命じて、勧賞をおこない、厳島神社佐伯景弘、安芸守菅原在経を加階したりしている(27)。また、四月二十一日の安徳天皇の即位除目のばあいには、太政官が選びだした候補者の目録・申状などを蔵人頭藤原経房が院御所へ持参して奏上し、上皇がそれに検討を加え、宸筆で敍人を書き入れたうえで裁可し(28)、それを再び蔵人頭が里内裏に持ち帰って、摂政藤原基通いかによる公卿会議で任命しているのである。これらは、いずれも天皇の大権事項の一つである敍位・除目の権限を高倉上皇が行使していたことを示すものであるが、同様のことは、その他の国政上の公事の運営・執行の面でも指摘することができる。高倉上皇が、安徳天皇の即位の儀・大嘗会などに関する重要事項の決定権者であったため(29)、厳島社参によって雑事の決定・執行が渋滞することを懸念されているのなどはその一例である(30)。もっとも、高倉上皇の不在の間は、摂政藤原基通がそれらの公事を沙汰しているが、しかし基通が沙汰しているのは、先例どおり処理できるような問題であって、複雑な問題については「院還御之時、可申歟」と返答しているのである(31)。この点からも、国政上における摂政基通の政治的地位は、現実にはあくまで高倉上皇の臨時代理的なものにとどまったことがわかるであろう。

さて、こうして高倉院政が成立したのであるが、その国政の運営・執行にあたって注目されることの一つは、しばしば院宣・「仰詞」などによって、公卿たちの意見を個別的に諮問する方法をとっていることである。右大臣九条兼実のもとに蔵人藤原親経や右中弁藤原兼光らをつかわして「上皇仰」を伝えて、賀茂祭をめぐる成功の問題、幼主と母后の同居の可否などについて意見を聴取せしめたり、左少弁藤原行隆を奉者とする院宣によって、伊勢神宮宮司の改任の可否を諮問せしめたりしているのなどはその例である。(32)もとより、この方法は、従来の院政の主も採用してきたものであって、高倉院政にのみ個有のものではなかった。(33)しかし、高倉院政のばあいに留意すべきは、その院宣ないし「仰詞」が、平氏の政治意思によってきびしく制御されたものであったことである。そのことは、叙位・除目の任免権をはじめ、国政上の重要事項の最終的な決定権を、現実には平氏（清盛）が掌握していた点によくあらわれている。高倉上皇が、叙位・除目の任免権を行使する政治主体であり、四月二十一日の即位叙位にさいし、みずから宸筆で叙人を記入して裁可したといっても、それはあくまで国政の表舞台における事態であって、現実には前右大将平宗盛のもとに使者を遣わし、意見を調整をしたうえでなければ決定できなかったのである。(34)また、高倉上皇の厳島社参に反対する園城寺・興福寺・延暦寺などの寺院大衆が、後白河法皇と高倉上皇を平氏の手から奪取する計画をたてているとの情報が流れて緊迫した政治情勢になったとき、平氏方では、平宗盛を中心に平時忠・藤原隆季・源通親らが協議して、ひとまず社参の延期を表明したうえで、福原にいる清盛の指示をあおぎ、最終的には清盛の決断によって出発の日次を決定している。(35)この厳島社参の日次の決定をめぐる事例は、高倉上皇の行動が、全面的に平氏によって規制・掌握されていたことを物語っている。そのさい、重要な機能を発揮しているのが、かの平氏の「内議」であって、その内議は、平氏一門と高倉上皇および藤原隆季ら平氏与党の貴族によって構成されており、それを福原の清盛が最終的に統轄する形態をとっているのである。この平氏の内議が、高倉院政を媒介として国政運営上にはたした政治的機能と形態については、以仁王の乱後の処分をめぐる制裁措置の決定過程のなかに鮮明に示されている。

五月二十六日、高倉上皇は、以仁王の乱が鎮圧される直前に院御所へ出仕してきた九条兼実にたいし、女房をつうじて内々に、このたびの園城・興福両寺の衆徒の所行は「巧謀叛、危国家」する謀叛罪に相当するとの判断を示したうえで、両寺の末寺荘園をすべて没官する方針で臨みたいがどう思うかと諮問した。この時点では、兼実は「於今者、謀反之地也、左右只在勅定」とのべ、ただしきわめて重大な事柄であるから、本日出仕している公卿たちからも意見を聴取し、さらに在宅の左大臣藤原経宗のもとへも使者を遣わして諮問されたい、と返答している。だが、宇治橋の合戦で源頼政らが敗死した報がもたらされたあと、再び高倉上皇から女房をつうじて両寺にたいする処分方針を問われると、兼実は意見を修正し、戦勝が明白になった以上、悪僧だけを懲粛すべきで両寺の末寺荘園まで没官すべきではない、と答えたのであった(36)。このように、高倉上皇の諮問は、いわゆる在宅諮問だけでなく、出仕の公卿にたいしても女房などをつうじて個別的におこなわれたのであるが、そうした個別的諮問が高倉院政の国政運営上にはたした政治的機能としては、さしずめつぎの二つの面を指摘することができよう。一つは、諮問をつうじて政治的意見の提示を求め、公卿たちの政治意思・見解などのあり様を把握することによって国政運営に資するという、意見聴取の機能である。いま一つは、諮問の形態をとりながら、その実、上皇の政治意思を個別的におしつけて同調ないし承服せしめるという機能である。以仁王の乱後の園城・興福両寺の処分問題について兼実に諮問したばあいも、たんなる意見聴取にとどまらず、謀叛罪とする上皇の判断を提示したうえで、末寺荘園の没官処分を諮問しているのであって、その狙いは兼実に同意を求め、勅定によるべしとの返答をひきだす点にあったとみるべきであろう。もとより、その諮問の内容は、高倉上皇の個人的意思によるものではなく、平氏の内議によって決定されたのであった。しかし、この両寺の処分問題に関しては、まもなく兼実も意見を修正し、また、こうした公卿にたいする個別的な諮問だけでは容易に全体的な合意をえがたい重要問題であったために、翌二十七日、公卿僉議が開催されることとなったのである。その公卿僉議の内容については、第八章で詳述することとし、ここでは当面の課題に必要な点だけに注目しておきたい。

まず第一は、平氏方が、二十六日の夜に入洛した清盛の意向をうけつつ、高倉上皇の御前で平宗盛・平時忠・

藤原隆季・藤原邦綱らによる内議をひらき、園城寺・興福寺への制裁措置と公卿僉議にたいする方針を協議し、園城寺に関しては師主・縁者らをつうじて悪僧張本を尋沙汰すること、興福寺については、即時の武力攻撃と末寺荘園の没収という強硬策を決定していることである。そして、第二に、両寺にたいする制裁措置を公卿会議で審議せしめるにあたって、とくに高倉上皇の「仰詞」のなかで、興福寺衆徒のたび重なる狼藉乱行と謀叛の罪科を強調することにより、会議の結論が即時武力攻撃論に決するよう方向づけをおこなうとともに、それにたいする反対論・慎重論があいつぐと、平氏与党の藤原隆季・源通親の両名をして、頑強に武力攻撃の強硬論を主張せしめていることである。(37) したがって、この公卿僉議のばあいには、平氏の内議によって決定した政治意思が高倉上皇の政治意思として「仰詞」を添えて審議事項として会議に提出され、かつ、公卿僉議の席上では、内議の参加者を中心とする平氏与党の公卿が、平氏の政治意思を代弁して主張するという形態がとられているのである。

この以仁王の乱後の制裁措置の決定をめぐる事例に示されているように、高倉院政の国政運営は、治天の君としての高倉上皇が職事・弁官や上卿に直接命令をだして太政官機構を作動させる執行体制を基軸にすえるとともに、個別諮問によって公卿らの政治意思を聴取・調整し、合意・承認などをとりつけて上皇の政治意思に従わせ、緊急の重要問題に関しては公卿議定を開催するという方式がとられたのであった。この国政の運営・執行方式は、基本的にはすでに高倉親政のもとで採用されてきたものであった。そのことは、既述のように、関白藤原基房以下の人事の更迭が、高倉天皇の勅定・勅旨などにもとづき太政官機構をつうじて執行する手続きを踏んでおこなわれたこと、また綸旨・勅などによって、再三、九条兼実に個別諮問をおこなったことなどに端的に証示されている。高倉院政の国政の運営・執行方式は、親政下のそれをそのまま継承し、天皇の勅旨・綸旨などにかわって院宣・「仰詞」が機能を発揮するにいたったのである。しかして、平氏は、高倉院政をかかげ、その院宣ないし「仰詞」を操縦することによって、みずからの政治意思を高倉上皇の政治意思に転換し、国政の領導体制を確保しようとしたのであった。

(1) たとえば、石母田正『古代末期政治史序説』第三章第四節「平氏政権とその没落」、同補遺「平氏『政権』について」など参照。

(2) 以上、『玉葉』『山槐記』『吉記』治承四年二月二十一日条。

(3) たとえば、石母田正前掲書(註1)四〇一頁、竹内理三『武士の登場』四四八~九頁など。

(4) 平田俊春『平家物語の批判的研究中巻』六七二頁。

(5) 以上、『玉葉』治承三年七月二十二日、二十四日、二十五日、二十六日、二十八日、八月九日条などを参照。なお、春日大明神の祟によるものとする批判は、七月二十六日条にみえる。

(6) たとえば、水川喜夫『源通親日記全釈』二三〇頁などは、この点を強調している。

(7) 『山槐記』治承三年十二月十一日、十四日条。

(8) 『玉葉』治承四年一月二十六日条。

(9) 『山槐記』『玉葉』治承四年七月二十九日条。

(10) 以上の点についての関係史料は、『玉葉』治承四年二月二十日条、同日付太政官符案(『平安遺文』三九〇三号)、『山槐記』同年三月五日条を参照。

(11) 『山槐記』治承四年三月五日条。

(12) 大輪田泊の修築計画とその内容については、『兵庫県史第二巻』二二一~二九頁などに包括的に記述されているので参照されたい(石田善人執筆)。

(13) 以上、『玉葉』治承二年十二月十五日条。

(14) 『山槐記』治承三年正月五日、十日条。

(15) 『玉葉』『山槐記』治承三年十一月十七日、十八日条。

(16) 『山槐記』治承三年十二月十一日条。

(17) 『山槐記』治承四年三月四日、四月二十一日条。「東宮坊官補任」(『続群書類従』第四輯上)。

(18) 註(17)に同じ。なお、このときの東宮帯刀については、笹山晴生『日本古代衛府制度の研究』三四六~九頁参照。

(19) 市川久編『蔵人補任』。

(20)『山槐記』治承四年二月二十一日条、『玉葉』治承四年三月十一日、四月八日、四月九日条など参照。
(21)たとえば、『山槐記』治承四年三月八日、九日、十四日、四月二十二日条など参照。
(22)以上、『山槐記』同日条。
(23)以上、『山槐記』各日条。
(24)『山槐記』治承四年三月四日条。
(25)『平安遺文』三九四六号。
(26)『山槐記』治承四年三月九日、四月二十一日条。
(27)『山槐記』治承四年四月九日条。「高倉院厳島御幸記」（新日本古典文学大系『中世日記紀行集』所収）。
(28)『吉記』『山槐記』治承四年四月二十一日条。
(29)たとえば、『玉葉』治承四年二月二十四日、二十八日条、『吉記』治承四年四月二十七日条など参照。
(30)たとえば、『玉葉』治承四年三月十五日、十六日条など。
(31)『吉記』治承四年四月一日、五日条。
(32)『玉葉』治承四年三月十一日、十六日条。
(33)この方法は、近年、在宅諮問とよばれて注目され、院政期における国政運営方式の一つとして解明がすすめられており、美川圭「院政をめぐる公卿議定制の展開」（『日本史研究』三四八号）、川合康「後白河院政と朝廷」（古代学協会編『後白河院』所収）などの研究がある。ただし、高倉上皇の諮問は、在宅の公卿だけでなく、出仕の公卿にたいしてもおこなわれている。その意味で、在宅か否かよりも、公卿にたいする個別的諮問である点に、より重要な政治的意味があるとみるべきであろう。
(34)『山槐記』『吉記』同日条。
(35)『玉葉』『山槐記』治承四年三月十六日、十七日、十八日、十九日条など。なお、『山槐記』の十九日条によれば、高倉上皇に同道して福原まで赴いた平宗盛は、清盛の命により帰洛している。その理由は「洛中之不定」によるものであった。
(36)以上、『玉葉』同日条。
(37)以上、『玉葉』『山槐記』治承四年五月二十七日条。なお、『愚管抄』（巻第五）も、「隆季・通親ナド云公卿一スジニ、平禅門ニナリカヘリタリケレ」と、公卿僉議の席上で、平氏与党の藤原隆季・源通親の両名が、平氏の政治意思を代弁して頑強に主張したと指摘している。

むすび

以上、治承三年十一月の政変によって、軍事的権門から国政全般を担当する最強の権門へと成り上った平氏が、高倉親政・院政のもとで形成した国家権力の掌握形態と国政の運営・執行体制について分析してきた。その結果、平氏が、高倉親政・院政を「傀儡」として推戴しつつ、高倉親政・院政＝平氏政権として成立させた専権体制の構造について、ある程度具体的に解明することができたと考える。そこで最後に、そうした平氏の国政領導体制―専権体制―の形成とともに惹起された政治的矛盾と対立について言及することによって、本章をむすびたいとおもう。

平氏が、政変を断行し、国家と権門の権力機構における人事の更迭と政治勢力の再編成を遂行することによって専権体制を構築する過程は、かねて平氏の権勢の樹立とともに進展しつつあった諸勢力との政治的対立を一挙に激発させる過程でもあった。その政治的対立の内容と形態は、多様かつ複雑であるが、大きくつぎの三つにわけることができよう。

まず第一は、中央政界内部における反平氏勢力との対立の激化である。平氏は、その専権体制を形成する過程で、もとより貴族層一般を弾圧したのではなく、後白河法皇と関白藤原基房を中心とする反平氏勢力をきびしく弾圧する一方で、中立的ないし日和見的立場の貴族、とりわけ実務官人層貴族を積極的に平氏の与党に編成・包摂することによって国政領導体制を構築しようとしたのであった。しかし、そのため、貴族層内部を「官位に思をかけ、主君のかげを頼むほどの人」と「時を失ひ世に余されて帰する所なきもの」とに分裂させ（『方丈記』）、苛酷な弾圧によって追いつめられた貴族層の平氏にたいする憎悪と反感を増幅し、政治的対立を熾烈なものとするにいたった。かの以仁王の令旨の一節で、平氏が「幽閉皇院、流罪公民、断命流身、沈淵込楼、盗財領国、奪官授職、無功許賞、非罪配過」したと批判するのは、まさにそうした反平氏貴族の対立感情を端的に物語るものであった。また、平氏は、この政変において反平氏的立場を取る武士勢力を使庁などから掃蕩して後白河院政の武力基盤を壊滅させ、平氏の統制に服さない武門の存在を中央政界からしめだす体制を完成した。その結果、かつて平氏と比肩する存在であった源氏武士団との懸隔は、いまや「雲泥のまじはりをへだてて、主従の礼にも猶おとれり」(『平家物語』巻第四)といわれるほど隔絶したものとなり、中央政界から排除され在地に雌伏を余儀なくされた源氏武士団との対立が決定的に先鋭化するにいたった。その政治的対立は、やがて源氏武士団が「各集近国之兵、伐亡平氏之盛勢、欲起源氏之絶跡」として挙兵したことにより激発し、在地勢力をまき込んだ内乱へと拡大していくのである。

第二に注目すべきは、平氏の専権体制の形成が、かねて進展しつつあった在地勢力との対立にいっそう拍車をかけることになった点である。院領や摂関家領の支配に進出したり、知行国主・受領などになった平氏が、預所などの荘園支配機構や国衙支配機構を媒介に、在地領主層の一部を家人・郎等などに編成しながら在地に権力組織(武士団)を形成しつつ農民支配を強化する方式をとったため、その支配の推進とともに、平氏の権力組織からはずされた在地領主や農民層との対立を激化させていった点については、第一章から第四章の各章において具体的に分析したところである。したがって、この政変によって、摂関家領と院領の荘園制支配の実権を完全に掌握し、一族・家人で多くの知行国・受領をしめるにいたった平氏が、在地支配を推し進めようとすればするだけ、そうした在地領主や農民層との対立を一挙に拡大させることとなったのである。

第三は、権門寺院勢力との対立抗争の問題である。すでに、第五章の第三節「治承三年十一月の政変と権門寺院」で考察したように、この政変で平氏が、後白河法皇の幽閉と関白氏長者藤原基房の配流という、王法世界を代表して仏法世界を外護する要に位置していた人物を更迭したことは、たんに貴族層だけでなく、権門寺院勢力にたいしても強烈な政治的衝撃をあたえ、その存立基盤にたいする深刻な危機意識をいだかせた。王法を代表して諸権門寺院の宗教活動を政治的に統轄する地位にいた後白河法皇が幽閉されたことは、王法仏法相依の国家権力秩序を破壊する行為とうけとめられ、とくに法皇との関係が密であった園城寺につよい衝撃をあたえ、関白氏長者の解官・配流は、興福寺大衆の反発と蜂起をひきおこし、この両寺を急先鋒とする権門寺院の反平氏の政治行動が活発に展開されるにいたったのであった。

こうして、平氏が政変を断行し、高倉親政・院政を成立せしめることによって専権体制を確立したとき、権門勢力のほとんどすべてを敵にまわし、在地諸勢力との政治的対立を激化させることとなったのである。かかる政治情勢のもとで、以仁王の乱が勃発し、全国的な争乱へと突入する口火がきられるのであるが、その点については次章以下でとりあげることにしたい。

（1）『吾妻鏡』治承四年四月二十七日条。
（2）『玉葉』治承四年十一月二十六日条。

第七章　以仁王の乱

はじめに

平氏が、以仁王による平氏討滅の計画を探知し、慌ただしく対策をうちだすのは、治承四年（一一八〇）五月十五日のことであった。

この日、免物のことありという口実で官人を召集した平氏は、高倉宮以仁王の名を源以光と賜姓改名したうえ、謀叛人として畿外追放の流刑に処する旨を通達し、その夜更け、検非違使源兼綱・出羽判官源光長らを三条高倉邸に逮捕にむかわせたが、以仁王はすでに逃亡したあとであった。同じ頃、平頼盛の率いる一隊が八条院に向い、八条院に養育されていた以仁王の子息を捕えて出家させた。(1) 以仁王のゆくえについては諸説・憶測がとびかい、翌十六日の朝、園城寺長吏の円恵法親王から平宗盛・時忠のもとに、以仁王が園城寺内の平等院に逃げ込んでおり、現在、出京するよう説得中であるとの通報があって、ようやくその所在が明らかになった。その夜、平宗盛は迎えの使者に武士五十騎をつけて園城寺に遣わし交渉させたが、以仁王方は、十七日の日没までに大衆三十人ほどを率いて当方から京御所に出頭すると返答し、躰よく武士らを追い返した。そこで、平氏方がこの旨を円恵法親王に問い合せたところ、当初、衆徒らは相議して以仁王を出京させるよう決定していたのに、たちまち意見をかえて円恵の房舎を破壊するなど強硬な行動にでてきたので、もはや自分の力の及ぶところではなく、「自上任法、可有沙汰」と返答してきた。(2) こうして、園城寺大衆が以仁王を庇護して平氏と対決する姿勢をうちだしたことによって、以仁王の乱が勃発し、かねて進展しつつあった平氏と寺院勢力の対立が一挙にあらたな段階へ突入するにいたったのである。

この以仁王の乱そのものは、わずか十日あまりで鎮圧されるのであるが、治承・寿永の内乱の口火をきった事件として有名であり、かつ、源頼朝がいわゆる以仁王の令旨を旗印にかかげて挙兵したこともあって、以仁王の乱を鎌倉幕府の成立へとつらなる政治的文脈のなかに位置づけて、その政治的意義を高く評価する見解が支配的である。しかし、有名であり、その政治的意義が強調されるにもかかわらず、意外なことに以仁王の乱そのものの分析はほとんどすすんでいないのが実情であるといえよう。その理由の一つが、この乱の挙兵計画が隠密裡におこなわれ、発覚後も短期日で鎮圧されたため信頼しうる基礎史料がきわめて少ないことによるのはたしかであるが、いま一つのより大きな理由があったとおもう。それは、治承・寿永の内乱を、もっぱら源平武士をはじめとする在地領主層(武士)がはたした政治的役割に基軸をすえて分析する研究がながらく主流をしめてきたことと密接に関連している。そうした研究視角の結果、在地領主層およびそれを基盤とする鎌倉幕府の成立過程の道筋についてはきわめて詳細に解明されてきたが、しかし他面、武士以外の政治勢力、とりわけ延暦寺・興福寺などの権門寺院勢力の動向や政治的役割を治承・寿永の内乱の展開過程のなかで具体的に解明していく作業がいちじるしく立後れるにいたったのである。以仁王の乱が、源頼朝や鎌倉幕府の成立にかかわって評価される反面、園城寺を拠点とした乱自体の分析がすすんでいないのも、こうした研究動向に規定されたためであったと考えられる。そこで、本章では、園城寺をはじめ延暦寺・興福寺などの権門寺院勢力と以仁王の乱との関係に焦点をあわせながら、この乱の挙兵計画から鎮圧にいたるまでの過程をできるだけ具体的に分析し、その政治的意義を考えたいとおもう。

（1）『玉葉』『山槐記』治承四年五月十五日、十六日条。
（2）『玉葉』治承四年五月十七日条。

一　以仁王の挙兵計画とその背景

以仁王は、後白河法皇の第二皇子で、二条天皇の弟、憲仁親王（高倉天皇）の兄にあたり、才幹すぐれ帝位につくべき器量の人物と目する人びとも多かったという。[1]しかし、母が権大納言三条季成の娘高倉三位であったため、はやくから憲仁親王のライバルとして平氏に警戒され、『平家物語』（巻第四）は、永万元年（一一六五）十五歳で元服するさい、憲仁親王の生母の建春門院（平滋子）の「御そねみ」をはばかって、その儀式を近衛河原の大宮の御所でひそかにとりおこなったほどであった、と伝える。やがて、平氏が高倉・安徳両天皇の即位を実現して権勢を振うにいたると、以仁王の皇位継承は絶望的なものとなり、親王宣下すらうけることなく、八条院暲子内親王の猶子として、その庇護のもとで雌伏を余儀なくされていたのであった。[2]

この不遇の以仁王を擁しつつ源頼政らが隠密裡にすすめてきた、平氏討滅の挙兵計画の詳細な内容は、事柄の性質上もとより明らかでない。しかし、その挙兵計画の構図の核心は、やはり以仁王の令旨のなかに最も端的に表現されているものとみるべきであろう。『吾妻鏡』の治承四年（一一八〇）四月二十七日条によれば、この日、源行家が源頼朝のもとに持参した以仁王の令旨は、つぎのようなものであった。

下　東海東山北陸三道諸国源氏并群兵等所

応早追討清盛法師并従類叛逆輩事

右、前伊豆守正五位下源朝臣仲綱宣、奉　最勝王勅偁、清盛法師并宗盛等以威勢、起凶徒亡国家、悩乱百官万民、虜掠五畿七道、幽閉　皇院、流罪公臣、断命流身、沈淵込楼、盗財領国、奪官授職、無功許賞、非罪配過、或召釣於諸寺之高僧、禁獄於修学之僧徒、或給下於叡岳絹米、相具謀叛粮米、断百王之跡、切一人之頭、違逆　帝皇、破滅仏法、絶古代者也、于時天地悉悲、臣民皆愁、仍吾為一院第二皇子、尋天武天皇旧儀、追討　王位推取之輩、訪上宮太子古跡、打亡仏法破滅之類矣、唯非憑人力之構、偏所仰天道之扶也、因之、如有帝王三宝神明之冥感、何忽無四岳合力之志、然則源氏之人、藤氏之人、兼三道諸国之間堪勇士者、同令与力追討、若於不同心者、准清盛法師従類、可行死流追禁之罪過、若於有勝功者、先預諸国之使節、御即位之後、必随乞可賜勧賞也、諸国宜承知依宣行之、

治承四年四月九日　　　前伊豆守正五位下源朝臣

以仁王の令旨としては、このほかに『源平盛衰記』（巻第十三）が『吾妻鏡』とほとんど同文のものを載せ、『平家物語』の諸本がやや異なる表現の令旨を収めているが、すでに先学が指摘するように(3)、この『吾妻鏡』所載の令旨の史料的価値が最も高いと考えられるので、以下これを中心にとりあげて、つぎの三点から検討しておきたい。

まず第一は、以仁王が挙兵にあたってかかげた政治的理由と目的である。以仁王は、この文書のなかで、最勝王と名乗り、平清盛をはじめ平家一門を、威勢をもって国家を滅ぼし仏法を破滅した叛逆者であると断じ、この「王位推取之輩」「仏法破滅之類」—王法仏法相依の国家権力秩序の破壊者—を討滅するために挙兵し、みずから

即位するのだと宣言している。そのさい、平氏の悪逆の所業として、とりわけ重視されているのは、「幽閉皇院、流罪公臣」以下に叙する、いわゆる治承三年（一一七九）十一月の政変である。この政変は、平清盛が武力でもって後白河法皇を鳥羽殿に幽閉して院政を停止し、関白氏長者藤原基房を罷免して大宰権帥におとし、太政大臣藤原師長いか三十九名の廷臣を解官して院近臣勢力を一掃し、高倉天皇を擁して廟堂の実権を独裁的に掌握する体制をきずきあげたものであった。[4] しかして、この令旨にみえる最も重要な政治的核心の一つは、平氏が治承三年十一月の政変によって獲得し、ついで安徳天皇の即位によって完成した政治体制＝平氏の専権体制を、正統な国家権力秩序を破壊した謀叛者の権力であると位置づけ、これを打倒してみずから即位するのだ、と主張している点にあるといえよう。

　ところで、こうした治承三年十一月の政変観は、ひとり以仁王だけでなく、当時の人びとのあいだに広くみられたものであった。右大臣九条兼実は、治承五年（一一八一）閏二月に平清盛が死去したさいの評言のなかで、まず清盛の過分の栄幸を古今に冠絶したものとし、ついで「就中、去々年以降、強大之威勢、満於海内、苛酷之刑罰《ママ》、普於天下、遂衆庶之怨気答天、四方之匈奴成変」とのべ、いま全国各地に拡大しつつある蜂起叛乱は、「去々年以降」―治承三年十一月の政変以降―の清盛の苛酷な専権にたいする反抗であり、その天罰・冥罰であると指弾したのであったし、[5] 慈円も『愚管抄』（巻第七）で、この政変を「平将軍ガ乱世ニ成サダマル謀叛之詮」と記しており、『吾妻鏡』や『平家物語』諸本なども、この政変を清盛が国家権力秩序を破壊した画期とみなして、それとの関連で以仁王の挙兵を叙しているのである。したがって、以仁王の治承三年十一月の政変観は、彼の個人的な境遇や原因のみに根ざした独自のものだったのではなく、貴族層をはじめ反平氏勢力のあいだに広く共通して存在する認識だったのであり、その政変観をふまえて平氏の専権体制の打倒を呼びかける以仁王の主張は、政治的核心を端的についたスローガンとして陰陽さまざまな形態での支持を集めうる内容をもっていたのである。

さて、以仁王はこうした政治的理由をかかげて挙兵し、みずから即位して新朝廷を樹立することを宣言するのであるが、それに関連して第二に注目したいのは、そこに実現されるべき新朝廷の政治的主体や体制としてどのようなものが構想されていたのかという問題である。この令旨において、以仁王がみずからを天武天皇に擬し、平氏追討に与同しない者は罪過に処し、有功者には即位ののち必ず勧賞をおこなうと約束している以上、かれ自身が政権掌握者の地位をしめる意思をもっていたことはまちがいない。しかし、そこに実現される政治体制のイメージ―政権構想―ということになると、この令旨は簡潔にすぎて、それをうけとめる政治勢力によって随分と異なった解釈を生じうる余地をもっていた。

この点について、従来の研究は、主として以仁王令旨の受託者たる源頼朝がそれをどのように利用しながら政治支配権力の樹立をはかったかという面に関心を集中させ、頼朝がこの令旨をみずからの東国支配権の正統性を主張する旗じるしとし、さらに以仁王を「新皇」として擁して東国に京都朝廷とは別の国家の樹立をめざす、いわゆる東国独立国家構想論の根拠にしたというような視角から分析し評価してきたのである。(6)もっとも、こうした理解にたいし、近年、佐藤進一氏は、源頼朝の率いる軍事集団のなかに、以仁王を擁して東国に京都朝廷の支配から独立した新しい国家を樹立しようとする東国独立論と、安徳天皇と平氏を駆逐し、以仁王を帝位につけて「天武天皇の旧儀」にあやかろうとする王朝再建論との二つの解釈＝政治路線の相剋が最初から内包されていたことを強調された。(7)この佐藤氏の指摘は、以仁王の令旨→源頼朝とその武士団→東国独立国家論と、いわば単線的な流れにそってすすめられてきた従来の研究に反省をせまる貴重なものといえるが、しかし、それはあくまで以仁王の令旨をうけとめた源頼朝の軍事集団内部における解釈＝政治路線の問題としていわれているのであって、以仁王が実現しようとした政治体制ないし国家体制とは次元を異にするものであった。

したがって、以仁王が実現しようとした政治体制の構想は、あらためてこの令旨の内容にたちかえって吟味する以外に方法がないのであるが、私は、結論的にいえば、この令旨で主張されている政治体制の基本構想は、王法仏法相依の国家権力秩序の回復という意味での王朝再建論であったと考える。そのことは、治承三年十一月の政変によって確立した朝廷は謀叛者の政治権力であり、一院（後白河法皇）の第二皇子として正統な皇位継承者の地位にある以仁王が「尋天武天皇旧儀、追討　王位推取之輩、訪上宮太子古跡、打亡仏法破滅之類」して即位するのだと主張する、この令旨の文章の論理構成そのもののなかに端的にあらわれているが、さらに、『平家物語』諸本の以仁王令旨に関係する部分などには、その点がより明白に表現されているものがある。たとえば、『延慶本平家物語』（六―廿四、行家太神宮へ進願書ヲ事）に収める治承五年（一一八一）五月十九日付の源行家告文には「去治承之比、蒙最勝王親王勅云」として『吾妻鏡』所載の以仁王令旨とほとんど同一趣旨の文章を引用している。いま、当面の課題に直接かかわる部分の文章をあげれば、「早尋天武皇帝旧儀、討押取王位之輩、訪上宮太子古跡、亡仏法破滅之類、如元奉任国政於一院、諸寺仏法令繁昌、諸社神事無懈怠、以正法治国、令誇万民、鎮一天許那利」と記されている。すなわち、謀叛者平氏の政治権力を討滅して、「如元奉任国政於一院」と、後白河院政を復活し、仏法を興隆することによって国家権力秩序のあるべき姿を回復するのだと主張しているのである。したがって、そこから窺われるのは、東国独立国家への構想はもとより、以仁王を中心とする独裁的な政治体制樹立への志向さえ稀薄であって、みずから安徳天皇にかわって即位することにより政権掌握者の地位を分担しつつ、後白河院政を復活し、治承三年十一月の政変以前の政治体制にもどすという復古的な色彩の濃厚な王朝再建論であったといえよう。この源行家告文の史料的な信憑性の高いことはすでに指摘されているとおりであり(8)、かつ、行家が以仁王の挙兵計画にはやくから参加し、八条院蔵人として令旨を諸国につたえたといわれる人物(9)であってみれば、この告文所引の令旨からうかがわれる以仁王の政権構想の基本点はまず真実をあらわしているものと理解してよいと考えられるのである。

しかも、以仁王の政権構想にたいするこうした理解は、行家のみに固有のものではなかった。治承三年十一月の政変を国家権力秩序にたいする破壊の最重要な画期としておさえる以上、いわば一種の論理的必然性をもって、後白河院政の復活を基軸にすえた国家権力秩序の回復―王朝再建論―が浮上してくるのは当然だからである。さればこそ、『平家物語』諸本や『源平盛衰記』も、源頼政がひそかに以仁王を訪れて挙兵をかきくどいたさい、後白河法皇の幽閉を解除することを最も重要な理由の一つにあげ、その延長線上に以仁王の令旨の発給を位置づける構成をとっているのである。その意味で、以仁王の令旨は、たしかに一方の極に東国独立国家構想の旗じるしとして利用されるような解釈を生ぜしめる余地をもっていたが、しかし、王の構想した基本路線はあくまで後白河院政の復活をも含む王朝再建論であったのであり、『平家物語』諸本の解釈にみられるごとく、それが中世初期における一般的・常識的な理解であったと考えられるのである。

以仁王の政権構想がこのようなものであったとすれば、第三に注目すべきは、かれが結集しようとした政治勢力の問題である。以仁王をとりまく直接的な支持勢力として、八条院・源頼政をはじめ、源行家・足利義房らの八条院関係の武士、さらに王の母方の閑院流一門の貴族たちが存在したことがすでに明らかにされている(10)。しかし、もとより以仁王の挙兵計画は、これらの勢力だけを念頭においてすすめられたのではなく、より広範な反平氏勢力を糾合しようとしたのであった。その最も重要な勢力の一つが源氏をはじめとする反平氏武士の蜂起であったことはいうまでもない。

『平家物語』(巻第四)の「源氏揃」の章段によると、源頼政がひそかに以仁王を訪れ、かつて源氏は平氏と優劣がなかったが、いまや雲泥の差、主従の関係にも劣る状態におかれており、「国には国司にしたがひ、庄には預所につかはれ、公事雑事にかりたてられて、やすひおもひも候はず、いかばかりか心うく候らん、君もしおぼしめしたゝせ給て、令旨をたうづる物ならば、夜を日についで馳のぼり、平家をほろぼさん事、時日をめぐらすべからず」と、諸国の源氏の名前を一つ一つ数えあげながら以仁王を掻き口説いて挙兵を勧めたという。この有名な源頼政の勧説がどこまで事実に則したものであったかは不明であるが、しかしそこには、当時の政治状況と以仁王が挙兵にあたって結集しようと狙いをつけた武士勢力のあり方がまことに的確に表現されている。平氏一門は、まず院領荘園の支配をささえる武力として預所などに多数登場し、ついで保元の乱後、摂関家の政所をはじめ預所などの荘園支配機構にも進出したが、平氏はこれらの荘園支配機構を媒介に積極的に在地領主の一部を編成しつつみずからの権力基盤を強化拡大してきた。さらに平氏はしだいに知行国・国守の獲得数を増加させていったが、その国衙支配のばあいにも同様に在地領主層の把握と編成（家人化）につとめたのであった。しかし、平氏がこうして国衙や荘園支配機構をつうじて在地領主の一部を組織しつつ支配を展開すると、必然的にその権力組織からはずされた在地領主や農民層との対立を激化するにいたったのである。(11) それらの在地諸勢力のなかでも、とりわけ反平氏の気運をみなぎらせていたのは、平氏の隆盛とともに中央政界へ進出する道を閉され圧迫されつづけてきた各地の源氏武士団であった。その意味で、『平家物語』における源頼政の勧説が史実かどうかは別として、以仁王が挙兵にあたって結集しようとした武士勢力の状況がリアルに表現されており、その令旨が、直接的には東海・東山・北陸三道の諸国に散在する源氏と群兵にあてて発せられたのもきわめて的確な政治判断であったといえるのである。

ところで、挙兵という軍事行動にさいしては、武力の問題が最重視されるのであるから、以仁王らがまず源氏をはじめとする反平氏武士の蹶起と糾合をはかるために必死の努力をはらったのは当然であった。しかし、これらの武士を軍事力の支柱にするということと、かれらを主体ないし基盤とする政治体制を樹立することとは区別して考える必要がある。そのさい、以仁王のめざした政治体制の基本構想が、前記のように、王法仏法相依の国家権力秩序の回復―王朝再建論―であったとすれば、反平氏武士のみならず仏法―寺院勢力―をいかにして結集するかということが緊要な課題となるのである。その点は、諸国源氏の蹶起をうながしたこの令旨のなかにも明示されているのであるが、従来あまりその意味内容がほりさげて考察されてこなかったので、繁をいとわず少し検討しておきたい。

いまいちど令旨の内容に立ちかえると、以仁王は、この文書のなかで、みずからを護国の経典である金光明最勝王経にちなんで最勝王と自称しつつ、平氏一門を王法仏法相依の国家権力秩序を破壊した叛逆者と断じ、「尋天武天皇旧儀、追討王位推取之輩、訪上宮太子古跡、打亡仏法破滅之類」ために挙兵するのだと、平氏を王法のみならず仏法の敵対者として追討するように呼びかけているのである。このうち、天武天皇の旧儀をたずねて王位を推取する輩を討滅するという、いわば王法にかかわる部分は、前述の東国独立国家構想論などとの関連で積極的に分析し評価されてきた。ところが、これと対句をなす、聖徳太子が仏敵物部守屋を討った事跡に比定しながら仏法破滅の類を打ち滅ぼすとのべた、仏法にかかわる部分については、その意味内容がほとんど分析されず、「平氏を呼びて王位推取之輩といはんはさてなりなん、仏法破滅の類とさへいはんこといかがあるべき」「此令旨に見えたることゞもは皆僧徒に詔ひたる誣言にありけり」というようなきわめて消極的な評価さえくだされてきたのであった。[12] けれども、以仁王の令旨のなかには、たとえば『延慶本平家物語』(四―八、頼政入道宮に謀叛申勧事)所載の令旨のごとく、天武天皇の旧儀にならって王法の敵を追討するという部分を欠き、「一院第二ノ皇子、且ハ為奉ンカ休法皇之幽居ヲ、且ハ依テ思食万民之安堵ヲ、昔上宮太子如ク破滅セシカ於守屋ノ逆臣ヲ、誅テ叛逆之一類ヲ、治无何之四海也」と、もっぱら後白河法皇の幽閉を解除し仏敵を誅することのみに最大の力点をおいた内容のものさえ存在するのである。このことは、王法仏法相依の国家権力秩序の回復をかかげる以仁王にとって、仏敵追討が不可避の使命であったことを端的に物語っているが、事実、以仁王は権門寺院勢力との提携をめざしてひそかに令旨を発したようである。それは、『玉葉』に、以仁王の令旨が東海・東山・北陸三道の武士ばかりでなく、「又給三井寺衆徒」とみえるのをはじめ、(13)『吾妻鏡』などに園城寺・興福寺の衆徒らが令旨に呼応して蜂起したとつたえる史料が存在(14)することなどからもうかがわれる。これらの寺院の衆徒のうけとった令旨が、諸国源氏にたいしてだされたのと同一の文書であったかどうかはもとより詳らかでないが、しかし、仏敵平氏の打倒を強調した内容のものであったことはまちがいないであろう。それでは、この時点で平氏を仏敵と断じることは、「僧徒に諂ひたる謳言」であったのかというと、そうではない。その点で政治史的にみてもっとも決定的な意味をもったのは、やはり治承三年十一月の政変であった。

　この政変が、貴族層に国家権力秩序を破壊したものとして存亡の危機を感じさせたのは前述のとおりであるが、権門寺院勢力にもその存立基盤にたいする深刻な危機意識をいだかせた。後白河法皇の幽閉と関白氏長者藤原基房の配流という王法世界を代表して仏法世界を外護する要の位置にいた人物の更迭は、それと緊密な関係を維持してきた権門寺院の仏法の世界にもただちに大きな影響をおよぼし、成上り者の武門平氏が王法仏法相依の国家権力秩序を解体させ、権門寺院がいままで享受してきた諸特権と権益を破壊するものとうけとめられたからである。このため、興福寺大衆が政変直後に氏長者の配流は例なしと訴えてはげしく蜂起するのをはじめ、後白河法皇の帰依がとくに深かった園城寺がこれを契機に反平氏の急先鋒になるなど、この政変を画期として各権門寺院が従来の確執と軋轢をこえて連合し、平氏との全面対立へとむかう最も重要な政治的枠組みが決定づけられたのであった。(15)したがって、以仁王がその令旨において、治承三年十一月の政変を重視しつつ平氏を「仏法破滅之類」（仏敵）と断じてその追討を宣言したことは、たんなる「謳言」ではなく権門寺院勢力の現実の政治意識と動向を比較的正確に把握したものだったのであり、だからこそ園城寺・興福寺の大衆のなかからこの令旨に呼応して蜂起する者が輩出するにいたるのである。

　以仁王の令旨を、以上のように検討してくると、その挙兵計画の基本的な内容をほぼつぎのように把握することができよう。この挙兵計画は、治承三年十一月の政変を画期として形成され、安徳天皇の即位によって完成された政治体制＝平氏の専権体制を転覆して、以仁王みずからが即位し後白河院政を復活することによって、王法仏法相依の正統な国家権力秩序の回復をめざすという王朝再建論を基本的な政治路線とするものであって、その立場から、源氏をはじめとする反平氏武士と権門寺院勢力によびかけてその糾合をはかったのである。したがって、以仁王の令旨やその挙兵計画自体には、武士勢力を基盤として東国に独立国家を形成しようとするような内容ははらまれていなかったのであった。

（1）『愚管抄』（巻第五）は、以仁王について「諸道ノ事沙汰アリテ王位ニ御心カケタリト人思ヒタリキ」と記し、『覚一本平家物語』（巻第四）も「御手跡うつくしうあそばし、御才学すぐれて在ましければ、位にもつかせ給ふべきに、故建春門院の御そねみにて、おしこめらせさせ給ひ」とのべている。なお、『玉葉』治承四年六月十日条には「件男（相少納言宗綱）年来好相人、彼宮（以仁王）必可受国之由、奉相、如此之乱逆、根源在此相歟」とみえて、以仁王の挙兵の時点で、かれが即位をねらっていたといわれている。

（2）以仁王の伝記としては、三浦周行「以仁王と源頼政」（同『日本史の研究新輯二』所収）、五味文彦『平家物語、史と説話』第二章などが詳しい。

（3）このいわゆる以仁王の令旨については、はやく八代国治『吾妻鏡の研究』などによって疑義が多いことが指摘されていたが、近年は、石井進『日本中世国家史の研究』（三三一頁以下）などの研究によって種々の角度から検討がおこなわれ、基本的に信頼できるものとみなされるにいたったといえる。とくに、羽下徳彦「以仁王〈令旨〉試考」（豊田武先生古稀記念会編『日本中世の政治と文化』所収）は、文書様式論の視角から以仁王が発した文書とみて不自然でないことを解明し、五味文彦前掲書（註2）は、以仁王の政治的立場や学問・思想などの検討を通じて、その令旨の内容が信頼できるものであることを指摘した注目すべき論考である。

（4）『山槐記』治承三年十一月二十五日条によれば、以仁王自身も、この政変で、かつて最雲親王から伝領していた常興寺とそれに付属する荘園を、平氏と結んで天台座主に還任した明雲によって奪われる羽目に陥っており、この政変にたいする以仁王の個人的な恨みもあったと考えられる。

（5）『玉葉』治承五年閏二月五日条。
（6）たとえば、林屋辰三郎「鎌倉政権の歴史的展望」（同『古代国家の解體』所収）、石母田正「鎌倉政権の成立過程について―東国における一一八〇年～八三年の政治過程を中心として―」（同『石母田正著作集第九巻中世国家成立史の研究』所収）、上横手雅敬「鎌倉幕府と公家政権」（同『鎌倉時代政治史研究』所収）、石井進前掲書（註3）などがその代表的なものといえよう。
（7）佐藤進一『日本の中世国家』六三頁以下参照。
（8）石井進前掲書（註3）。
（9）『吾妻鏡』治承四年四月九日、二十七日条。
（10）中村直勝「以仁王の挙兵と八条女院領」（『歴史と地理』第七巻第五号）、五味文彦前掲書（註2）、石井進「源平争乱期の八条院周辺―『八条院庁文書』を手がかりに―」（同編『中世の人と政治』所収）など。
（11）これらの点についての私見の詳細は、本書の第一章から第四章でのべたので参照されたい。
（12）三浦周行前掲論文（註2）参照。
（13）『玉葉』治承四年十一月二十二日条。
（14）『吾妻鏡』治承四年五月二十七日条には「同日、国々源氏并興福園城両寺衆徒中応件令旨之輩、悉以可被攻撃之旨、於仙洞、有其沙汰」とあり、また同書の元暦元年十一月二十三日条に所引の同年十月付の園城寺衆徒牒状のなかには、平清盛を仏敵守屋、源頼朝をそれを追討した聖徳太子に比定しつつ、自分たち衆徒は「随皇子之令旨、伴源氏之謀略、廻国家鎮護之秘策」してきたと、以仁王の令旨をうけて行動にでたことを強調している。
（15）この点についての詳細は、本書第五章後白河院政期の政治権力と権門寺院の第三節を参照。

二　以仁王の乱と寺院勢力

挙兵計画が露顕し、治承四年（一一八〇）五月十五日の深更に以仁王が園城寺に籠ったことが判明すると、それを庇護する衆徒らの動きについてさまざまな風聞・巷説が洛中にとびかい騒然となった。その緊迫した状況につ

いては、はやくも翌十六日に貴族たちの耳にはいり、九条兼実と藤原定家はそれぞれの日乗のなかで、

伝聞、高倉宮、去夜検非違使未向其家以前、竊逃去向三井寺、彼寺衆徒守護可奉将登天台山、両寺大衆可企謀叛云々（『玉葉』）

巷説云、源氏入園城寺、衆徒等槌鐘催兵云々（『明月記』）

という風聞をつたえており、十七日の条にも、

武者云、散在于諸国之源氏末胤等、多以為高倉宮之方人、又近江国武勇之輩、同以与之云々（『玉葉』）

巷説非一、園城寺騒動、固関構城云々、山上合力之由有其聞、或云、虚誕云々（『明月記』）

などと記している。

これらの記事に関してまず注目されるのは、かかる風聞・巷説がすぐさまとびかい世人につよい衝撃をあたえていることであって、そのことは、権門寺院勢力の蜂起と源氏を中心とした反平氏武士の起兵をむすびつけて平氏を討滅しようとする以仁王の挙兵計画が、けっして突飛なものではなく、当時の主要な政治的対立と矛盾の構造をよく把握したありうべき政治行動として現実性をもってうけとめられたことを意味するものであろう。しかし、やはりそれは、あくまで風聞・巷説であって、そのすべてが具体化し現実に作動しはじめたわけではない。これらの風聞・巷説を事実と解し、すでにこの段階で権門寺院勢力と諸国散在の源氏や近江国武士らとのあいだに「兵僧連合」が形成され国家権力にたいする叛乱を展開したとみる見解があるけれども、のちに検討するように、私はそうした広範な連合は実現されていないと考える。この点は、以仁王の乱を評価するばあい基本問題の一つになるのであって、これらの日記の記載だけから以仁王をめぐる反平氏戦線の構成をみちびきだすのではなく、その具体的な形態と内容にできるだけわけいって検討する必要があろう。そこで以下、園城寺を軸にすえてその点を吟味することにしたい。

以仁王を庇護し「衆徒不奉出、不用宣旨」と平氏の引き渡し要求を拒絶した園城寺の大衆が、まず最も力を注いだのは、延暦寺・興福寺との三寺連合の形成であった。その点は、『平家物語』諸本が詳述する園城寺から延暦・興福両寺への牒状の章段によってよく知られている。なかでも、『延慶本平家物語』(四—十四、三井寺より山門南都へ牒状送事)は、園城寺が五月十七日付で延暦寺と興福寺にあてて送った牒、それにたいする五月二十一日付の興福寺返牒、無日付の東大寺あての興福寺牒の全文などを掲載しているが、すでに赤松俊秀氏らが指摘されたように、これらの牒状および前後の事態の推移についての記述はほぼ史実にちかいものと考えられる。(2)

それによると、以仁王の引き渡しを命じる院宣を拒否した園城寺大衆は、平氏が官兵を派遣するという風聞が流れるなかで大衆僉議をおこない、延暦・興福両寺に援助協力を求める牒状を送ることを決議し、五月十七日付でそれを起草・発送したという。その牒状の内容は、平氏の武力攻撃のまえに破滅の危機にさらされている園城寺の仏法を援助するよう合力を要請したものであるが、園城寺と両寺との過去の因縁や政治的関係などを反映してその表現には差異がみられる。まず延暦寺にむかっては、山寺両門は、門跡が二つに相分れているけれども、「所学是同円頓一味教文」であって、本来、鳥の双翅、車の二輪のごとき関係にあるべきものであるから、この園城寺の危機にさいして「年来ノ遺恨」を忘れて合力されたいと訴えている。他方、興福寺にたいする牒状では、平清盛を語調きびしく、王法仏法破滅の張本、「謀叛八逆之輩」と断じ、とりわけ治承三年十一月の政変において関白氏長者藤原基房を解官・配流した点を強調しつつ、いまこの時にあたって、会稽の恥をすすぐべく園城寺と同心してこの「悪逆之伴類」を討つ行動に立ちあがられたい、と呼びかけているのである。

園城寺が延暦・興福両寺に牒送して寺院連合の形成をはかるのではないかということは、かねて朝廷(平氏)側も予想し警戒していたところであって、はやくも五月十七日に対抗策を講じている。この日、高倉上皇の御所に摂政藤原基通いか、権大納言藤原隆季(新院別当)、前大納言藤原邦綱、検非違使別当平時忠(新院別当)、宰相中将源通親（新院別当）らが出仕し、藤原隆季と平時忠が別室で以仁王の件について相談したあと、三寺にたいしてそれぞれつぎのような方法で対応することを決めた。まず、園城寺に関しては、僧正房覚ら十名の僧綱を召し出して、衆徒が以仁王を差し出すよう説得にあたるべしと厳命し、延暦寺にたいしては、座主明雲に「可止山僧同心之由」を命じ、さらに興福寺のばあいは、摂政氏長者基通が別当玄縁・権別当蔵俊に消息を送り、「園城寺衆徒輩猥背勅命、延暦寺衆徒又可同心之由風聞、此事定牒送専寺歟、不可同意」と通達したのである。(3)

あけて翌十八日、園城寺の僧綱らは寺に赴いて説得にあたったが効果なく、僧正房覚の報告によれば、大衆は「彼宮猶不可奉出之由」を申し切ったが、その中心勢力は、律上房・尊上房の両人を張本とする七十名ばかりの「悪僧」であったという。(4)ただし、九条兼実は、『玉葉』の同月二十日の条に、別の僧綱が園城寺衆徒を説得したところ、衆徒らは「可奉出宮之由」を承諾したので、長吏円恵法親王が迎えの使者を派遣すると、以仁王は色をなして怒って「汝欲搦我、更不可懸手」と拒絶し、甲冑を身につけた悪僧七、八名が現われて使者を凌礫し追い返したという情報を記しており、園城寺の大衆集団内部が、反平氏と以仁王の庇護をめぐって必ずしも一枚岩的な結束を保つものではなかったことを示唆している。しかし、この時点では全体としてその結束はまだ固く、兼実が「事體不可叶僧綱等之制止」といったように、僧綱を媒介とする平氏の園城寺対策は破綻せざるをえなかったのである。(5)延暦寺のばあいは、座主明雲をつうじての再三の制御が功を奏したが、「恵光房珍慶一類」だけは依然として以仁王支持を主張しつづけていた。この恵光房珍慶は、すでにこの年の三月、高倉上皇の厳島社参の阻止を契機として園城・延暦・興福の三寺連合の気運が高まり、平氏の手から後白河・高倉両上皇を奪取する計画がおこった時点からそれに参加する姿勢を示すなど、はやくから反平氏の立場を鮮明にしていたが、その一類の規模はほぼ三〇〇名程度であったとみられる。(6)こうした情勢のなかで、延暦寺は合力を呼びかける園城寺の牒状にたいし返牒さえしなかったという。

他方、摂政基通をつうじての興福寺大衆にたいする制御策は効果があがらず、「摂政度々被加制止之処、打擲氏院有官別当、切雑色髻、全不可従長者命之由議定」という有様であった。(7)しかして、『延慶本平家物語』によると、園城寺からの牒をうけた興福寺では、大衆集会をひらき、園城寺を支援して平氏にあたるため近日中に軍勢を進発させることを決議し、その旨の返牒を二十一日付で園城寺に送るとともに、東大寺・薬師寺をはじめ南都七大寺にたいしても牒送し、末寺荘園の兵力を徴集し、王法仏法の敵である平氏を打倒して園城寺の危機を救う戦いに参加するよう呼びかけたのであった。このとき興福寺返牒を書いた人物として知られるのが大夫房覚明であって、平氏が微賤より成上り僣上と専権を恣いままにしていることを批判したためその怒りをかったというが、(8)この返牒のなかでもとりわけ強調しているのは、やはり治承三年十一月の政変である。すなわち、「去年冬十一月追捕太上皇之陬、押流博陸侯之身、叛逆之甚、誠絶古今」と平氏の所業をきびしく糾弾し、そのときわれわれはすぐさま平氏に攻撃をかけるべきであったが、あるいは神慮、あるいは王言により「抑欝陶、送光陰」ってきたのであり、いま以仁王の挙兵に際会し随喜して起兵するのだ、というのである。『延慶本平家物語』所引の、この興福寺返牒や南都七大寺にたいする通牒の内容が、すべて正確か否かはもとより詳らかではない。しかし、後述するように、当時の貴族の日記などによると、五月二十二日ごろから南都大衆が蜂起して入洛するという噂がひろまり平氏方を恐慌させていること、さらに以仁王の敗死後も平氏が興福寺の兵力を極度に警戒して武力攻撃を強行しようとしていることなどからして、これらの興福寺牒状の内容―軍兵を召集して上洛する態勢を整えはじめたという―は、その大筋において信頼できるものと考えられるのである。

さて、こうして説得による寺院対策が失敗した情勢のなかで、五月二十一日、ついに平氏は明後日（二十三日）を期して園城寺に武力攻撃をくわえることを決定し、平宗盛を総大将とする十名からなる攻撃軍の大将を編成し発表したが、その日はまた興福寺が園城寺に返牒して平氏と真正面から対決することを表明した日でもあった。

ところが、そのさい注目されるのは、この攻撃軍のなかに、平宗盛以下、頼盛・教盛・経盛・知盛・維盛・資盛・清経・重衡の平氏一門とならんで源頼政が名前をつらねていることである。さきに、頼政の養子である源兼綱を以仁王の追捕にむかわせたことといい、このたびのことといい、平氏はこの時点になってもなお、以仁王の挙兵に頼政が参画していることを知らなかったのである。しかし、すでに平氏は京都内外をいわば戒厳令下において以仁王に関係ある人物の探索と逮捕に狂奔していたから、頼政のことが露顕するのはもはや時間の問題になっていたといえよう。(9)

そこで頼政は、二十一日の夜半、近衛河原の東岸の自宅に火を放ち、嫡男仲綱、養子兼綱をはじめ渡辺党の武士を率いて園城寺にいる以仁王のもとへ走った。『山槐記』の翌二十二日の条には、その兵力を「五十余騎」と記しており、挙兵というにはあまりにわずかな軍勢であった。けれども、この頼政の突如とした挙兵は平氏に大きな衝撃をあたえるとともに、「コハイカニト、天下ハ只今夕ゞイマトノ、シリキ」(『愚管抄』巻第五)と、世人を驚愕せしめた。九条兼実は『玉葉』の二十二日条において、頼政の挙兵にくわえ、さらに山門大衆三〇〇余人が与力するとか、南都大衆が入洛するとかの報告がもたらされるなかで、「前将軍以下、京中武士等、偏以恐怖、運家中雑物、令逃女人等、大略可逃降之支度歟」と平氏の狼狽する様子を記し、「疑彼一門、其運滅盡之期歟、但王化不空、深可憑歟」との感想を書きとどめている。翌二十三日以降も、南都大衆が上洛して平氏を攻める噂があいつぎ、また平氏が天皇・上皇いか洛中諸人をひとりも残さず摂津福原に引率するという福原遷都の流言などが乱れとび、京洛の地は騒然とした気配につつまれた。(10)だが、こうした状況にもかかわらず、以仁王や頼政にとって事態はきわめて不利に展開しつつあった。山門大衆三〇〇余名の与力とか興福寺大衆の入洛とかは、所詮まだ噂にとどまって現実のものとなっていないし、加えて平氏の総攻撃を眼前にひかえて、寺院連合への足並の乱れと、園城寺内部の動揺がはげしくなりはじめたからである。

まず第一に、園城寺を軸に興福寺と延暦寺をまきこんで三寺連合を形成して反平氏行動を推進しようとした以仁王らの計画は、この時点で延暦寺が離脱することによって大きく破綻するにいたった。当初から三寺連合の形成に消極的な延暦寺大衆のなかにあって、恵光房珍慶を中心とする一派がはやくから園城寺に呼応して積極的な行動を展開し、五月二十二日の時点でも「山大衆三百余人与力」（『玉葉』）といわれ反平氏の立場を堅持していた。ところが、二十四日に座主明雲が登山して平氏の園城寺攻撃を支持するよう説得にあたると、山僧の過半が同意する情勢となり、[11]さらに翌二十五日の朝、明雲が再び登山して以仁王方に同心しないよう強く制止すると衆徒一同が承伏し、ここに延暦寺の離脱は決定的となった。しかして、以仁王・頼政らがにわかに園城寺を脱出して南都にむかうのは、二十五日の夜半ごろであったが、その理由について権中納言中山忠親は『山槐記』の二十六日条のなかで、「去夜半許、高倉宮出園城寺、令向南都給、日來、延暦寺衆徒有同心之疑、而昨朝座主僧正明雲登山制止此事、一向承伏、聞此旨、忽被向南都」と記し、延暦寺が寺院連合の姿勢を完全に放棄して敵方に廻ったためであるとしている。『平家物語』もまた以仁王が「山門は心変りしつ、南都は未だ来らず、此の寺ばかりにては叶ふまじ」と判断して南都にむかったという。この延暦寺の「心変り」―寺院連合からの離反―が以仁王らの園城寺脱出の最も重要な原因の一つであったことはまちがいない。しかし、そうした外部的な問題に加えて、第二に注目しなければならないのは、園城寺の大衆集団内部における動揺と分裂の進展という問題である。

反平氏の旗幟を鮮明にし寺院連合の急先鋒の位置をしめる園城寺ではあったが、その僧団内部の諸勢力の動向をより詳細にみると、それは必ずしも一枚岩的な結束を誇るものではなかった。僧団内部の一方の極には朝廷(平氏)の命をうけて衆徒の制止に苦慮している長吏円恵法親王をはじめ僧綱らがおり、他方の極には、以仁王の擁護を主張する律上房らを張本とした七十余名ほどの「悪僧」が存在し、この「悪僧」勢力が、僧綱らを媒介とする平氏の再三にわたる切り崩し工作に揺らぐ中間派の大衆を抑えて主導権をとり、全山を反平氏・以仁王支持の立場へ結束させるよう懸命につとめていたのが実情であった。この結束は、平氏が園城寺攻撃を決定した五月二十一日の時点では「大衆一同不可奉出之由議定早了」とかろうじて維持されていたが、しかしその実態は、以仁王が「衆徒縦雖放我於此地、可終命、更不可入人手」と悲壮な言をはかなければならないほど切迫したものになっていたのである。[12]はたして、『平家物語』諸本の「永僉議」「大衆揃」の章段では、源頼政の入寺後、園城寺の大衆が六波羅を夜襲すべく僉議をひらいたさい、平家の祈禱僧である一如房の阿闍梨真海が弟子・同宿数十人を率いてその席に臨み、強硬論を主張する乗円房の阿闍梨慶秀らに反対して自重論をわざとながながと展開して手筈を狂わせ、ようやく軍勢が出発したものの途中で夜があけ、その奇襲作戦を断念せざるをえなかったという有名な話をのせているのである。これは、かねて園城寺の僧団内部に胚胎していた分裂と動揺の傾向が、平氏の総攻撃体制の整いつつあるのを目の当たりにして一挙に顕在化したことを示唆するものであろう。

ところで、こうした園城寺僧団内部の分裂は、現象的には、長吏・僧綱らと「悪僧」集団とを両極とする二つの勢力の存在を軸としてあらわれるのであるが、しかし、このことは必ずしも、特権的な上層僧侶＝体制派と、大衆下層集団＝反体制派（反平氏派）という単純な構図のなかで事態が進展したことを意味するものではなかった。そこで、園城寺における反平氏勢力の構成と政治的性格についてもう少しほりさげて検討してみたいとおもう。まず「悪僧」集団についてであるが、これは史料が乏しいためその構成要素や性格を具体的に知ることはきわめて困難である。けれども、その最も有力な悪僧張本の一人である前記の「律上房」が『吾妻鏡』や『平家物語』に登場する「律静(浄)房日胤」と同一人物とみてまずまちがいないところから[13]、悪僧集団の性格をうかがう一つの手がかりをえることができる。『吾妻鏡』の養和元年（一一八一）五月八日条によると、日胤は下総国の有力武士千葉常胤の子息で源頼朝の祈禱師であったが、以仁王の令旨をうけた頼朝が日胤のもとに願書を送り、源氏の氏神である石清水八幡宮に祈禱するよう依頼してきたので、日胤が参籠して千日大般若経無言読誦をはじめたところ六〇〇日目に霊夢をみて所願成就を確信した。ところが、その翌朝、以仁王が園城寺に入ったことを知った日胤は、頼朝の願書の後事を弟子の日恵に託して園城寺へ参向し、以仁王に殉じ五月二十六日に光明山寺の鳥居前で討死した。日恵は、その後も日胤の行業をついで千日の所願をはたし、翌年五月に鎌倉についたという。『平家物語』における日胤の叙述は、諸本によって若干の差異があって、たとえば覚一本の「大衆揃」では、六波羅夜襲軍の搦手の「大将軍には、源三位入道頼政、乗円房阿闍梨慶秀、律成房阿闍梨日胤、帥法印禅智、禅智が弟子義宝・禅永をはじめとして都合其勢一千人」とみえ、長門本の「宮被討御事」の段では、光明山寺の鳥居前における以仁王最期の場面に、律静房日胤の弟子伊賀房、乗円房慶秀の弟子刑部房俊秀らが登場して奮戦することをしるし、ついで日胤の事績―上記の『吾妻鏡』とほぼ同じ内容の―を付記する。『吾妻鏡』や『平家物語』の叙すこうした日胤の事歴のなかには、伝説化された部分も多いと考えられるが、しかし、日胤が源義朝いらい源氏と深い関係をもつ千葉常胤の子であり、園城寺の「悪僧」集団の中核になって以仁王を支持し積極的に反平氏行動を展開したという大筋だけはまず信頼してよいと考えられる。しかして、日胤は阿闍梨、日恵も「顕密兼学浄侶」と称される人物であって、(14) 武勇闘諍を事とするたんなる「悪僧」ではなかったのである。これは、『平家物語』が六波羅夜襲軍の大将としてあげている僧がいずれも阿闍梨・法印などの地位の者である点とともに、以仁王支持の「悪僧」集団が特権的な上層僧侶をも含んで構成されていたことを示すものといえよう。

この日胤のほかにも、源氏一族の子弟やゆかりの人びとが、園城寺に入寺していた例をいくつか検出することができる。『平家物語』において日胤とならんで反平氏派の双壁として位置づけられている乗円房阿闍梨慶秀の弟子刑部房俊秀は、平治の乱で源義朝の麾下に属して討死した相模国住人の山内首藤刑部丞俊通の遺子であったという（巻第四、大衆揃）。この頃には、源為義の娘を母とする中納言法眼円暁も、舎弟の宰相阿闍梨尊暁とともに、行暁法印灌頂の弟子として園城寺にいた。この円暁が源頼朝に招かれて園城寺をでて鎌倉に下り、鶴岡八幡宮の初代別当職に補任されるのは寿永元年（一一八二）九月のことであり、その治山十八年ののち尊暁が二代目別当職をつぐにいたるのである。(15) 源頼政の叔父にあたる習定房行延、頼政の娘を母とし太皇太后宮大進藤原憲定を父とする三位房豪円も園城寺に入っており、(16) さらに新羅三郎義光流の近江源氏の一族で、のち「近江騒動」のなかで反平氏行動をとって重要な役割を演じる柏木入道法師の兄弟も園城寺僧となり、僧正房覚の弟子であったのである。(17) 園城寺と源氏との緊密な関係は、古く源頼義のときにはじまるが、(18) それはこの時代にも依然として維持されていたのであった。たしかに、これらの源氏関係の僧侶のすべてが以仁王や源頼政を支持して真向から平氏と対決したわけではないが、しかしその存在条件からして、以仁王の令旨の趣旨に最も敏感に反応したのはおそらく彼らであり、反平氏派の「悪僧」集団の中核の一つは、まずこうした僧侶のなかから生みだされ構成されたものと考えられるのである。

けれども一方、園城寺の反平氏勢力は、かかる源氏関係の僧侶のみを基盤として生みだされたものではなかった。園城寺が反平氏の急先鋒としての姿勢を固めた最大の政治的理由が、すでにのべたように、治承三年十一月の政変で平氏によって後白河院政が停止され、いままで享受してきた諸特権と権益を否定される危機に直面したことにあった以上、園城寺の最上層の僧侶のなかからも、反平氏的行動をとり、後白河院政の復活を願い、以仁王の挙兵に期待をよせるものが輩出してくるのは、きわめて当然であったからである。たとえば、已講公胤が、後白河法皇の幽閉によって断絶した院中での千日講懺法を住房で密かに行じ、後白河院政が復活しその修法が再開されるまで持続しつづけていたのなどは、(19) そうした例の一つである。公胤はのちに第四十四代園城寺長吏になり、源頼家の遺子公暁を弟子にするのをはじめ源実朝の帰依僧にもなって鎌倉幕府の外護をえ、焼失した伽藍を再建するなど園城寺の仏法興隆に大きな功績をあげる人物であるが、そのさい、幕府の外護を要請するにあたって繰り返し「豫州刺史禅室」（源頼義）以来の源家歴代の帰依の由緒と園城寺のはたした役割を強調するのであった。[20]この公胤のばあいは、上層僧侶が後白河院政の停止によって園城寺の権益が侵害されるなかで反平氏の姿勢をつよめ、源氏を支持してその外護を求めていった行動の軌跡を端的に示しているが、かかる姿勢はひとり公胤だけでなく園城寺大衆のなかにかなり広くみられるものであった。[21]

「悪僧」集団の周辺には、こうした衆徒勢力が広範に存在したのであって、そこに園城寺が興福・延暦の両寺にくらべて、いちはやく反平氏・以仁王支持の姿勢を明確に打ちだして結束しえた最大の理由があったのである。その点で、以仁王支持といい、反平氏・親源氏といい、園城寺の基本的な政治姿勢は、のちに衆徒みずからが、「崇我仏法之聖主、宝祚延長、蔑我仏法之人臣、門族滅亡」「彼平氏者、破滅当寺、自亡門葉、此源家者、恭敬当寺、宜招栄花」などとのべて、以仁王の挙兵いらいの園城寺の行動を強調しつつ源頼朝に所領寄進を要求している[22]ことが端的に示すごとく、おのが寺院を外護してその特権と権益を保証してくれる政治権力を支持しそれとの結合を深めようとするところに根源があったといえよう。その意味では、園城寺もまた、座主明雲を媒介として平氏と緊密な関係を維持していたがゆえに、反平氏の寺院連合の形成に消極的であった延暦寺と同質の政治姿勢に立脚していたのであった。

（1）『山槐記』治承四年五月十六日条。
（2）赤松俊秀「頼政説話について」（同『平家物語の研究』所収）。また、五味文彦氏は最近、『平家物語、史と説話』第三章記録と史書のはざまで、これらの延慶本の記事が、藤原行隆の日記を下敷にして叙述したものではないかという興味深い解釈をだしておられる。
（3）『山槐記』治承四年五月十七日条。なお牒送に関しては、『玉葉』の同年五月十九日条に「或説、薗城寺牒送南都云々、此条未聞一定」とみえる。
（4）『玉葉』治承四年五月十九日条。
（5）『玉葉』治承四年五月二十日条。

(6) この点本書第五章後白河院政期の政治権力と権門寺院のむすびを参照。なお『玉葉』の同年五月二十二日条に「山大衆三百余人与力」とみえるのは、この珍慶一派を指す。
(7) 『山槐記』治承四年五月二十七日条。
(8) その伝記については、梶原正昭「大夫坊覚明」(『古典遺産』四号)、西田長男「信教とその著作小考」(『ぐんしょ』八号)など参照。
(9) 以上、五月二十一日の状況については、『玉葉』の同日条参照。
(10) 『玉葉』『山槐記』の五月二十三日から二十五日にかけての各日条参照。
(11) 『玉葉』治承四年五月二十五日条。
(12) 『玉葉』治承四年五月二十一日条。
(13) 赤松俊秀前掲論文(註2)、福田豊彦『千葉常胤』。
(14) 『吾妻鏡』養和元年十二月十一日条。
(15) 円暁の伝記史料については、『大日本史料四之六』正治二年十月二十六日条、尊暁の伝記史料については『大日本史料四之十』承元三年九月十五日条を参照。また宮地直一「鶴岡八幡宮の組織とその性質」(同『神祇と国史』所収)に鶴岡八幡宮との関係についての詳細な記述がなされている。
(16) 『園城寺伝法血脈』。多賀宗隼『源頼政』参照。
(17) 『吉記』治承四年十一月二十九日条。なお『平家物語』諸本によれば、源頼政が以仁王に挙兵を勧説したさい諸国源氏の蜂起を期待し、「近江国には、山本、柏木、錦古里」と、この柏木氏もあげている。柏木氏については、浅香年木『治承・寿永の内乱論序説』二三五～二三六頁参照。
(18) この点については、中村直勝「園城寺と源氏」(『園城寺之研究』所収)参照。
(19) 『山槐記』治承四年十二月十六日条。
(20) 『吾妻鏡』承元三年十月十五日、建保二年五月七日条など参照。伝記史料については『大日本史料四之十四』建保四年閏六月二十九日条を参照。
(21) たとえば『吾妻鏡』元暦元年十一月二十三日条所引の園城寺衆徒牒状にみえる主張など参照。
(22) 註(21)に同じ。

三　以仁王の乱の歴史的位置

さて、以仁王らを支持した園城寺大衆集団の中心勢力の構成と性格は、ほぼ以上のようであったとみられる。ところが、平氏が長吏・僧綱らをつうじて繰り返し以仁王の差し出しを強要するにつれて、その大衆集団のなかに動揺が生じ、園城寺にたいする総攻撃が発令されるにいたって、それは内部分裂の様相を呈しはじめたのであった。

延暦寺の離反による三寺連合の形成の不成功にくわえて、この園城寺の僧団内部における動揺・分裂の進展という情勢悪化のなかで、以仁王らはこのまま座視すれば敗北が明白となり、緊急に局面の打開をはかる必要に迫られるにいたった。そこでついに五月二十五日の夜半、以仁王・頼政らは密かに園城寺を脱出して興福寺の大衆をたのんで南都へ向かったのである。しかし、平氏は翌日早朝にこのことを知ると、ただちに飛驒守藤原景家・上総介藤原忠清らに二、三〇〇騎をつけて追撃させ、ついで平重衡・維盛らも派遣した。疾駆した平氏の軍勢は、以仁王の一行が宇治橋を渡り橋板を切り落して平等院で食事をしているところに追いつき、馬筏を組んで川を渡り、激戦のすえ以仁王・頼政らを討ち取ったという。(1) そのさい、寺院勢力との関連でまず注目されるのは、三寺の連合はもとより、園城寺と興福寺の連合さえ最後まで実現しなかったことである。『山槐記』の二十六日条によると、この日の巳刻に延暦寺衆徒のなかには祇園に集結し、高倉上皇の命令さえあれば以仁王を追討するために発向する用意がある旨を訴えてくるものすら出現する有様であった。また興福寺勢力についても、たとえば『延慶本平家物語』（四―廿一、宮被誅給事）では、この宇治橋の合戦のとき、「南都の大衆、末寺を催し庄園を駈て其勢都合三万餘人にて宮の御迎に参りけるが」、ついに合戦の場には間にあわなかったと伝える。興福寺の動向については、翌二十七日の院御所における公卿僉議でもさまざまな意見がだされており、その実態を明らかにすることはむずかしいが、平氏方が興福寺は「兵強之地」であるからこのまま放置しておくとその勢力が万倍して手に負えなくなるのでただちに追討軍を派遣すべきだと強硬に主張している点などからすると(『玉葉』同日条)、興福寺が往反の路次を押えて以仁王を迎える態勢を固めていたことはたしかであった。しかし、実際には宇治橋の合戦の戦力とはなりえなかったのである。

ところで一方、『平家物語』(巻第四)は、以仁王らが園城寺をでて敗死するまでをあつかった「大衆揃」「橋合戦」「宮御最期」などの章段において、源頼政いかの武士の奮戦とならんで園城寺僧の勇猛果敢な戦いぶりを生彩に富んだ筆で叙している。「覚一本」によると、以仁王は、園城寺を脱出するにあたり、乗円房阿闍梨慶秀らの老僧と別れて「しかるべき若大衆悪僧ども」をともなったので源頼政の一類とあわせて「其勢一千人」に達したといい(「大衆揃」)、宇治橋の合戦においては、五智院の但馬、堂衆の筒井浄妙房明秀、一來法師らの獅子奮迅の活躍を描写し(「橋合戦」)、鬼佐渡・刑部房俊秀・荒土佐・荒大夫・理智城房の伊賀公・金光院の六天狗らの寺僧が以仁王を最後まで護って光明山寺の鳥居前で討死にするさまを記し(「宮御最期」)、ついに「平家の人々は、宮并に三位入道の一族、三井寺の衆徒、都合五百余人が頸、太刀長刀のさきにつらぬき、たかくさしあげ、夕に及て六波羅へかゑりいる」(「若宮出家」)とのべるのである。『明月記』の五月二十六日条には「謀反之輩、引率三井寺悪徒、夜中過山階、赴南京、官軍追之、於宇治合戦」という伝聞を記しており、以仁王らが脱出したさい行動をともにした園城寺僧がいくらか存在したものとみられる。(2)けれども、「橋合戦」を中心とする戦闘場面において園城寺僧らが戦いに参加したことを示す史料は『平家物語』以外に見出すことはできないのであって、これらの園城寺僧のはなばなしい奮戦は、すでに指摘されているように(3)『平家物語』の作者によって形象化されたフィクションであったと考えられるのである。したがって、以仁王らに随行した園城寺僧が存在したとしてもその数は極くわずかで、ほとんど戦力としての役割をはたしえず、平氏との戦闘で中心になったのは頼政の軍勢「五十余騎」

であった(4)とみなければならない。このことは、園城寺内部の分裂傾向が進展して、この時点ではすでに以仁王らを支持してきた「悪僧」集団の組織さえ、ほぼ崩壊していたことを意味するものであった。

こうして、以仁王の乱の最終段階においても、ついに寺院連合は実現せず、強固にみえた園城寺「悪僧」集団の支援体制も崩壊したのであるが、そのことのなかに、権門寺院勢力がとった反平氏・以仁王支持の政治行動の性格と意味がまことに端的に示されている。園城寺・興福寺などの権門寺院勢力の反平氏的な蜂起を生みだす基底に、平氏の在地支配をめぐってますます熾烈になってきた田堵農民層の闘争や堂衆をはじめとする大衆下層集団との対立が存在したことは事実である。しかし、そうした田堵農民層や大衆下層集団の闘争が、そのまま直線的に園城寺や興福寺内部の特権的な上層僧侶をつきあげて寺院連合と反平氏の政治行動へと駆りたてたわけではない。これらの寺院が連合して平氏に対抗する姿勢をうちだすうえで決定的な政治意義をもったのは、くりかえし強調してきたように治承三年十一月の政変であったのであり、以仁王がこの政変によって破壊された王法仏法相依の国家権力秩序の回復―王朝再建論―をスローガンにかかげたからこそ、その挙兵を支持したのであった。したがって、園城寺であれ、興福寺であれ、反平氏・以仁王支持の基本的な政治姿勢は、反国家権力闘争そのものを展開することにあったのではなく、その寺院の仏法を外護して権益と特権を擁護・伸張してくれる政治勢力との結合を必死に求めようとする点にあったといえよう。その意味で、これらの権門寺院勢力の行動はきわめて政治的な利害関係にもとづいており、かつ本来的に形勢観望的な性格をもっていたのであって、没落が明確となった政治勢力と最後まで運命をともにするような性格のものではなかったのである。

ところで、宇治橋の合戦における源頼政の率いる軍勢「五十余騎」は、(イ)嫡男伊豆守仲綱をはじめ八条院蔵人仲家、検非違使兼綱らの頼政の一族、(ロ)源勧・唱・副・加らの一文字名を称する摂津の渡辺党、(ハ)足利判官代源義清、下総住人安房太郎、内藤太守助、小藤太重助らの三つの要素から構成されており、(イ)(ロ)が一族郎等組織で頼政の軍事力の根幹をなすもので、(八)は頼政に与同した主として八条院関係の武士であった。[5] しかして、頼政が五月二十一日の夜半、園城寺に入寺したさいに率いた兵力も「五十余騎」であったというのであるから、結局、頼政が園城寺に滞在しているあいだその軍勢は少しも増加していないことになるのである。[6] この点に関連して最後にいま一つ注目しておきたいのは、以仁王の乱における諸国源氏や近江国などの在地武士勢力の参加の問題である。以仁王の挙兵計画が、園城寺をはじめとする権門寺院勢力の蜂起と源氏を中心とする反平氏武士の起兵とを結びつけて平氏を討滅しようとしたものであったこと、また、当時の貴族の日記には、王が園城寺にのがれた直後から、諸国散在の源氏や「近江国武勇之輩」が与同し、園城寺に籠ったという風聞・巷説がしるされていることなどについては、さきにのべたとおりである。そして、これらの風聞・巷説が語るところを事実とみて、近江国などにおいては、すでにこの治承四年(一一八〇)五月の段階で、園城寺の衆徒・神人集団の一部と在地領主グループとのあいだに「兵僧連合」ともいうべき連携が実現し、国家権力にたいする叛乱軍の構成主体になりつつあったと評価する見解がある。[7] 園城寺には、悪僧集団の張本のひとりである律静房日胤をはじめ源氏一族の子弟―近江源氏も含めて―や、源氏ゆかりの人びとが多く入寺しており、彼らが以仁王・頼政を支持・擁護した中心勢力をなしたのであるから、当然そこには一定の政治的連携が存在したと考えられる。しかし、この時点でその連携がさらに拡大して諸国源氏や近江国の在地武士をまき込み、彼らが園城寺の寺僧集団と緊密な関係をむすんで軍事力を構成し、以仁王らを支持して具体的な行動を展開したことを物語る史料を見出すことはできない。そのことはまた、信頼できる史料によるかぎり、以仁王が園城寺を脱出したさいの軍勢がわずかに「五十余騎」であり、かつ、それが頼政の入寺の時点から増加していないという事実のなかに最も端的に示されているのである。

こうした園城寺の寺僧集団と在地武士との連携の未成立は、とりもなおさず、寺院勢力の蜂起と反平氏武士の起兵を結びつけて平氏を討滅しようとした以仁王の挙兵計画の根底が崩壊したことを意味するものであった。その理由の一つとして、たしかに以仁王の挙兵計画が予想よりもはやく露顕したため、畿内近国の源氏さえ糾合するいとまがなかったという点を指摘することができよう。しかし、このいわば「兵僧連合」の未成立は、たんに時間的な問題のみによって生じたのではなく、もっと根源的なところにその理由があったのである。平氏であれ、源氏であれ、武士(在地領主)の支配は、武力組織を背景として近隣の農民層のうえに権力支配を拡大し苦難にみちた従属化をせまるものであったから、どこでも農民層との対立を激化させ、さまざまな形態での農民闘争を惹起せずにはいなかった。そうした農民闘争のなかでも、とりわけ畿内近国において広範に展開されたのが、権門寺社とのあいだに寄人・神人・堂衆などの関係を設定して寺社勢力の末端を構成することにより武士の支配に抵抗する形態であった。したがって、武士と農民層の対立は、しばしば寺社勢力との抗争となって発現したのであり、武士と寺社勢力―とりわけ下層の寺僧集団―とのあいだには容易に和解しがたい政治的矛盾と対立が存在していたのであった。ここに、以仁王の拠る園城寺に諸国源氏などの在地武士があいついで乗りこみ寺僧集団とのあいだに積極的な共闘関係を形成するというような「兵僧連合」が成立しえない根本的な原因があったのである。

以仁王の挙兵は、源氏をはじめとする反平氏武士と権門寺院勢力とを糾合して平氏を討滅しようとするものであり、それはすでに指摘したように、この時期における政治的対立を比較的正確に把握した計画であったといえる。しかし、この二つの勢力は、反平氏という点で共通の政治課題をかかえておりながらも、その根底において鋭い対立関係を内包していたため、現実には一つの政治勢力として結集できず破綻せざるをえなかったのである。権門寺院勢力自体もまた、その政治的利害にもとづく形勢観望的な性格からして反平氏の寺院連合を形成することができなかった。それゆえ、以仁王の挙兵の破綻は、その政権構想やスローガンの問題もさることながら、かれが園城寺に逃げこみ寺院勢力を拠点として反平氏勢力の蜂起と連合をよびかけたとき現実にはすでに破綻していたといえるのである。かくて、以仁王の挙兵は孤立し、その乱はあえなく鎮圧された。しかし、その挙兵は、平氏の支配が推進されるのに比例して激化してきた寺院勢力や在地武士勢力との政治的対立をよくついたものであったため、それらの勢力を蜂起させる起爆剤となり―その勢力間の連合・結集には失敗したが―、寺院勢力・武士勢力は、以仁王の意図や政権構想を越えてそれぞれの立場から反平氏行動を展開し、治承・寿永の内乱を拡大していくのである。

（1）以上、『玉葉』『山槐記』治承四年五月二十六日条。
（2）『吾妻鏡』治承四年五月二十六日条にも「三位入道一族幷寺衆徒等候御共」とみえる。
（3）梶原正昭「平家物語の一考察―橋合戦をめぐる史実と文学―」（佐々木八郎博士古稀記念論文集『軍記物語とその周辺』所収。）
（4）『玉葉』治承四年五月二十六日条。なお『山槐記』の同二十六日条には、平氏方に討たれた人物の名前を列挙しているが、そのなかに名前の不明の者が四人おり「此内法師一人」と註している。この法師が園城寺僧だと仮定しても、わずかに一名ということになる。
（5）この点、五味文彦『平家物語、史と説話』、石井進「源平争乱期の八条院周辺―『八条院庁文書』を手がかりに―」（同編『中世の人と政治』所収）など参照。
（6）『山槐記』治承四年五月二十二日条。
（7）浅香年木『治承・寿永の内乱論序説』第二編第二章近江・北陸道における「兵僧連合」の成立。

第八章　治承・寿永の内乱
——平氏政権と寺院勢力——

はじめに

平氏は、その政治権力を形成する過程において南都北嶺の寺院勢力と幾多の抗争事件をひきおこしてきたが、そうした政治的対立を一挙に激発させる重要な契機となったのは、治承三年（一一七九）十一月の政変であった。この政変によって、平清盛が、後白河法皇を幽閉し、関白氏長者藤原基房を解官・配流して政権を掌握すると、法皇や関白との緊密な外護関係をつうじて権益を維持してきた園城寺・興福寺は深刻な危機意識を抱き、急激に反平氏的姿勢を高めるにいたった。以仁王・源頼政らは、そうした寺院勢力の動きを念頭におきつつ、平氏討滅の計画をめぐらしたが、翌年五月十五日、それが発覚して以仁王は園城寺にのがれ、ついで源頼政もこれに加わった。いわゆる以仁王の乱の勃発である。以仁王らは、園城寺大衆の庇護のもとに、かねての計画どおり興福寺・延暦寺などの権門寺院勢力と、諸国の源氏をはじめとする反平氏武士とに蹶起を呼びかけ、それを糾合することによって平氏政権を打倒しようとしたのであった。以仁王の乱は、わずか十日あまりで鎮圧されるが、しかしこれが口火となって反平氏勢力があいついで蜂起し、以後、五年のながきにわたって治承・寿永の内乱が戦われることになるのである。この治承・寿永の内乱は、幾多の政治勢力や諸階層をまきこんで展開されたが、そのなかでも武士勢力とならんで重要な政治的役割を演じたのが、延暦寺・園城寺・興福寺などの権門寺院勢力であった。

この寺院勢力は、武士とちがって政治権力の掌握をめぐる抗争のなかに政治主体として直接的に介入してくるものではなかったが、しかし、内乱の勃発にさいしてだけでなく、その後の内乱の展開過程の趨向に甚大な影響をおよぼしたことは、つとに指摘されてきたところである。だが、この寺院勢力の動向は、きわめて曲折にみちた複雑なものであったため、それを真正面からとりあげて内乱の政治史過程のなかに位置づけて考察した研究は、意外に少ないのが実情であると考えられる。その代表的なものとしては、わずかに石母田正・松本新八郎・浅香年木氏らの研究をあげうるにすぎないであろう。(1) しかも、これらの研究の寺院勢力にたいする歴史的評価は、はっきり両極端にわかれているのである。その一つは、石母田氏の見解であって、この時期の寺院勢力は巨大な集団的武力をもった政治勢力ではあるが、その本質は古代的頽廃的な勢力であり、内乱の展開過程においては反動的な政治意義しかはたしえなかったと評価するものである。これにたいし、松本・浅香両氏は、寺院大衆の蜂起や政治行動を寺院内部の下層僧侶たる堂衆集団に視点をすえてとらえ、田堵農民層らの階級闘争と関連させつつ、内乱の展開過程のなかではたした反国家権力闘争としての意義を積極的に評価しようとされたのであった。

こうした両極端の評価が生じる原因の一つは、たしかに分析視角や方法論上の問題もあるが、より根本的には、権門寺院勢力の内部構成と政治行動の全体を具体的に解明しようとした研究がきわめて手薄なことに起因するものと考えられる。この時代の権門寺院の僧団組織は、貴族の子弟をはじめ在地領主・田堵農民層など階級的差異をもつ諸階層の出身者を包摂しながら多様な矛盾をはらむものとして構成されていた。そのため、寺院大衆の蜂起・嗷訴などのばあいにも、一方の極に堂衆・神人層らを中心として反国家権力闘争的な性格をもつ要素が存在するとともに、他方の極には、既存の王法仏法相依の国家権力体制を前提とし、そのもとでみずからの権益や特権を維持・拡充しようとする政治行動がしばしばみられたのである。したがって、一方の極にたった視角からのみ寺院勢力を分析・評価するのではなく、こうした両極の要素をともに包含しつつ、さらに幾重ものファクターが錯綜して展開される寺院勢力の複雑な政治行動を、治承・寿永の内乱の政治史過程のなかに位置づけて具体的に分析し、その政治的意義を追求する作業が必要であると考えられる。これは、多面的な考察が要請される困難な課題であるが、前章で私は、そうした問題意識にもとづいて、以仁王の乱を対象にとりあげ一通りの分析を試みた。(2)そこで本章では、それをうけて、以仁王の乱後、福原遷都をへて平氏の南都攻撃が敢行され、やがて後白河院政が復活し平氏政権が没落するまでの時期を主たる対象としてとりあげ、平氏政権と寺院勢力の関係に焦点をあわせながら、寺院勢力がこの内乱の展開過程のなかではたした政治的役割と意義の一端を検討したいとおもう。

(1)　石母田正『古代末期政治史序説』第三章第四節平氏政権とその没落・第五節内乱、松本新八郎「『玉葉』にみる治承四年」(同『中世の社会と思想上』所収)、浅香年木『治承・寿永の内乱論序説』第二編北陸道における内乱の展開。以下三氏の論はとくに註記しないばあいこれによる。

(2)　本書の第七章以仁王の乱を参照。

一　寺院勢力との抗争と福原遷都

園城寺に籠った以仁王・源頼政らは、諸国散在の源氏に挙兵をよびかけるとともに、園城寺を軸に興福寺と延暦寺をまきこんで三寺連合を形成して平氏に対抗しようとした。しかし、以仁王らにとっては、予想外にはやく挙兵計画が露顕したため畿内近国の源氏武士団さえ結集するいとまがなく、また平氏の切崩し工作や寺院間の利害の対立などによって延暦寺が脱落したため、三寺連合の構想は破綻するにいたった。しかも、平氏が園城寺にたいする武力攻撃の態勢を整えつつあるのを眼前にして、園城寺大衆の内部に動揺と分裂がはげしくなりはじめた。このため、以仁王・頼政らは、ついに五月二十五日の夜半、園城寺を脱出し、興福寺の大衆をたよったが、はやくも翌日早朝にこれを探知した平氏は、軍勢を追撃させ、宇治橋の合戦で激闘のすえ以仁王・頼政らを討ち破ったのである。ただし、このときには、以仁王の生死を確認できなかったという。

平氏は、こうしてひとまず以仁王の乱を鎮圧することができたのであるが、しかし、この挙兵が反平氏勢力を蜂起させる起爆剤となることを何としても阻止する必要にせまられた。そのさい、平氏にとってまず当面の緊急課題となったのは、以仁王の存否を確認し、頼政の残党を追及するとともに、園城寺・興福寺などの寺院勢力にたいして断固たる措置を講じて反平氏的な動きを封殺することであった。その日の夜、平清盛が福原から上洛し、翌二十七日、両寺の処分・対策をめぐって、高倉上皇の院殿上において公卿僉議がおこなわれることになったが、この間の事情について右大臣九条兼実は、清盛の入洛をまって「毎事可有議定歟」[1]と推測している。

あけて二十七日、巳刻より公卿僉議があるというので、上卿の左大臣藤原経宗をはじめ十三名の公卿が院殿上に参集した。九条兼実と権中納言中山忠親もそのひとりで、それぞれ詳しい日乗を残しているので、それによってまずこの日の公卿僉議をめぐる状況を検討したい。[2]

この会議は、定刻を大きくすぎても開催されなかったが、その理由は、別室の高倉上皇の御前において、前右大将平宗盛・権中納言平時忠・権大納言藤原隆季・前大納言藤原邦綱らが集まって開いていた「内議」がてまどったためであった。この「内議」は、その構成メンバーからして、高倉院政をささえる平氏方幹部の私的な会議とみてよく、前日の清盛の入洛後、その意向をうけつつ、園城寺・興福寺への制裁措置と公卿僉議にたいする対策の最後の詰めをおこなっていたものと考えられる。ようやく申刻にいたって会議が開催され、高倉上皇から源朝臣以光（以仁王）に与同した園城・興福両寺の謀叛・罪科にたいし、いかなる処罰を加えるべきか議定せよという審議事項が提出された。そのさい、とくに高倉上皇の「仰詞」が添えられ、以仁王の生死が分明でなく南都に逃亡したという噂が流れていること、興福寺衆徒の氏長者らの制止を無視したたび重なる狼藉乱行を強く批判している点が注目される。この「仰詞」は、さきの「内議」による平氏の意向を反映したものとみるべきであろう。

さて、会議の席上、まず参議源通親が発言し、（1）園城寺に関しては衆徒らが退散してしまったことであるから、師主・縁者らをつうじて張本を尋沙汰すべきである。（2）しかし、興福寺については、「謀叛之賊」に与した罪は重大であり、まして以仁王が同寺に逃げ込んだ形跡がある以上、「早遣官軍、可被攻彼寺、其上、末寺荘園、併可被停廃」と、即時の武力攻撃および末寺荘園の没収という強硬策を主張した。中山忠親によれば、この通親の発言内容は、高倉上皇の「仰詞」をそのままくり返したものであったという。通親がさきの「内議」の場に参加していたか否か詳らかでないが、しかし、かれもまた藤原隆季と同じく親平氏派の代表的な貴族であったから、「内議」の決定を忠実にふまえた発言をしたのであろう。このうち、園城寺にたいする制裁措置について公卿の見解はほぼ一致をみたが、興福寺に関しては激しく意見が対立した。参議藤原実宗が最初に反対し、興福寺に官兵を派遣すると寺社が焼かれて「一宗磨滅」の事態にたちいたる恐れがあるので、まず張本の差し出しを命じ、それに応じないばあいに攻撃をかけるべきである、と慎重論を展開した。この実宗の意見に多くの公卿が与したため、藤原隆季が口を開き、たんにこれまでの興福寺の罪科が重大であるのみならず、いまや衆徒らは一切の制止に従わない状態であって、別当玄縁・権別当蔵俊らも「任法可有沙汰之由」を訴えており、この上はただちに追討使を派遣すべきであると武力攻撃論を主張した。これにたいして、九条兼実が藤原実宗の意見をふまえる形で慎重論を詳述し、それに隆季が気色ばんで反論し、さらに中山忠親が兼実に同調するなど会議は紛糾した。しかし、結局、十三名の公卿のうち、興福寺にたいする武力攻撃論は藤原隆季・源通親の両名のみで、他はすべて慎重論を支持した。そこで上卿の左大臣藤原経宗は、隆季らを抑えて慎重論でまとめることにし、蔵人左少弁藤原行隆をつうじて高倉上皇にその旨を奏上させて勅定を仰ぐことにしたが、兼実は、この僉議の様子は、奏聞の後、きっと平清盛に報告されるにちがいないと推測している。

この強硬論と慎重論をめぐる意見の対立に関して注目されるのは、興福寺という寺院勢力にたいする平氏と藤原貴族との政治的認識の相違の一端が鮮明にあらわれていることである。藤原隆季・源通親の主張した強硬論は、兼実が「只察権門之素意、不知朝家之巨害」「偏守形勢、不知王法破滅」と批判し、のちに慈円が「隆季・通親ナド云公卿一スジニ、平禅門ニナリカヘリタリケレ」(『愚管抄』巻第五)と記したように、平氏の政治意思と認識を代弁したものにほかならなかった。その平氏方が、即時武力攻撃を頑強に主張する根底には、興福寺勢力にたいする危機意識にみちた認識があった。第一は、たんに謀叛者源以光(以仁王)が誅殺をのがれて南都に籠ったという風聞があるだけでなく、興福寺衆徒がこれに与同して路次を塞いで往反を妨げ、一切の音信も通ぜず、さらに宣旨・院宣・長者宣などにもしたがわないと議定するなど、満寺をあげて謀叛状況にある、とみる認識である。しかも、第二に、興福寺は、元来、「兵強之地」であるから、いたずらに日数を費やすと、末寺・荘園などからも兵力が集められ「其勢万倍」になる恐れがあるので、一時の猶予もせず追討使を派遣すべきである、というものであった。

これにたいし、慎重論の公卿たちは、若干の表現の違いはあっても、ほぼ一致してつぎのような理由をあげた。興福寺の所業は、たしかに謀叛の至りであり、厳罰に相当するものであるが、しかし、官兵(追討使)を派遣すると寺社が焼かれて「一宗磨滅」の事態になる恐れがある。したがって、まず、宣旨ないし院宣をもって以仁王らが逃げ込んでいるか否かの事情を尋問し、張本の差し出しを命じ、それに応じないばあいにはじめて官兵を派遣すべし、というものであった。そこには、まず藤原氏の貴族として、その氏寺・氏神たる興福寺・春日神社の焼亡―一宗磨滅―の回避を最優先しようとする姿勢がみられるのは事実である。しかし、かれらが、「一宗磨滅」「一宗破滅」というとき、それは必ずしも藤原氏一門にとっての氏寺・氏神の焼失だけを指したのではなく、王法仏法相依の国家体制をささえる最も有力な一宗の破滅をも意味したことに注目する必要がある。このとき、九条兼実は、追討使の派遣を「仏法亡滅」の所業であり、「不知王法破滅」ものとする立場から慎重論をとなえたわけであるが、その兼実の主張について、後年、慈円が『愚管抄』（巻第五）のなかで、

　一定謀叛ノ証拠ナクテ、サウナクサ程ノ寺ヲ追討ハサラニヱ候ハジ、就中、春日大明神日本第一守護ノ神明也、王法仏法如牛角、不可被滅之由、愚詞申サレニケレ

と記しているのは、その点を的確に理解していたことを示すものといえよう。興福寺大衆にたいする武力攻撃を緊急課題とする平氏にとっては、当然、それが王法仏法相依の国家権力秩序の破壊をもたらすという政治的認識ないし危機意識は希薄であった。他方、慎重派の公卿たちの興福寺大衆にたいする認識は、平氏のように満寺大衆がすでに謀叛状態にあるとみるのではなく、「謀叛者、凶悪徒党之所令然」であって、僧綱いか大衆のすべてが謀叛に与しているわけではないから、早晩、鎮静化の兆しがみえはじめるという、一種の楽観論にたっていたのである。

　さて、二十七日の公卿僉議は、興福寺にたいするこうした政治的認識の相違を根底にふまえつつ意見が対立して紛糾し、とりあえず蔵人左少弁藤原行隆をつうじて慎重論を奏上して高倉上皇の決裁を求めることになったのであった。ところが、まもなく藤原行隆がもどってきて、ただいま興福寺の已講から氏長者藤原基通のもとに使者があって、つぎのような報告がもたらされた、と列席の公卿たちに伝えた。その報告とは、源頼政の子息二人と舎人男一人が南都へ落ちのびてきたが、その舎人男によれば、以仁王はすでに山城国綴喜郡綺田で討ちとられ

ており、かねて顔見知りの元服人が以仁王であることを確認したというものであった。この情勢の変化によって、平氏方が主張する即時武力攻撃論の根拠が揺らぎ、藤原隆季らも沈黙せざるをえなくなった。その結果、高倉上皇は、公卿僉議の申状にしたがって、(1)園城寺については「付被召置之悪徒、且尋捜張本、可有沙汰」、(2)興福寺にたいしては、「先遣使者、且仰謀叛之子細、尋以光之在否、随状可被遣官軍」という決定をくだして公卿たちにつたえしめたのである。けれども、この決定は、あくまで当面の方針に関するものであって、両寺にたいする制裁措置がこれで最終的決定をみたわけでも、また平氏方が興福寺勢力にたいする武力攻撃や対決を放棄したことを意味するのでもなかった。

こうした政治状況のもとで、突如、五月三十日に、いわゆる「福原遷都」が決定され、はやくも六月二日には、平清盛が安徳天皇・高倉上皇・後白河法皇らをともなって福原に下向し、政局は重大な転機をむかえることとなった。[3] 平氏が天皇・上皇らを率いて福原に下向するという噂は、すでに平氏の園城寺にたいする武力攻撃の予定日であった五月二十三日ごろには―興福寺大衆の入洛がしきりに伝えられる緊迫した情勢のなかで―世上に流布していたのであるが、[4] ここにいたって、ついに清盛みずからが陣頭指揮をとって決定し強行したのであった。[5] これは貴賤を驚愕させ、巷説縦横であったが、九条兼実は、『玉葉』の六月二日条で、この福原下向の目的について、

敢無知由緒之人、疑可被攻南都 大衆猶蜂起、敢無和平云々、 之間、可有不慮之恐歟、又余党猶不休、為禦彼怖畏歟、

と記し、平氏が南都大衆を攻めるにあたって不慮の事態が発生するのを恐れ、かつ以仁王・頼政らの残党の蠢動を防ぐ目的でおこなったのではないかと推定している。興福寺勢力にたいする前述のような危機意識にみちた平氏の政治的認識からすれば、兼実の推定は、さすがにその真相の一端を的確にうがっているとみてよいであろう。

すなわち平氏は、天皇・上皇をはじめ朝廷の中枢部を、寺院勢力の脅威が直接的に及ぶ可能性のある京都から福原に移したうえで、興福寺・園城寺などにたいする攻撃・統制の態勢を固めようとしたものと考えられるのである。

ところで、留意すべきは、当時、この福原下向について二つの見解があったことである。一つは、これを寺院対策上の一時的・暫定的な「行宮」とするものであり、いま一つは、福原への半永久的な「遷都」にしようとするものであった。(6) 後者の代表が清盛であって、かれがいつ福原遷都の構想を描きはじめたかは詳らかでないが、この時点ではすでに遷都の方針を固めていたことはたしかであった。しかし、平氏内部においてさえも、この二つの見解が必ずしも統一されないまま、清盛に押切られる形で、あわただしく福原への「行幸・御幸」が断行されたとみられるのである。(7) 清盛の遷都構想は、もとより寺院対策上の一時的な戦略にとどまらず、平氏の本拠地ともいうべき福原を都とし、貴族を平安京から切りはなしてここに移し、かつ寺社勢力を再編成することによって、平氏の専権体制と政権基盤の強化をはかる狙いをもつものであった。それゆえ、「行宮」論と「遷都」論は、当面の寺院対策という点では共通の認識をもちながらも、平氏政権の将来構想については大きな懸隔があったのであり、後述するように、やがてその対立が顕在化することになるのである。しかし、福原に下向した清盛は、そうした認識の相違を内包したまま新都の建設計画に邁進するとともに、園城寺と興福寺にたいしても制裁措置を講じていった。

まず園城寺については、六月十八日の院御所における公卿評定で、僧綱二十七人の現任解却、寺領没収などの方針を決め、二十日に宣旨がだされた。その宣旨の内容は、園城寺悪僧等が朝家に謀叛を企てた罪科によって、(1)門徒・僧綱以下の「公請」の停止、(2)僧綱の現任の解却、(3)諸国国司による末寺荘園ならびに寺僧の私領の収公、および(4)国司をして所定の寺用を寺司に供せしめる、という四項からなっていた。(8) さらに円恵法親王が補任されていた四天王寺の別当職を改易して、延暦寺の天台座主明雲を任命し、(9)ついで二十一日には、僧正房覚・公顕いか十三名の僧綱を検非違使庁にひきわたしたのである。(10)これらの制裁措置のうち、管理・統率責任を問うての僧綱の解官などは比較的軽微なものであるが、しかし、「公請」の停止、寺領・寺僧領の没官などは、園城寺の存立基盤を根底から揺がす内容をもつものであった。王法仏法相依の国家体制のなかで、権門寺院としての地位と特権を維持するためには、国家的仏事を担保することが必須の要件の一つであった。したがって、園城寺の僧侶を国家的仏事への「公請」から排除することは、とりもなおさず園城寺を王法護持の権門寺院としての地位から排除することを意味したからである。また、寺領および寺僧領を没官し、国司をつうじて寺用のみを供さしめようとする措置は、園城寺の経済的基盤を剥奪し、僧団とその宗教活動を政治権力の全面的な統制下におこうとする狙いをもつものであったといえる。

園城寺にたいする平氏の制裁措置は、このようにきびしい内容であったが、しかしそれは、平氏が独自に打ち出したものではなかった。これらの制裁措置は、たとえば、かの承安三年(一一七三)の多武峯をめぐる延暦寺と興福寺との抗争事件などにみられるごとく、すでに後白河院政下における寺院統制策の重要な一環を構成するものとして採用・執行されてきたものばかりであった。(11)したがって、この時点での平氏の制裁措置は、基本的には後白河院政のそれを踏襲したものであったとみられるのである。やがて八月十八日に、園城寺僧綱以下の所職・没官所領にたいする勅勘が宥免され、九月二十日には僧正房覚が安徳天皇の護持僧に任命されるなど、(12)上層部僧侶を中心に制裁措置が緩和されはじめるが、しかし、「公請」の停止や悪僧追及の手が解除された形跡はない。

他方、遷都後の平氏の興福寺対策は、寺院内部の動向などをにらみながら、きわめて慎重にすすめられた。まず六月二十八日に、左少弁藤原行隆を山城守に、右少弁源兼忠を大和守に補任するが、九条兼実は、この大和守の人事について「南都事、殊可有沙汰之故云々」と、それが平氏の南都対策と緊密に関係したものであったと記している。[13] この段階では、すでに近江守には主殿頭高階為清が補任されていた。[14] 寺社勢力をはじめ諸権門の支配が錯綜するこれらの国々では、たえず複雑な政治問題が惹起される可能性があったため、有能な実務官人層を受領に配置する必要があり、とくに大和守には源兼忠を起用したのであろう。しかして、平氏が南都追討を敢行するという風聞は依然としてつづいていたものの、その沙汰がなかったところ、八月十六日に興福寺にたいして宣旨がだされるにいたった。[15] その宣旨の内容は、権少僧都覚憲・権少僧都範玄・法橋覚実・大法師忠兼らの僧綱が、悪僧を召し進めよという命令を実行しないため、現任を解却しその私領などを没収する、というものであった。この制裁措置は、平氏がかねて主張してきた武力追討の強硬路線からすれば、あきらかに軟化しているが、その軟化の政治的背景としては、さしづめつぎの二点が考えられる。一つは平氏側の問題であって、清盛が新都の造営に全力を傾注し、「遷都之外、不及他沙汰」という状況で、[16] かつ、その造営計画が難航し平氏内部からも遷都批判がではじめる有様であったため、[17] 当面、興福寺攻撃にまで手がまわらなかったという事情をあげることができよう。もう一つは、興福寺側の問題であって、寺院大衆の内部から平氏に積極的に接近する和平派が台頭して分裂傾向が顕在化してきたことであった。

すでに六月初旬には、興福寺大衆が二派にわかれて和平派の動きが活発化したとか、南都に逃亡してきた者や、院宣・長者宣にしたがわずその使者を凌轢した輩を搦めとらえて平氏方に差しだす方針を固めたとかいう噂が盛んに流れはじめていた。[18] 事実、六月十日には、以仁王の与党の少納言藤原宗綱らを捕えて差しだしている（『玉葉』）。はたして、七月中旬ごろになると、興福寺大衆は、別当僧正玄縁派と一条院法印信円派とに分裂して抗争するにいたった。その直接の原因は、別当玄縁らが社司と結託して春日神社の御神体を福原へ移そうとするのを、反対派の大衆が奪い返し玄縁らを追放しようとしたためであるという。[19] その真偽は定かでないが、いずれにせよ、別当玄縁は、かねてから平氏が興福寺大衆を統制するにあたってその一翼を担わせてきた人物であるから、[20] この行動が親平氏の立場をますます鮮明にしてきたことの現れであったことはまちがいない。これと対抗する法印信円派が反平氏的な姿勢をもっていたこともたしかである。しかし、そのことは、この抗争が必ずしも特権的な上層僧侶によって構成される体制派＝別当玄縁派と、大衆下層集団を基盤とする反体制派＝法印信円派という構図のなかで進展したことを意味するのではなかった。法印信円は、藤原忠通の子息で、前関白藤原基実・同藤原基房・右大臣九条兼実らの弟にあたり、摂関家と興福寺とを結ぶ要に位置してきた人物であった。すでに承安四年（一一七四）に大乗院院主職を相承し、ついで治承元年（一一七七）八月十六日には、後白河法皇第一の近臣といわれた権律師範玄が、鹿ケ谷事件の直後、興福寺大衆の訴えにより解却されたあとをうけて一条院院主職に補任されるなど、寺内を代表する勢力の一つを形成していたのである。(21)とくに治承三年十一月の政変後、氏長者の配流は例なしと称して前関白基房の復帰を要求し、摂関家との連携のもとに興福寺の政治的地位を回復しようとする寺内勢力にとって、摂関家嫡流出身の信円は、いわば象徴的存在としての位置をしめるものであったと考えられる。その意味で、この両派の抗争は、平氏政権そのものの直接的な打倒や反国家権力闘争をめざしたものではなく、興福寺内部における勢力争い＝権力抗争という性格を濃厚にもっていたとみるべきであろう。

平氏が、この時点であえて興福寺にたいする武力攻撃に踏みきらなかったのは、こうした二つの理由によったと考えられる。その後も平氏が、興福寺をいわば外側から封じ込める態勢を維持しつづけたため、興福寺大衆の反平氏的行動はひとまず鎮静化へ向かうが、しかしそれだけに反平氏感情は内部に鬱積していったのである。

（1）『玉葉』治承四年五月二十六日条。
（2）以下、とくに註記しないばあい、この日の公卿僉議については、すべて『玉葉』『山槐記』の同日条による。
（3）福原遷都についての近年の研究に、元木泰雄「『福原遷都』考」（『立命舘文学』五〇九号）がある。
（4）『玉葉』治承四年五月二十三日条。

(5)『玉葉』治承四年六月一日条。

(6) この時点では、九条兼実や中山忠親のような公卿でさえ、この福原下向という事態が、「行幸・御幸」による一時的な「行宮」なのか、「遷都」を意味するのか判断しかねている。『玉葉』の五月三十日条によれば、藤原邦綱・清原頼業・藤原行隆からの兼実にたいする通知は、いずれもたんに「行幸」というものであり、六月二日条にも福原別業への「行幸」「城外之行宮」と表現するとともに、或説として「可有遷都」という旨を記している。また『山槐記』五月三十日条にも、「或者云、来三日内院新院可令渡福原亭」「士女称遷都」という二つの伝聞を並記するとともに、「子細無知之人」と記している。

(7) たとえば、『玉葉』治承四年八月二十九日条、および元木泰雄前掲論文(註3)。

(8)『玉葉』治承四年六月十九日、二十二日の各日条。

(9)『百錬抄』治承四年六月二十日、『玉葉』同年六月二十二日条。

(10)『明月記』治承四年六月二十一日条。

(11) この点については、本書第五章の第一節後白河院政政権の寺院政策を参照。

(12) 以上、『山槐記』の各日条。

(13)『玉葉』治承四年七月二日条。なお、藤原行隆・源兼忠は、平氏が治承三年十一月の政変のさい、それぞれ弁官に起用した、有能な実務官人であった(『弁官補任』など)。

(14)『玉葉』『山槐記』治承三年十二月十二日条。

(15)『百錬抄』治承四年八月十六日条、『山槐記』同年八月十七日条。

(16)『玉葉』治承四年六月七日条。

(17)『玉葉』治承四年八月八日、十二日条など。

(18)『玉葉』治承四年六月七日条。

(19)『玉葉』治承四年七月十四日、十五日条。

(20) たとえば、『山槐記』治承三年十一月二十七日、治承四年五月十七日、『玉葉』治承四年五月二十七日条など。

(21) 以上、『簡要類聚鈔第一』(京都大学文学部国史研究室『一乗院文書抄』所収)、『玉葉』治承元年六月十一日、七月十七日、八月四日、八月十六日、八月十八日の各日条など。なお、信円については、大山喬平「近衛家と南都一乗院

──『簡要類聚鈔』考──」(岸俊男教授退官記念会編『日本政治社会史研究下』所収)に詳しい記述がある。

二 延暦寺の動向と「近江騒動」

平氏と園城寺・興福寺との対立抗争が、以上のような展開をみせたのにたいし、同じ権門寺院のなかでも、延暦寺のばあいはいささか異なった様相を呈した。

治承三年十一月の政変で、平清盛が後白河法皇・関白氏長者藤原基房を幽閉・解官したことによって、園城寺・興福寺の大衆が一挙に反平氏的姿勢を昂揚させたときも、延暦寺は直接的な被害をうけず、むしろ法皇によって罷免されていた明雲を座主に還補するなど(1)、平氏が提携の手を差しのべてきたため、その政治姿勢は比較的平静であった。以仁王の乱にさいしても、恵光房珍慶を中心とする三〇〇余人ほどが園城寺に呼応したものの、大衆全体としては当初から園城寺・興福寺との連合に消極的であって、明雲が登山して平氏の園城寺攻撃を支持するよう説得すると、大衆の過半が承伏し(2)、以仁王の三寺連合の構想から早々に離脱してしまったのである。こうした延暦寺の動向の背後に、「偏ニ平家ノ護持僧」(『愚管抄』巻第五)といわれた明雲を媒介とする清盛の積極的な延暦寺対策があったことは事実である。しかし、その延暦寺対策は、たんに清盛と明雲との私的な政治関係や駆け引きのなかでのみ展開されたのではなく、高倉親政・院政=平氏政権下における国家的仏神事の執行体制と権門寺院勢力の再編成という政治的枠組みのなかで遂行されていった点に注目する必要がある。つぎにその点をみることにしたい。

後白河法皇は、歴代法皇のあとをうけて積極的に仏法興隆策を推進しつつ、王法(王権)を代表して諸権門寺院の宗教活動を政治的に統轄する地位を築きあげてきた。その地位を基礎づけるうえで、僧位僧官の任免権とならんでとりわけ重要な政治的意味をもったのは、後三条天皇以降、円宗寺・六勝寺などの「国王ノ氏寺」(『愚管抄』

巻第四）を磁場として形成されてきた国家的仏事の運営・掌握体制であった。歴代の天皇・上皇は、国家的仏事のなかでも最も重要な法会を、宮中や円宗寺・六勝寺などの御願寺においた。宮中・仙洞の最勝講をはじめ、法勝寺大乗会・円宗寺法華会・同最勝会の北京三会（天台三会）、法勝寺・最勝寺の八講、尊勝寺・最勝寺の結縁灌頂などの法会が、その代表的なものである。そして、円宗寺・六勝寺の寺司・供僧は、延暦寺・園城寺・東寺・興福寺の僧侶のうちから選任してこれにあて、仁和寺法親王に検校せしめるとともに、各寺ごとに、現任公卿のなかから寺家上卿を、弁官のうちから弁奉行を任命して、寺務や法会・仏事を執行させる寺務組織を整備するなど、王権が国家的仏事を直接的に管掌する体制をつくりあげてきたのであった。これらの法会はいずれも勅会で、法会ごとに、延暦・園城・東大・興福の四大寺、あるいは延暦・園城両寺や東寺などの僧侶を請じて厳修せしめるきまりであった。その法会に招請されること―公請―は僧侶たちにとって僧綱への登龍門であり、その後の僧位昇進の決定的な要件となったが、他方、権門寺院にとっても国家的仏事を担保することによって、さまざまな権益を確保するまたとない機会であったわけである。(3)したがって、これらの法会への公請をめぐって諸寺がはげしく競合し、歴代の院政の主はその競合関係を逆手にとりつつ、公請権・僧位僧官の任免権などを行使することによって、国家的仏事の主催者としての地位を固めると同時に、権門寺院を統制する体制を築きあげてきたのであって、とくに後白河法皇は積極的であった。(4)

ところで、治承三年十一月の政変は、こうした後白河法皇の地位に決定的な変化をもたらし、高倉天皇の親政が発足すると、「法皇令籠居城南之後、所々修二月、為公家御沙汰、弁同所奉行也」というごとく、(5)国家的仏神事の祭儀権などは公家（高倉天皇）が沙汰するところとなった。さらに、高倉院政のもとでも、当然、高倉上皇がそれを掌握したが、のち病が重くなって摂政藤原基通に天下の政務一切を委任する動きが生じたときも、「但於御寺等事者、可有御沙汰也」とのべて、(6)円宗寺・六勝寺などの御願寺を中核とする国家的仏事の管掌と権門寺院の統制システムだけは保持しつづけようとするのである。このことは、高倉親政・院政＝平氏政権もまた、基本的には、後白河院政下において確立された権門寺院の宗教活動を政治的に統轄するシステムを継承して出発したことを意味している。事実、法勝寺のばあいに、権大納言藤原隆季を寺家上卿、蔵人頭左中弁藤原経房を弁奉行に任じているのをはじめ、(7) 円宗寺・六勝寺はもとより、(8) 最勝光院の寺家上卿に権中納言平時忠を補任するなど、(9) その統轄・執行体制をととのえているのである。しかして、北京三会をはじめ、尊勝寺・最勝寺結縁灌頂、法勝寺仁王会、諸修二会、諸寺八講、諸寺盂蘭盆講などの恒例の仏事をとりおこない、(10) 以仁王の乱や東国の兵乱にさいしては太政官庁で臨時仁王会を厳修するなど、(11) 国家的仏事の執行につとめたのであった。

こうして、高倉親政・院政＝平氏政権は、後白河院政の権門寺院にたいする政治的宗教的システムを継承したのであるが、しかし、その仏法の保護・統制策の具体的内容は、大きく異なるものであった。まず仏法の保護・興隆面についていえば、成り上りの武門平氏は、諸寺社への参詣、造寺造仏、所領寄進などを豪奢華麗におこない、かの梁の武帝にも擬えられるほど、(12) その政治権力を傾注して仏神事の興隆につとめた後白河法皇にはとうてい比肩すべくもなかった。したがって、仏法興隆はおろか、上記のような国家的仏事も、かろうじて現状を維持する有様であって、それもやがて福原遷都後は停滞を余儀なくされるのである。他方、統制面に関して、平氏は、公請権・僧位僧官の任免権などを積極的に行使しつつ、延暦寺を枢軸にすえた国家的仏事の執行体制と権門寺院勢力の再編成を押しすすめたのであった。これは、園城寺に帰信し外護してきた後白河法皇の寺院政策からの転換を意味した。それは、すでに治承三年十一月の政変の直後から顕在化していたが、やがて以仁王の乱が勃発して、園城寺・興福寺にたいする制裁措置を強化するのにともない、ますます露骨に遂行されていったのである。そのことは、興福寺にたいする武力攻撃をめぐって公卿僉議が紛糾した、あの五月二十七日に太政官庁で修された百座仁王会が、「興福園城両寺依与彼宮、不被請之」、延暦寺僧だけで執行されたのをはじめ（『山槐記』）、北京三会はもとより、法勝寺八講は「園城寺興福寺東大寺依乱逆事、不被請之」、さらに諸寺八講も「併延暦寺僧也、自問自答古来無例」と評される状況にたちいたっていることなどに端的に示されている。[13] 興福寺にたいする公請停止の宣旨なども、こうした事態の進展のなかでだされた措置であった。それゆえ、平氏と延暦寺との緊密な政治関係は、座主明雲との私的な結合関係のみを媒介としたのではなく、以上のような国家的仏事の執行体制と権門寺院勢力の再編成という寺院政策の転回のなかで形成維持されてきたものであったのである。

しかし、こうした平氏の寺院政策も、福原遷都によって政権の中枢部が移住した結果、大きく破綻を来さざるをえなかった。円宗寺・六勝寺などにおける国家的仏事への高倉上皇の御幸はもとより、その担当の寺家上卿・弁奉行らの出席さえままならず、代理による執行などがあいつぎ、法会自体も略儀なものになるなど停滞するにいたったのである。[14] 仏事のみならず神事もまた福原で執行する設備・条件がなく、月次祭・新嘗祭などの重要な神事はすべて旧都の神祇官でとりしきったので、[15] 祈念穀奉幣のごときは四カ度も延引して十月になる有様であった。[16] かくして、国家的仏神事をはじめすべての公事が「両都之間毎事懈怠」の状態となり、平氏は「注出年中公事、定日次、分配奉行職事」するなど懸命の対策を講じるが効果なく、ついに「近年公事有若亡」「毎事違例只在両都歟」などと評されるにいたるのである。[17] かかる事態にたいし、すでに八月上旬には平氏内部からも遷都批判の声がではじめ、平時忠・藤原隆季らが清盛に還都を進言したが一蹴された。しかも、その直後に源頼朝が伊豆で、ついで九月には木曽義仲が信濃で挙兵するなど、諸国で反平氏武士があいついで興起し、内乱が全国的なひろがりをみせはじめた。そうした情勢のなかで、ついに延暦寺衆徒も九月末ごろから蜂起するにいたったのである。

しかし、この延暦寺衆徒の蜂起は、ただちに反平氏勢力の蜂起として一括的に把握できるほど単純ではなく、その内部に少なくともつぎの二つの勢力(要素)をはらんでいた。その一つは、福原遷都反対＝還都要求をかかげるものであり、もう一つは、近江源氏や園城寺衆徒らと結びつつ平氏打倒をめざす堂衆を基盤とした勢力である。この二つの勢力の蜂起は、時期的にも若干のずれがあり、かつその政治的性格を異にする面があるので、ひとまず区別して前者から吟味することにしたい。

延暦寺衆徒の蜂起は、九月末ごろから激化し、奏状をもって何回も還都を要求したが、『玉葉』の十月二十日条によれば、この時点で、もし遷都を中止しなければ山城・近江両国を押領すると威嚇しつつ、奏状を職事に付して還都を強請するまでになったという。この還都要求の強請は、福原遷都という平氏の政策につよく反対しているのであるから、そのかぎり反平氏的な姿勢を現すものであった。しかし、それは、高倉院政＝平氏政権そのものの打倒をめざした、後述の「逆徒・凶徒」の動向とはあきらかに一線を画するものであった。政策に反対し離反することと、政権を打倒することとは次元を異にする問題だからである。後日、この奏状を読んだ九条兼実が「頗優美、所申得道理之故歟」と評しているのは[18]、延暦寺衆徒の還都要求の政治的性格を、そのようなものとして理解していたことを物語っていよう。つまり、この還都要求の本質は、かねて平氏の寺院政策のなかで優遇されてきた延暦寺も、遷都の影響をうけて、ついに「無人于帰依、偏失活命之計」という事態に追い込まれた結果、還都を実現して王法の外護による利益構造を回復・確保しようとする点にあったのである。したがって、その蜂起は、国家権力にたいする「謀叛」でも「凶徒」の所業でもなく、追討や処罰の対象にはならなかった。だが、平氏は容易にこの還都要求に応じなかった。そのため、延暦寺衆徒の蜂起はますます盛んになり、十一月上旬には、座主明雲が東国の叛乱を調伏する祈禱をおこなっているのを「衆徒嘲之」ほど離心があらわとなって[20]、明雲や僧綱を媒介とする平氏の衆徒統御策はしだいに破綻するにいたったのである。

ところで一方、延暦寺の堂衆層を基盤とする勢力が蜂起して[21]、近江源氏・園城寺衆徒らと連繫しつつ反平氏行動に加わり、「近江騒動」「江州騒動」などと称される状況を激化させはじめるのは、十一月中旬ごろからであった。この動きが、延暦寺衆徒による還都要求運動と連動ないし重複して進展したことは事実であるが、しかし、それは必ずしも還都要求運動のなかから生成したものではなかった。かれらの蜂起にとって、より決定的な政治意義をもったのは、駿河国富士川の合戦における平氏の東国追討使の敗北と、それを契機とする畿内近国への叛乱の波及という政治情勢の展開であったとみられる。

右近衛権少将平維盛を筆頭に薩摩守平忠度・参河守平知度らが東国追討使に任命されたのは、九月五日であるが、この日、東海・東山両道の諸国にたいしても、「堪武勇者」を徴集して追討の兵士に備えるべしとの宣旨が下されている（『山槐記』）。維盛らは、二十九日に六波羅をたって近江国に入ったが、はやくもそこで前途多難をおもわせる事態に直面しなければならなかった。この追討軍は、「一国勢二千余騎　目代為棟梁」という駿河国の例が示すように、諸国の国衙などをつうじて徴集した軍勢を近江国に集結させ、これを統率して発向する計画であった。ところが、東国から徴集した兵士は、「或其身雖参、伴類眷属猶不伴、或随形勢、随逆徒等、弥見官軍弱之由、各逐電」という有様であり、[22]さらに近江国では、「近江国住人之中、有被召之者、相禦之間、度度合戦」という状況となって軍事動員にはげしく抵抗したので、[23]追討使は平氏の直属軍いがいの軍事力を容易に確保・編制することができなかったのである。この時期以降、叛乱が各地にひろがり大小の合戦が展開されるなかで、平氏にとって兵士・兵粮米の確保が最も緊要な政治課題の一つになるが、すでにこの第一次東国追討使の発向の段階で、近江国をはじめ諸国の在地武士や住人のあいだに軍事動員にたいする忌避・抵抗が激化していたのであった。はたして、この追討軍が、十月二十日、富士川の合戦で惨敗して平氏の軍事力の脆弱性を露呈すると、各地で反平氏勢力の蹶起があいつぎ、十一月中旬に蜂起した美濃源氏は美濃・尾張両国に威を振い、近江国へ攻め寄せる形勢となった。[24]同じ頃、近江国の東部では、山本義経・柏木義兼らの近江源氏が挙兵し、園城寺衆徒や延暦寺堂衆をまき込んで叛乱を組織しつつ活発な行動を展開しはじめた。このため、近江国が逆徒の手に属したとか、以仁王が生存していて園城寺にたいし東海・東山・北陸三道の武士に与力するよう働きかけているとか、美濃源氏がちかく近江国に打ち入る等々の緊迫した噂が飛びかい、「近江騒動」が本格化するにいたったのである。(25) したがって、この蜂起の中心勢力は、あくまで近江源氏であって、かれらが延暦寺堂衆や園城寺衆徒をまき込みつつ展開したのであり、その標的は、還都要求よりも平氏政権を打倒し、それにとって替わることにすえられていたとみられるのである。

延暦寺大衆は、以上のように、まず九月末ごろから還都要求をかかげて蜂起し、ついで東国追討使の派遣とその敗北を重要な契機とする政治情勢のなかで、十一月中旬に近江源氏らが挙兵し、延暦寺勢力のなかからもそれに与同する者が出現するにいたったのである。したがって、この時期から激化する「近江騒動」は、軍勢催促・兵粮米徴発の強化にたいする在地諸勢力の抵抗運動を基底としつつ、延暦寺大衆を中心とする還都要求運動と、近江源氏を軸とする平氏討滅の武力蜂起という、三つの政治的要素が錯綜・交響しあうことによって展開されたものであった、と考えられるのである。だが、このことは、その三つの政治的要素が緊密な関係をもって平氏打倒の方向へ組織化され作動していたことを意味するのではない。この点については、後に分析することとし、そのまえに平氏が還都へふみきった経緯にふれておく必要がある。

八月上旬に清盛の反対によって、ひとたびは鎮静化していた還都論が、平氏内部で急激に台頭するのは、十一月上旬、東国追討使らが京都に敗走してきた前後からであった。『玉葉』の十一月五日条には、清盛・宗盛父子が還都のことをめぐって意見が対立し、激しい口論におよんだという伝聞を記している。この還都論は、宗盛だけでなく、藤原隆季・藤原邦綱・平時忠さらには平重衡らが、高倉上皇・摂政藤原基通を擁しつつ、周辺の公卿の意見なども徴しながら積極的に固めていったようで、十二日にはひとまず還都の結論をだしている。すなわち『吉記』の同日条によると、この日召しにより参院した左中弁藤原経房は、藤原隆季から、現在、藤原邦綱が院の使者として清盛のもとへ赴き帰都について説得中であるから、待機すべしとの指示をうけ、数刻まったが結論がでないため帰宅したところ、深更に及んで「帰都一定」との報告があり、基通からも還都の沙汰に着手せよとの命をうけている。そこで翌日、経房は、陰陽師らに還都の日次を勘申させて、高倉上皇に奏上したところ「暫不可有日次沙汰」との命があって当惑したが、それは、結局、還都は一定したものの、日次の決定が難行しているためであることが判明した。(26)その日次は容易に決まらず、二十三日の帰都決行の直前まで紛糾するのであるが、還都自体は清盛の説得に成功した時点で基本的に確定したのであった。(27)この還都決定は、平氏にとって危機的様相を呈する政局にたいし乾坤一擲ともいうべき打開策を狙ったものであるが、注目すべきはやはりその具体的内容である。九条兼実は、還都が決定された理由として、(1)平氏の独裁政治にたいする関東はじめ諸国への叛乱の拡大、(2)延暦寺衆徒の再三にわたる強い還都要求、(3)高倉上皇が病状の悪化により帰都を望む意思表示をたびたびしたこと、(4)清盛が積悪の重きを悔い神明の心を蕩かそうとしたこと、などの説が流布したことをあげている。(28)中山忠親もまた「依天台衆徒訴申并東国逆乱、俄又有還御也」と指摘しており、(29)これらのなかで、とりわけ重要な政治的意味をもったのは、延暦寺衆徒の還都要求と関東叛乱の拡大・波及との二つであったとみてよい。そこで、この二点をめぐる平氏の対策をもう少しほりさげて吟味することにしたい。

まず第一に、延暦寺衆徒の還都要求にたいしては、すでに十一月八日ごろに、院の周辺から山僧にたいし近く還都がある旨を「誘仰」せられていたようであるが、(30)十五日には正式に、延暦寺の所司を福原によび「依山門訴、帰都一定之由」が伝えられた(『吉記』)。その効果はただちに顕われ、『玉葉』の十九日条によれば、延暦寺衆徒が大悦して種々の祈禱をはじめたとの伝聞を記している。さらに、帰都決行の前日(二十二日)に、平氏は、天台座主明雲に、近江国には延暦寺領が充満しているので、それらの荘々にたいし、凶徒(江州逆賊)の濫入を防ぎ、かつ辺民のうちでこれに与同する者があれば討伐するように下知すべし、と命じる高倉上皇の院宣をだしており(『吉記』）、還都とひきかえに延暦寺勢力を平氏の軍事体制の一環に動員する措置を講じているのである。翌二十三日の『玉葉』に、延暦寺と園城寺とのあいだに闘諍がおこり、延暦寺が園城寺を焼き打ちしようとしている、との伝聞を記しているのなどは、こうした平氏の対策に応じた延暦寺衆徒の動きの一端を反映するものと考えられる。その意味で、還都は、たしかに延暦寺衆徒にたいしては一定の政治的効果をあげたのであった。

しかし、第二に、関東の叛乱勢力や近江源氏などのばあいには、還都それ自体によって延暦寺にたいするような政治的効果を期待することはできなかった。これらの叛乱勢力の狙いは、基本的には還都そのものではなく、九条兼実がいうように、「各集近国之兵、伐亡平家之盛勢、欲起源氏之絶跡」とする点―平氏の打倒と源氏の興隆―にあったのであって、(31)貴族や延暦寺勢力が還都を歓迎し悦んだとしても、「凶党、不可依此還御歟」とみるべきものであったからである。(32)はたして、兼実の予想どおり、還都が決まったまさにその頃から近江源氏らの武力蜂起はますます熾盛になったのであった。したがって、平氏にとって還都は、これらの叛乱を鎮圧するための軍事体制の再編・強化をともなうものでなければならなかった。平維盛ら東国追討使の敗北によって大打撃をうけた平氏は、世人の批判や嘲りをうけながらも、軍事体制の建て直しに懸命の努力をはらい、還都決行の直前には、追討使発向の準備のため指揮下の武士を本国に帰郷させるまでにこぎつけており、(33)前述の延暦寺にたいする院宣の発給もその一環をなしたのであった。還都の日程がぎりぎりまで決定しなかった最も重要な原因は、この軍事動員体制の整備にあったものとみられるのである。

ところで、第三に注目すべきは、平氏がこの還都と並行して、後白河院政の復活、前関白藤原基房の帰京などをすすめる方針をたてて、平氏の専権体制にたいする批難をかわそうとする策を講じはじめていることである。九条兼実は、関東をはじめとする叛乱は、平氏が治承三年十一月の政変によって後白河法皇・関白基房らを幽閉・解官して、「皆雖仮名於勅宣、其実只任雅意」という専権体制を形成し、さらに福原遷都を敢行したことによって起ったといい、還都はまことに慶賀すべきことながら、「若猶不委政於公者、定無還御之詮者歟」と記している。(34)平氏の専権体制にたいするこうした批判は、兼実のみならず貴族・寺院勢力をはじめ諸階層のあいだに広く存在していたものであった。もとより平氏もこの点に気づいており、十一月二十一日、平時忠は、関東逆徒が「禅門一向沙汰之間、凶徒弥増凶悪意之由」の風聞があるので、還都後ただちに有識公卿らを召集してその件につき議定すべし、という高倉上皇の院宣を摂政藤原基通に伝えしめている(『吉記』)。このことは、平氏が危機的政局を打開するにあたって、たんに都を平安京に還すだけでは不十分で、国政における禅門(清盛)の一向沙汰＝専権体制を再検討し、外観上、その国政掌握形態を改変する必要性を認識していたことを物語っているであろう。後白河院政の復活や前関白基房の帰京問題などが具体化するのは、後述するごとく十一月三十日の公卿僉議以降であるが、しかし、平氏の専権体制が治承三年十一月の政変から出発した以上、この両者の処遇問題が不可避の課題であることは、平氏もすでにはやくから認識していたものと考えられるのである。

(1)　『山槐記』治承三年十一月十七日条。
(2)　『玉葉』治承四年五月二十五日条。
(3)　以上の点については、平岡定海『日本寺院史の研究』第三章第八節六勝寺の成立について、西口順子「白河御願寺小論」(平岡定海編『論集日本仏教史3』所収)、平雅行「中世国家と社会・仏教」(同『日本中世の社会と仏教』所収)、海老名尚「『僧事』小考」(『学習院史学』二七号)など参照。
(4)　この点、本書第五章後白河院政期の政治権力と権門寺院を参照。
(5)　『山槐記』治承四年二月六日条。
(6)　『山槐記』治承四年七月二十九日条。
(7)　『山槐記』治承四年五月一日、七月三日、七月十六日、十月二十八日条など。
(8)　たとえば『山槐記』治承四年十二月十九日条によれば、円宗寺の寺家上卿が権大納言藤原宗家、弁奉行が右少弁源兼忠であり、また、同月十四日条では、尊勝寺の寺家上卿が大納言源定房であったことなどがわかる。

(9)『山槐記』治承四年七月八日条。
(10)たとえば、『山槐記』治承四年二月六日、三月四日、五月一日、七月二日、七月三日、七月八日、七月十五日、七月十六日、八月二十四日、十月二十八日、十二月十四日、十二月十六日、十二月十九日の各日条など。
(11)たとえば、『山槐記』『玉葉』の治承四年五月二十七日条、『山槐記』『吉記』の治承四年十一月三十日条など。
(12)『玉葉』建久三年三月十三日条。
(13)『山槐記』『玉葉』治承四年七月三日条。
(14)たとえば、『山槐記』治承四年七月三日、七月八日、七月十六日、十月二十八日の各日条など。
(15)たとえば、『山槐記』治承四年七月九日条、『百錬抄』同年十一月十七日条、『山槐記』『吉記』同年十一月十九日条など。
(16)『山槐記』治承四年十月十七日、二十七日条。
(17)以上、順に『山槐記』治承四年十月十六日、十二月七日条、『吉記』同年十一月二十日条。なお『吉記』の同年十一月九日、十八日条などにも同様の文章がみられる。
(18)『玉葉』治承四年十月二十八日条。
(19)『玉葉』治承四年十一月二十六日条。
(20)『山槐記』治承四年十一月六日条。
(21)『玉葉』治承四年十一月二十四日条、『山槐記』同年十一月三十日条など。
(22)以上、『吉記』治承四年十一月二日条。
(23)『玉葉』治承四年十月二日条。
(24)『玉葉』治承四年十一月十七日、十九日条。
(25)『玉葉』『吉記』『山槐記』治承四年十一月二十二日条、『玉葉』同年十一月二十三日条など。
(26)『吉記』治承四年十一月十三日、十四日条。
(27)還都の決行の日程が、二十三日福原発、二十六日入洛と正式に決定したのは二十日であった(『吉記』『山槐記』)。しかし、『吉記』の二十二日条によれば「関東事既熾盛、帰都事未定之由、巷説嗷々」という有様であった。なお、『玉葉』の十一月十六日条によれば、福原から帰洛した静賢法師の言葉として「遷都事猶不定云々、時忠不甘心之故云々」という伝聞を記しており、この時点で、平時忠が還都に反対であったという根拠にされている。しかし、『吉記』『山槐記』などのより直接的な資料によるかぎり、時忠が反対したのは、還都それ自体ではなく、日次についてであったと考えられる。

(28)『玉葉』治承四年十一月二十六日条。
(29)『山槐記』治承四年十一月二十六日条。
(30)『玉葉』治承四年十一月八日条。
(31)『玉葉』治承四年十一月二十六日条。
(32)『玉葉』治承四年十一月十三日条。
(33)『玉葉』治承四年十一月二十三日条。
(34)『玉葉』治承四年十一月二十六日条。

三　近江追討と南都攻撃

平安京への還都にあたって、平氏は以上のような方針を固めて政治情勢の打開をはかろうとしたのであるが、しかし、近江国ではその還都よりはやく、近江源氏らの武力攻勢が激化し、戦端がひらかれるにいたった。十一月二十日ごろには、近江源氏が、伊勢に向かう途中の平氏の有力家人の飛驒守藤原景家の郎等を勢多・野路の辺りで襲って殺害し、また琵琶湖の勢多沿岸の船をすべて東岸につけさせ、北陸道から都に運上される年貢・物資を差し押える挙にでたため、大津周辺の人家は騒動の極みに達したという(1)。

この事件の張本は、山本兵衛尉義経（山下とも書く）とその弟の柏木義兼（甲賀入道成覚ともいう）であったが、この両名は、源義家の弟義光（新羅三郎）の後裔で、近江の山本・柏木・綿織付近などを拠点として勢力を築いてきた在地領主であった(2)。義経は、これよりさき安元二年（一一七六）に延暦寺の根本中堂衆を殺害して佐渡へ流罪となり、治承三年（一一七九）に許されたばかりであった。その流罪のさい、『玉葉』が、義経についてとくに「為義一族」「為義一家」と註しているのは、近江源氏と源氏の嫡流源為義との親密な関係を示唆しており、それだけに、保元の乱後は逼塞を余儀なくされていたものとみられるのである。(3) また、源氏ゆかりの園城寺とも緊密な関係を維持しようとしており、柏木義兼の兄弟は、園城寺に入り、長吏房覚の弟子であった。(4) したがって、はやくから反平氏勢力と目されており、『平家物語』（巻第四、源氏揃）によれば、源頼政が以仁王に挙兵を勧説するにあたって、諸国の源氏を数えあげたなかに「近江国には山本・柏木・錦古里」とみえ、以仁王が園城寺に籠ったさいにも、それに合力したという噂が飛びかったが、そのときは具体的な軍事行動を展開した形跡はみられない。(5)

しかし、十一月中旬になり、各地で源氏の蜂起があいつぐなかで、近江源氏もそれに呼応して挙兵し、ついに武力攻撃をかけるにいたったのである。『山槐記』の十一月二十三日条によると、二十二日の夜、摂津国豊嶋郡を本拠とする源氏の手嶋冠者なる者が、自宅に放火して兄たちのいる近江国へ向った、と記しており、義経・義兼らが起兵にあたって各地の源氏と連絡をとっていたことをうかがわせる。美濃源氏をはじめ、甲斐源氏の武田氏、さらに若狭の有力在庁との結びつきなどを伝える風説も流れている。

当時、「凶徒」「逆徒」とよばれた、この近江武士の勢力については、「数千騎」「四千余騎」「三千余騎」などと伝えられる一方で、(6)「近江勢非幾」「彼国凶徒不幾」と評されるなど、(7) 正確な実数を詳らかにしがたい。しかし、十二月にはいり、平氏が派遣した追討軍とのあいだで展開される合戦の様子などからすると、近江勢の中核勢力の規模はあまり大きなものではなかったと推察される。『玉葉』の十二月十五日条には、一昨日(十三日)、平知盛・資盛らの追討軍が、山本義経・甲賀入道（柏木義兼）らの「徒党千余騎」が拠る城を攻め、二〇〇余人を梟首にし、四十余人を捕えたと記すが、おそらく最大限その程度の規模であったとみてよいであろう。ただし、この一〇〇〇余騎は、そのすべてが近江源氏の武士だったのではなく、後述するように、そのなかには三〇〇～四〇〇名の延暦寺堂衆の勢力を含んでいたものと考えられるのである。

そこで、つぎに問題となるのは、この近江源氏と園城寺・延暦寺の寺院勢力との連繫の具体的内容である。「近江騒動」のなかで、近江源氏らの武士と園城寺との関係がとり沙汰されるのは、『玉葉』の十一月二十三日条に、美濃・尾張の国境まで進出してきた源頼朝が、美濃・近江の武士でもって大津・山科を制し、園城寺を先陣として京都侵攻をはたそうとしている、との風聞を記しているのなどがはやい例である。ついで、同月二十九日には、近江国の武士数千騎が、園城寺に籠ったとの情報が流れ京洛は恐慌状況になったという（『玉葉』）。ところが、翌三十日になって事情が判明しはじめると、その実態は、近江国の武士一〇〇騎ばかりが、船六艘で琵琶湖の西岸に渡ってきて、若干の者が寺中に入ってきたので、園城寺僧が子細を問うたところ、船を点定するために渡ってきたもので、五十騎ほどが西岸にとどまり、あとの半数は東岸にひきあげた、と答えたということなどが分ってきた（『玉葉』）。たしかに、近江武士と園城寺衆徒とのあいだに一定の結びつきがあったことは推測できるが、しかし、それは風説のように大規模なものでも、また園城寺に多数の武士が籠り、全山あげてこれに与力するというような連繫形態をとるものでもなかったのである。十二月にはいると、園城寺衆徒と平氏の追討軍のあいだに武力衝突が惹起されるが、そのさいも園城寺に籠って与同したのは、延暦寺の堂衆勢力であって、近江源氏と園城寺衆徒との軍事行動上の直接的な結合関係を示す確実な史料を見い出すことができない。したがって、園城寺衆徒と近江源氏との政治的連繫の実態は、風説のごとく、広範かつ直接的なものではなく、延暦寺の堂衆を媒介とするブリッジ的な関係を形成していたものとみるべきであろう。

さて一方、延暦寺大衆の蜂起は、還都要求が実現したことによって全体的には鎮静化の兆しをみせはじめていたが、しかし、そのなかにあって、堂衆勢力を基盤とする一派は、近江源氏や園城寺勢力と結んで反平氏行動を激化させていった。『玉葉』の十一月二十七日条には、「山大衆之中、於堂衆者、併与近州之賊党了」という藤原邦綱の報告を記しており、二十九日には、座主明雲にたいして、堂衆のうち凶徒に同意する輩を召し進むべし、との高倉上皇の院宣がだされている（『吉記』同日条）。ついで、平氏の近江追討がはじまる十二月初頭ごろには、延暦寺大衆は、(1)官兵(平氏)に与力する座主明雲方、(2)近江源氏らに与同する堂衆方、(3)中立の立場をとる覚快法親王(七宮)方、の三つに分裂し、山上で座主方大衆と堂衆方との抗争がはげしく展開されるにいたった。(8)延暦寺における学生と堂衆との闘諍は、すでに治承二年から三年にかけて深刻に激化し、堂衆方は無動寺や横川に「城」などを築いて戦ったのであるが、(9)今回も無動寺は堂衆勢力の拠点の一つとなった。当時、無動寺に参籠中の道快（慈円）が兄の九条兼実にあてた消息によれば、同寺検校の覚快法親王が登山したが、それらの「凶徒」を制止することができず、あえて強硬手段をとれば身に危険がおよぶような状況であったと伝えており、(10)山上の騒擾の激烈さの一端をうかがうことができる。このうち、反平氏派の堂衆勢力の正確な規模・人数は明白ではないが、『玉葉』の十二月九日条に「延暦寺衆徒之中、凶悪之堂衆三四百人許」が、山本義経らと結託し、園城寺をもって城として、六波羅に夜討ちをかけ、また官軍の背後を攻撃する作戦をたてているという情報を書きとどめているのが参考となろう。翌十日からはじまる平氏の園城寺攻撃にあたって、同寺に籠って戦った延暦寺堂衆の勢力はさほど多くなく、はやくも十一日には「堂衆勢少引退、向江州方了」と記される状況になっている点などからすると、(11)この三〇〇～四〇〇名というのは、反平氏派堂衆の中核勢力の実数に近いものであったと考えられるのである。

ところで、この「凶悪之堂衆」の勢力が、三〇〇～四〇〇名程度だとすると、それはすでにこの年の三月段階で、恵光房珍慶に率いられて蜂起し、園城寺と呼応しつつ、平氏の手から後白河法皇・高倉上皇を奪取しようとする動きをみせた勢力と、(12)同一ないし緊密な関係をもつものであったとみることができる。この「恵光房珍慶一類」は、五月の以仁王の乱にさいしても、園城寺・興福寺と結んで以仁王を支持する行動をとっており、その勢力の規模は「三百余人」ほどであったといわれ、[13]人数的にも近似している。したがって、以仁王の乱後、逼塞状況にあった恵光房珍慶を中心とする一派が、十一月になり各地で反平氏勢力が興起するなかで、園城寺や近江源氏と結んで蜂起して軍事行動を展開しはじめたものと考えられるのである。平氏の園城寺攻撃をうけて江州へ敗走して以後のかれらの行跡は詳らかでないが、恵光房珍慶は、やがて寿永二年（一一八三）七月、木曽義仲が近江に迫った段階で再び姿をみせる。『源平盛衰記』（巻第三十）によれば、木曽義仲が延暦寺の援助を求めてだした有名な「木曽山門牒状」の宛先は「恵光房律師御房」となっており、恵光房珍慶が反平氏・親源氏派の代表的人物と目されていたことがわかる。当時、延暦寺の「悪僧」の多くは、源氏に与同し北陸道まで転戦して帰山していたというが、[14]珍慶は依然としてそうした勢力のなかで中核的位置をしめていたのであろう。やがて七月二十二日、木曽義仲は、近州武士らを相伴して、山門大衆に迎えられて坂本から延暦寺に登り、東塔の惣持院に本営を構え、二十四日には、後白河法皇も難を避けて登山するにいたった。[15]しかして、平家都落ち後の二十七日、後白河法皇が下山して蓮華王院に移るにあたって供奉した人びとのなかに、近江源氏の山本義経の子息錦部冠者とともに、「山悪僧」の恵光房阿闍梨珍慶が錦直垂・腹巻に身を固めて加わり、警固にあたっているのである（『吉記』）。この事実は、珍慶一派と近江源氏との連繫の深さの一端を示すだけでなく、珍慶にとっては、治承四年（一一八〇）三月に、後白河法皇と高倉上皇の奪取をかかげて反平氏行動に立ちあがって以来の目的が、ひとまず実現したことを意味するものでもあった。

近江源氏と園城寺の寺院勢力との連繫の実態は、以上のようであったとみられるが、そのことに関連して、つぎの点を確認しておく必要があろう。

まず第一は、寺院勢力のなかでも中核的位置をしめた、延暦寺堂衆勢力の蜂起の政治的性格ないし評価の問題である。松本新八郎氏は、この堂衆の蜂起が、わが国最初の人民的蜂起であり、武士との統一戦線を形成して古代国家の解体にたいして大きな政治的役割をはたしたことを強調された。浅香年木氏もまた、田堵農民層の出身者によって構成される、これらの堂衆層は、その根底に田堵農民層の階級闘争をふまえつつ、延暦寺内部でその勢力を激増させていたが、この段階で、近江源氏ら在地領主層とのあいだの基本的な対立矛盾を一時的に棚上げして「兵僧連合」ともいうべき共闘戦線を形成し、共通の敵である権門勢力にたいして、堂衆主導型の反権門・反国家闘争を展開したことにその最も重要な意義がある、と評価されたのである。恵光房珍慶を中心とする堂衆勢力が、はやくから反平氏の急先鋒として蜂起し、ついで近江源氏と連繫しながら平氏政権打倒の行動を展開したことは事実であるが、しかし、その反平氏行動は、ただちに権門勢力全体にたいする反権門闘争や反国家権力闘争を意味したのではなかった。恵光房珍慶らが、この年の三月に後白河法皇・高倉上皇の奪取をスローガンとして蜂起し、さらに以仁王の乱に与同する動きをみせたのは、平氏が治承三年十一月の政変で攪乱・破壊した王法仏法相依の国家権力秩序を、平氏を打倒し後白河院政を復活することによって回復し、その国家権力秩序のなかで、みずからの政治的権益と地位を護持・拡充するためであって、反国家権力闘争そのものを展開することを意図したものではなかったからである。その点で、平氏を討滅して、後白河院政の復活と源氏勢力の興隆をはかろうとする、近江源氏や木曽義仲と政治的利害が一致するのであり、そこに両者の連繫が形成される必然性があったのである。(16)

第二に注目されるのは、延暦寺という巨大な僧団組織のなかで、この「山悪僧」とよばれた堂衆勢力は、あくまでその一部であって、僧団上層部をつきあげ、全山を反平氏的な政治行動や反国家権力闘争へと駆りたてうるような存在ではなかったことである。この時期の延暦寺僧団は、貴族・在地領主・田堵農民層の子弟出身者など階級的差異をもつ多様な諸階層を包摂しながら構成されていたが、堂衆・神人層ら下層僧侶の勢力が強盛になるのに比例して、学生ら上層僧侶との対立・抗争が激化し、とりわけ治承二年以降、山上において学生と堂衆の合戦が熾烈に展開されていた。堂衆層はその出身階層からして、田堵農民層らの階級的要求や意向を反映した行動をとることがしばしばあり、この学生と堂衆の合戦の基底にも、学生＝体制派と堂衆層＝反体制派という構図の一つを透視することができる。恵光房珍慶らの勢力が、そうした情勢のなかで、堂衆層の一部を主要な基盤として形成されたものであったことはたしかである。ところが、珍慶らの政治行動は、前述のように、田堵農民層や下層僧侶集団の階級的要求を反権門闘争ないし反国家権力闘争へと組織したものではなく、基本的には堂衆層の鬱積した不満を反平氏の方向へ組織することによって、その政治的権益と地位の上昇をはかるという、すぐれて権力志向性のつよい性格をもっていたのであった。それゆえ、延暦寺内部において、珍慶らが積極的に行動すればするだけ、座主明雲派や覚快法親王派など他の門閥集団との権力抗争を激化させることとなったのである。ここに珍慶らが山上擾乱の眼となりながらも、僧団内部の支持をひろく結集しえず、結局、三〇〇～四〇〇名程度の勢力にとどまらざるをえなかった最も根本的な理由があったといえよう。しかして、十二月にはいり、平氏の本格的な反攻がはじまると、珍慶ら堂衆勢力は、ついに延暦寺を拠点とすることができず、園城寺に立て籠って戦い、やがて敗北すると、近江源氏をたよって落ちのびていくのであった。

近江騒動の中心になった政治勢力―近江源氏と延暦寺・園城寺の寺院勢力―の構成と連繫の内容は、ほぼ以上のようであって、必ずしも風説のごとく、大規模でかつ一枚岩的な結束をもったものではなかった。かれらは、また、延暦寺大衆の還都要求の昂揚、平氏の軍勢催促・兵粮米徴発の強化にともなう在地諸階層の抵抗の激化、という政治状況（要素）を背景として、平氏討滅の政治行動を展開したのであるが、しかし、さきにも指摘したように、これらの政治的状況（要素）を平氏討滅や反国家権力闘争などに向けて有機的に組織しえていたわけでもなかった。つまり、近江源氏や延暦寺堂衆の勢力が中核となって、農民層をはじめ在地諸階層の抵抗を支持基盤としてひろく組織し、さらに延暦寺・園城寺の大衆全体をつき動かして反平氏へと導き、反国家・反権門闘争へと駆りたてるという構図は、ついに現実のものとはなりえなかったのである。しかし、これらの政治的状況（要素）が同時多発的に惹起されたため、現象的には、近江源氏や延暦寺堂衆の武力蜂起と錯綜・重層することとなり、かれらの政治行動にとってきわめて有利に作用し、平氏にとっては、その実態以上に、「近江騒動」として大きな脅威となったのであった。

さて、還都した平氏は、十一月三十日に高倉院殿上において公卿僉議をひらき、「東国逆乱」に関する対策を審議した。この会議では、追討使の派遣のほかに、祈禱および徳政の三つの策が審議された。祈禱は伊勢神宮以下の二十二社に奉幣使を発遣するなどの仏神事であり、徳政は、左大弁藤原長方が主張した、後白河法皇の幽閉解除ないし院政復活と、前関白藤原基房の宥免・召喚を指し、とくに徳政については公卿のあいだに異論もあったようである。(17) ただし、徳政をも含めて、この三つの政策は、すでに平氏が実行計画をたてて着手しているものや政治的日程に折り込みずみのものであって、この会議において新しく提起されたものではなかった。(18) したがって、平氏の既定方針が、この公卿会議の審議をへて高倉上皇に奏聞するという手続きをとることによって、廟堂の政治意思を結集した国家の政策として決定し遂行されることとなったのである。

この三つの対策は、十二月二日を期して一斉に着手され、東国追討使の発向とともに、乱逆祈禱のための奉幣使を伊勢神宮以下の諸社に派遣する手はずを整え、(19) 同じ日に「法皇上皇可御坐一所、松殿自備前、可令帰給」との措置がとられたのである。(20) その後、平氏方は、八日に、法皇と高倉上皇とを対面・同宿せしめて院司補任をおこない、十八日には、清盛が法皇に「可知食天下之政之由」を再三にわたって要請した結果、これを承諾せしめる(21)など、後白河院政の復活への道をひらいていった。しかし、もとより、この後白河院政の復活や前関白基房の帰京は、あくまで禅門（清盛）の一向沙汰＝専権体制にたいする反平氏勢力の政治批判をかわし、廟堂における政治諸勢力の和平回復を演出することによって、人心を帰伏させることを狙った「徳政」としておこなわれた措置で

あって、清盛が国政のヘゲモニーを手放すことを意味したのではなかった。(22)

東国追討については、まず十二月一日に、平田入道家継が先遣隊として伊賀・伊勢地方の軍勢を率いて近江源氏にたいする攻撃を開始し、翌二日には、平知盛らの追討使の本隊が発向し、山本義経らを勢多・野路に破って緒戦に勝利を収めた。(23)しかし、近江武士らの抵抗もはげしく、さらに九日ごろには、既述のごとく、延暦寺の堂衆勢が園城寺に籠って、追討軍の背後を脅かすとともに、六波羅を攻撃する構えなどをみせたので戦況は膠着状態となった。このため、十日、平盛俊・平清房らが発向し、翌日、園城寺に総攻撃をかけて放火し、延暦寺の堂衆は江州をさして落ちのびるにいたった。(24)ついで十三日に、平知盛らは馬淵城を攻略し（『山槐記』）、十六日には山本義経の本拠とみられる山下（本）城への攻撃を開始した（『玉葉』）。しかし、頑強な抵抗にあって容易に攻め落とすことができず、二十三日に平維盛を副将軍とする援軍が近江へ下向し（『玉葉』）、激戦が展開された。その結果、平氏は、十二月末ごろには近江源氏を撃退して、近江国の反平氏勢力の動きをひとまず制圧することができたらしく、あけて翌年一月中旬に、知盛らは美濃国に入り美濃源氏と交戦しはじめている。(25)

こうして、平氏は、近江国追討にほぼ一ヵ月を費したのであるが、その追討の遂行を困難ならしめたのは、近江源氏や延暦寺・園城寺の寺院勢力の抗戦ばかりではなかった。このころ、畿内近国の各地でも反平氏の動きが活発になり、平氏が東国追討軍以外にも、軍勢を分散してその鎮圧に狂奔しなければならなかったことが、いま一つの重要な原因であった。そうした反平氏の動きのなかでも、平氏にとって最も大きな脅威となったのは、興福寺大衆の蜂起であった。

興福寺大衆が蜂起するのは、平知盛らの近江追討がはじまった、まさにその時期からであった。その蜂起は、日を追って熾盛となり、九条兼実は、『玉葉』の十二月九日条に、「宮大衆」―以仁王方大衆―と称する勢力が、四郎房なる者を中心とした四〇〇名ほどからなる禅門（清盛）方の集団を襲って、四郎房を追い払い、関東の軍勢が江州へ進軍してきたとき、それに呼応して洛中に攻め入る支度を整えはじめた、という伝聞を記している。かねて、前述のような平氏の封じ込め策によって鎮静化させられていた興福寺内部の反平氏勢力が、親平氏派勢力を抑えて主導権を掌握する挙にでたものとみられ、基本的には延暦寺における恵光房珍慶一派と同様な行動であったと考えられる。ついで十日すぎになると、興福寺大衆は、「末寺荘園之武士」を催し、南都五大寺と連合して上洛することを議定し、その日取りを、十六日出門、十八日入洛ときめたという情報などが頻りにもたらされるにいたった。そのさい注目されるのは、かれらが、その上洛の目的を「朝廷有欲滅法相宗仏法之旨」、その子細を公家にたいして問いつめるためである、と通報してきたと伝えられている点である。(26) このことは、興福寺大衆の蜂起と議定が、平氏討滅の軍事行動を全体的なスローガンとすることができず、平氏政権のもとで軽視されてきた法相宗の仏法興隆を朝廷に嗷訴するという形態をとることによって、辛うじて結集を実現しえていたことを示唆するものであろう。

はたして、九条兼実は、『玉葉』の同月十五日条に、南都大衆が上洛の議定をしたといっても、その実、中心勢力の「凶徒」はわずかに五〇〇名ばかりで、惣大衆らは、「依恐当罰、雖表与力之由」、全体が一揆しているわけではなく、いわんや末寺荘園の武力を催し集めることなどはできず、江州勢の敗色が濃厚になった現在では、ただちに上洛することはありえないであろう、との観測をのべている。この観測は、適中したとみえ、十九日条には、「凶悪之輩」が「源氏党類少々」と与力しておこした南都大衆の上洛計画が、惣大衆の制止によって鎮静化へ向かった、と記しているのである。

このように、興福寺大衆の蜂起は、一山が平氏討滅をめざして結集し、上洛しようとしたのではなく、五〇〇名程度の反平氏派の衆徒が、若干の源氏党類と結んで反対派に攻撃・威嚇を加えつつ、法相宗の仏法興隆を要求しての嗷訴という形態をとって、大衆の意見を強引にまとめあげ、上洛を議定したものとみられるのである。興福寺内部における反平氏派の中心勢力の位置が、こうしたものであった以上、かれらが寺院外の諸勢力の支持をひろく獲得することは困難であった。南都諸大寺にたいする呼びかけに応じて、他寺がどれだけ参加の態勢を固めたかは甚だ疑問であるし、末寺荘園の武力の徴集にしても、九条兼実のいうごとく、現実に、在地の武士や住人を広範に組織した形跡をみいだしえないのである。たしかに、石川源氏の源義基をはじめ、(27)「源氏党類少々」が与力したことは事実であるが、しかし、そこに「兵僧連合」とよびうるような反平氏・反国家権力闘争の組織の形成と広がりをみとめることはできないとおもう。

だが、関東・近江を中心として、各地の叛乱の追討・鎮圧に奔走する平氏にとつて、興福寺大衆の蜂起は、その脚下を攪乱・麻痺させるものとして、これまたその実態以上に大きな脅威となったのである。(28)興福寺を本来「兵強之地」とみ、かねてその潜在力にたいして強い警戒意識をもっていた平氏が、以仁王の乱直後の五月二十七日の公卿僉議において、即時武力追討を強硬に主張したことはすでにのべた。その当時より、さらに緊迫した政治情勢のもとで、この興福寺にたいする武力追討論が、一挙に再浮上してきたのは極めて当然であった。このため、平氏は南都攻撃を決定し、蔵人頭平重衡を大将軍とする追討軍が、二十八日に総攻撃をかけ、興福寺・東大寺を灰燼に帰せしめるにいたったのである。

以上、以仁王の乱の直後から南都攻撃にいたるまでの時期を対象として、平氏政権と権門寺院勢力との対立抗争を分析してきたのであるが、その対立抗争を内容面からみると、さしずめつぎの三つほどの次元の問題にわけることができるであろう。

(1)まず第一は、権門寺院が、平氏によって、王法仏法相依の国家権力体制のなかでしめてきた既得権益や特権などを排斥・損亡されたため、その維持・回復・拡充などをめざしておこす蜂起や政治行動である。治承三年十一月の政変から以仁王の乱にかけての園城寺・興福寺の政治行動や、福原遷都にたいする延暦寺の還都要求の蜂起などは、その代表的なものであった。それは、たしかに平氏の政策に反対の立場をとるが、しかし、平氏政権の打倒そのものを直接的な目的にするものではなく、まして反国家権力闘争や反権門闘争をめざすものではなかった。したがって、平氏にとっては、それらの権門寺院の権益や特権を認めたり保証したりすることによって、政治的対応をおこなうことが可能だったのであり、延暦寺大衆の要求にたいする還都などにそれが最も端的に示されている。

(2)第二は、寺院勢力のうちの一部が、源氏など武士勢力と結んで、平氏打倒をめざして展開する政治行動である。近江源氏と結託した延暦寺の堂衆勢力、石川源氏と連繫した興福寺衆徒の一部などがその典型的なものであった。この勢力は、寺院内部で活発に行動するが、結局、全山を結集して反平氏の権力抗争へと駆りたてることはできず、九条兼実の表現をかりれば、「随事之形勢、巧謀叛」するのであって[29]、平氏打倒をめざす政治的主導権は、外部の武士勢力に握られていたのである。しかし、平氏の側からすれば、かれらは、反平氏の最も尖鋭な分子の一つであり、その行動は謀叛・逆徒として追討の対象となった。ただし、謀叛とはいいながら、かれらの政治目的は、あくまで平氏打倒であって、後白河院政や摂関家にたいする反権門闘争ないし反国家権力闘争を意図するものではなかった点に留意する必要がある。

(3)第三は、平氏の在地支配が進展するのに比例して激化してきた在地諸階層との対立であって、寺院勢力との対立抗争の最も重要な政治的基底をなした。平氏が荘園制支配や国衙支配などを媒介に在地領主層の一部を権力編成しつつ、農民支配を強化するにつれて、在地諸階層との対立が熾烈になっていたが、畿内近国では、農民層が神人・寄人・堂衆などの形態をとって権門寺院勢力と結合しているばあいが多かったため、その対立がしばしば寺院勢力との対立抗争に発展したからである。とくに、十二月になり、平氏が追討使を派遣するとともに、高倉上皇の院宣と称して諸国に兵乱米を課すなど[30]、兵士・兵粮米の賦課徴収を強化するようになると、その対立はますます激化するにいたった。したがって、この対立は、基本的には(2)のように、平氏にかわって権力を奪取しようとするものではなく、とりわけ農民層のばあいは階級闘争としての性格をもっていたといえるのである。

ところで、この三つは、必ずしも相互に密接不可分の関係をもって展開されたものではなかったが、しかし、現象的には、(3)を政治的基底としながら、(1)(2)が重複して惹起されたのであった。それは、延暦寺・園城寺・興福寺などの権門寺院の内部においても―若干の比重の差こそあれ―発生し展開された現象であった。したがって、現実に平氏がそれに対処し鎮圧するために、抜本塞源の策を講じることは不可能であったのである。そこで、平氏は、直接的には(2)の勢力に狙いをつけて追討にのりだし、十二月十一日の園城寺につづいて、二十八日には南都攻撃を敢行したのであった。ところが、(2)の勢力を追討の標的にすえながらも、現実には、かれらが(1)(3)の勢力と重複する形で寺院内部に存在するため、一山にたいする総攻撃という形態をとらざるをえず、諸伽藍炎上という大きな被害をもたらしたのである。平氏は、この武力攻撃によって、寺院勢力の反平氏的な蜂起をひとまず抑えることができたが、しかし、それによって抑えたのは、直接的には(2)の勢力であって、(1)と(3)の勢力にたいしては完全に逆効果となり、一挙に反平氏的姿勢を激化させるにいたったのである。

(1)　『玉葉』治承四年十一月二十一日、二十三日条、『山槐記』同年十一月二十二日条。
(2)　この点は、田中義成「山本義経」(『史学雑誌』四編四九号)、浅香年木『治承・寿永の内乱論序説』第二編第二章近江・北陸道における「兵僧連合」の成立、などに詳しい。
(3)　以上、『玉葉』安元二年十二月二十六日、三十日条。
(4)　『吉記』治承四年十一月二十九日条。
(5)　この点、本書第七章以仁王の乱を参照。
(6)　『玉葉』治承四年十一月二十九日、十二月五日、十二月六日の各日条など。
(7)　『玉葉』治承四年十一月二十五日条、『山槐記』同年十一月三十日条。なお、『玉葉』の十一月三十日条によれば、甲斐源氏の武田氏が、甲賀入道のもとに使者を送り、「無勢」で京都に打ち入るのは危険であると忠告したという噂が流れている点なども参考となろう。

(8) 『玉葉』治承四年十二月三日条。
(9) たとえば、『玉葉』治承三年七月二十八日条、『山槐記』同年十月三日条など。
(10) 『玉葉』治承四年十二月九日条。
(11) 『玉葉』治承四年十二月十二日条。
(12) 『山槐記』治承四年三月十六日、十七日条、『玉葉』同年三月十七日条。
(13) 『玉葉』治承四年五月十九日、二十二日条。
(14) 『吉記』寿永二年六月二十九日条。
(15) 『玉葉』『吉記』『百錬抄』寿永二年七月二十二日、二十四日、二十五日の各日条。
(16) ちなみに、浅香年木氏は、註(2)の著書(二二三～二二四頁)で、反権門闘争を展開してきた近江源氏の「兵僧連合」が、この寿永二年七月二十八日の時点で、権門への叛乱軍に徹するか、権門の支配体制を防御するための爪牙の役割に転向するかの選択を迫られ転向したとされる。しかし、私は以上のように、近江源氏の行動目的は一貫しており、転向はなく、木曽義仲との連繫にも必然性があったと考える。
(17) 『山槐記』『吉記』『百錬抄』治承四年十一月三十日条、『玉葉』同年十二月三日条。
(18) 『吉記』治承四年十一月二十七日、『玉葉』同年十一月二十七日、二十八日、二十九日条など。
(19) 『山槐記』『玉葉』『山丞記』治承四年十二月二日条。
(20) 『山槐記』治承四年十二月四日条。
(21) 『山槐記』『山丞記』治承四年十二月八日条、『玉葉』『山丞記』同年十二月十八日条。
(22) この点、元木泰雄前掲論文(第一節註3)参照。
(23) 『山丞記』治承四年十二月一日条、『玉葉』同年十二月三日条。
(24) 以上、『山槐記』『玉葉』の治承四年十二月十日、十一日、十二日の各日条など。
(25) 『玉葉』治承五年一月十八日条。
(26) 以上、『玉葉』治承四年十二月十日、十二日、十四日の各日条。

(27)『警固中節会部類記』(国立歴史民俗博物館蔵)所引の『山槐記』治承五年一月六日条に「件義基同意南都衆徒者也」とみえる。
(28) 平氏が南都大衆の上洛にそなえて奔走するさまは『明月記』治承四年十二月十五日条、『山槐記』同年十二月十六日条などにみえる。
(29)『玉葉』治承四年十二月十五日条。
(30)『山槐記』治承四年十二月十日条。

四　平氏の総力戦体制と総管職の設置

平氏が南都攻撃を敢行して、東大寺・興福寺の諸伽藍を炎上させ、大仏を損壊したことは、王法仏法の滅亡を具現したものとして、貴族層や寺院勢力に強烈な衝撃をあたえた。

南都焼亡の報に接した九条兼実は、その日乗に、これはかの唐朝における武宗の廃仏の所業にも比すべき暴挙であって、まさに「王法仏法滅盡」を意味し、とりわけ東大寺の罹災は「公家」にとって、興福寺のそれは摂関家にとって一大事であり、かかる「悪運之時」に生まれあわせたことを痛嘆する文章を書きとどめている。(1) 兼実のこの危機意識は、飢饉が深刻になり、在地諸勢力の蜂起・叛乱が各地に拡大しつつある情勢とあいまって、ますます増幅され、平氏の南都焼打ちによって仏法が破滅したため、叛乱勢力が競起して王法の危機がもたらされたという認識をさえ生みだしていったのである。そのことは、寿永二年(一一八三)五月十九日付の願文のなかで、兼実が、「去治承四年十二月廿八日当仏法破滅之期、有霊像灰燼之灾、于時四夷競起、一天不静、誠是海内之理乱、専在当寺(東大寺)之廃興者歟、此像若不成者、王法其奈何、悲哉」とのべ、(2) 東大寺大仏を復興しなければ王法の再興もまたありえないと記していることなどに端的に示されている。後白河法皇が、「天下灾、東大興福両寺灰燼」を心痛し、「天下不静」ざる情勢を鎮めるために、両寺の悪僧らに非常の大赦を実施しようとするのなども、基本法皇や兼実らの廟堂貴族は、南都焼打ちを、王法仏法相依の国家体制を破壊し、飢饉・疫病などの災厄や各地の蜂起・叛乱を激化させる原因をつくりだした所業とうけとめ、両寺を早急に再建して仏法を興隆し、王法の維持・安泰をはかることを最も緊要な政治課題であるとみなしたのである。

平氏にとっても、東大寺・興福寺の焼亡は、予想以上の非常事態ではあったが、しかし、両寺の再興を最優先するという認識は希薄であった。この段階で、平氏にとって焦眉の政治課題は、東国追討と諸国の叛乱の鎮圧であり、東大寺・興福寺に関しては、再興よりもまず制裁措置を講じて統制策を強化することであった。南都攻撃のあと、はやくも翌治承五年(一一八一)一月四日には、両寺の門徒・僧綱以下の公請を停止するとともに、現任および所職を解却して所領を没収すべしという宣旨をだし、[4]七日には宣旨をたずさえた郎従を大和国に派遣して荘園の停廃にあたらせている。もっとも、この荘園収公は、両寺の所領荘園のすべてを没収するのではなく、無罪の僧徒らは安堵し、「有罪之凶徒党類」を征伐することを目的とするものであったというが、[5]しかし、現実には悪僧領だけに限定して処分を実施することなど不可能であった。

平氏が南都焼打ちにつづいて、こうしたきびしい制裁措置を遂行したことは、ひとり東大寺・興福寺だけでなく、他の権門寺院勢力にたいしても、明日はわが身という深刻な危機意識をいだかせるにいたった。『玉葉』の一月十一日条には、「近江国官兵」が比良野荘から延暦寺へ油を運上する途中の荘民を襲撃して殺害したため、延暦寺大衆が、蜂起した旨を記している。これは、近江国に攻め入った追討使の軍勢と荘民とのあいだに発生したものとみられるが、この種の事件は、平氏による兵士・兵粮米の徴発や軍事行動が拡大・強化されるのに比例して、在地諸勢力とのあいだで頻発していたものであった。そのさい注目されるのは、延暦寺大衆が、この事件をたんなる荘民の殺害事件としてではなく、平氏の南都焼打ちとの関連でうけとめ、「被煙滅南都、即是破滅仏法之条、全非他寺事、円頓之遺教、滅尽不遠」という危機感をみなぎらせて蜂起していることである。ここには、南都焼打ちが、かねて平氏と比較的良好な関係にあった延暦寺大衆のあいだにも平氏仏敵観を決定づけ、たとい平氏の軍事行動に随伴しておこった事件であって、寺院そのものへの攻撃を目的とするものではなかったとしても、天台仏法の滅尽をはかる所業と解するような緊迫した状況をつくりだしたことが示されているのである。

ところで、こうした南都焼打ちや東大寺・興福寺への制裁措置にくわえて、仏敵平氏にたいする憎悪と反発をさらに熾烈にしたのは、この時期に平氏が必死に遂行する軍事体制の強化策であった。治承四年（一一八〇）十二月から翌年春にかけての時期は、深刻な大飢饉のなかで、平氏が東国追討を遂行し、各地の反平氏勢力の蜂起を鎮圧すべく総力戦体制に突入するときであった。とくに、畿内近国においては、治承五年一月に平宗盛を五畿内および近江・伊賀・伊勢・丹波諸国の総管職に任命し、ついで二月に平盛俊を丹波国諸荘園総下司職に補任するなど、武力を背景として兵士・兵粮米を徴収する体制を強化したため、寺社勢力をはじめ在地諸勢力との対立と緊張を一層激化させることとなった。この総管・総下司職の設置については、後述するように、軍制面のみならず、平氏政権が既存の国家機構の枠から脱皮し、いわば質的転換をとげる方向をうちだしたものとして高く評価されてきた。私も、総管・総下司職―とりわけ総管職―は、平氏軍制の基幹をなす制度の一つであると考えるが、しかし、その設置の政治的意義は、それだけを単独でとりあげて論じるのではなく、総力戦を展開する平氏軍制の全体的な構造のなかに位置づけて把握することが必要であるとおもう。既述のように、治承四年十月の富士川の合戦で平維盛の率いる東国追討使が惨敗したあと、平氏は必死に軍事体制の建て直しにつとめ、平安京へ還都して十二月にはいると、第二次東国追討使を発向させて近江追討にのりだし、さらに南都攻撃を敢行するなど、総力戦を展開するにいたった。したがって、平氏軍制にとって、総力戦に突入するこの十二月初頭段階が、まず最も重要な画期をなしたものとみなければならない。しかし、前節までは、寺院勢力と平氏との抗争の面に焦点をあわせてきたため、平氏の軍事体制そのものの分析を捨象してきたのであった。そこで本節では、平氏が総力戦を展開しはじめる段階での軍事体制の構造を分析しつつ、それとの関連のなかで総管職設置の意味について検討しておきたいとおもう。

さて、平氏の総力戦体制のなかで最重要な位置をしめるのが追討軍であることはいうまでもない。追討軍は、追討使に任命された平氏一門の統率下に編制されるが、その軍事力の基幹部隊—戦闘部隊—は、つぎの二つの要素によって構成されていた。一つは、平氏一門をはじめ家人・郎等からなる直属軍—私的軍事組織—であり、もう一つは、各地から動員した平氏の直属軍いがいの武士層の軍事力である。前者は、かねて平氏が形成してきた家人・郎等組織を総結集して発動させたものであり、後者の軍事力は、追討使としての軍事指揮・動員権にもとづいて編制したものであった。

追討使は、宣旨によって任命されるが、その「追討宣旨」には、所定の国々の軍勢を指揮・動員しうる権限を明示するのが普通であった。治承四年九月五日に、右近衛権少将平維盛・薩摩守平忠度・参河守平知度らを東国追討使に補任したさいの宣旨には、東海・東山両道の諸国にたいして、「堪武勇者、同令備追討、其中抜殊功輩、加不次賞」ということが記載されており、(6)同年十一月七日付の源頼朝・源信義にたいする追討宣旨のばあいには、東海・東山・北陸などの諸道に、「不論強弱、不謂老少、表裏勠力」して追討にあたるべきであり、とりわけ美濃国の「勇武伝家之者、弓馬長芸之輩」を採用(動員)して戦闘に備えしめよと命じ、かつ、軍功ある者には「鴻賞」を授与するとのべている。(7)ついで、翌五年四月十四日に前右近衛大将平宗盛を肥後国住人菊池高直の追討使に任じた宣旨にも、「管内諸国軍兵」—大宰府管内の諸国軍兵—を催して追討にあたるべしと記されているのである(『吉記』同日条)。これらは、いずれも、追討使が宣旨で認められた諸国にたいして軍事指揮・動員権を付与されていたことを示している。(8)しかして、平氏は、その追討使としての軍事指揮・動員権を行使して軍兵(軍勢)を催促し、平氏の直属軍のもとに統率・編入することによって追討軍の基幹部隊―戦闘部隊―を編制したのであった。

そこでまず注目されるのは、これら諸国の軍兵（軍勢）が何を基準にして、どのような方法（形態）によって動員されたのかという、軍勢催促の対象と方法の問題である。この点を考察するにあたって、石井進氏が提示された国衙軍事力の諸類型と構造が重要な手がかりの一つになる。

石井氏は、院政期の国衙軍制を

(イ)その内実を構成するところの軍事組織、「国ノ兵共」・「国侍」などとよばれるいわば「器量に堪ふる輩」の国司による組織を中心とした形態

(ロ)その外枠を構成するところの一般住民への兵士役賦課による体制

との二重構造として把握できるとし、(イ)の軍事力を構成する要素と類型について、

- A国司軍
  - a国司直属軍（「館ノ者共」）
    - α国司の私的従者
    - β在庁官人・書生
  - b「国ノ兵共」
- B地方豪族軍

という構造的図式を提示された(9)。私は、この図式を国衙の軍事力の全貌をあざやかに把握されたものと考える。いま、この図式を念頭においたばあい、平氏が追討使としての権限にもとづいて諸国で動員しようとした軍勢は、主として(イ)に該当するものであったとみてよいであろう。そのことは、さきの「追討宣旨」における動員対象の主眼が、「堪武勇者」や「勇武伝家之者、弓馬長芸之輩」にすえられている点に端的に示されている。しかも、こ

れら武士層の動員は、勲功者にたいする恩賞の授与を前提として誘致するのであるから、基本的にはかれらの主体的な参加にもとづく徴募制に立脚しているのであって—たとい、そこに現実にはさまざまなサンクションによる強制作用がはたらいているとしても—、その点で、後述する一般住民に一国平均役として課される兵士役とは性格を異にするものであったと考えられる。その恩賞の授与をかかげての動員の具体的な内容としては、平氏がこれらの武士をさまざまな位階・官職・所職などへ推挙・補任したり、[10] また、「近日奪貴賤之領、賜勇武之輩、万倍於先々」と評された[11]ような所領給与の例などをあげることができる。したがって、平氏はこれらの地方武士にたいして、たんに国家権力を背景として上から強制的に兵士役を賦課・徴発したのではなく、かれらの階級的利害や要求に一定の対応を示しつつ徴募することによって軍事編制していったとみられるのである。

さて、平氏がこうした武士の動員・徴募を実施するにあたって、最も重視した動員体制（機構）の一つは国衙であった。当時、すでに国司の指揮のもとに管内武士を動員しうる一定の国衙軍制が形成されていた[12]以上、平氏がこの国衙機構を媒介とする軍制を前提として動員をかけるのは当然だからである。その一端は、平維盛らの第一次東国追討使の発向にさいして、駿河国の目代が「一国勢二千余騎」を動員して追討軍に参加したり、[13] 富士川の敗戦後、平氏の侍大将藤原忠清が、木曽義仲に対抗するために藤原実教にかえて平景清を信濃守に任じ、あわせて追討使に補任することによって軍事体制を整えるよう平宗盛に献策している例などによく示されている。[14] そのさい、とくに平氏一門や有力家人がいわゆる「武勇之国宰」として国司の任にある国々では、国衙機構を媒介とする動員方法が積極的に展開されたものとみるべきであろう。

しかし、このことは、平氏の軍事動員が国司や国衙を媒介とする、いわば間接的な方法をつうじてのみおこなわれたことを意味するのではない。追討使は、国司や国衙の支援・協力体制をとりつけるだけでなく、追討活動に必要な軍事指揮・動員権を直接的に所定の国々にたいして行使しうる権限を付与されていたのである。その点は、さきの「追討宣旨」などからもうかがわれるが、とくに治承四年十一月七日付の宣旨のばあいには、追討使にたいして、その内容を遐邇に「布告」して詳しく委曲を知らしむべきことを命じる旨の記載さえみられる。このことは、「追討宣旨」の受託者たる追討使が、みずからの責任においてその宣旨の内容を「布告」しつつ軍事行動を遂行するのが基本的な形態であったことを示すものと考えられるのである。『延慶本平家物語』(五―廿七、平家の人々駿河国より逃上事)には、平維盛らの東国追討軍について、「平家の討手の使三万余騎の官軍を率して国々宿々に日を経て宣旨を読懸けれとも、兵衛佐の威勢に怖て従付者なかりけり」と叙しており、その軍事動員が追討宣旨を「読み懸ける」という直接的な方法をとって展開されたことを物語っている。また、『玉葉』の治承五年閏二月七日および九日の条によれば、平宗盛は平重衡を追討使として発向せしめるにあたって、後白河法皇に「東国勇士等、乖頼朝、可随重衡之由」の院宣をだすよう要求し、「賜此状、先立遣之、相続、可遣重衡之由」の計画であると語ったと伝えており、ついで十日条には、この日、平氏有力家人の検非違使藤原景高がまず院宣を相具して発向し、十三日に重衡が進発する予定であるとの伝聞を記している。この事例は、平氏が追討使の本隊の発向に先立って、家人・郎等らの先遣隊に追討宣旨や院宣などを持参させて遐邇に布告させつつ直接的に軍事動員を展開する方法を採用していたことを示唆するものであろう。(15)

ところで、追討使本隊の前兵として家人・郎等らの先遣隊を発向させるのは、このときにかぎらず平氏の常套手段であって、(16)治承四年十二月、総力戦に突入するにあたってもその方法を採用している。東国追討については、まず十二月一日に平田入道家継が伊賀・伊勢地方の軍勢を率いて近江国に攻めこみ、(17)翌二日に追討軍の本隊が近江道・伊賀道・伊勢道の三手に分れて発向している。近江道は左兵衛督平知盛を大将軍として一族数輩が相伴し、伊賀道は中宮亮平資盛を大将軍として前筑前守平貞能がこれを補佐し、伊勢道は伊勢国司藤原清綱であったという。(18)平田入道家継は、かの北伊賀の鞆田荘を本拠とする平氏累代の家人で、のち元暦元年(一一八四)七月に伊賀・

伊勢地方の平氏残党がおこした、いわゆる三日平氏の乱の中心になっていることからもわかるように、この地方の平氏家人を束ねる位置にいた人物のひとりであった。[19] したがって、このばあいも、平氏は伊賀・伊勢地方の家人・郎等組織を総動員するとともに、周辺の武士を催促して軍事編制し、その軍勢を家継に統率させ、追討使の前衛軍として発向させたものと解されるのである。[20] 前衛軍の任務は、攻撃・警戒・捜索などの活動をおこなって本隊が戦闘を有利に展開しうる状況をきりひらくことにあったから、そのなかには、当然、進軍地域の国々で追討宣旨の趣旨などを布告しつつ軍勢を動員・確保する役目も含まれていたものとみてよいであろう。

追討軍の基幹部隊の構成と動員体制は、ほぼ以上のようであったが、しかし、もとより戦闘はこれだけで遂行できるものではなかった。戦闘を遂行するにあたっては、兵粮米などの軍用物資を確保して兵站体制を整備するとともに、基幹部隊の活動をささえる補助部隊の兵士を徴発・編制することが緊要な課題になったからである。そのさい注目すべきは、後者の兵士であって、すでに川合康氏が指摘されたように、この治承・寿永の内乱期の戦争においては、源平いずれの側にとっても、戦闘の主力をなす騎射隊のほかに、徒歩立ちの軍勢や、人夫的兵士・工兵などの補助部隊が不可欠の軍事的役割をはたしたのであった。[21] したがって、平氏の軍事体制としては、基幹部隊だけでなく、兵粮米と補助部隊の兵士の賦課・徴発体制の問題をとりあげる必要があるのである。結論的にいえば、平氏が武力を背景にして、兵粮米や兵士を直接的に賦課・徴発する体制を強化してくるのは、やはり治承四年十二月初頭ごろからであった。

まず兵粮米については、『山槐記』の十二月十日条に、高倉上皇の院宣と称して諸国に兵乱米(兵粮米)を課したところ、平知盛の知行国の能登と経盛の知行国である但馬は了承してきたが、頼盛の知行国たる紀伊・佐渡の両国は力およばずと返答してきたとみえる。このばあいの諸国の範囲は詳らかでないが、兵粮米はそれぞれの国の国衙を単位として賦課・徴収する方法がとられたものと理解してよいであろう。[22] ところが一方、平氏はこれと同じ時期に、畿内近国においては、追討使や家人を派遣して直接的に兵粮米を徴収する方式を採用しはじめているのである。平氏は、おそくとも治承四年末までに、追討使を紀伊国に派遣して高野山大伝法院領の荘園などから兵粮米を徴収しようとしており、(23)さらに、翌年一月になると、平清盛は使者を伊勢国の神三郡に入れて兵粮米を賦課するなど、(24)この方式をますますエスカレートさせていくのであった。紀伊国のばあいは、頼盛が力およばずと返答してきたことをうけた措置ではないかと推測されるが、いずれにせよ、これらの事例は、平氏が総力戦に突入するための軍事体制の一環として、武力を背景に、荘公をとわず兵粮米を賦課・徴収する体制を強行していったことを示しているのである。ただし、兵粮米の直接的な賦課・徴収といっても、国衙支配機構と無関係になされたのではなく、国衙機構や在庁官人組織などを前提として、平氏の派遣した追討使や使者がそれを直接的に指揮・統轄することによっておこなうのが基本的な形態であったと解すべきであろう。(25)

　こうした徴収形態は、兵粮米ばかりでなく、補助部隊を構成する兵士の徴発にあたっても採用されたものと考えられる。この兵士は、追討軍の基幹部隊をなす「堪武勇者」—武士層—とは異なり、前記の石井進氏の分類でいえば、一般住民へ兵士役として賦課・徴収されて、その外枠を構成する軍事力であった。平氏政権下におけるこの兵士役が、人夫役と同一系列の所課に属し、荘公をとわず一国平均の課役として賦課されたこと、その徴発にあたって、兵粮米のばあいと同様に、諸国の国衙機構を媒介とするのが基本的な方法であったことなどについては、つとに石母田氏が指摘されたとおりである。(26)しかして、そのさい注目されるのは、平氏がはやい段階から追討使や使者（家人・郎等）を派遣して直接的に兵士を徴発する体制を採用していることである。すでに治承四年九月に、平維盛を中心とする第一次東国追討使の発向した時点で、「近江国住人之中、有被召之者、相禦之間、度度合戦」という事態が発生しているが、(27)これは追討使が住人に兵士役を賦課・徴発しようとしたことにたいする忌避・抵抗の激化を物語るものであった。ついで平氏は、平重衡を大将軍とする追討軍を派遣して南都攻撃を敢行するにあたって、『玉葉』の同年十二月二十二日条によれば、「先今明之間、以大和河内等国人、守護道々、其後可被寄官兵」という作戦をたてているが、この「大和河内等国人」も、平氏の直接的な指揮のもとに動員された補助部隊の兵士を主力とする軍勢であったとみてよいであろう。[28]このように平氏は、はやい段階から、当時の戦争において軍事力の不可欠の構成要素をなした補助部隊の兵士を、基幹部隊の武士層の動員や兵粮米の徴収などとセットにして直接的に徴発する体制を採用していたものと考えられるのである。

ところで、この追討軍の編制に関連して注目すべきは、平氏が越後の豪族城(平)助長と陸奥の藤原秀衡にはたらきかけて、源頼朝・源信義らにたいする平氏の総力戦体制の一環に組み込む措置を講じはじめていることである。平清盛は、すでに治承四年十一月末ごろに、城助長と藤原秀衡のもとへ使者を派遣したらしく、十二月にはいると、助長が甲斐信濃両国を一身で攻め落すことを申請してきたとか、秀衡が源頼朝を攻撃する由の請文を清盛にすすめたとかいう噂が流れている。[29]そして、翌年一月十六日には城助長に、十七日には藤原秀衡にそれぞれ宣旨をだして源頼朝・同信義の追討を命じるのであった。[30]その宣旨には、追討の功によって「殊賞」「不次之賞」を与えることが明記されており、平氏が恩賞―このばあいは官職―をもって助長・秀衡らの独立性のつよい豪族層武士を官軍に編入して、その指揮下におく方策をとろうとしていたことを示している。

さて、平氏は総力戦に突入するにあたって、こうした追討軍のほかに、平安京(京都)を防衛するための後備体制の面にも必死の努力をはらわなければならなかった。まず、平知盛・資盛らの東国追討使が近江国に発向した治承四年十二月二日には、当初、追討軍に参加する予定であった平重衡・経正の派遣をとりやめて内裏に祗候させるとともに、諸衛に警固を命じ、さらに、検非違使別当宣によって「京中在家」に「楯」を並べ立たしめるなど、内裏および京都の防衛体制を固めている。[31]この「楯」は、検非違使別当である平時忠の指揮下に「京中在家」にたいして人夫役(兵士役)を賦課して逆茂木・堀などのバリケード(軍事施設)を構築させたことを意味するものであろう。(32)ついで十日に、平氏は、左右大臣をのぞく公卿・殿上人および諸国の受領にたいして、院・内裏を警固するために、武士（兵士）を供出するよう命じた。(33)この武士は、公卿・殿上人の身分と、受領としての地位についてそれぞれ一名ずつ割り当てる方式をとったらしく、中山忠親は「予分武者一人、日向国分一人」の二名を内裏にすすめている。(34)しかし、この措置は、平時忠が強行した「未曽有之沙汰」であったため貴族層の批判もつよく、(35)見参の予定日である十三日には、わずかに「公卿十七八人許進」という有様であった。(36)藤原定長や藤原定家らも、十六日になってやっと間に合せの一騎をすすめている（『山丞記』『明月記』同日条）。また一方、『玉葉』の十二月十五日条には、「爲左少弁行隆奉行、女院御庄々、并余〔方〕領等、皆悉可召進武士之由、被仰下」とみえて、この頃、平氏が貴族の荘園本所からも武士を供出させる策を講じていたことがわかる。この荘園本所からの武士が何を基準にして徴発されたか詳らかではないが、さきの武士らとともに平氏の指揮下に属して内裏警固などに携わったことはまちがいあるまい。したがって、平氏は内裏警固などの防衛部隊の武士については、在京の貴族や荘園本所をつうじて間接的に徴発する形態をとっており、その点で、追討軍の軍事動員が直接的な徴発形態を基本としたのとは異なった性格をもっていたのであった。(37)

平氏が平安京へ還都して総力戦に突入する十二月初頭段階での平氏軍制の基本構造は、ほぼ以上のようであったとみられる。その後、平氏は、ますます激化する各地の叛乱勢力の蜂起と対決するために、軍事体制を一段と強化する施策を押しすすめていくのであるが、そのなかでも、とりわけ注目されるのは、総管・総下司職の設置である。

五畿内および近江・伊賀・伊勢・丹波の九ヵ国を対象として総管職を設置し、これに平宗盛を補任する旨の口宣案がだされたのは、翌治承五年一月八日のことであった。(38)しかし、ほどなく高倉上皇が危篤になり、(39)十四日に没したため、故院（高倉上皇）の「遺詔」という形で右大臣九条兼実らの意見を諮問し、十九日にいたって宗盛を総管に任命する旨の正式の宣旨が下されたのである。(40) ついで二月七日には、平氏の有力家人の前越中守平盛俊を丹波国諸荘園の総下司職に補任する宣旨がだされたのであった。(41) この総管・総下司職の設置については、すでに石母田正・五味文彦氏らのすぐれた分析があり、この段階で、平氏が既存の国制を脱却して畿内近国を中心とする地域的軍事政権の樹立を指向しはじめる重要な画期をなしたものとして評価されてきた。(42) しかし、この両職に関する史料が乏しいこともあって、その職掌など具体的内容が必ずしも明らかでなく、基本的な問題をめぐって大きな見解の相違がみられるのが実情である。そこで、つぎに既述のような平氏の総力戦体制との関連のなかでこの総管・総下司職を検討することによって、この両職が平氏の軍事体制のなかでしめた政治的位置と意義を考察したいとおもう。

まず第一は、総管・総下司職の権限の内容と、総下司職の設置範囲に関する問題である。石母田正氏は、総管職の権限を追捕・検断面にかぎったものとみなし、その権限内で管轄下の九ヵ国の国衙にたいして指揮権を行使することができたが、兵粮米・兵士役の徴収などについては、平氏は丹波国以外の八ヵ国にも総下司職を設置し、それをつうじて賦課する体制を築いたと解された。そして、総管職を鎌倉幕府の守護制度に対応するものとし、総下司職を文治設置の一国地頭職の先駆形態をなすものとされたのであった。これにたいし、五味文彦氏は、総管職の権限を追捕・検断に限定し、総下司職に兵粮米・兵士役の徴収権を認めようとする石母田説を、「それは、鎌倉幕府の一国地頭職の先駆として考えたが故のものであって、決して総下司職の権限として確認されたものではない」と批判して、この頃から畿内近国で平宗盛の直接的な指揮のもとに強行したとみられる兵士役徴発の事例が増加することなどを指摘しつつ、総管こそが兵粮米・兵士役の徴収権などの権限をもつ職である、とされたのである。また、総下司職の設置範囲に関しても、九ヵ国すべてにではなく、平氏勢力の浸透度の弱い丹波国にのみ設置したものと解されたのであった。このように、総管・総下司職の権限と設置範囲をめぐって二つの説が対立しているのであるが、結論的にいえば、私は五味説のように理解するのが妥当であると考える。その最も大きな理由は、石母田氏の総管職の権限についての解釈に、つぎのような疑義をもつからである。

石母田氏が、総管職の権限を九ヵ国内の追捕・検断に限定されたものと推定する主要な根拠は、平宗盛を総管職に補任したさいの宣旨の文言である。すなわち、『延慶本平家物語』(六―十一、沼賀入道与河野合戦事)に引用する宣旨に注目した石母田氏は、これを詳細に分析し、この宣旨が信頼できる史料であり、かつ、その文言が、天平三年(七三一)に設置された畿内惣管の職掌についての『続日本紀』の記事を簡略にしたものであることなどを指摘しつつ、宗盛の総管補任の宣旨においては兵馬差発権に関する文言が削除されている点を強調する。そして、「兵馬差発権を削除したのは、おそらく兵士・兵粮米の徴収権をもっていたと推定される『総下司職』との機能分化が念頭にあったのではなかろうか」として、(43)平氏が総管職と総下司職との二本立ての軍事体制の構築を志向していたものとされたのであった。宗盛の総管職補任の文言だけからいえば、その職権を九ヵ国内における追捕・検断のみに限定する解釈もたしかに可能である。しかし、そもそも、平氏が総管職の設置にたいする貴族層の批判・抵抗を回避するために、天平の先例をもちだしたとみられる以上、『続日本紀』の記事を抄録したその補任文言は「先例にしいて仮託しようとする形式的な文言」であって、(44)抽象的で曖昧な表現にならざるをえないのである。したがって、その補任文言のなかに、平宗盛の総管職の権限が忠実に表現されていると解釈することはできないであろう。その点で、補任文言にもまして重視する必要があるのは、総管職の設置をめぐる政治過程に多少とも関与した貴族たちのこの官職にたいする認識ないし理解である。かれらの認識ないし理解のなかには、抽象的で曖昧な補任文言よりもはるかに正確に、平氏が設置しようとした総管職の実態が反映されているものと考えられるからである。

『玉葉』の治承五年一月十六日条によれば、この日、総管職設置についての意見を諮問するために、右大臣九条兼実のもとへ遣わされた蔵人左少弁藤原行隆は、この職に関してつぎのように説明している。諸国に謀叛が拡大する情勢のなかで、まず五畿内および近江・伊賀・伊勢・丹波などの国に武士を補任し、もって「遠国之凶徒」を禦ぐべし、というのが故院（高倉上皇）の意向であったが、しかし必ずしも国ごとに「武勇之国宰」を任じる必要もないので、これらの国々を「総而可被置管領之司」ということになった。しかし、この職は新儀であるから、内々に大外記中原師尚に問うたところ、天平三年の畿内惣管の例を勘申してきたため、その例に准拠して設置したいので、兼実の意見を奏上するようにと伝えたのであった。これにたいして兼実は、「故院遺詔」であれば異議におよぶべからず、外記の勘申にもとづいてはやく実施すべし、と返答している。この総管職の設置をめぐる藤原行隆と九条兼実の問答から、さしずめつぎの二点を指摘することができよう。まず一つは、総管職が「遠国之凶徒」―遠国の叛乱勢力の蜂起―を禦ぐことを最重要な軍事目的として設置された機構であることである。(45)もう一つは、総管職が国ごとに「武勇之国宰」を補任する体制にかわるべき役割を担うものとして位置づけられていることであって、このことは、平氏の総管職が追捕・検断だけでなく、兵士・兵粮米の徴収権などのより広範な軍事指揮権をもつものであったことを示唆している。そのことはまた、九条兼実が、大外記中原師尚の勘申した天平三年の畿内惣管の事例についての申状を提示されたにもかかわらず、今回の総管を「仮令、鎮西之都、管領九国二島之例、可被摸」ものとみて、大宰府の長官に比定し、天平の先例をはるかに凌駕する権限をもつものと理解している点などにも窺われる。(46)したがって、この二点から、平氏の総管職は、畿内近国の九ヵ国内部における叛乱の追捕・検断のみならず、東国をはじめ各地の叛乱勢力の蜂起を禦ぐことを主目的として設置された軍事機構であって、その権限の内容は、平宗盛のもとに、これら九ヵ国の軍事指揮権―兵士・兵粮米の徴収権などを含む―を吸収して直接的に指揮・統轄しようとするものであったと考えられるのである。総管職の権限がこのようなものであってみれば、各国ごとに兵士・兵粮米の徴収権をもつ総下司職を設置する必要はなく、総下司職はやはり五味氏の指摘どおり丹波国のみに設置されたものと解釈すべきであろう。

そこで第二に注目したいのは、平氏の総管職と九ヵ国の国司・国衙にたいする指揮・統属関係の内容についてである。この問題をとりあげるにあたって、まず確認しておく必要があるのは、左表のように、これらの国々のうち伊勢・丹波をのぞく七ヵ国の国司がすべて実務官人層貴族によってしめられていることである。

すでに第六章の第二節高倉親政体制の構造㈠において、治承三年十一月の政変後の高倉親政下で平氏が着手した諸国の受領・国衙にたいする支配・統轄体制を分析したさい、平氏の地盤である畿内近国と、福原・厳島・大宰府を結ぶ地域に実務官人層貴族を集中的に配置したことを指摘した。その方針は高倉院政のもとでも変らず、とりわけ五畿内については、治承四年六月二十八日に、右少弁源兼忠を大和守に、紀久季にかえて左少弁藤原行隆を山城守に補任し(47)、ついで同年十二月二十一日に源康綱を肥後守に遷任したあとに藤原隆親を任じる(48)など、そのすべてを実務官人層貴族で固める措置を講じているのである。これらの地域は平氏の権力地盤であると同時に、貴族や寺社勢力の支配が錯綜しているところでもあり、国衙支配にあたって訴訟裁判その他の複雑な政治問題をはじめ国家的仏神事の祭儀面など膨大・煩瑣な実務行政を処理することが要求された。そこに、平氏がこの地域の国司に有能な実務官人を起用した根本的な理由があったと考えられるのであ

国名	国守	出典
山城	藤原行隆	『玉葉』治承四・七・二
大和	源兼忠	『玉葉』治承四・七・二
河内	藤原隆親	『山槐記』治承四・一二・二一
和泉	高階仲基	『玉葉』治承四・一・二八、『山槐記』元暦元・九・一
摂津	橘以政	『玉葉』治承四・一・二八、『吉記』寿永二・一二・八
伊賀	小槻隆職	『玉葉』治承四・一・二八、『平安遺文』四〇〇〇号
伊勢	藤原清綱	『玉葉』治承三・一一・一九、治承四・一二・二
近江	高階為清	『玉葉』治承三・一二・一二、『山槐記』治承四・二・一六
丹波	平清邦	『玉葉』『山槐記』治承三・一二・一二

る。とくに、平氏が、以仁王の乱の直後における南都制圧策の一環として源兼忠を大和守に補任し、十二月末の南都攻撃の直前という重要な時期に、文徳源氏の武士源康綱[49]にかえて藤原隆親を起用している点などに、この地域の国衙支配面において実務官人層貴族のはたす役割の重要性が端的に示されている。

このように、平氏は畿内を中心とするこれらの国々を支配するにさいして、実務行政に主眼をおいた受領人事をおこなったのであるが、しかし、これは、総力戦に備えての軍事体制という面からすれば大きな政治的弱点をもつものであった。平氏の軍事動員体制や兵粮米の賦課・徴収などが、既述のように、国衙支配機構を前提ないし媒介としておこなわれた以上、国司が軍事指揮面ではたすべき役割には重要なものがあったからである。だが、実務官人層貴族を国司とするこれらの国々についていえば、国司の指揮下に国衙支配機構を作動させて内乱に対処しうる実践的な軍事体制を整えることはもとより不可能であって、平氏は別の形態をとって軍事体制を確保することが緊急課題としてつきつけられるにいたったのである。そうした国衙軍制の弱点を克服するために平氏が採用した軍事体制こそ、総管職を設置して、平宗盛のもとに九ヵ国の軍事指揮権を直接的に掌握し統轄する体制であったといえよう。ただし、平宗盛が軍事指揮権を直接的に掌握するといっても、それは総管職の設置をまってはじめて実現したものではなかった。平氏が、総力戦に突入するにさいして、畿内近国では、それ以前から拠点的に形成してきた家人・郎等組織を総動員しつつ、周辺の武士を催促して地域的軍事組織として発動させるとともに、追討使や家人・郎等を派遣して直接的に兵士・兵粮米を賦課徴収する体制などを採用しはじめていたことについては、すでに指摘したとおりである。したがって、総管職は、そうした軍事体制を前提とし、その継承的発展をめざして設置された機構なのであって、この総管職の設置によって平氏の軍事体制が、はじめて国衙・国司を媒介とする間接的な体制から在地を直接的に掌握する体制へと転換をとげたことを意味するのではなかったのである。

ただし、ここで留意する必要があるのは、総管職の管轄下の九ヵ国のなかに、藤原清綱の伊勢国と平清邦の丹波国が含まれていることである。藤原清綱は平氏家人であり、平清邦は清盛の猶子であるから、この両国が総管の統轄下におかれたのは、実務官人層貴族を国司とする他の七ヵ国とは別の理由によるものとみなければならない。藤原清綱は、はやくから東国追討使の一員として候補にあげられ、治承四年十二月のはじめには伊賀道方の追討使として下向するなど軍事面で活躍する人物であった。(50) したがって、伊勢国を総管職の管轄下においたのは、清綱の個人的な軍事指揮能力に不安をもったためではなく、当時、この地域が直面していた政治的事情によるものとみるべきであろう。この時期、伊勢国は尾張国を侵攻して上洛をめざす関東勢との対決をひかえて極度に緊迫した情勢にあって、平清盛が神三郡に使者を放ち入れて兵粮米を賦課するなど、(51) 平氏は直接的な指揮下に軍事体制を整備すべく懸命の努力をはらっていたのであった。この点に、伊勢国を総管職の統轄下に組み入れる最も根本的な理由があったと考えられるのである。これにたいして、丹波守平清邦は、清盛の猶子とはいいながら、実父は前権大納言藤原邦綱で、かつ幼少であったから、(52) もとより武将としての軍事指揮能力を期待することはできず、ほとんど名目的な存在であったといってよい。しかも、京都の後背地としての位置をしめる丹波国は、前述のごとく、平氏の権力基盤の形成がおくれているところであった。ここに、平氏が丹波国を総管職の統轄下におき、かつ、総下司職をもうけて有力家人の平盛俊を投入して軍事体制の中核にすえなければならない独自の事情があったものと推定されるのである。

さて、第三に、総管職設置の政治的意義について言及しておきたいとおもう。総管職設置の第一義的な狙いは、畿内近国の九ヵ国を平氏の直接的な軍政下において軍事動員体制を強化することにあったといえるが、しかし、このことは、平氏が現存の国衙支配体制を否定したり軽視したりしたことを意味するのではない。平氏は、この地域の国衙支配において実務官人層貴族のはたす政治的役割の重要性を十分に認識しており、治承三年十一月の政変の直後に樹立した国衙支配体制を前提としつつ、その軍制面での弱点を補強・克服する体制として総管職を設置し、丹波国に総下司職をもうけたのであった。換言すれば、この地域にたいする平氏の基本的な政治支配体制は、実務官人層貴族を国司とする実務行政体制と、総管を中軸とする軍事体制との二つを相互に補完させることによって実現しようとするものであったのである。この点にこそ、平氏がこれらの国々に「武勇之国宰」を補任するかわりに総管職を設置したもっとも根本的な理由があったといえよう。したがって、この総管職―および丹波国総下司職―が、平氏の軍制上においてきわめて大きな政治的意義をもつものであったことはまちがいない。しかし、その設置をもって、平氏がはじめて本格的に在地掌握にのりだして、旧国家体制（律令国家体制）からの離脱をはかり、「五畿内・近江・伊勢・伊賀・丹波をその支配領域とする一箇の地域的な政権の方向への傾斜をしめし」「いわば畿内政権として編成替えする」方向をうちだした(53)とか、あるいは、平氏政権が総管を頂点として畿内近国に地域的軍事政権を創出することによって旧来の枠から脱皮し、「鎌倉幕府の権力と似た形での政権」の形成を指向する段階にはいった(54)とかまで評価することには疑問があるとおもう。

そのことは、右に検討してきた総管職そのものの政治的内容の面ばかりでなく、平氏の総力戦体制の全体的な構造とのかかわりの面からも指摘できる。平氏は、総力戦に突入するにあたって、既述のように、畿内近国のみならず、より広範な国々にたいして、追討使としての軍事指揮・動員権を直接的に行使して追討活動に必要な軍事体制を確保する措置を講じたのであるが、そのさい、国衙支配機構が重要な位置をしめたのであった。とくに、平氏一門や有力家人が、いわゆる「武勇之国宰」として国司の任にある国々では、かれらが国衙機構を直接指揮して積極的に軍事動員を遂行する方法がとられたのであった(55)。この方法は、その後も継承されていくのである。ところで、この「武勇之国宰」に関していえば、平氏はすでに治承三年十一月の政変後の高倉親政下において、主要国への配置を基本的に完了していたのであった。畿内近国の九ヵ国の周辺についても、たとえば、尾張（国守平時宗）・三河（国守平知度）美濃（国守源則清）・若狭（知行国主平経盛・国守平経俊）・越前（国守平通盛）・但馬（国守平経正）・播磨（知行国主平宗盛・国守平行盛）・紀伊（知行国主平頼盛・国守平為盛）・淡路（国守平清房）・阿波（国守平宗親）・讃岐（国守平維時）というように、平氏の「武勇之国宰」が、九ヵ国を囲繞する形で配置されていたのである。(56) したがって、治承四年十二月初頭、平氏が総力戦に突入した段階での軍事体制は、検非違使・諸衛などを指揮しての内裏および平安京の防衛体制、畿内近国における追討使や家人を派遣しての軍事動員体制、その周辺国での「武勇之国宰」による軍事動員体制という、いわば平安京を中核とする同心円的な構造をとっていたのであった。そして、叛乱の鎮圧にあたっては、追討使が追討宣旨にもとづいて所定の国々の国衙を直接指揮して軍事動員をおこない、叛乱軍の強盛な地域においては藤原秀衡や城助長のような豪族層武士を起用して対処しようとしたのである。平氏は、その後も、この軍事体制の基本的な枠組みをふまえつつ、それを強化することによって内乱に対決しようとするのであって、総管・総下司職なども、あくまでそうした平氏軍制全体の強化策の一環として設置されたものであった。したがって、総管職は、たしかに平氏軍制の基幹をなす制度の一つであったが、それのみをとりあげて、平氏が従来の国家機構や軍制を離脱して、畿内近国を中心とする軍事政権＝畿内政権へと質的転換をとげる方向をうちだしたとまで強調するのは、誇大な評価といわなければならないであろう。

さて、平氏は、南都焼打ち後も、総力戦を遂行する一環として、以上のような内容をもった総管・総下司職を設置し、畿内近国を中心として荘公を論ぜず、武力でもって兵士・兵粮米を徴発する体制を強化していったのであった。だが、そうした武力を背景とする兵士・兵粮米の徴発は、当然、寺社領にもおよんだため、「治承以降、平氏党類暗称兵粮、掠成院宣、恣宛五畿七道之庄公、已忘敬神尊仏之洪範」と非難されるような事態を生みだし、(57) 寺社勢力との対立と緊張をますます激化させるにいたったのである。

（1）『玉葉』治承四年十二月二十九日条、治承五年一月一日条など。

(2)『平安遺文』四〇八九号。
(3)『玉葉』治承五年七月十四日条。
(4)『百錬抄』治承五年一月四日条、『玉葉』治承五年一月八日条。
(5)『玉葉』治承五年一月七日条。
(6)『山槐記』治承四年九月五日条、『玉葉』治承四年九月十一日条。
(7)『吉記』治承四年十一月八日条。
(8) こうした権限は、この時期になってはじめて付与されたのではなく、すでに平正盛・忠盛の時代にもみられるものであった。たとえば、『中右記』天仁元年正月二十九日条によれば、因幡守平正盛が源義親を追討するにあたって下された追討宣旨には「催近境国々兵士、令因幡守正盛追討之由」が記載されており、大治四年に備前守平忠盛が海賊鎮圧の追討使に任じられたときには、山陽南海両道の国衙にたいして、忠盛の軍事的指揮をうけて協力することを命じる措置が講じられている(『朝野群載』大治四年三月検非違使移)。
(9) 石井進「中世成立期の軍制」(同『鎌倉武士の実像』所収)。
(10) その代表的なものとして、後述する平氏の藤原秀衡・城(平)助長にたいする対策などをあげうる。しかし、そうした豪族層武士だけでなく、寿永二年四月十一日付の散位藤原能季申文(『平安遺文』四〇八三号)にみられるように、地方武士を惣追捕使職に補任したりして、その軍事動員体制の一環に編制している。
(11)『玉葉』養和元年八月一日条。
(12) 石井進前掲論文(註9)参照。なお、『玉葉』治承元年五月二十九日条によれば、かの鹿ケ谷事件のさい、院近臣たちは平氏攻撃の軍勢を召集するために、近江・美濃・越前の三カ国の国司にたいして国内武士を注進させている。この内乱のばあいも、平氏は、軍兵を召集するにあたって、当然国司・国衙をつうじてこうした措置をとったものと考えられる。
(13)『吉記』治承四年十一月二日条。
(14)『山槐記』治承四年十一月四日条。
(15) もっとも『玉葉』の治承五年閏二月十五日条によると、このとき藤原景高が院宣を持参して先発したというのは謬説で、十五日に追討使平重衡が院庁下文を相具して発向したと記している。しかし、これは、次節でのべるように、東国追討をめぐって後白河法皇らの宥行路線と平氏の追討路線とが対立するという政治情況のなかで、院宣ないし院庁下文の発給がおくれた結果生じたことであって、追討使の本隊にさきだって先遣隊が宣旨や院宣を持参して軍事動員をおこなうこと自体は常套的な方法であったと考えてよい。

(16)　たとえば、『玉葉』治承四年九月十九日条によれば、清盛は筑紫の叛乱にたいして追討使の本隊を派遣するまえに「私遣追討使」す措置を講じており、『玉葉』の同年十一月十二日条には「関東逆党、已来及美乃国云々、仍先為伐美乃源氏、遣禅門私郎従等、其後可被遣追討使云々」との計画をたてていることなどがみえる。

(17)　『山槐記』『玉葉』『山丞記』『百錬抄』の同日条。

(18)　『玉葉』同日条。ただし『山丞記』の同日条には「各分四方道可発向、都合三千余騎云々」とみえる。

(19)　『玉葉』元暦元年七月二十一日条など。なお、家継とその一族については、本書第一章第一節の平氏武士団の形成を参照。

(20)　なお、こうした平氏の家人・郎等組織を基軸とする軍事動員形態を示す事例としては、本書の第四章で分析した紀伊国田仲荘の佐藤能清のばあいなどが参考となる。

(21)　川合康「治承・寿永の『戦争』と鎌倉幕府」(『日本史研究』三四四号)。

(22)　この点、石母田正「鎌倉幕府一国地頭職の成立―鎌倉幕府成立史の一節―」(同『石母田正著作集第九巻　中世国家成立史の研究』所収)参照。

(23)　寿永三年二月紀伊国大伝法院所司解案(『平安遺文』四一四一号)に、「以去治承四年被下追討使於当国之日、猶当寺領賜可免除兵粮米院宣畢」とみえる。

(24)　『吾妻鏡』養和元年一月二十一日条。

(25)　たとえば、『源平盛衰記』(巻第三十、貞能自西国上洛事)には、追討使平貞能の鎮西における兵粮米の徴収形態について「此間貞能九国ニ兵粮米ヲ充催ス、庁官一人宰府使一人貞能カ使一人、両三人カ従類八十余人、権門勢家ノ庄園ヲ云ス、神社仏寺料所ヲモ嫌ハス譴責シケレハ、人民ノ歎斜ナラス、其積リ十万余石ニ及ヘリ」と記し、大宰府の支配機構を前提とし、それを直接的に指揮・統轄することによって徴収している。こうした形態が、他の諸国のばあいにも基本をなしたものと考えられる。

(26)　註(22)に同じ。

(27) 『玉葉』治承四年十月二日条。

(28) この動員が、国司の指揮のもとにおこなわれたものでないことは、後述するように、当時、大和守は実務官人層貴族の源兼忠であり、河内守が、この前日の二十一日に文徳源氏の源康綱から実務官人層貴族の藤原隆親にかえられていることなどに端的に示されている。

(29) 『山槐記』治承四年十二月二日条、『玉葉』治承四年十二月四日、十二日の各日条など。

(30) 『延慶本平家物語』(六―十二、沼賀入道与河野合戦事)所収の追討宣旨。また『玉葉』同年閏二月十七日条には「越後城太郎助永、依宣旨、已襲来甲斐信濃国之由風聞」とあって、この宣旨をうけて行動したものとみられる。

(31) 『山槐記』『山丞記』同日条。

(32) 当時の戦争において、逆茂木・堀などの「楯」がしめた軍事的意義については、川合康前掲論文(註21)に詳しい。なお、これは、この段階で平氏が直接的に兵士役を徴発していたことを示す史料の一つでもある。

(33) 『山槐記』治承四年十二月十日条、『山丞記』治承四年十二月十一日条、『玉葉』治承四年十二月十三日条など参照。

(34) 『山槐記』治承四年十二月十四日条。

(35) 『玉葉』治承四年十二月十三日条。

(36) 『山槐記』治承四年十二月十四日条。

(37) 石母田正氏は、前掲論文(註22)などにおいて、治承四年十二月末段階までは、平氏は国司や荘園本所をつうじて兵士を徴発する体制をとっており、それが破綻した結果、後述するような総管・総下司職を設置して在地を直接把握して兵士や兵粮米を徴収する方向をうちだしたとされる。そのさい、十二月段階における間接的な形態を示すものとして、これらの事例をあげられる。しかし、これらは内裏警固などの後備隊の軍事動員の一部を示すものにすぎず、平氏の軍事動員体制の基本をなすものではなかった点に注意する必要があろう。

(38) 『山丞記』『百錬抄』治承五年一月八日条。なお、この点については、菊池紳一「『警固中節会部類記』について」(『学習院史学』二一五号)を参照。

(39) 『玉葉』治承五年一月十六日条。

(40) 『延慶本平家物語』(六―十二、沼賀入道与河野合戦事)所収の一月十九日付の総管職補任宣旨。

(41)『玉葉』治承五年二月八日条。

(42)石母田正「平氏政権の総官職設置」(同『石母田正著作集第九巻 中世国家成立史の研究』所収)、および前掲論文(註22)、五味文彦「平氏軍制の諸段階」(『史学雑誌』八八編八号)。以下、本節でとりあげる両氏の総管・総下司職に関する見解は、これらの論文による。そして、石母田氏の表現などを特定する必要があるばあいにのみ、二つの論文を区別して註記することとする。

(43)石母田正「平氏政権の総官職設置」(註42)。

(44)註(43)に同じ。

(45)なお、『百錬抄』治承五年一月八日条に、この総管職の設置について、「近日、東海、西海、北陸道已下至五畿内、所々有謀反之聞、今日、以前右大将宗盛卿、可為五畿内并伊賀・伊勢・近江・丹波等国惣管之由被宣下、天平例云々」と記して、諸国の叛乱の鎮圧との関係で位置づけているのも、同様の認識を示すものといえよう。

(46)『玉葉』治承五年一月十六日条。なお、『玉葉』の同月十九日条によれば、大外記清原頼業も、総管職を「可被総領彼国等」ものとの認識を示している。

(47)『玉葉』治承四年七月二日条。

(48)『山槐記』治承四年十二月二十一日条。なお、藤原隆親は、播磨守藤原隆教を父、平忠盛の娘を母とする人物で(『尊卑分脈』第二)、永万元年七月十八日に播磨守に補任されたほか(『山槐記除目部類』)、内蔵権頭などの官歴をもつ人物であった。

(49)源康綱とその一族については、米谷豊之祐『院政期軍事・警察史拾遺』二〇〇〜二〇二頁、笹山晴生『日本古代衛府制度の研究』三五九〜三六〇頁、西村隆「平氏『家人』表―平氏家人研究への基礎作業―」(『日本史論叢』一〇)など参照。

(50)以上、『山槐記』治承四年十一月六日条、『玉葉』治承四年十二月二日条、『吾妻鏡』養和元年八月十六日条など参照。

(51)註(24)に同じ。

(52)『山槐記』治承二年六月十日条、『玉葉』寿永元年十一月二十四日条など。なお、『玉葉』治承二年六月十日条には「四歳」とみえる。

(53) 註(42)に同じ。
(54) 五味文彦前掲論文(註42)。
(55) たとえば、『山槐記』治承四年十二月十日条に、平氏が高倉上皇の院宣と称して賦課した兵乱米（兵粮米）にたいして返答してきた能登・但馬・紀伊・佐渡などの諸国では、そうした形態がとられたものと考えられる。
(56) この点の詳細については、本書の第六章第二節高倉親政体制の構造(一)―平氏の知行国主・受領人事をめぐって―を参照。
(57) 『玉葉』寿永三年二月二十三日条。

五　後白河院政の復活と平氏政権の没落

治承五年（一一八一）一月十四日、かねてより重態に陥っていた高倉上皇が、ついに没した。この高倉上皇の死は、総力戦を展開しようとする平氏の軍事体制に深刻な政治的衝撃をあたえただけでなく、その国政掌握体制のあり方にも大きな転換を迫ることとなった。

治承三年十一月の政変によって、軍事的権門から国政全般を担当する最強の権門へと成り上がった平氏が、高倉親政・院政を「傀儡」としてかかげつつ形成した専権体制＝平氏政権の政治構造については、すでに第六章で詳述したので繰り返さないが、高倉上皇の死が平氏政権にあたえた影響にかかわって、つぎの点だけは確認しておく必要がある。平氏が高倉親政・院政を媒介として国政を領導するにあたって最も重要な政治的機能を発揮したのは、天皇―蔵人―上卿―弁官というルートを基軸にすえて、綸旨・勅や院宣・「仰詞」などをもって太政官機構を作動させる執行体制であり、そのため平氏は高倉天皇ないし上皇を「独占」し、みずからの政治意思を高倉天皇・上皇の政治意思に転換して執行する政治体制の形成につとめてきたのであった。それゆえ、高倉上皇の死は、天皇の統治権を背後から間接的に操縦することによって維持してきた平氏の国政領導体制の中核部分に致命的な欠落を生じ、その政権のアキレス腱がはっきりと露呈されたことを意味したのである。もとより、平氏は高倉上皇の死を座視していたのではない。上皇の病状はすでに前年の十一月中旬すぎから悪化の一途をたどり、平安京へ還都したころには危急の状態となって、しきりに平癒の祈願がおこなわれる有様であった。[1]したがって、平氏にとっては、当然、高倉上皇の万一に備えた国政領導体制を構築することが緊急の政治課題となったのであって、十二月初旬から活発になる後白河院政の復活の動きは、それと密接に関連するものであった。平氏が後白河院政の復活を画策した理由の一つは、前述のごとく、禅門（平清盛）の専権体制にたいする批判をかわし、廟堂における和平回復を演出することによって人心を収攬しようとすることにあった。しかし、もう一つの狙いは、高倉上皇の没後、その院政にかわって後白河院政を復活させ、それを傀儡として推戴することによって国政のヘゲモニーを掌握しつづけようとする点にあったのである。そのため、清盛は法皇にたいして再三にわたって「可知食天下之政之由」を要請する一方で、[2]平知康・大江公友をはじめとする院近臣・北面武士らを解官・逮捕するなど、[3]後白河院政が名実ともに復活して平氏政権の脅威となる危険性を阻止して、その統制下におく方策をめぐらしているのである。

しかし、幽閉を解除した後白河法皇を、高倉上皇のように傀儡化することは不可能であった。高倉上皇が平氏によって襁褓のうちから養育され、その「独占」体制のもとで擁立された存在であったのにたいし、[4]後白河法皇は、保元の乱後の激動のなかで、強烈な個性と独自の政治意思をもって、永年にわたり院政の主として君臨してきた経験をもつ人物であった。だが、そうした個人的諸条件にもまして重視すべきは、この段階で、後白河法皇の幽閉を解除し、その院政を復活することによって、平氏が治承三年十一月の政変いらい破壊しつづけてきた王法仏法相依の国家権力秩序を回復しようとする動きが、反平氏勢力だけでなく、廟堂貴族をも含めた政治諸勢力のあいだに昂揚していたことである。この後白河法皇の幽閉解除と院政復活の問題は、前述のごとく、すでに治承四年十一月末には、高倉院殿上における公卿僉議の場で正式に審議せざるをえない状況にまでなっていたのであるが、平氏の南都焼打ちは、さらにその動きに拍車をかけ、いわば沸騰点に達せしめるにいたったからである。その点で、平氏の南都焼打ちは、幽閉を解除された後白河法皇が、王法仏法相依の国家権力秩序の回復を唱える政治諸勢力の求心力を基盤としながら、平氏の拘束を排除して、自己の政治意思にもとづいて院政を展開しうる政治条件を大きく拡大させる作用をおよぼしたのである。ここに、平氏が後白河法皇を高倉上皇のように傀儡化することができない最も根本的な理由があった。

　こうした情勢のなかで、高倉上皇が没すると、平氏はみずからの政治意思を高倉上皇の政治意思に転換して執行する手段を失って甚大な痛手をうけ、国政上にしめる政治的比重を著しく低下させるにいたったのである。たしかに平氏は、高倉上皇の死後も、その「遺詔」と称して、前記のごとく総管職を新設して平宗盛を任命するのをはじめ、[5] 故建春門院の荘園・京地を中宮平徳子に伝領せしめて後白河法皇の管理下に入ることを回避する手段を講じるなど、[6] 政治上の重要事項に対処しようとしている。しかし、死せる高倉上皇の「遺詔」をもって、後白河院政の復活を制御しながら国政を領導しつづけることは、もはや不可能であった。死期に臨んだ清盛が深刻に憂慮したのも、まさにこの点であったのである。清盛は、閏二月四日に没するが、その日の朝、後白河法皇のもとへ使者を遣わし、「愚僧早世之後、万事仰付宗盛了、毎事仰合、可被計行也」と、自分の死後、国政に関しては万事を平宗盛と相談してとりおこなわれたいと奏請している。ここには、後白河院政の復活とともに専権体制の崩壊を余儀なくされた清盛が、後白河法皇を国政運営上の主体としたうえで、宗盛を排除することなく、万事を仰せ合わせて執行するよう懇請するという受動的な立場に追いつめられていた点がはっきりと示されているのである。ところが、この奏請にたいして、法皇が明瞭な返答をあたえなかったため、清盛は怨みの色を顔面にうかべて、「天下事、偏前幕下(宗盛)之㝡也、不可有異論」といい放って閉眼したという。[7] しかし、清盛の激越な遺言にもかかわらず、宗盛が後白河法皇を抑えて「天下事」（国政）を領導することは、すでに困難であった。

後白河法皇が院政を本格的に再開したのは、清盛が死去した直後の閏二月六日であった。この日、法皇は院殿上に左大臣藤原経宗・権大納言藤原隆季いか十名の公卿をあつめて、「関東乱逆之事」についての対策を僉議せしめたが、その会議の開催に先立って、平宗盛は法皇にたいし、つぎのような注目すべき内容の意見を奏上している。[8]まず、宗盛は、かねて故入道（清盛）の政治的行為には、自分の意思にそぐわない点があったけれども、諫争することもなくその命令にしたがってきたと反省の弁をのべ、しかし、清盛が没したいま、「万事偏以院宣之趣、可存行候」と法皇の命令にしたがって行動することを誓う。そのうえで、現在、東国追討は兵粮米の闕乏により困難をきわめているが、その点について(1)清盛は、西海・北陸道などからの運上物を点定して兵粮米に宛てる計画であったが、それを実施してもよいかどうか、また、(2)関東賊徒にたいする追討を継続しておこなうのか、「宥行」するのかどうか、という二つの問題について、公卿僉議をひらいたうえで法皇が一決されたい、そうすれば自分はその決定にしたがう、との意見を奏上したのであった。この申状をうけた法皇は、公卿を召集し、関東乱逆にくわえて、天下が飢饉であるため、逆乱鎮圧の祈禱も間にあわず、兵粮も闕乏の極みにある有様であり、さらに、尾張国には賊徒が群集して上洛の機会をうかがっているが、そうした状況のなかで、なお追討をつづけるべきか、または「宥行」すべきであるかを審議せしめたのである。この公卿僉議で、ほぼ一致をみた結論は、(1)賊徒の追討をしばらく中止し、院宣をもって「宥行」する旨をつたえる、(2)その使者には院司をあて、院庁下文をもたせて派遣する、(3)それにたいする賊徒側の反応をみたうえで、つぎの対策を講じるが、逆乱祈禱や兵粮米の徴収については可能なかぎり沙汰する、というものであった。一種の宥和政策であるが、これを聞いた九条兼実は、その日乗に、征伐を中止する理由を明示しないまま「宥行」するのは朝廷の恥辱であると記し、さらにつづけて、もし宥行策をとるのであれば、

所謂、内乱之逆臣、蒙天罰夭亡了、於今者、法皇可知食天下之由、普可告知遐邇歟、前幕下返権於君、蹔可令表隠遁之由歟

という両条、つまり、「内乱之逆臣」(平清盛)が没し、後白河法皇が「治天の君」として万機を掌握し、宗盛が国柄を返上して隠遁する―正統な国家権力秩序の回復―ということをはっきりと告知しなければ、首尾一貫しないし、賊徒も和平に応じないであろう、また、たとい宥行策が提案されたとしても、法皇はただちにそれを採用するのではなく、平宗盛と交渉して慎重に詰めたうえで実行しないと、問題を生じるであろうとの感想を書きとどめている。

はたして、兼実のこの予想は的中し、七日の早旦、法皇が静賢法印を宗盛のもとに遣わして、公卿僉議の決定を伝えしめたところ、宗盛は、来る十日に平重衡を追討使として派遣する予定であるので、「東国勇士等、乖頼朝、可随重衡之由」を院宣に記載するよう要求した。これにたいして、静賢が、追討使を派遣するのであれば院宣をくだしても無益であり、また、追討策を変えない方針ならば、さきに宗盛が法皇に奏上した趣旨に反するではないかと詰問すると、宗盛は返事に窮し、平頼盛・平教盛らと相談のうえで返答したいとにげている。ところが、一方で、この日、藤原隆季・中山忠親らが参院し、院庁下文の草案を作成して法皇に示したが、法皇はその内容が気に入らず、「此儀、不可然之由」を命じている。この院庁下文の内容は詳らかでないが、しかし、法皇の反対にもかかわらず、宗盛が「賜此状、先立遣之、相続、可遣重衡之由」をつよく申請している点からすると、そこには、―この日、宗盛が静賢法印にたいして要求したのと同様の―源頼朝らにたいする追討の文言が記載されていたものとみられるのである。(9) しかして、同月十五日には、追討使平重衡が、院庁下文を帯びて美濃・尾張の国境をめざして発向しており(『玉葉』同日条)、宗盛は東国追討について追討路線を押しとおしたのであった。

さて、この東国追討をめぐる公卿僉議の動向に関連して、つぎの点を確認しておく必要があろう。

まず第一は、後白河法皇が「治天の君」として院政を復活したことによって、国政上の権力状況に大きな変動を生じ、平氏が政権の座から軍事的権門の座へと転落しはじめたことである。平宗盛が、清盛の政治路線を放棄し、今後はすべて院宣にしたがうと言明したことは、清盛が遺言で「天下事、偏前幕下之㝡也」といった専権体制はもとより、国政については毎事を宗盛に仰せ合わされたいと奏請した、平氏と法皇との連合政権的な国政運営の政治形態からも、はるかに後退した政治権力のあり方を示すものであった。もっとも、平氏は、かねてより後白河院政を復活し、それを傀儡化することによって国政を掌握しようと画策してきたのであり、しかも、このばあい、宗盛は最終的には法皇らの宥行路線にしたがわず追討路線をつらぬいているのである。したがって、そのかぎりでは、平氏がまだ後白河院政を推戴することによって国政の実権を掌握しているかにみえるのであるが、しかし、その政治権力は、後述するように国政全般について行使されているのではなく、軍事的権門としての政治的地位と役割にかかわる面に限定されつつあった点を見失ってはならないとおもう。

そこで第二に注目したいのは、東国の叛乱にたいする宥行路線と追討路線をめぐる対立と平氏の政治権力との関係である。この宥行路線と追討路線の対立は、たんに軍事動員体制の不備にともなう当面の戦術の違いだけから生じたのではなく、もっと奥深いところにその原因があった。後白河法皇ら貴族層と平氏とのあいだには、叛乱勢力―とくに源頼朝を中心とする源氏勢力―にたいする認識と、国家権力のなかにおける平氏の政治的位置づけの問題との二つの面に関して、大きな落差が存在したのである。各地に拡大しつつある叛乱が、国家権力秩序を破壊する「乱逆」であり、追討の対象にすべきであるとする点では、たしかに両者の認識は基本的に一致していたといってよい。しかし、それらの叛乱のなかでも、頼朝をはじめ近江源氏などの挙兵の主たる狙いが、京都朝廷や院権力そのものの打倒にあるのではなく、すでに九条兼実が端的に指摘したように、「伐亡平家之盛勢、欲起源氏之絶跡」とする点―平氏の専権体制の打倒と源氏の興隆―にあることは(10)、もはやこの段階では、後白河法皇らの目にも明白であった。院・摂関らの権門貴族にとって、その政治権力と階級支配を維持するために、国家権力機構のなかに武力を組織することは必要不可欠なものであったが、しかし、それを担当する武門が、平氏のように強盛になって専権を振るうことは断じて阻止すべきものであった。そのため、かれらは、周知のように、源平の武士団を相互に拮抗・対立させることによってその勢力を分断・削減しつつ、国家権力機構のなかに位置づけて活用する政治的手法をとりつづけてきたのである。(11) したがって、後白河法皇らが、「内乱之逆臣」の死によって平氏の専権体制が崩壊し、院政を本格的に再開したこの時点で、頼朝らの関東の叛乱勢力にとっても一つの重要な転機がおとずれたものと判断し、まず院宣による宥行策を優先させることによって、かれらの出方をさぐり叛乱の鎮静化をはかろうとしたのは、きわめて当然であった。そのさい注意すべきは、九条兼実が、この宥行策は、後白河法皇による国政の掌握と、平宗盛の政権返上・隠退とをひろく告知することによってはじめて首尾一貫し、賊徒を和平せしめる政治的効果をあげうるであろうと指摘していることである。この兼実の見解は、平氏を国家権力機構における唯一の武門(軍事的権門)としての地位から排除し、源氏武士団にも進出の道を開く可能性を示唆することによって事態の収拾をはかろうとするものであって、権門貴族の伝統的な発想と政治的手法にもとづくものであったといえる。現実の政治的な力関係のなかで、宗盛の隠退・排除などを明示することはできなかったけれども、後白河法皇らの宥行策も、本質的には兼実と同じ発想からでたものであったと考えられるのである。

後白河法皇らの宥行策が、その本質において、軍事的権門としての平氏の政治的地位の否定にまでつながる要素(原理)をはらんでいるとすれば、平氏にとって、平氏討滅をスローガンにかかげている叛乱勢力を宥行することは、到底できない相談であった。したがって、平氏が中央政界における唯一の武門としての地位を確保しつづけるためには、どうしてもここで、法皇らの宥行路線を抑えて追討路線を強行することが必要であったのである。

だが、その追討を国策として推進しようとする以上、平氏の単独の政治意思だけでおこなうことはできず、国家意思のもとに遂行する形態をとることが不可欠の条件となった。高倉院政のときであれば、平氏がみずからの政治意思を高倉上皇の政治意思に転換し、国家意思として執行することは容易であったが、後白河院政が復活しつつある現在、それはもはや不可能な状況にあった。そこで宗盛がとった方法は、まず、万事、治天の君としての後白河法皇の院宣にしたがうと宣言することによって、後白河院政下での軍事的権門としての地位と役割を確保し、公卿僉議をふまえて法皇が一決した国家意思をうけて追討を敢行するというものであったと考えられるのである。ところが、法皇らが宥行策を採用したことにより、宗盛は苦境にたたされるにいたった。この宥行策は、前述のように、軍事的権門としての平氏の地位そのものを根底から揺るがせかねない政治的要素をもっていたからである。そのため宗盛は、平氏与党の藤原隆季らをつうじて院庁下文の草案の作成過程で工作を加えるなど、必死の手段を講じてようやく追討路線を遂行することができたのであった。したがって、宗盛がこの追討路線を敢行することによって、基本的に確保しようとしたのは、もはや法皇に対抗して国政の主導権を掌握することではなく、後白河院政下における唯一の軍事的権門としての地位であったとみるべきであろう。

ついで、第三に確認しておきたいのは、後白河院政が復活し、平氏が軍事的権門の地位へと後退する政治的画期の問題である。後白河法皇が院政を再開し、国政に関与したことが具体的に判明するのは、この閏二月六日の公卿僉議からであり、しかも、平宗盛がみずから後白河院政下の軍事的権門としての政治的地位と役割を担うことを明言したのであるから、この時点が最重要な政治的画期の一つをなしたことはまちがいない。慈円も『愚管抄』（巻第五）で、「平相国入道ハ同五年閏二月五日、温病大事ニテ程ナク薨逝シヌ、ソノ後ニ法皇ニ国ノ政カエリテ、内大臣宗盛ゾ家ヲ嗣テ沙汰シケル」というように、後白河院政が名実ともに再開するのは、たしかに清盛の死を契機としてであった。しかし、この清盛の死にもまして重要な政治的意味をもったのは、高倉上皇の死であった。治承三年十一月の政変以降、高倉親政・院政を傀儡としながら展開してきた平氏の国政領導体制―専権体制―は、既述のごとく、この上皇の死によって致命的なダメージをうけ政治的に破綻を来すにいたったからである。したがって、高倉上皇の死は、国制上における平氏の国政領導体制―専権体制―の崩壊と後白河院政の復活の画期として、決定的な意味をもったのであった。その点で、『百錬抄』が、高倉上皇の死の直後の同年一月十七日条に、「天下万機、法皇如元可聞食之由、被仰下之」と記し、この時点をもって後白河院政の復活としているのは、上皇の死が国制上にしめた政治的意義の重さを的確に認識していたことを示すものといえよう。したがって、平氏の専権体制の崩壊と後白河院政の復活との関連についての画期は、つぎのように理解することができる。まず、当初、平氏が後白河院政の復活を画策したのは、その院政を傀儡化することによって、みずからの国政領導体制を維持するための手段としてであった。しかし、平氏は、高倉上皇という国政領導体制の回転軸を喪失したことによって深刻な打撃をうけ、国制上における後白河院政の復活が決定的なものとなった。もとより平氏は、高倉上皇の死後も、後白河院政の復活を抑えつつ国政の主導権を維持しようとする努力をつづけたが、清盛の死によって最後の歯止めがとりのぞかれて、後白河院政の再開が現実のものとなるにいたったのであった。

かくして、後白河院政が再開されたのであるが、そこにまちうけていたものは、危機的様相を呈する社会的政治的状況であった。法皇みずから、近日、関東いか諸国の叛乱をはじめ、炎旱・飢饉・天変・怪異などの「衆災競起」という状況のなかで、「朕已迷成敗」と弱音を吐かざるをえないほどであった[12]。したがって法皇は、まずなによりも、これらの「衆災」を鎮めることを第一義的な政治課題としつつ、国政の主導権を掌握する体制を固めていく必要があったのである。そのさい法皇が推進した施策の基調は、治承三年十一月の政変以降、平氏の専権体制のもとで破壊された王法仏法相依の国家権力秩序を再構築することによって、これらの「衆災」を鎮め、みずからの治天の君―国政主導者―としての正統性を安定・確立させるという性格をつよくもつものであった。その点でまず注目されるのは、国家的仏神事と公事の興隆である。

高倉親政・院政のもとで、平氏は、後白河院政下で形成されていた国家的仏神事と権門寺院にたいする管掌・統制のシステムを継承して執行しようとしたが、それを有効に機能させることができず、福原遷都によって国家的仏神事の執行はゆきづまり、南都焼打ちで仏敵となったため完全に破綻するにいたったことは、すでに指摘したとおりである。これにたいして、幽閉を解除された法皇は、はやくも前年の末には、院中で千日講懺法や仏名会を執行するなど、治承三年十一月の政変によって断絶を余儀なくされた仏事の再興をはかりはじめていた(13)。しかして、院政を再開し、国家的仏神事の主催者としての地位に復帰した法皇は、諸種の仏神事をはじめ、造寺造仏、諸山諸社への参詣などを積極的に展開していくのであった。福原遷都によって途絶えていた季御読経や成菩提院の念仏会などを復興し(14)、費用不足のため違例にして威儀をかくと批判されながらも、法勝寺の阿弥陀堂念仏や法華三十講などの法会の興行にもつとめている(15)。また、日吉社・今熊野社など諸山諸社への参詣もしだいに活発化していった(16)。これらはいずれも、後白河院政の再開とともにはじまった仏神事の興隆活動の一端を示すものであるが、そのなかでも、とりわけ法皇が力を注いだのは、東大寺の再建事業への取り組みの開始であった。法皇は、はやくも閏二月二十日に、左少弁藤原行隆を左大臣藤原経宗と右大臣九条兼実のもとに遣わし、さきの平氏による没官処分を取り消して、東大寺・興福寺の寺領および寺僧領などを還付したい旨を諮問せしめ、同意をうると、三月二日には寺領等の返還の宣旨をだしている(17)。ついで、同月十七日に、藤原行隆を東大寺に派遣して罹災の状況を実検せしめ（『吉記』）、二十一日には兼実に東大寺・興福寺の造営費用の調達について諮問するなど相ついで再建対策に着手していった（『玉葉』）。やがて、六月二十六日に、東大寺造営の知識詔書をだし、造寺ならびに造仏官として長官藤原行隆いかを任命し、また、大仏殿の木作始めを八月十日、大仏の修補にとりかかる日を十月六日とすることなどを決定し(18)、さらに八月に俊乗房重源を勧進職に補任して活動を開始させるなど(19)、東大寺復興の造営事業はようやくその緒につくにいたったのである。

さて、この東大寺再建の難事業を遂行して仏法の紹隆をはかろうとする法皇の意図は、なによりもまず、国家的祈禱を興隆させることによって、戦乱・飢饉・天変・怪異などの「衆災」が競起し、「天下不静」という危機的状況を鎮め、天下泰平・国土安穏の状況を実現することにあったとみることができる。そのことは、法皇が前記の東大寺・興福寺の寺領などの還付について兼実に諮問したさい、「恒例仏事等」がすべて退転していること、大仏の仏身を鋳造する費用が欠乏していることの二点を、返還の理由にあげ、これをうけた兼実も、

関東鎮西謀反事、已大事也、如此之時、祈請仏法、可待彼効験之処、都無此沙汰、殆似致魔滅、今被返付寺領等者、三論法相之侶、必専丁寧之祈禱、四海八埏之民、定休辛苦之煩費者歟

とのべて、鎮護国家のための祈禱活動の興隆に期待して返還措置に同意していることなどに端的に示されている。[20]

ところで、天下泰平・国土安穏を切実に希求したのは、ひとり後白河法皇や兼実だけでなく、都鄙貴賤を問わずあらゆる人びとのあいだに充満していた要求・願望であった。つとに黒田俊雄氏が指摘されたように、戦乱・災厄・飢饉・病気・収奪・盗難などにより、たえず安穏な生活をおびやかされる構造的特質をもった中世社会を生きる人びとにとって、国土安穏・現世安穏・村内安穏などの〝安穏〟は、〝武勇〟などよりはるかに根源的・現実的な価値をもつ言葉であり、願望であったからである。[21]そうした安穏にたいする人びとの宗教的願望は、後世における救済の願望とセットをなして、「現世安穏、後世善処」・「現世安穏、後世菩提」などと慣用句的に表現されて仏菩薩などに祈願されるのが基本的な形態であった。中世寺院の重要な社会的機能の一つは、そうした「現世安穏、後世善処」の願望にこたえて、祈禱修法、仏事儀礼、年中行事などの宗教活動を積極的に展開することにあったのである。[22]したがって、後白河法皇による東大寺の再建事業―国家的祈禱の興隆―は、人びとのそうした「現世安穏、後世善処」の願望とも緊密な関連をもつものであったとみなければならない。その点について、すで

に久野修義氏は、当時、戦乱や飢饉によって混乱した社会を復興するために、民衆の平和願望・安穏への希求を使命感をもってうけとめて救済活動を展開する聖たちが輩出しており、後白河法皇がそうした聖のひとりである重源を媒介として東大寺大仏を再建したことは、民衆の平和・安穏への願望の組織者としての位置をしめたことを意味し、平和実現のための仏教的徳政とみなされた、という注目すべき観点を提示された[23]。これは貴重な観点であって、当面の課題との関連でいえば、後白河法皇が、貴賤衆庶の現世安穏・後世善処の願望をどのような形態で組織・編成することによって仏法を興隆し、王法仏法相依の国家権力秩序の再構築をはかろうとしたのかという問題を検討する必要がある。これは、もとより多面的な分析を要求される問題であり、その全体的な考察は別の機会に譲らなければならないが、ここでは、東大寺造営の知識詔書を手がかりとして、さしずめつぎの二点だけを指摘しておきたいとおもう。

第一は、東大寺再建の造立発願の主体と勧進形態の問題である。安徳天皇の名のもとにだされたこの造東大寺知識詔書のなかでは、「禅定仙院」(後白河法皇)を造立発願の主体として強調するとともに、その「禅念」を援けて造立を実現するために知識の勧進を呼びかける形態がとられている。そのさい注目されるのは、その勧進の呼びかけが、詔書という天皇の命令を下達する形式をとりながらも勧進を権力的に強制することを避け、各人が自発性にもとづいて知識物の勧誘に応じることを原則にしている点である。そのことは、天皇が「共励興立之思、同結菩提之因」と呼びかけ、諸国の国司にたいして、この勧進に関して百姓を侵擾することを禁じた文言のなかにあらわれている。そうした勧進形態をとった理由の一つが、聖武天皇時代の先蹤や、当時盛行しはじめていた諸寺社の造営形態をふまえた点にあったことはいうまでもないが、しかし、もう一つのより根本的な理由があったことを見失ってはならない。それは、「去今両年、炎旱渉旬之上、謂両寺(東大寺興福寺)之営造、謂追討之兵粮、計民庶之費、殆過巨万歟」という深刻な社会的政治的状況のなかで、「衆庶之怨気」を激化させず、「徳化」(徳政)の一環として、(24)人びとを東大寺再建事業に参加・結集させることができる殆ど唯一の形態であったという点である。しかして、そうした勧進をつうじて、人びとを東大寺再建事業に結縁することによって、かれらの現世安穏・後世善処の願望を実現することができると説くのである。

そこで、第二に問題となるのは、その勧進形態―東大寺再建事業―のなかで、後白河法皇と安徳天皇がしめている位置と役割についてである。この造営事業のなかで、法皇は願主、天皇は勧進者の位置をしめ、衆庶とともに事業を実現することを呼びかけるのであるが、しかし、もとより法皇・天皇は、衆庶と対等な関係で知識衆の一員を構成するわけではない。衆庶は、法皇の「御願」の実現を援ける天皇の勧進に応じて喜捨・奉加することによって、はじめて現世安穏・後世善処の利益をうけることができるのである。それは、この詔書のなかで、「朕之勧進」に遇う者を「民之良縁」といい、その勧進に応じると、「然則率土之濱、霑法雨、以侔華胥、普天之下、染慧風、以同栗陸」と、中国の聖君主の治世のような天下泰平・安穏の国を実現することができると説く文言と論理に端的に示されている。同年八月、東大寺造営勧進の宣旨をうけた重源が、その敬白文において、遠くは旧規を訪い、近くは「今上宣下之勅命」に任せて営作を遂げることを誓い、各人がその能力・財力に応じて、「必答勧進之詞、各抽奉加之志、然則興善之輩、結縁之人、現世指松栢之樹号比算、当来坐芙蕖之華号結跏、其福無量」と記しているなかにも、(25)同じ思想と論理をみいだすことができよう。すなわち、そこには、東大寺再建事業という仏法興隆の主体は、あくまで願主・勧進者としての法皇・天皇であり、貴賤衆庶はその「御願」(王法の政治意思)のもとに結集し奉加することによってはじめて、現世安穏・後世善処の願望を実現できるものとする宗教的構造が形成されているのである。

こうして、東大寺再建という仏法興隆事業は、法皇を願主とする勧進形態をとって貴賤衆庶に直接的にはたらきかけることによって、その現世安穏・後世善処の要求・願望を、法皇の「御願」(王法の政治意思)のもとに吸収・

包摂しつつ、護国利民・護国愛民の徳政・善政の一環を構成するものとして位置づけられるにいたったのである。やがてこの後白河法皇の東大寺再建事業は、王法仏法相依の国家権力秩序の最も有効な回復策の一つとして、公武の政治支配層からも期待され、その支持をうけるようになる。九条兼実は、「大仏則先代聖主之御願也、舎利是末世愚身之所持也、苟以臣之志、忝与君之願、君臣合躰之儀、成就有何疑哉」と期待して、仏舎利を大仏の胎内に納入して王法仏法の紹隆を祈願し、(26)源頼朝も、「世縦雖及澆季、君於令施舜徳者、王法仏法共以繁昌候歟、御沙汰之条、法皇定思食知候歟」とのべて、法皇が、東大寺を再建して「鎮護国家」の祈禱を興行しようとする徳政に合力することを誓うのである。(27)また、法皇のこの「御願」は、重源らの積極的な勧進活動をつうじて民間にもひろく浸透し、大仏鋳造の用途は多く「衆庶之施物」によるといわしめるような状況を生みだしていくのであった。(28)

ところで、この東大寺の再建事業はもとより、後白河法皇が推進しようとした、前記のような仏神事の興隆活動も、たんに法皇の個人的信仰や性行にとどまる問題ではなかった。それらの仏神事は、本来、天皇がおこなうべき国政上の重要な公事の一つであり、それを幼主にかわって法皇が院政の主としてとりおこなったものである点に留意する必要がある。後年、順徳天皇は『禁秘抄』の仏事次第の項において、「天子者専以正法為務、是則仏教興隆也、恒例仏事諸寺破壊可有殊沙汰、其上自御行可有叡心」と記し、その天皇がみずからおこなった仏法の行業の代表例の一つとして、後白河法皇の禁中における千日講懺法の執行をあげている。したがって、後白河法皇の東大寺再建事業のみならず、前記の季御読経・念仏会・法華三十講などの法会の興行や、諸山への参詣なども、すべて天子のおこなうべき仏事の範疇に該当するのであって、その興隆は徳政の重要な一環をなすものにほかならなかったのである。かかる仏教興隆活動は、高倉親政・院政のもとではきわめて不十分にしか展開されず、幼主安徳天皇には全く期待できないものであって、法皇のいわば独壇場をなしたのであった。ここに安徳天皇を擁する平氏では代替することができない、法皇の国政上にしめる独自の政治的役割があったのである。

さらに、法皇は、こうした仏神事以外の禁中の公事全体についても積極的な振興策を講じている。国家的仏神事をはじめとする公事が、福原遷都によって決定的な破綻を来たしたことはすでにみたとおりであるが、平安京へ還都したあとも、依然として「去年遷幸福原以後、公事毎度陵遅」という状態が継続し、(29)公事を担当執行すべき上卿の辞退などが相ついでいる有様であった。(30)法皇は、そうした状況を打開し、公事を旧儀に復する方策の前提として、まず四月十日に、安徳天皇の皇居を八条第から閑院に移している。福原から帰京した安徳天皇は、すぐ五条東洞院の藤原邦綱邸に入り、ついで二月十七日には貴族たちの強い反対にもかかわらず、清盛は警備上の理由を主張して天皇を八条室町の平頼盛邸（八条第）に移していたのである。(31)しかし、このことが、「公事陵遅、上卿已下難渋、諸司遅参、只依八条皇居歟」といわれ、公事陵遅の最大の原因とみなされたため、法皇は蔵人頭藤原経房の進言などを容れて、かつて高倉天皇がながらく皇居とした閑院へ安徳天皇を移したのであった。天下の人びとは、この還幸を「善政」として謳歌したという。(32)もとより、この皇居の移転は、公卿や諸司の参仕の条件を改善することだけが目的だったのではなく、安徳天皇と国政の主導権を、平氏の完全な「独占」体制のもとから切り離して後白河院政のもとにとり込みつつ、公事を復興するという政治的狙いをもっていたものとみるべきであろう。(33)そして、翌十一日、蔵人頭藤原経房は、「於日来違例陵遅者、不可及左右、自今以後復旧規、可被致沙汰」と、諸司・官人らの不出仕をはじめとする条々をあげて、違例陵遅を否定し、旧規に復して公事をつとめるよう下知し、ついで、十二日には、摂政藤原基通にたいし、禁中における公事を興行すべきよう伝えている（『吉記』）。これらの措置が法皇の意向をうけたものであったことはいうまでもない。

この公事や仏神事の復興を実現するためには、当然それをささえ運転する人間が必要であるが、そうした人事面においても、法皇は治承三年十一月の政変で解官された院近臣たちを、漸次、還任・昇任させるなど、国政の主導権を確保する体制を整えていった。はやくも三月六日の小除目で藤原朝定を出雲守に重任したのをはじめ、(34)同月二十四日から二十六日にかけての春除目では、「法皇、今度除目、不可被口入之由風聞」といわれながらも、藤原親信を藤原邦綱没後の周防国の知行国主になし、その子定輔を国守に任じるなど、結局、「毎事似被遂御意趣」と評される人事をおこなっている。(35)さらに九月には、治承三年十一月の政変で解官された藤原光能・平親宗をそれぞれ参議と左中弁に還任ないし昇任せしめるなど、(36)その後、数度の除目をつうじて京官を中心に、政変の解官者の復帰につとめ、やがて翌養和二年三月の除目のさいには、九条兼実をして、「凡去治承三年解官之人々、去冬今春除目、過半還補了歟」といわしめる状況になるのであった。(37)

院政を復活した後白河法皇は、以上のように、高倉親政・院政―平氏の専権体制―のもとで、停滞・衰微していた国家的仏神事や公事の振興を政治的課題の中心にすえて積極的に推進しつつ、王法仏法相依の国家権力秩序を回復・安定させることによって、国政の主導権を掌握する体制を固めていったのである。こうして、後白河法皇の政治権力が強化していく過程は、とりもなおさず、平氏が国政全般を担当した政権の座から軍事部門の担当を基本とする軍事的権門の地位へと後退を余儀なくされる過程でもあった。(38)しかし、もとより平氏の政治的地位が後退したとはいえ、中央政界における唯一の武門であった以上、依然として抜きがたい政治的影響力を維持しつづけたのも事実である。そこでつぎに、軍事的権門としての平氏が、後白河院政下の国政のなかでしめた政治的位置と役割について少し検討しておきたいとおもう。

まず第一は、後白河院政の復活後も、各地に拡大する叛乱・蜂起を追討・鎮圧するための軍事権を平氏が実質的に行使したことである。平氏の専権体制のもとで、「於追討条者、武勇之輩左右也」とされた(39)国家的軍事権の執行は、基本的にはその後も平家の都落ちにいたるまで、「征討之謀、将帥之宦也」「守護事将帥之計也」として平宗盛の手に維持されつづけるのであった。(40)しかも、その軍事権の執行は、たんに戦闘にあたっての軍事指揮権のみにとどまらず、兵士・兵粮米の確保をはじめ軍備体制の拡充・整備に必要な政治的措置についての発言権までを含む広範な内容のものであったのである。治承五年の一月二月段階で、平氏は、前記のように総管・総下司職などの機構を設置して在地掌握と兵士・兵粮米の徴発などにつとめたのであるが、その後も、四月十日に平宗盛は、九州における菊地・緒方氏らの叛乱に対抗すべく、難色を示す公卿たちを説得して、平氏家人で大宰府の有力府官でもあった原田種直を少弐に補任して大宰府機構の掌握体制の強化をはかっている。(41) さらに八月には、源頼朝と木曽義仲の追討に備えて、藤原秀衡を陸奥守に、城助職を越後守に抜擢して軍事体制を整える策を講じている。この策も、「京都官兵」のみをもってしては、関東の叛乱勢力を追討できないとみた平宗盛が、後白河法皇に奏上して実現させたものであった。そのさい、法皇から諮問された九条兼実は、「追討之間事、偏大将軍之最也、而前大将(平宗盛)被申計之趣、不可及異議」との立場から藤原秀衡の陸奥守補任に同意し、さらに、この緊急事態のもとでは、物事の道理や後害・謗難などを念頭におかず、当面の事態に場当り的に対処する以外に方策はないのであるから、公卿議定などは必要がなく、何事によらず法皇と平宗盛が相談して実施されたらよろしいであろうと、一種の絶望的な心境をこめて返答している。(42) しかし、八月十五日の除目で、藤原秀衡・城助職の受領補任が実現すると、さすがに兼実は沈黙することができず、その日乗に「天下之恥、何事如之哉、可悲々々、大略大将軍等計略盡了歟」との批判の言葉を書きとどめるのであった。(43) これらの事例は、いずれも、戦時体制の強化策が緊急課題となった状況のもとで、軍事権の執行を担当する平氏の政治的意向や発言力が依然として国政のなかで大きな比重をしめつづけている点とともに、とりわけ戦闘と軍備の体制を強化・拡充するうえで不可欠の機能をもつ現地支配機構の面で、平宗盛の意向がいわば緊急避難的な政治措置として優先的に採用されたことなどを物語っているのである。寿永元年（一一八二）に、安芸国において厳島神社の神主佐伯景弘を在国司に補任し、ついで翌年七月に国衙に勧農使を設置しているのなども、平氏のそうした国衙在庁機構—現地支配機構—の掌握体制

の強化策の一環をなすものであった。(44)

しかし、第二に、平氏が後白河院政下で保持した政治的権限は、やはり軍事権の行使を基本とするものであって、国政権の全般におよぶものではなかった点に注目しなければならない。追討などにあたって、国家的軍制を発動させる権限は、本来、天皇の大権事項に属しており、この段階では、後白河法皇が、「治天の君」としてその権限を掌握していたのである。既述のように、平宗盛が、法皇らの宥行路線を抑えて東国の叛乱にたいする追討を遂行するためには、どうしても院宣や院庁下文を獲得する必要があったのであるし、その後も、九州の菊地高直にたいする追討使の派遣をはじめ、(45)追討の停止などもすべて法皇の院宣によって決定されたのであった。(46)したがって、平宗盛の軍事権はあくまで法皇の統率権（最高指揮権）のもとで行使されたのであって、決して自立したものではなかったのである。法皇が追討使の任免権を掌握している以上、追討にあたって必要な軍備や兵站体制の整備などに関する最終的な決定権もまた法皇に属したのであった。平氏は、すでに高倉院政のもとで院宣によって兵士・兵粮米などを徴発する体制を形成していたのであるが、(47)後白河院政の復活にあたって、平宗盛は今後、兵粮米の徴発方法などもすべて院宣にもとづくと言明しており、(48)事実、それよりのちは、後白河法皇の院宣によって兵士・兵粮米などが徴収されているのである。(49)これらは、いずれも、平氏が後白河法皇の統率下において軍事権の執行を担当する存在であったことを示すものにほかならない。しかも、それに関連して留意すべきは、当時、叛乱や賊徒の追討・鎮圧にあたって、軍事力の行使はあくまでその一面にすぎず、いま一つの国家的祈禱による調伏・鎮圧活動が不可欠であり、両者があいまってはじめて追討・鎮圧が可能であると考えられていたことである。そのことは、福原から還都した平氏が、治承四年（一一八〇）十一月三十日の高倉院殿上における公卿僉議で「東国逆乱」の対策として追討使の派遣とともに祈禱・徳政の実施を決定して着手し、また、後白河院政が復活した最初の翌五年閏二月六日の公卿僉議で、「関東逆乱」について宥行か追討かを審議すると同時に、逆乱鎮圧の祈禱を可能なかぎり沙汰することを決めた、既述の例などに端的にあらわれている。つまり、追討という国政上の重要事項は、軍事力の行使と祈禱などの宗教活動との二つから構成されており、後白河法皇は国家的仏神事の祭儀権を一身に統轄することによって、追討の面でも不可欠の役割を演じたのであった(50)。したがって、平氏が軍事的権門として国政上にしめる比重はなお大きなものがあったが、しかし、追討の面にかぎっても、そのすべてを平氏が担当したのではなく、基本的には軍事力の執行面に限定されていたのである。

後白河院政下で、軍事的権門としての平氏がしめた政治的位置と役割はほぼ以上のようであるが、このことは、国政全体のなかで平氏のはたす政治的役割がとうてい法皇のそれに拮抗できるものではないことを意味するものであった。しかも、国政上において法皇と平氏が演じた政治的役割はきわだった対照を示したのである。戦乱・旱魃・飢饉などによる危機的状況が深刻化し、現世安穏・後世善処を希求する貴賤衆庶の願望がますます切実になるなかで、後白河法皇が東大寺の再建をはじめ仏神事の興隆につとめ、その祈禱の力をもってこれらの「衆災」を鎮め、天下泰平・国土安穏を実現すべく努力を傾注したことは、すでにみたとおりである。したがって、国政上における法皇は、まずなによりも、国家的祈禱を統轄して王法仏法相依の国家権力秩序を回復するとともに、天下泰平・国土安穏など護国利民・護国愛民の徳政を実現する中心的な担い手であり、いわば平和と安穏の象徴としての役割を演じることが期待される存在だったのである。

これにたいして、東国をはじめ各地の叛乱勢力と対決し、軍事力でそれを鎮圧すべき役割を担う平氏にとっては、戦闘遂行に必要な増援部隊を編制し軍用物資を確保することが最緊要な課題であった。そのため平氏は総管・総下司職などの機構を新設し、家人・郎等らを総動員しつつ、武力でもって兵士・兵粮米を強制的に賦課・徴発しなければならなかったのである。こうした軍事動員体制の展開は、必然的に民衆にたいする支配と収奪をいっそう激化し、貴族・寺社などの荘園本所にも甚大な負担・被害を強いるものとなった。惨状をきわめる大飢饉のなかでの「兵粮之苛責」は、ひとえに人力を消耗させて民衆に「楚痛之悲」を抱かしめ、[51]「兵粮米事、万民之愁、一天之費、只有此事歟」と嘆ぜしめる状況を生みだすにいたった。[52]しかも、軍事動員と徴発の強行にともなって不可避的に発生する官兵（平氏方武士）の掠奪・押領・狼藉などの激増は、かねて進展しつつあった在地諸階層との対立をますます熾烈にしたばかりでなく、貴族・寺社らの政治支配層のあいだにも、追討使の派遣や戦闘の遂行をめぐって批判・反発・懐疑の姿勢をあらわにする者を輩出させることとなった。豊後国の知行国主藤原頼輔が「云賊徒、云追討使、旁以国中損亡之基也」と主張して国内への追討使の派遣を停止するよう要請し、[53]鴨御祖社が「社領年貢、為悪僧賊徒官兵等、被押取之間、毎日御供欲闕乏事」を訴えるとき、[54]そこにはもはや追討使・官兵と賊徒・悪僧らとの別なく、ともに戦争を拡大し、支配と収奪の強化をはかるものとして拒絶し、みずからの権益を擁護しようとする姿勢がはっきりと示されている。九条兼実が、「賊首」を誅しても、民を滅亡せしめては元も子もないという観点から、武力による追討よりも、まず「衆庶之怨気」を鎮める徳政の必要を強調するのも、かかる状況のもとにおいてであった。[55]

こうして、まさに後年、『平家物語』（巻第十一、一門大路渡）が、「治承養和の飢饉、東国西国の軍に、人種ほろびうせたり」と評するような壊滅的な危機が進展していったのであるが、平氏はその戦争遂行の直接的な責任者として、「衆庶之怨気」と抵抗を一身に集中させるにいたったのである。たしかに、平氏は後白河法皇の統率権（最高指揮権）のもとで、軍事権の執行を担当する存在であって、追討使の任免権、兵士・兵粮米の徴発権をはじめ、国家的軍制の最終的な発動権は法皇が掌握していたのであるから、その戦争遂行の責任は法皇をはじめ権門貴族層も分担すべきものであった。しかし、現実には、「衆庶之怨気」や抵抗は、追討使や官兵として眼前に立ち現われる平氏に集中し、ついに法皇や摂関の戦争遂行の責任が追及されることはなかった。戦争指揮の必要上から「追討之間事、偏大将軍之叓也」として大幅な権限の行使を平氏に委譲した法皇や権門貴族は、「治承以降、平氏党類暗称兵粮、掠成院宣、恣宛五畿七道之庄公」というごとく、(56) 軍事行動のすべての責任を平氏の独断専行に帰し、人びとはそれに眼をうばわれたからである。かくして、国政上における後白河法皇と平氏は、法皇が国家的仏神事の興隆などに力を傾注して「衆災」を鎮め天下泰平・国土安穏につとめる平和と安穏の象徴として、平氏が戦争を独断専行的に遂行して「衆庶之怨気」を一身に集める存在として、対照的な政治的役割を演じることとなったのであった。

(1) 『玉葉』治承四年十一月二十三日、二十六日条、『山槐記』治承四年十二月十九日、二十四日、二十八日条、『山丞記』治承四年十二月八日、十九日、二十四日、二十八日条など。
(2) 『玉葉』治承四年十二月十八日条。
(3) 『玉葉』治承五年一月七日、八日条、『明月記』治承五年一月九日条。
(4) この点の詳細については、本書第六章高倉親政・院政と平氏政権の第三節を参照。
(5) 『玉葉』治承五年一月十六日、十九日、二月八日の各日条。
(6) 『玉葉』治承五年二月四日条。
(7) 以上、『玉葉』治承五年閏二月五日条。
(8) 『玉葉』治承五年閏二月六日、七日条。以下、この僉議についてはとくにことわらないかぎり、これによる。
(9) 『玉葉』治承五年閏二月九日条。
(10) 『玉葉』治承四年十一月二十六日条。
(11) したがって、廟堂貴族にとっては武士一般を国家権力機構から排除する必要はなく、平氏以外でも忠実で役に立つ武士ならいつでも採用してよかったのである。これにたいし、平氏のばあいは、平氏と拮抗しうる可能性をもった武士はつねに排除しなければみずからの政治的地位を確保できなかったのである。
(12) 『玉葉』治承五年七月十三日条。
(13) 『山槐記』治承四年十二月十六日、二十二日の各日条。
(14) 『吉記』治承五年五月二十七日条、『玉葉』養和元年八月七日条。

(15)『吉記』治承五年三月十日条、五月四日条など。
(16)『玉葉』治承五年四月一日、十日条など。
(17)以上『玉葉』治承五年閏二月二十日、二十一日条、治承五年三月二日官宣旨案（『平安遺文』三九五八号）。
(18)『吉記』『玉葉』治承五年六月二十六日条、『東大寺続要録造仏篇』。
(19)『東大寺続要録造仏篇』。
(20)『玉葉』治承五年閏二月二十日条。
(21)黒田俊雄「中世における武勇と安穏」（同『王法と仏法』所収）。
(22)拙稿「中世前期の寺院と民衆」（『日本史研究』二六六号）。
(23)久野修義「中世寺院と社会・国家」（『日本史研究』三六七号）。
(24)註(12)に同じ。
(25)『東大寺続要録造仏篇』。
(26)寿永二年五月十九日藤原兼実願文（『平安遺文』四〇八九号）。
(27)『吾妻鏡』文治元年三月七日条。
(28)註(26)に同じ。
(29)『吉記』治承五年四月十日条。
(30)『吉記』治承五年三月二十九日、四月四日条など。
(31)以上、『玉葉』治承五年正月二十九日、二月十一日条、『百錬抄』治承五年二月十七日条、『吉記』治承五年四月十日条。
(32)註(29)に同じ。
(33)この点、上横手雅敬「平氏政権の諸段階」（安田元久先生退任記念論集刊行委員会編『中世日本の諸相上巻』所収）にすぐれた指摘がなされている。
(34)『吉記』『玉葉』同日条。なお、『玉葉』によれば、藤原朝定の重任は父の権中納言藤原朝方が、後白河法皇の幽閉中しきりに音信を通じていたためであるという。
(35)『玉葉』治承五年三月二十七日条。このときの除目の具体的な様子については、『吉記』の各日条に詳しい。なお、藤原定輔は治承三年十一月の政変で右馬頭を解官された院近臣である。

(36) 『吉記』養和元年九月二十三日条。なお、後白河法皇が、藤原光能の復活をはやくからもくろんでいた点については、『玉葉』同年六月二十五日条など参照。

(37) 『玉葉』養和二年三月九日条。なお、この点についての具体的な研究としては、松島周一「清盛没後の平家と後白河院」(『年報中世史研究』一七号)がある。

(38) この両者の隆替は、ときに武力抗争にまで発展しかねない鋭い政治的緊張関係のなかで進展している。その点については、『玉葉』治承五年閏二月五日、二十四日、四月一日、九日条など参照。

(39) 『山槐記』治承四年十一月三十日条。

(40) 『玉葉』寿永二年六月九日条、『吉記』寿永二年七月二十二日条。

(41) 『吉記』治承五年四月十日条。なおこの点については、石井進『日本中世国家史の研究』八六～九一頁参照。

(42) 『玉葉』養和元年八月六日条。

(43) 『玉葉』同日条。なお『吉記』同日条にも「秀衡助職等人以嗟歎、故不能記録」と記しており、この補任にたいして貴族層の批判が集中していたことをうかがわせる。

(44) 寿永元年三月安芸守佐伯景弘譲状(『平安遺文』四〇二六号)、寿永二年七月散位平兼資解(『平安遺文』四〇九八号)。平氏の安芸国支配については、本書第三章平氏政権の国衙支配を参照。なお、後白河院政の再開にともなって治承三年十一月の政変で解官された人物があいついで復帰してくるが、松島周一前掲論文(註37)によって指摘されているように、それは京官であって、受領についてはほとんど変動せず平氏が掌握している。しかし、これは必ずしも、後白河法皇と平氏の政治的な力関係をそのまま示すものではなく、叛乱に対決する軍事体制を維持していく必要上からも、受領に平氏を補任しておかなければならなかった点を考慮すべきであろう。

(45) 『吉記』治承五年四月十三日、十四日条。

(46) たとえば、『吉記』寿永元年九月十四日、寿永二年七月二十四日条など参照。

(47) たとえば、『山槐記』治承四年十二月十日、十四日条など参照。

(48) 『玉葉』治承五年閏二月六日条。

(49) たとえば、『吉記』養和二年三月十七日条、寿永二年七月二十四日など参照。

(50) たとえば、『玉葉』治承五年六月二十日、七月十三日、寿永二年五月二十一日、二十九日条、『吉記』寿永二年六月二日、三日条など参照。
(51) 『玉葉』養和元年七月十五日条。
(52) 『吉記』養和二年三月二十六日条。
(53) 『玉葉』治承五年二月二十九日条。
(54) 『吉記』治承五年三月八日条。
(55) 註(12)に同じ。
(56) 『玉葉』寿永三年二月二十三日条。

むすび

後白河院政の復活とともに、平氏は以上のような政治的枠組みのなかで、政権の座から軍事的権門の地位へと後退・転落していったのであるが、もとよりこのことは、国政上における平氏の発言権や政治的影響力が一挙に消滅したことを意味するのではない。中央政界における唯一の武門として軍事権の執行を担当する平氏の政治的比重はやはり大きく、また、戦闘遂行の必要上からも大幅な権限を委譲されたからである。しかし、まもなく法皇が、仏神事・公事の振興をはじめ重要な政策決定のリーダーシップを掌握するのに比例して、軍事力の執行面以外の国政にたいする平氏の発言力が低下していくのであった。そうした平氏の政治権力の低落は、たんに中央政界内部における法皇と平氏との権力抗争のなかでのみ生じたのではなく、より根本的には、平氏の軍勢催促・兵粮米徴発の強化などにたいする諸階層の忌避・抵抗の激化と、平氏討滅をめざす源氏らの叛乱勢力の蜂起の拡大という状況のなかで、平氏の軍事力の執行がゆきづまり崩壊することによってもたらされたものであることに注目する必要がある。そこで最後に、この点にふれて本章をむすびたいとおもう。

治承五年（一一八一）閏二月十五日、前述のように後白河法皇らの宥行路線をおさえて追討路線を敢行すべく濃尾の国境をめざして発向した追討使平重衡は、翌三月十日、平通盛・維盛・知度・忠度らとともに、源行家の率いる軍勢を尾張の墨俣川の一戦で撃破した。(1) この勝利は、かねて総管・総下司職を設置し、伊勢・美濃両国ではすでに二月初旬ごろから渡船を点定して美濃国に廻漕して戦備を整えるなど、(2) 平氏の総力を結集した軍事動員体制によってもたらされたものであった。その結果、濃尾方面からの源氏軍の進攻は阻止され、東海道方面の戦局に、一時、軍事的な均衡状態が生じたのである。しかし、他方、このころから叛乱は、東国・鎮西だけでなく畿内近国から西国へと波及し、ますます全国的な動乱の様相を深めていくのであり、なかでも、平氏にとって甚大な脅威となったのは北陸道における木曽義仲の動向であった。平氏の命令をうけた越後の豪族平助職が、同年六月十三日から十四日にかけて一万余騎をもって信濃の義仲を攻めて惨敗すると、(3) 越中・加賀・能登・越前などの国人（在地武士）のうちから源氏に応じて蜂起するものがあいつぎ、七月下旬には能登国の目代が都に逃げ帰る有様となるなど、(4) 北陸道諸国の情勢がにわかに緊迫するにいたった。

こうした情勢のなかで、平氏は各地の叛乱勢力に対決するために戦闘体制の整備・強化に必死の努力を傾注しなければならなかった。墨俣川の合戦の直後からすでに官兵の兵粮は尽きていると噂される状況にあった平氏は、(5) いわば一から兵士・兵粮米などの軍備を確保する必要があったのである。しかし、大飢饉のなかでの軍事動員体制の強化は、在地諸勢力の忌避・抵抗にあって困難をきわめ、「前幕下《平宗盛》其勢逐日減少、諸国武士等敢不参洛」という有様となり、そのため「近日奪貴賤之領、賜勇武之輩、万倍於先々」と非難されたように、貴賤の所領を奪って武士に給与するなどの非常手段に訴えて軍事力の増強をはかったが効果なく、違背者が続出するにいたったという。(6) しかして、東国をほぼ平定した源頼朝が、はじめて後白河法皇に密奏して、平氏の軍事的権門としての地位を根底から揺るがすような要請をしたのは、まさにその頃―七月末―のことであった。『玉葉』の同年八月一日条によれば、その上奏文の内容は、頼朝にはまったく謀叛の心はなく、君（法皇）の御敵を討伐しようとしているだけであり、もし平家を滅ぼしてはいけないのならば、むかしのように源氏平氏相並んで召し仕われ、「関東為源氏之進止、海西為平氏之任意」し、国司は上から任命して、東西の乱の鎮圧には両氏をあたらせ、いずれが「王化」をまもり「君命」にしたがって活躍するか試されたい、というものであった。つまり、頼朝はすでに東国で現実に確保した軍事的支配権を背景に、後白河院政下における軍事的権門として平氏に拮抗ないしそれを凌駕する政治的地位を保証するよう要請しているのである。この頼朝の提案は、すでにみたように、院政の復活当初から、頼朝の軍事行動の目的を、平氏を討滅して源氏の勢力の興隆をはかることにあるとみて、宥行路線を模索する姿勢をとっていた法皇らにとっては、別に衝撃的なことではなく、むしろ歓迎すべきものであったにちがいない。そこで法皇はその内容を平宗盛に示して相談したが、それは相談というより同意を要請するものであったようである。そのことは、宗盛がこの案を「尤可然」としながらも、たとえ一人になっても頼朝と戦えという平清盛の遺言があって、勅命といえども承諾できないと拒絶している点に示されている（『玉葉』同日条）。宗盛にとって、この提案を受諾することは、国制上における唯一の軍事的権門の地位を放棄することを意味するばかりか、軍事的権門としての地位そのものさえ頼朝によって奪われかねない危険性をもつものであったから、この拒絶は当然であったといえよう。しかし、このような提案・要請をめぐって政治的交渉がはじまったこと自体が、平氏の政治的地位と軍事力の凋落を端的に物語っており、この提案は法皇ら廟堂貴族のあいだに頼朝にたいする声望をたかめる端緒となったのである。

かくして、頼朝の「和平」提案を拒絶した宗盛は、八月中旬になると諸方に追討軍を派遣して決戦態勢に踏みだしていった。八月十五日には但馬守平経正を北陸道追討使として木曽義仲の攻撃に遣わすとともに、藤原秀衡を陸奥守、城助職を越後守に任じ（『玉葉』『吉記』）、ついで翌十六日には中宮亮平通盛を北陸道に向わせ、さらに伊勢守藤原清綱・上総介藤原忠清らに頼朝を攻めさせようとしたのである（『吉記』『吾妻鏡』）。だが、その軍事体制の脆弱さは、すでにおおうべくもなかった。そのことは宗盛自身も認識しており、藤原秀衡と城助職を陸奥守・越後守に補任するよう主張して実現したのも「京都官兵」をもってしては関東の叛乱を追討することができないからであった。(7)また、宗盛が熾盛をきわめる諸国の叛乱を鎮めるためには祈請を興隆する必要があると強調して諸社に荘園を寄進するよう院に奏上して貴族たちの反対をうけるのも、(8)軍事力の脆弱性を祈禱によって補強しようとするものであって、そのことは、後述するように、まもなくかれみずからの口によって表明されることになるのである。はたして北陸道に向った平通盛・経正の追討軍は、叛乱勢力の頑強な抵抗にあい、九月になるとその苦戦・敗北をつたえる情報や噂がしきりに京都にもたらされるようになり、(9)ついに、「東国北陸共以強大、官軍尫弱」と評されるにいたった。(10)こうして、「四方之賊勢甚強大、官軍非可敵対歟」という情勢が進展するなかで、平氏の戦闘遂行力が低下すると必然的にその政治的地位も凋落し、九月ごろからは、平氏が安徳天皇いか重臣を率いて都落ちして西海に赴く計画をたてているということが密かにささやかれはじめ、(11)また、ある青女房に、平氏の滅亡を告げる春日大明神の託宣があったという噂がひろく流布する有様となった。(12)

このような状況のもとで、九月二十九日に九条兼実をたずねた権中納言源雅頼は、平家の都落ちは現在ただちにというわけではなく、関東勢が襲撃してきたさいに敢行するつもりらしいということと、平宗盛が「不可知天下事」の旨の起請をおこなった、という二つの伝聞を語っている（『玉葉』同日条）。このばあい、後者の宗盛が誓ったという「天下之事」の正確な内容は詳らかではないが、しかし、既述のような国政上における法皇と宗盛の政治的位置と役割を念頭におくと、この「天下之事」は国政全般にかかわる権限をさすのではなく、やはり軍事的権門として国政の一翼を担当することを放棄することを意味したものと解すべきであろう。というのも、この起請の件が事実かどうかは別として、宗盛はすでにこのとき、軍事的権門としての役割を放棄するものとうけとられかねない姿勢を示していたからである。この前日の二十八日、宗盛は使者を大外記清原頼業のもとに遣わして、「天下事、於今者武力不可叶、可廻何計略哉」とのべ、伊勢大神宮の臨時祭、八万四千基塔造立のほかに、どのような善政をおこなうべきかを問わしめており、これにたいして頼業は「他人難申左右」「偏可在御意」などと返答している。(13) それにしても、国家の軍事権の執行を担当する宗盛が、「天下事」いまにおいては武力にかなわずと、みずから言明し、仏神事へ傾倒することによって軍事力の脆弱さを補強しようとしていることは、軍事的権門としての地位を放棄するものと解されてもやむをえないことであって、源雅頼が兼実に語った起請の件も、そうした宗盛の政治姿勢から生じた噂であったと考えられるのである。だが、この時点で、武力による叛乱の鎮圧を不可能視する認識をもったのは、ひとり宗盛だけでなく、後白河法皇もまた「天下乱逆、於今者、及獲麟乎、武略難及、徳政不可叶」ということで、みずから伊勢神宮へ参拝して祈請する案を兼実に諮問して反対されている。(14)

さて、叛乱の追討という国政上の重要事項において、軍事力でもって鎮圧を担当する任務をもつ平氏が、その戦闘遂行能力を喪失していくのに比例して、逆乱鎮圧の祈禱などの宗教的手段によって叛乱を鎮め国土安穏を実現しようとする活動がますます重要な意義をもつにいたったのである。このことは、とりもなおさず、国政上にしめる平氏の政治的地位がいちじるしく低下し、国家的仏神事の祭儀権を統轄してその興隆につとめる後白河法皇の役割と政治権力がいっそう重要性をまし強化されることを意味するものであった。しかし、事情はどうあれ、平氏が軍事的権門の地位を維持しようとするかぎり、宗教的手段によってではなく、あくまで軍事力による鎮圧を遂行しなければならなかったのである。

そこで十月にはいると、平氏は大規模な追討計画をたて、三日に平維盛を北陸道攻めのため近江国に下向させ、十一日には平知盛・清経を越前国へ、平重衡を東海・東山両道から東国方面へ、平頼盛を紀伊国へそれぞれ進発させることとした。[15] ところが、この計画はいくたびも延期されたあげく、ついに実施されず、[16] この年の十一月中旬すぎには、さきに北陸道追討使として派遣されていた平通盛も京都にひきあげてしまうのである。[17] この追討計画が挫折したのは、戦闘に必要な軍事力を確保できなかったためであるが、その主要な原因としては、兵士・兵粮米の徴発などにたいする在地諸勢力の抵抗の激化のほかに、やはり深刻な飢饉の影響をあげなければならない。大凶作による飢饉は翌寿永元年（一一八二）にもひきつづき、平氏の軍事行動はいちじるしく制約されたが、事情は源氏らの叛乱勢力の側にとっても同じであった。したがって、この年は、あまり大規模な戦いはなく戦局は一種の膠着状態に陥ったのである。

あけて寿永二年（一一八三）になると、平氏は諸国の兵士を動員して総力を結集し、四月に平維盛の指揮する四万の大軍をもって北陸道へ進撃したが、五月中旬、越中礪波山の戦いで木曽義仲に撃破された。義仲は平氏の軍勢を追撃して京都をめざし、六月末から七月にかけて近江国を経略し、延暦寺の堂衆勢力と提携して、七月二十二日に近江源氏らの武士を相伴して延暦寺にのぼり、京都に攻め込む態勢をとった。このため七月二十五日、ついに平氏一門は、かねての計画どおり、安徳天皇を擁して西走し、ここに軍事的権門としての平氏は、国政上から完全に没落するにいたったのである。

（1）『吾妻鏡』治承五年三月十日条、『玉葉』『吉記』治承五年三月十三日条。
（2）この点、石母田正「鎌倉幕府一国地頭職の成立―鎌倉幕府成立史の一節―」（同『石母田正著作集第九巻中世国家成立史の研究』所収）を参照。
（3）『玉葉』治承五年七月一日条。
（4）以上、『玉葉』治承五年七月十七日、二十四日条など参照。
（5）『玉葉』治承五年三月二十八日条。
（6）『玉葉』養和元年八月一日条。

（7）『玉葉』養和元年八月六日条。
（8）『吉記』養和元年八月三日条、『玉葉』養和元年八月四日条。
（9）『吉記』養和元年九月一日、九日、十日条、『玉葉』養和元年九月二日、九日、十日、十二日条など。
（10）『玉葉』養和元年九月二十日条。
（11）以上、『玉葉』養和元年九月十六日、十九日条。
（12）『玉葉』養和元年九月十七日条、『吉記』養和元年九月二十日条。
（13）『玉葉』養和元年九月三十日条。
（14）『玉葉』養和元年十月二日条。
（15）『玉葉』養和元年十月四日条。
（16）『玉葉』養和元年十月十日、十一日、十三日、二十七日条など。
（17）『吉記』養和元年十一月二十日条。

終章　平氏政権の歴史的位置

序章で設定した研究課題にもとづき、平氏政権の成立・確立・没落の過程を、以上の八つの章にわけて考察してきた。もとより、これで考究すべき問題がつきたわけではないが、しかし、当初の企図を一通りはたしえたのではないかと考える。そこで、最後に、本章では、これまで分析してきた主要な論点を総括する視角から、平氏政権の歴史的位置づけをおこなうことによって、本書の論述をむすびたいとおもう。

一

平氏武士団と院政政権の結合が顕著になりはじめるのは、永長二年（一〇九七）に、隠岐守平正盛が伊賀国北部の鞆田村・山田村などに散在する二十余町の家地・田畠を、白河上皇の愛娘の媞子内親王の菩提所六条院御堂に寄進して鞆田荘を成立させたころからであった。その後、正盛は白河上皇の北面の武士となり、検非違使として頻発する寺院大衆の嗷訴の防衛や強盗の追捕に、追討使としては、嘉承二年（一一〇七）の源義親の討伐をはじめ各地の反徒を制圧するなど、院権力の手兵として遺憾ない活躍を展開していった。ついで、その子忠盛も、父のあとをうけて、検非違使・追討使として、嗷訴や海賊・反徒の鎮圧などに奮迅のはたらきをして武門の名を高め、すでに白河院政の末期には、院の政治権力をささえる不可欠の武力的支柱としての位置をしめ、鳥羽院政期にはいると、刑部卿にまでなって国家権力の中枢部への地歩を着実に進めていくのである。さらに、正盛は隠岐守のあと、院分受領として若狭・因幡・但馬・丹後・備前・讃岐などの国司となり、忠盛も、白河・鳥羽院政下において伯耆・越前・備前・美作・尾張・播磨などの受領を歴任したのであった。

こうして、正盛・忠盛が、追討使・検非違使などの国家の軍事警察機構に進出し、また諸国の受領を歴任する背景には、白河・鳥羽上皇の積極的な擢用策があったわけであるが、両上皇がそうした擢用策をとった理由として、さしずめつぎの二点を指摘することができる。一つは、院政のもつ政治的性格に関連するものであって、政治権力としての院政は、貴族階級のあいだにかぎっても国政上不可欠のものとして要求される存在ではなく、中央政界においては摂関家の一派をはじめ反院政勢力がたえず存在し、上皇が国政に関与すること―院政―を否定しようとする政治行動が執拗に展開された。したがって、そうした政治状況のもとで、白河・鳥羽上皇らが他の権門や政治勢力を牽制しつつ院政をおこなうためには、みずからの統率下にある院近臣や北面の武士などをあらゆる機会をとらえて中央・地方の国家権力機構のなかに配置し、それを媒介として国家権力のヘゲモニーを掌握する方法をとらなければならなかったからである。さらにもう一つの理由として、この時期には、在地における諸階層の台頭と闘争の激化によって、国家権力の支配機構そのものがしだいに執行能力を喪失する危機に直面し、貴族階級が在地支配を実現するための武力装置や権力機構を再編強化せざるをえない状態においこまれていた点に注目する必要がある。上皇が国政を領導し院政を維持していくためには、当然、そうした国家権力の構造的危機に対決しうる政治的能力のいかんが問われるのであり、そのために院政の主は是非とも執行権力の支柱としての武力組織を増強することが要求されたのであった。正盛・忠盛の受領の歴任も、やはりその根本的な原因は、国衙支配がもはや従来のように貴族層のみを主体とする権力では支配が困難となった情勢のなかで、院が平氏を登用しその武力によって支配を実現しようとしたところにあったのである。

ところで、院政と平氏武士団の結合は、こうした国家権力の公的な支配機構の面だけでなく、院政の権力基盤をなす家産制支配機構の面でも進展していった。平忠盛はすでに白河院政の末期に院判官代になっていたが、鳥羽院政がはじまるとただちに厩預に任じられ、以後、死にいたるまで院庁で重要な地位をしめた。また、保元三年（一一五八）に後白河院政が開始されると、まもなく平清盛をはじめ平氏一門が院庁に進出し、急速にその数を増加させる。しかも、鳥羽上皇によって忠盛が肥前国神崎荘の預所などに登用されて以後、平氏一門は院領荘園の預所に多数登場し、院領全体のなかでしめるその比重を増大させていくのである。平氏一門のこうした院の家産制支配機構への登場もまた、基本的には在地における諸階層の闘争が激化するなかで、院が荘園制支配を実現していくためには、既存の政治的地位と権威のみでは支配を維持することができず、荘園制支配機構の内部に武力をくみこみ支配体制を再編・強化しなければならない状況を背景として進展していったのであった。同じころ、摂関家においても、家領荘園の武士のうち特定の「兵の家」の者を「侍」として権力編成して家産制支配機構のなかに登用していた。このことは、院政期の権門貴族の荘園制支配そのものが、もはやかれらの政治的地位と権威だけにたよる「古代的」なものではなく、在地の封建化に対決してその内部に独自の武力組織をくみこんだ封建的な支配体制へと再編・強化されつつあったことを物語るものである。しかして、平氏は、たんなる古代国家の傭兵隊長ではなく、いわば院の家産制軍隊の長として、院領における荘園制支配の一翼を担うものとして家産制支配機構に編成され、検非違使・追討使・受領などとして国家権力機構のなかに送りこまれていったのであった。やがて、保元の乱では、藤原忠実、頼長父子が預所などをつうじて家領荘園の軍兵を動員してその軍事力にしようとしたため、乱後の処分において預所・沙汰人が広範に改定され、摂関家が家領支配のために形成してきた武力組織が壊滅状態となるにいたった。そのため、関白氏長者藤原忠通は、家領荘園の支配を実現するための武力装置を再建する必要に迫られ、それを平氏との連繫に求め、政所や預所などの支配機構の内部に平氏の武力をくみこんでいったのであった。これによって、平氏は院ついで摂関家という権門貴族の最も重要な権力基盤をなす家産制支配の面で、その大土地所有を実現するための不可欠の武力的支柱としての位置をしめるにいたったのである。

かくして、国家と権門の権力機構に進出した平氏は、正盛いらい形成してきた権力組織（武士団）に立脚しつつ、これらの支配機構を媒介として、積極的にみずからの権力基盤と組織の拡大につとめていった。平忠盛がその死にさいして、「経数国吏、富累巨万、奴僕満国、武威軼人」（『宇槐記抄』仁平三年正月十五日条）と評されたごとく、正盛・忠盛らは受領を歴任する間に、その収奪によって巨万の富を築くとともに、任地の在地領主層を家人・郎等（奴僕）に編成して権力基盤を構築していったのである。そのさい、かれらは在地領主層が院へ荘園を寄進する仲介者となり、みずからは領家・預所などの地位をしめ、正盛が鞆田荘でおこなったような形態をとって在地領主層を家人・郎等などに組織することによって権力基盤を形成していったものとみられるのである。保元の乱後、平氏一門の知行国主・国守の数がしだいに増加するが、その段階においても、平氏はこの荘園関係の設定を媒介とする基本的形態を継承しつつ積極的に在庁勢力や在地領主を組織化していったのである。その典型的な事例を第三章でとりあげた安芸国のばあいにみることができよう。また一方、院・摂関家の家産制支配機構に進出した平氏は、第一章・第二章で分析したような形態で荘園制支配に関与しながら在地にみずからの権力基盤と組織を形成していったのである。この院領・摂関家領における平氏の荘園制支配の最も注目すべき特色は、その荘園制支配機構を媒介に在地領主の一部を家人・郎等などに編成しつつ、その領主制支配の進展をバックアップすることによって在地に権力組織を形成し、地代の中間搾取を増大させていく点にあった。

平氏政権は、こうした権力基盤をふまえて平氏が国家権力を主導するときに成立する政権なのであって、たんに一握りの小規模な武士団を背景にして中央政界内部での権力抗争と暗闘をつうじて武力でもって権門貴族を圧伏して国家権力を簒奪することによって成立させたものではなかったのである。

二

さて、こうして、院・摂関家が平氏の武力によってみずからの政治権力と階級支配を補強するのに比例して、その担い手である平清盛の権力とその政治的影響力を増大させることとなった。換言すれば、院・摂関家という国家権力の頂点に位する権門貴族が、平氏武士団を自己の存立の基盤の一つにしたことは、必然的に平氏が国家権力の不可欠の構成要素としての政治的位置をしめてゆくことを意味しており、やがて平氏が国政のヘゲモニーを掌握することを可能ならしめる情勢をつくりあげるにいたるのである。保元・平治の乱後、平氏一門が急速かつ順調に国政の中枢部へ進出する根底には、このような政治的条件が伏在していたのであった。とりわけ、平治元年（一一五九）の平治の乱で勝利することによって、中央政界における唯一の武門としての地歩を固めて以後の平清盛とその一門の昇進はめざましかった。清盛は、翌永暦元年に正三位・参議にすすみ武士としてはじめて公卿に列し、ついで検非違使別当・権大納言・内大臣と累進し、仁安二年（一一六七）には従一位・太政大臣の極官にのぼり、国政の中枢に位置するにいたるが、これは、とりもなおさず、清盛が軍事的権門としての地位を確立していく過程にほかならなかった。すなわち、忠盛の時代に軍事貴族としての地位をしめた平氏は、平治の乱後、後白河院政のもとで国家の軍事警察権の執行を担当する唯一の軍事的権門としての位置を確保するにいたったのである。しかして、仁安二年に清盛が太政大臣を辞すと、その後継者の権大納言平重盛に、宣旨によってその軍事警察権が付与・確認されたのであった。その後、平氏は軍事的権門としての立場をますます強化するとともに、国政への関与と影響力を深めつつ、その権勢を樹立していくのであった。

だが、平氏一門が急激に権門になりあがり、国政の中枢へ割り込んでいく過程は、同時に、貴族層や在地諸階層とのあいだに深刻かつ多様な政治的対立を激化していく過程でもあった。平氏一門が多くの官職や知行国などを独占化しはじめると、それは当然、貴族層の官途を圧迫したので、かれらのあいだにつよい反発と抵抗を生みだすこととなった。また、院庁や摂関家政所に進出して実権を握り、領家・預所などの地位を多くしめて荘園領主権を形骸化しはじめると、院や摂関家との対立がしだいに顕在化するだけでなく、院近臣・家司層貴族の経済的基盤を奪うことになり、かれらのあいだに深刻な危機感と憎悪をもたらした。さらに、平氏が国衙や荘園制支配機構をつうじて、在地領主層の一部を組織しつつ権力基盤を拡大強化していくと、必然的にその権力組織からはずされた在地領主や農民層との対立を激化させずにはいなかった。ことに畿内近国では農民層が神人・寄人・堂衆などの形態をとって権門寺社勢力と結合しているばあいが多かったため寺社勢力との抗争対立へと発展する傾向をもっていた。これらの政治的対立の様態は、各章で詳しく分析したとおりである。

こうした情勢下における平氏の台頭と権勢の樹立は、院・摂関という二大権門を中心として運営・維持されてきた国政の構造と秩序にきびしく改変をせまるものであったため、政治権力者層の内部に鋭い政治的対立を生みだし国家権力のヘゲモニーをめぐる抗争が激化するにいたった。院・摂関家らの権門貴族にとって、たしかに武力はその政治権力と階級支配を維持するために必要不可欠なものであったが、しかし、それを担当する武門が、平氏のように、自己の政治権力と拮抗し凌駕する勢力にまでのしあがることは断じて阻止すべきものだったからである。その権力抗争は、まず治承元年（一一七七）に、後白河上皇の近臣である権大納言藤原成親・僧西光らが中心となって平氏討滅の謀議をめぐらした、いわゆる鹿ヶ谷事件となって現われた。この謀議は多田蔵人行綱の密告で発覚し、清盛は西光以下の関係者を殺害または流刑に処し、後白河法皇の周辺から有力な院近臣を放逐した。この鹿ヶ谷事件の結果、院権力が大きな打撃をうけて後退し、平氏の政治権力がいちじるしく強化されたのであった。しかし、第五章で指摘したように、平氏が院権力の拘束から脱して権力を強化したといっても、それは従前に比べて国政審議や軍事執行面で独自の政治意思にもとづいて行動しうる条件を獲得したことを意味するのであって、権門寺院勢力を含めた王法仏法相依の国家権力構成全体のなかでしめる政治的地位は、到底、後白河法皇のそれに拮抗できるものではなかったのである。鹿ヶ谷事件後も、法皇が現実に王法を代表して国家的仏神事の祭儀権を掌握し、諸権門寺院の宗教活動を政治的に統轄する地位は揺らいでいない。その点からして、この段階における平氏の政治権力は、基本的に軍事的権門としての性格を脱却しておらず、国政全般の主導権を掌握する政権として成立していないのである。

この鹿ヶ谷事件によって、後白河上皇と清盛との対立は決定的となり、上皇はもう一方の反平氏勢力の中心である関白藤原基房との結合をつよめて清盛に対抗するようになった。やがて、治承三年（一一七九）になると、上皇らの清盛にたいする露骨な挑戦がはじまった。まず六月に故藤原基実の室平盛子が没すると、上皇は基房とはかって彼女の遺領を没収して支配しようとし、ついで七月末に重盛が死ぬとその知行国越前をとりあげ、さらに十月には、基実の子で盛子の養育していた基通を無視してわずか八歳の師家（基房の子）を権中納言に昇進させた。これらは、いずれも平氏が永年にわたって築きあげてきた既得権益を侵害し、その政治的地位と権力基盤を崩壊させる内容のものであったため、清盛は断固たる対抗措置をとる必要にせまられた。そこで、同年十一月、清盛は政変を断行し、関白氏長者藤原基房を罷免して藤原基通をその地位につけ、太政大臣藤原師長いか三十九名の廷臣を解官して院近臣の勢力を一掃し、後白河上皇を鳥羽殿に幽閉して完全にその院政を停止するにいたったのである。この政変の結果、平氏の政治権力は、軍事的権門から国政全般を担当・掌握する最強の権門へと転換をとげ、ここに平氏政権が成立したのであった。この政変を遂行するさい、清盛は後白河上皇と関白基房を武力で圧伏して政権を簒奪したという非難を回避するため、高倉天皇を推戴しその統治権（天皇大権）を真正面におしだして、天皇親政の政治体制を推進することによって、政変の正統化をはかったのである。このため、平氏政権は、高倉親政＝平氏政権として成立したのであった。平氏はこの高倉親政についでまもなく高倉院政を成立させるが、その高倉親政・院政を推戴しつつ、平氏が国政を領導していくためにどのような政治体制（システム）を構築していったかという点については第六章で詳述したので、ここではくりかえさない。しかし、つぎの点だけは確認しておく必要があろう。

平氏が、高倉親政・院政を表面におしたてて、そのもとで国政領導体制を構築しようとする以上、新しい機構や制度を創設するのではなく、国家と権門の既存の権力機構の存続を前提として、それらの権力機構における人事を更迭することによって政治勢力を再編成しつつ、国政のヘゲモニーを掌握する体制を築きあげようとするのが基本的な形態であった。平氏は、太政官機構・国衙支配機構をはじめ院や摂関家の家政支配機構などの主要な支配機構において、いずれもこの方法を積極的に推進していったのである。しかし、このことは、平氏政権が既存の国家権力機構の枠組みのなかに埋没した古代的ないし貴族的な政権として成立したことを意味するのではない。平氏は、これらの機構に一族・家人らを配置・進出させる形態と、官職の任免権を槓杆として実務官人を中心とする貴族層を積極的に包摂していく形態との二つをとって、それらの機構を掌握しようとしたのであるが、もとより、平氏のばあい基軸をなしたのは前者の形態であった。平氏は、すでにみたように、院領・摂関家領における荘園制支配や国衙支配などを媒介としつつ権力基盤と組織を拡大してきていたのであるが、その独自の権力組織（武士団）に編成している一族・家人らを、これらの機構に配置・進出させたのであって、そうした権力組織を欠く院や摂関家の掌握形態とは政治的階級的性格を異にするものであった。平氏はみずからが形成した権力組織に立脚して、これらの機構を変質させることによって、その支配を実現する政治体制を構築しようとしたものとみるべきである。その意味で、平氏の荘園制的所職の集積、知行国の独占化をはじめ、太政官機構と権門の家政支配機構などへの進出が、形式的にはいかに古代的・貴族的にみえようとも、それを支配する権力の実質は、在地の封建化に対応し、それと対決する中世的な武家政権になっている点に注目しなければならないとおもう。

三

平氏が政変を断行して、高倉親政・院政を成立せしめて専権体制を確立したことは、かねて平氏と貴族層・寺院勢力・在地諸階層などの諸勢力とのあいだに進展しつつあった政治的対立を一挙に激発させることとなった。この点の詳細は省略するが、ここでとくに強調しておきたいのは、権門寺院勢力との対立抗争の激化の問題である。この政変で平氏が後白河上皇の幽閉と関白氏長者藤原基房の配流という、王法世界を代表して仏法世界を外護する要に位置する人物を更迭したことは、たんに貴族層だけでなく、権門寺院勢力にたいしても強烈な危機意識をいだかせた。王法を代表して諸権門寺院の宗教活動を政治的に統轄する地位にいた後白河上皇を幽閉したことは、王法仏法相依の国家権力秩序を攪乱し、権門寺院が享受してきた諸特権を破壊するものとうけとめられたからである。とくに後白河上皇との関係が密であった園城寺はつよい衝撃をうけて反平氏的立場を鮮明にし、興福寺では、大衆が基房の配流を寺院の存立基盤を動揺させるものとみて、氏長者の配流は例なしと訴えてはげしく蜂起するなど、この両寺を急先鋒として権門寺院が連合して平氏との全面的対立へと傾斜していく最も重要な政治的枠組みが決定づけられたのである。

こうして平氏は、政権を掌握すると同時に、寺院勢力にどのように対処し、また、王法仏法相依の国家権力秩序の破壊者という非難をいかに克服して国政を運営していくかという深刻な政治課題をかかえこむこととなったのであった。平氏は、高倉上皇を国家的仏神事の祭儀権の主宰者の地位につけ、後白河院政下で形成された権門寺院にたいする管理・統制体制と宗教的システムを継承しつつ、延暦寺を枢軸にすえて国家的仏神事の執行と権門寺院勢力の再編成をすすめようとする方針をとった。しかし、寺院勢力の反平氏行動の激化と平氏の稚拙な施策が両者の対立・緊張関係をますます悪化していったのである。まず、高倉上皇の厳島社参を強行して寺社勢力の反発をまねき、ついで以仁王の乱が勃発した。この乱は、以仁王が平氏の専権体制を打倒してみずから即位し、後白河院政を復活することによって治承三年十一月の政変で破壊された王法仏法相依の国家権力秩序を回復することをスローガンにかかげて、源氏をはじめとする反平氏武士と権門寺院勢力とに蹶起をよびかけたものであった。この乱を契機として、いわゆる治承・寿永の内乱に突入するのであるが、その内乱の政治史過程において、一貫して最も重要な政治課題の一つになったのは、この王法仏法相依の国家権力秩序の回復という問題であった。ところが、平氏は、以仁王の乱を鎮圧したあと福原遷都を断行して寺院勢力や反平氏武士の挙兵に対処しようとしたため、国家的仏神事をはじめすべての公事を停滞・破綻させることとなり、寺院勢力との関係を一段と悪化させ、平氏と比較的良好な関係を保ってきた延暦寺大衆のあいだにも、はげしい福原遷都反対＝還都要求運動をひきおこすにいたった。また、この福原遷都は貴族層の反発をまねき、反平氏武士らの平氏の専権体制にたいする批判・攻撃をいっそう熾烈にした。平氏はついに十一月末に平安京へ還都するとともに、後白河院政の復活をすすめる方策をとるが、これは延暦寺などの還都要求に対応することで寺院勢力や貴族層を収攬し、後白河院政を復活する構えをみせることで平氏の専権体制にたいする非難攻撃をかわそうとする狙いをもつものであった。しかし、十二月末に南都焼打ちを敢行したことによって、平氏の仏敵としての立場は決定的となり、寺院勢力との関係は完全に破綻するにいたった。

そうした情勢のなかで、翌治承五年一月に高倉上皇が没すると、高倉親政・院政を傀儡として展開してきた平氏の国政領導体制は致命的なダメージをうけることとなった。幼主安徳天皇を擁する平氏にとっては国家的仏神事や公事の主体的な興隆活動は望むべくもなく、それをつうじての王法仏法相依の国家権力秩序の回復はもはや不可能であったからである。したがって、この高倉上皇の死を重要な画期として、後白河上皇が国家的仏神事をはじめとする公事の主宰者として院政を本格的に復活する道がひらかれたのであった。院政を復活した後白河上皇は、高倉親政・院政のもとで停滞・衰微していた国家的仏神事や公事の振興を積極的に推進しつつ、王法仏法相依の国家権力秩序を回復・安定させることによって国政の主導権を掌握する体制を固めていったのである。それは、とりもなおさず平氏が政権の座から軍事的権門の地位へ転落していくことを意味していたのであり、高倉上皇の死がそれを決定づける画期となったのであった。

あとがき

本書は、これまで、私が平氏政権に関して発表してきた論文に補訂・加筆などを施し、新たに執筆した未発表の論文をくわえて一書になしたものである。したがって、各章とそのもとになった論文との関係や成立事情などについて簡単にのべて、あとがきにしたいとおもう。

序章　本書の課題と構成　この章は、本書の序章として、今回新しく執筆したものであるが、一部に、「院政期における政治史研究の一前提――政治権力の武力構成をめぐって――」（『日本史研究』一二二号、一九七一年十一月）からとりいれた個所がある。

第一章　平氏政権の形成過程　本章は、「平氏政権の形成過程」（『日本史研究』九五号、一九六八年一月）に、「平氏政権と山陽道」（八木充編『古代の地方史2山陽・山陰・南海編』朝倉書店、一九七七年九月）の一部をとりいれるなど、かなり加筆した。しかし、全体の構成・論旨に変更はない。本章と次章のもとになった「平氏政権と摂関家領」（『待兼山論叢』二号、一九六八年十二月）とは、本来、一体のものとして執筆し、一九六四年一月に修士論文として大阪大学大学院文学研究科へ提出した。この修士論文は、前年二月に、黒田俊雄先生が「中世の国家と天皇」（岩波講座『日本歴史中世2』）で提起された、「権門体制論」によって強烈な衝撃をうけ、それをどの様に理解し受けとめるかという困惑と模索のなかで書いたものであり、それが本書の出発点となった。昨年一月、黒田先生が御逝去になったことは、誠に痛恨のきわみである。

第二章　平氏政権と摂関家　この章は、前記の「平氏政権と摂関家領」を基本にすえて、前掲「院政期における政治史研究の一前提」から一部をとりいれるなど加筆を施し、表題を改めた。ただし、全体の構成・論旨に変更はない。

第三章　平氏政権の国衙支配——安芸国のばあい——　本章は、『女子大文学』二六号（一九七五年二月）に発表したものである。平安末期の安芸国については、近年精細な研究があいついで発表されており、加筆すべき点も少なくない。しかし、現在のところ、本稿の基本的な論旨自体を変更する必要はないと考えるので、他の章との体裁を統一するため各節に表題をつけ、「むすび」の部分などに若干の補筆をおこなうにとどめた。

第四章　平氏政権の在地支配構造——紀伊国の佐藤氏を中心に——　この章は、時野谷勝教授退官記念会編『日本史論集』（清文堂、一九七五年五月）に掲載された論文である。一九六七年度から大阪大学大学院における黒田俊雄先生の演習で、高野山領荘園の共同研究がはじまり、私も参加させていただいて、官省符荘を中心とする山麓荘園を担当することとなった。官省符荘については、一九七四年春に「荘園制支配の形成と僧団組織——金剛峯寺と官省符荘をめぐって——」という題で執筆し、大阪歴史学会編『中世社会の成立と展開』（吉川弘文館、一九七六年一月）に掲載された。この論文は、その過程でのいわば副産物として、一九七四年夏に執筆したものである。短篇であり、また不十分なものではあるが、私自身にとっては、平氏政権と寺院史の研究が具体的に結びつく契機をなした作品として愛着の深いものである。本書の第五章・第七章・第八章などは、その延長線上に位置している。今回、本書に収めるにあたって、他の章との体裁を統一するため、各節に表題を付し、註記の形式をととのえるなどの補正をおこなった。

第五章　後白河院政期の政治権力と権門寺院　　本章は、『日本史研究』二五〇号（一九八三年六月）に発表した論文で、二、三の字句を訂正したほかは旧稿のままである。

第六章　高倉親政・院政と平氏政権　　この章は、本書のために今回書きおろした新稿である。ただし、第二節の一部を中心としながら、本稿の分析視角の概要を、「治承三年十一月の政変と摂関家」という題で、『女子大文学』四三号（一九九二年三月）に発表した。

第七章　以仁王の乱　　この章は、『女子大文学』四〇号（一九八九年三月）に掲載した論文で、二、三の字句を訂正したほかは旧稿のままである。

第八章　治承・寿永の内乱――平氏政権と寺院勢力――　　本章は、もともとこの構成で執筆しはじめたものであるが、第三節までに相当する部分を、一九九一年十月に仏教史学会の大会で口答発表し、それが「平氏政権と寺院勢力」という題で『仏教史学研究』三五巻二号（一九九二年十一月）に掲載された。今回、本書に収録するにさいして、旧稿の「むすび」の部分を若干補修するとともに、第四節以下を加筆し、全体の表題を改めた。

終章　平氏政権の歴史的位置　　この章は、本書のまとめとして、今回新しく執筆した。

こうして、各章の成立事情などを振り返ってみると、多大の学恩をうけた恩師や先輩・友人のことなどが改めて回想される。学生時代以降ながらくお世話になった大阪大学文学部の国史研究室は、藤直幹・時野谷勝・梅溪昇・井上薫の創設期以来の諸先生のあとをうけて、黒田俊雄・脇田修・長山泰孝らの諸先生があいついで着任され発展期をむかえるところであった。学生も少なく、設備もまだ不十分ではあったが、その活気にみちた雰囲気のなかで研究をはじめることができたのは誠に幸運であったとおもう。現在の職場である大阪女子大学に移ってからも、村山修一先生より中世史の御指導をうけることができるなど、めぐまれた環境のなかですごしえたのは有難いことであった。また、重度の障害をもつ長男をかかえて、共同作業所づくりやその運営などに奔走し、学会や研究会などから足を遠ざけがちな私に、たえずさまざまな形で声をかけ、激励・叱咤・鞭撻してくださった、多くの先輩・友人や同僚の方々にたいして、この機会に深甚な感謝の意を表したいとおもう。

思文閣出版から本書の上梓についてお話しがあってからすでに十年以上になる。三浦圭一先生の御推薦によるとのことで、恩師の梅溪昇先生からも是非まとめるようにとのお勧めをいただいた。その三浦先生が早世されたのは誠に残念であり、本書をまとめるのに手間どったことが悔まれる。その間、忍耐づよく激励してくださった思文閣出版の林秀樹氏と、出版の実務を担当してゆきとどいたお世話をしていただいた中村美紀氏に厚く御礼を申し上げる。なお、最後になったが、原稿の入力作業に援助をうけた、村田明美・岡本和子・衣笠智恵・北澤早緒理の諸氏にも感謝したい。

一九九四年春

田中文英

索　引

【事　項】

あ

い

う

え

お

か

き

く

け

し

す

せ

へ

ほ

ま

み

む

も

や

ゆ

よ

り

る

れ

ろ

わ

【人　名】

あ

い

う

え

お

か

き

く

け

こ

さ

し

す

せ

そ

た

ち

て

と

な

に

ぬ

の

は

田中　文英（たなか・ふみひで）
1939年兵庫県生。
1962年大阪大学文学部卒。
1967年大阪大学大学院文学研究科博士課程単位取得退学。
同　年大阪大学文学部助手。以後、大阪女子大学講師・助教授をへて
1983年大阪女子大学教授（現在に至る）。
〔主要論文〕
11・12世紀における浄土教の展開（『ヒストリア』42号）。院政期貴族の帝王観（『赤松俊秀教授退官記念国史論集』所収）。荘園制支配の形成と僧団組織（大阪歴史学会編『中世社会の成立と展開』所収）。中世前期の寺院と民衆（『日本史研究』266号）。中世顕密寺院における修法の一考察（中世寺院史研究会編『中世寺院史の研究』所収）など。
現住所：〒663　西宮市浜甲子園2-15-20

思文閣史学叢書
平《へい》氏《し》政《せい》権《けん》の研《けん》究《きゅう》
一九九四年六月一日　発行
著書　田中文英
発行者　田中周二
発行所　株式会社 思文閣出版
京都市左京区田中関田町二—七
電話（〇七五）七五一—一七八一㈹
印刷　同朋舎　製本　大日本製本紙工

ISBN4-7842-0833-X C3021

田中文英(たなか　ふみひで)…大阪女子大学名誉教授

平《へい》氏《し》政《せい》権《けん》の研究《けんきゅう》(オンデマンド版)

2016年5月31日　発行

著　者　　田中　文英
発行者　　田中　大
発行所　　株式会社 思文閣出版
〒605-0089　京都市東山区元町355
TEL　075-533-6860　FAX　075-531-0009
URL　http://www.shibunkaku.co.jp/

装　幀　　上野かおる(鷺草デザイン事務所)
印刷・製本　株式会社 デジタルパブリッシングサービス
URL　http://www.d-pub.co.jp/

AJ559

ISBN978-4-7842-7016-3　C3021　Printed in Japan